# プロのための
# パスタ事典

はじめに

　パスタの発祥や名称の由来、料理の地方性や生まれた背景など、知識として知りたいパスタの情報を整理しながら、実際にそのパスタをレストランでどのように作り、料理として提供するかを、3名のシェフが担当、詳説しました。

　イタリアにどれだけの数のパスタが存在するのか──数百、数千、あるいは作る人の数だけあるともいわれるパスタ。本書では、できるだけたくさんのパスタを紹介しようと試みる一方で、ただ単にパスタの種類を追うだけでなく、その先の一歩を追求したい。そこに重きをおきました。

　たとえば同じ名前のパスタでも、シェフが変わればとらえ方も違い、生地の配合や成形法、ソースとの組み合わせなどにもそれぞれの個性が表われます。さらにいえば、一人のシェフの中でも、このソースに合わせる場合はこう配合を変え、この厚さにして使う、というように、レシピやテクニックは一様ではありません。

　また、レストランとしてメーニューに載せるにあたっては、伝統料理の原形はしっかりと踏まえつつも、工夫やアレンジが必要な場合もあります。まったく新しい発想で組み立てたいパスタ料理もあるでしょう。

　どんなおいしさを届けたいのか、そのためにどうするのか。パスタを起点にした、シェフたちの三者三様の考え方を知ることが、何より参考になると思います。

　パスタを識り、パスタを作り、パスタを考える。パスタ好きの方々に、この1冊をフル活用していただけると幸いです。

2014年4月

## 目次

はじめに 3

イタリアの20州と州都 9

掲載パスタ一覧 10

本書を読む前に 16

### 第1章
# それぞれのパスタ論

パスタと私　　西口大輔　18
　　　　　　　小池教之　20
　　　　　　　杉原一禎　22

パスタ各論
1. 生地材料へのこだわりは？　24
2. ゆで湯の塩分濃度は？　28
3. アルデンテとは？　29
4. パスタとソースを和えるコツ　30
5. 私の好きな乾燥パスタ　31

### 第2章
# パスタ 基本のテクニック

基本生地の配合　34
基本生地の作り方　35
マシンでのばす　36
めん棒でのばす　36
保管方法　37
成形法いろいろ　39

### 第3章
# 手打ちパスタ・ロング

**タリオリーニ**
#001 タリオリーニ、仔牛腿肉とカルチョフィのラグー和え
　　（西口）56・58
#002 サフランを練り込んだタリオリーニ、鮑のソース
　　（杉原）56・58
#003 赤チコリを練り込んだタリオリーニ、
　　赤チコリのペースト和え　（西口）57・59

**マッケロンチーニ**
#004 カンポフィローネ風、極細の手切りマッケロンチーニ
　　（小池）57・59

**タヤリン**
#005 タヤリンの白トリュフ添え　（西口）60・62
#006 ホワイトアスパラガスとズッキーニのタヤリン
　　（西口）60・62

**キタッラ**
#007 キタッラ、原形の白いアマトゥリチャーナ
　　（小池）61・63

**トンナレッリ**
#008 いか墨を練り込んだトンナレッリ、
　　すみいかと生トマトソース　（西口）61・63

**ストゥリンゴッツィ**
#009 乾燥ポルチーニを練り込んだストゥリンゴッツィ
　　（西口）64・66

**タリアテッレ**
#010 セモリナ粉のタリアテッレ、牛肉のラグー
　　（小池）64・66

**シャラティエッリ**
#011 旬の貝類のシャラティエッリ　（杉原）65・67
#012 唐辛子を練り込んだ辛いシャラティエッリ、
　　いか墨のソース　（小池）65・67

**フェトゥッチーネ**
#013 フェトゥッチーネ、生ハムときのこ、グリーンピース
　　（小池）68・70

**フェトゥッチェッレ**
#014 鰯としし唐のフェトゥッチェッレ　（杉原）68・70

**フェトゥッチェ**
#015 太刀魚のラグーのフェトゥッチェ　（杉原）69・71
#016 針いかとイタリア種のえんどう豆のフェトゥッチェ
　　（杉原）69・71

**ラガネッレ**
#017 ラガネッレ、ゆで卵入りトマトソース　（小池）72・74

**ピカッジェ**
#018 栗の粉のピカッジェ、猪と栗のラグー　（小池）72・74

**パッパルデッレ**
#019 パッパルデッレ、きじ肉と黒キャベツのストゥファート
　　（小池）73・75
#020 パッパルデッレ、猪とポルチーニのスーゴ和え
　　（西口）73・75

## 第4章
## 手打ちパスタ・ショート

**トゥロッコリ**
#021 粗挽きサルシッチャとチーメ・ディ・ラーパのトゥロッコリ　（小池）　76・78
#022 甲いかとフリアリエッリの煮込みで和えたトゥロッコリ　（杉原）　76・78

**ビゴリ**
#023 全粒粉のビゴリ、毛蟹のスーゴ和え　（西口）　77・79

**ストゥランゴッツィ**
#024 ストゥランゴッツィ、きのことフルーツトマト、マジョラム風味　（小池）　77・79

**スパゲットーニ**
#025 赤うに、からすみ、地鶏の卵黄で和えた手打ちスパゲットーニ　（杉原）　80・82
#026 フレッシュポルチーニのスパゲットーニ　（杉原）　80・82

**ピーチ**
#027 カルチョフィとにんにくのピーチ　（小池）　81・83
#028 ピーチのにんにく風味　（西口）　81・83

**ストゥロッツァプレーティ**
#029 ストゥロッツァプレーティ、仔牛のハツと腎臓のヴィンサント風味　（小池）　84・86
#030 ストゥロッツァプレーティ、空豆を加えたカーチョ・エ・ペーペ　（小池）　84・86

**フジッリ・チレンターニ**
#031 仔羊のカーチョ・エ・ウォーヴァ和え、フジッリ・チレンターニ　（杉原）　85・87

**フジッリ・ルンギ**
#032 イスキア風うさぎの煮込みで和えたフジッリ・ルンギ　（杉原）　88・89

**サーニェ・ンカンヌラーテ**
#033 サーニェ・ンカンヌラーテ、ポモドリーニとルーコラ、カチョリコッタのサレント風　（小池）　88・89

**マッケローニ**
#034 トルキオで作ったマッケローニ、野鴨のスーゴ、黒トリュフ添え　（西口）　92・94
#035 ティンバッロ、ほろほろ鳥腿肉のラグー添え　（西口）　92・94

**マッケロンチーニ**
#036 マッケロンチーニ、白アスパラガスとマテ貝のソース　（西口）　93・95
#037 自家製マッケロンチーニとほろほろ鳥胸肉のサラダ仕立て　（西口）　93・95

**パスティーナ**
#038 ひよこ豆と真蛸、パスティーナのスープ　（西口）　96・98

**マッケローニ**
#039 手打ちのマッケローニ、鳩の赤ワイン煮込み和え、トリュフ添え　（杉原）　96・98

**マッカローネス**
#040 甲いかとオリーブで和えた編み棒仕上げのマッカローネス　（小池）　97・99

**フィレイヤ**
#041 フィレイヤ、トゥロペーア産赤玉ねぎとンドゥイヤの辛いトマトソース　（小池）　97・99

**トゥベッティ**
#042 手打ちのトゥベッティ、卵とチーズ入りトリッパのミネストゥラ仕立て　（杉原）　100・102

**パッケリ**
#043 猪の煮込みの手打ちパッケリ　（杉原）　100・102
#044 手打ちパッケリ、潮の香りのソース　（杉原）　101・103

**カヴァテッリ**
#045 カヴァテッリのムール貝とカルドンチェッリのソース、マジョラム風味　（西口）　104・106

**チェカルッコリ**
#046 チェカルッコリ、バッカラとひよこ豆のトマトソース　（小池）　104・106

**カヴァティエッディ**
#047 鰯を鯖に置き換えたカヴァティエッディのカターニア風　（小池）　105・107

**コルテッチェ**
#048 カルチョフィと黒オリーブとくるみのコルテッチェ　（杉原）　105・107

**オレッキエッテ**
#049 オレッキエッテ、チーメ・ディ・ラーパと卵和え　（杉原）　108・110
#050 フェンネル風味のサルシッチャのラグー、手打ちオレッキエッテ　（杉原）　108・110
#051 オレッキエッテ、豚モツの辛い煮込み　（小池）　109・111

**ストゥラッシナーティ**
#052 ストゥラッシナーティ、トマトとフレッシュな山羊のチーズ和え　（杉原）　109・111

#053 海老とフンギ・セッキのストゥラッシナーティ
　　　（杉原）　112・114
#054 パン粉焼きにしたバッカラとファッロ麦の
　　　ストゥラッシナーティ　（小池）　112・114

マッロレッドゥス
#055 マッロレッドゥスのカンピダーノ平野風　（小池）　113・115

ニョッケッティ・サルディ
#056 ニョッケッティ・サルディ、仔羊のラグー和え、
　　　ペコリーノ・サルド添え　（西口）　113・115

ガルガネッリ
#057 かえる腿肉と春キャベツのガルガネッリ
　　　（小池）　116・118
#058 ガルガネッリ、野菜のラグー　（西口）　116・118

ラガネッレ
#059 ひよこ豆とパスタの煮込み　（杉原）　117・119

ピッツォッケリ
#060 ヴァルテッリーナ風ピッツォッケリ　（西口）　117・119

ブレーキ
#061 そば粉のブレーキとグラシュ　（小池）　120・122

タッコーニ
#062 とうもろこし粉のタッコーニ、山羊のラグー
　　　（小池）　120・122

ストゥラッチ
#063 とうもろこし粉のストゥラッチ、帆立貝のラグー和え
　　　（西口）　121・123

ストゥラッパータ
#064 全粒粉のストゥラッパータ、田舎風の鴨のラグー
　　　（西口）　121・123

コルツェッティ
#065 スタンプ型コルツェッティ、うさぎとタジャスカオリーブ
　　　（小池）　124・126
#066 コルツェッティ、カルチョフィと海老のソース
　　　（西口）　124・126
#067 ポルチェーヴェラ風8の字形コルツェッティ、
　　　仔牛とひよこ豆のラグー　（小池）　125・127

ファルファッレ
#068 ファルファッレ、生ハムとグリーンピースの
　　　クリームソース　（西口）　128・130

ストゥリケッティ
#069 穴子ときのこのストゥリケッティ、
　　　オレンジとローリエの香り　（小池）　128・130

ノッケッテ
#070 いか墨を練り込んだノッケッテ、海老のソース
　　　（杉原）　129・131

ロリギッタス
#071 ロリギッタス、野鳥数種のサルシッチャのトマト煮込み
　　　（小池）　129・131

トゥロフィエ
#072 らせん形のトゥロフィエ、ペスト・ジェノヴェーゼ
　　　（小池）　132・133

ストゥリーゴリ
#073 卵白で練ったストゥリーゴリ、海の幸とペペローネ風味
　　　（小池）　132・133

第5章
# 手打ちパスタ・詰めもの

ラヴィオリ
#074 ズッキーニとズッキーニの花で和えたラヴィオリ
　　　（杉原）　136・138
#075 茄子と燻製スカモルツァのラヴィオリ　（西口）　136・138
#076 ひよこ豆のラヴィオリ、真鴨のコンフィ和え
　　　（西口）　137・139
#077 バッカラとグリーンピースのラヴィオリ　（西口）　140・142

トルテッリ
#078 かぼちゃのトルテッリ　（西口）　141・143

アニョロッティ
#079 フォンドゥータとじゃがいもを詰めたアニョロッティ
　　　（小池）　141・143

アニョロッティ・デル・プリン
#080 仔牛とビエートラを詰めたアニョロッティ・デル・プリン
　　　（西口）　144・146

ラヴィオローネ
#081 リコッタと花ズッキーニと卵黄のラヴィオローネ
　　　（西口）　145・147

メッツェルーネ
#082 ビーツとじゃがいものメッツェルーネ、セージ風味
　　　（西口）　145・147

パンソッティ
#083 白魚を詰めたパンソッティ、ジェノヴァペースト和え
　　　（西口）　148・150

チャルソンス
#084 チャルソンス　（小池）　148・150

クリンジョーニス
#085 伊勢海老のクリンジョーニス　（小池）　149・151

トルテッリ
#086 鶏のトルテッリ、とうもろこし入りバターソース
　　　（小池）　152・154

カッペッラッチ
#087 乾燥空豆のカッペッラッチ、春野菜のラグー
　　　（西口）　153・155

カラメッレ
#088 リコッタとほうれん草のカラメッレ、黒トリュフ添え
　　　（西口）　153・155

ファゴッティーニ
#089 白ポレンタとひよこ豆を詰めたファゴッティーニ、
　　　鰻のラグー和え　（西口）　156・158

ラザーニェ
#090 ナポリ風ラザーニェ　（杉原）　156・158
#091 毛蟹とバッカラのラザーニェ　（西口）　157・159

ラザニェッテ
#092 バッカラ・マンテカート、トマト、さやいんげんの
　　　ラザニェッテ　（杉原）　160・162

カネロニ
#093 雛鶏とブロッコリ・ディ・ナターレの
　　カネロニ入りミネストゥラ　（杉原）　160・162
#094 グリーンアスパラガスのカンネッローニ、
　　サルサ・ペヴェラーダ添え　（西口）　161・163

ロートロ
#095 ラディッキオとアズィアーゴのロートロ
　　　　　　　（西口）　164・166

トゥロンケッティ
#096 帆立貝のトゥロンケッティ　（西口）　165・167

クレスペッレ
#097 プロシュット・コットとフォンティーナを詰めた
　　クレープのミルフイユ仕立て　（西口）　165・167

スクリペッレ
#098 全粒粉の田舎風スクリペッレのブロード仕立て、
　　目玉焼き添え　（小池）　168・169

第6章
## ニョッキ & 手打ちパスタ・粒

ジャガイモのニョッキ
#099 じゃがいものニョッキ、カステルマーニョと
　　　　フォンティーナのクレーマ　（小池）　172・174
#100 ソレント風ニョッキ　（杉原）　172・174

ニョッキのラヴィオリ
#101 ニョッキ生地のラヴィオリ、ムール貝と
　　ペコリーノ・フレスコ風味　（杉原）　173・175

アンズを詰めたニョッキ
#102 あんずを詰めたニョッキ　（小池）　173・175

ラグーを詰めたニョッキ
#103 詰めものをしたニョッキ、ポルチーニ添え
　　　　　（西口）　176・178

セモリナ粉のニョッキ
#104 セモリナ粉のニョッキ、オックステールのラグー添え
　　　　　（西口）　176・178

ポレンタのニョッキ
#105 ポレンタのニョッキ、黒トリュフ風味　（西口）　177・179

ナスのニョッキ
#106 茄子のニョッキ、水牛のモッツァレッラ添え
　　　　　（西口）　177・179

赤インゲン豆のニョッキ
#107 赤いんげん豆のニョッキ、コテキーノのラグー和え
　　　　　（西口）　180・182

パンのニョッキ
#108 パンとプロシュット・コットのニョッキ、
　　バターとセージのソース　（西口）　180・182

ピサレイ
#109 ピサレイ、馬肉とペペローニのピアチェンツァ風
　　　　　（小池）　181・183

カネーデルリ
#110 そば粉とグラウケーゼのカネーデルリ　（小池）　184・186

パスタ・グラッタータ
#111 すりおろしパスタのイン・ブロード　（小池）　184・186

スペッツリ
#112 ビーツを練り込んだスペッツリ、
　　スペックとラディッキオのバター仕立て　（小池）　185・187

ピッツォッケリ
#113 キャヴェンナのピッツォッケリ　（西口）　185・187

フラスカレッリ
#114 フラスカレッリとつぶ貝のポルケッタの
　　ミネストゥラ仕立て　（小池）　188・189

クスクス
#115 トゥラーパニ風魚介のクスクス、
　　クラッシックな仕立てで　（杉原）　188・189

## 第7章
## 乾燥パスタ・ロング

**スパゲッティ**
#116 トマトのスパゲッティ （杉原） 200・202
#117 あさりのスパゲッティ （杉原） 201・203
#118 カルチョフィのスパゲッティ （杉原） 201・203
#119 スパゲッティ・プッタネスカ （杉原） 204・206
#120 カヴァルカンティ風、鰻の煮込みソースの
　　　スパゲッティ （杉原） 204・206
#121 スパゲッティ、魚介のラグー （西口） 205・207
#122 スパゲッティ・ペスカトーラ （西口） 205・207
#123 アーリオ・オーリオ・ペペロンチーノ （西口） 208・210
#124 スパゲッティ・ボスカイオーラ （西口） 208・210

**スパゲットーニ**
#125 スパゲッティ、黒トリュフとサルシッチャのノルチャ風
　　　（小池） 209・211

**リングイーネ**
#126 生クリーム入りからすみのリングイーネ、
　　　ペペロンチーノ風味 （杉原） 212・214
#127 鮑とどんこ椎茸のリングイーネ （杉原） 212・214
#128 蛸のトマト煮のリングイーネ、サンタルチア風
　　　（杉原） 213・215

**ペルチャテッリ**
#129 ソレント風くるみのソースのペルチャテッリ
　　　（杉原） 216・218
#130 ナポリ風ズッキーニのペルチャテッリ （杉原） 216・218

**ブカティーニ**
#131 ブカティーニ、ローマ式アマトゥリチャーナ
　　　（小池） 217・219

**カサレッチェ・ルンゲ**
#132 蛸のラグー・ジェノヴェーゼのカサレッチェ
　　　（杉原） 217・219

**マファルデ**
#133 マファルデのトゥラーパニ風ペースト （小池） 220・222

**トゥリポリーニ**
#134 いか墨入り魚介のラグーのトゥリポリーニ
　　　（杉原） 220・222

**ミスタ・ルンガ**
#135 ナポリ風ミックスホルモンの煮込みで和えた
　　　ミスタ・ルンガ （杉原） 221・223

## 第8章
## 乾燥パスタ・ショート

**ペンネ**
#136 怒りん坊風ペンネ （小池） 226・228

**ペンネッテ**
#137 ペンネッテのラルディアータソース （杉原） 226・228
#138 ペンネッテ・カルボナーラ （杉原） 227・229

**リガトーニ**
#139 リガトーニのパイヤータ （小池） 230・232

**パッケリ**
#140 瀬戸内の特大渡り蟹のパッケリ （杉原） 230・232
#141 パッケリ、あんこうと生トマトのソース （西口） 231・233

**カラマーリ**
#142 カラマーリ、靴職人風 （小池） 231・233

**ツィーテ**
#143 ツィーティのサルシッチャとリコッタ和え
　　　（杉原） 234・236
#144 ナポリ風ティンバッロ （杉原） 234・236

**カンデーレ**
#145 ナポリ風ラグーとリコッタで和えたカンデーレ
　　　（杉原） 235・237
#146 ラグー・ジェノヴェーゼのカンデーレ （杉原） 235・237

**スパゲッティ・スペッツァーティ**
#147 ブロッコリ・ネーリとスパゲッティ・スペッツァーティ
　　　のミネストゥラ （杉原） 238・240

**フジッリ**
#148 フジッリの生うにソース （西口） 238・240

**パスタ・ミスタ**
#149 根魚と甲殻類とミックスパスタの煮込み
　　　（杉原） 239・241

**タッコッツェッテ**
#150 ファヴァータ、蛸のサルシッチャ添え （杉原） 239・241

**ルマコーニ**
#151 ルマコーニとルマーケ （小池） 242・243

**ヴェスヴィオ**
#152 するめいかとじゃがいも、カルチョフィの煮込み和え
　　　ヴェスヴィオ （杉原） 242・243

　　　パスタ名 小辞典　190
　　　補足のレシピ　244
　　　主要素材別 料理索引　250
　　　パスタ別 料理索引　260
　　　著者プロフィール　19・21・23

撮影／天方晴子
デザイン／田島浩行
編集／河合寛子・網本祐子

# イタリアの20州と州都

●は州都

# 掲載パスタ一覧
(掲載順)

**第3章 手打ちパスタ ロング**

| | | |
|---|---|---|
| タリオリーニ P.56 | タリオリーニ P.56 | |
| タリオリーニ P.57 | マッケロンチーニ P.57 | タヤリン P.60 |
| キタッラ P.61 | トンナレッリ P.61 | ストゥリンゴッツィ P.64 | タリアテッレ P.64 | シャラティエッリ P.65 |
| シャラティエッリ P.65 | フェットゥッチーネ P.68 | フェットゥッチェッレ P.68 | フェットゥッチェ P.69 | ラガネッレ P.72 |
| ピカッジェ P.72 | パッパルデッレ P.73 | パッパルデッレ P.73 | トゥロッコリ P.76 | トゥロッコリ P.76 |

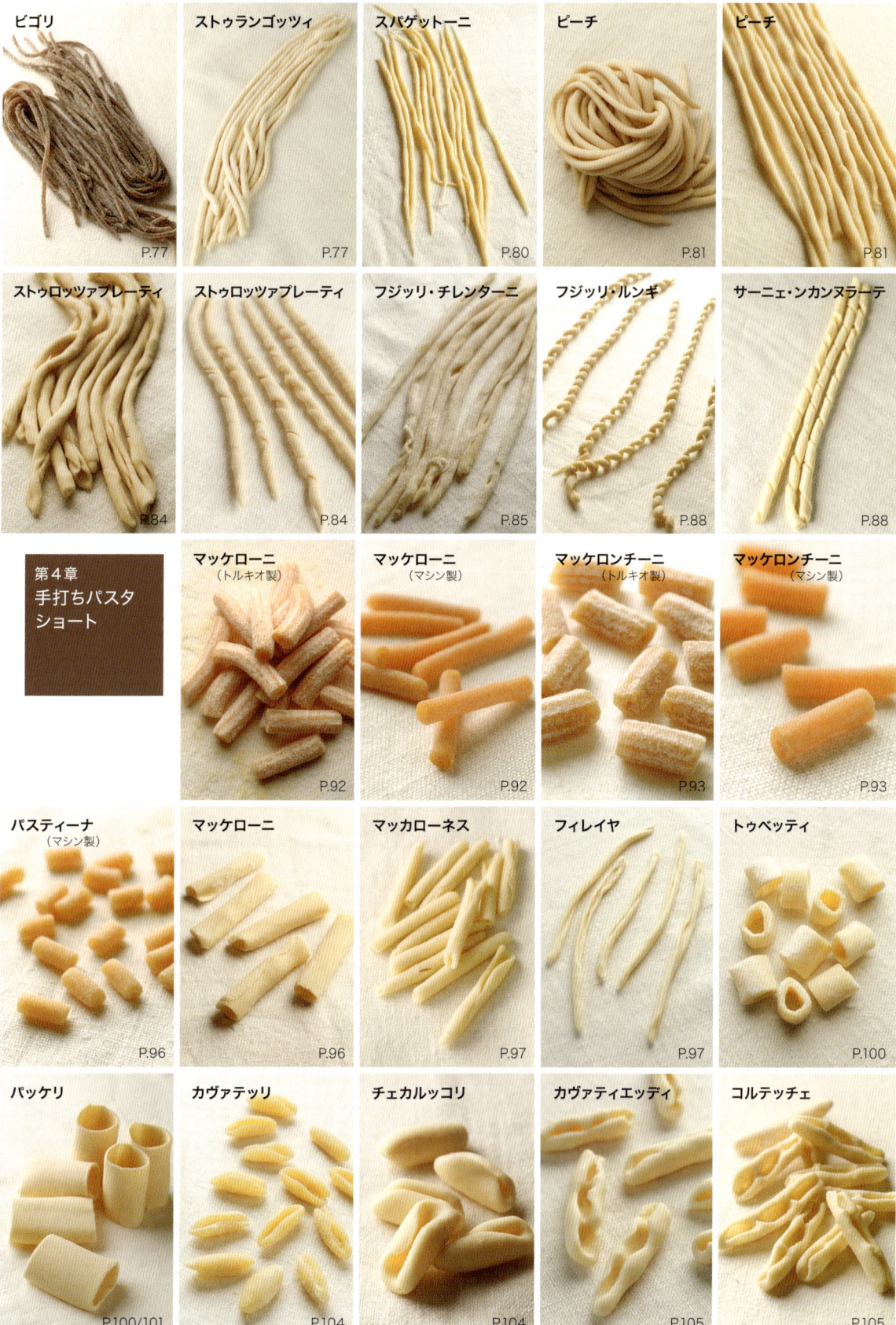

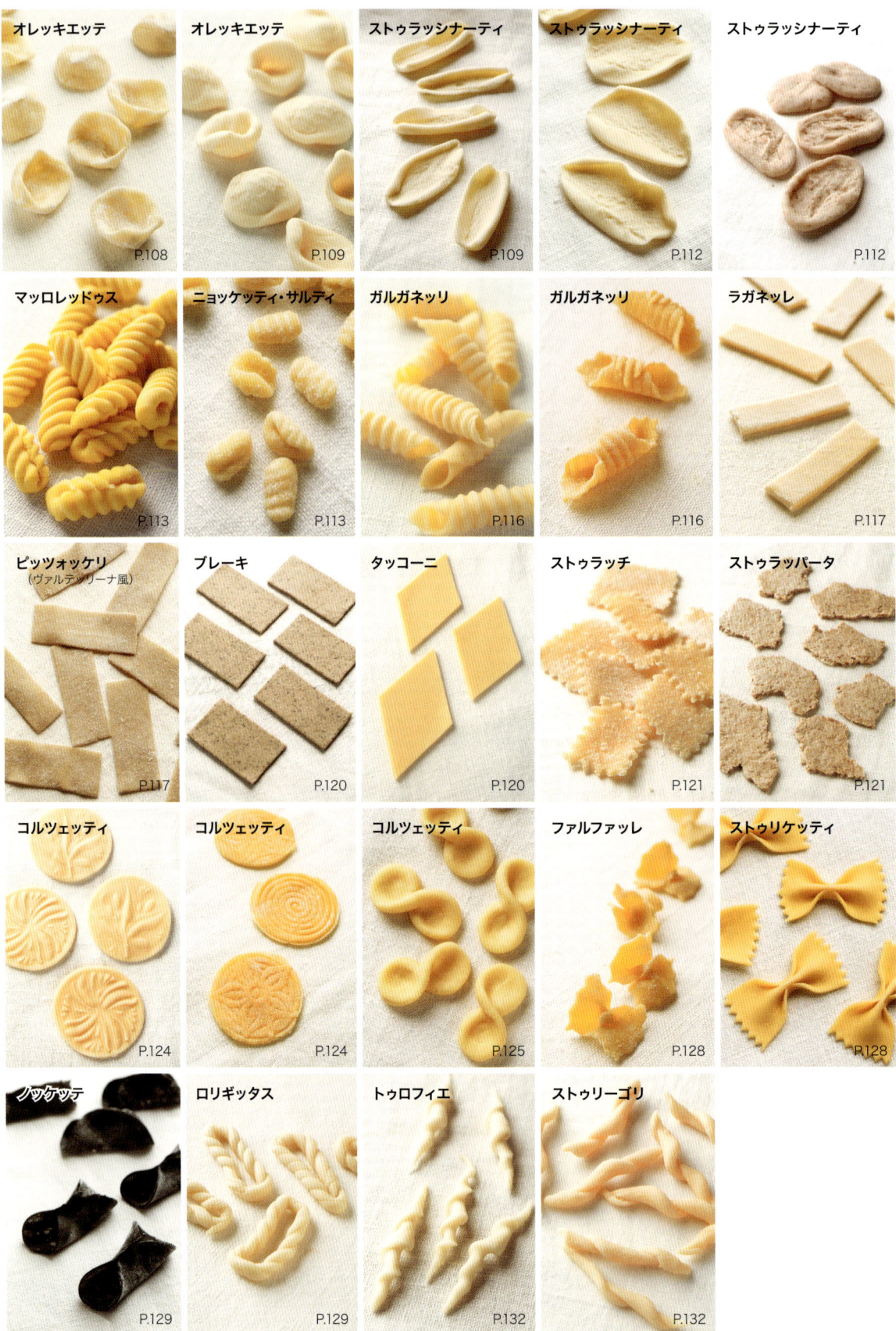

第8章
乾燥パスタ
ショート

*ツィーテ、カンデーレ、スパゲッティ・スペッツァーティは長いものを短く折って使用しているためショートに分類

## 本書を読む前に

### ●パスタの分類について
大きく手打ちパスタと乾燥パスタに分け、さらに形状によってロング、ショート、詰めもの（ラザーニェなどのシート状含む）に分類、ニョッキと粒状のパスタを別項にまとめた。形状については、本書の中での使い方を基準にしており、ロングであっても短く折って使用している乾燥パスタ（ツィーテやカンデーレ）などはショートに分類した。

### ●料理解説について
パスタ生地の配合は、粉の乾燥度や調理場の湿度、気温などによって微妙に変化するので、あくまでも参考に。パスタのサイズやゆで時間、ソースの分量や調理時間などもおおよその目安を記したものである。

1人分のパスタの分量は、著者それぞれの店でのアラカルトの基準による。なお、仕上がりの料理写真は1人分でない場合もある。

生地のこね方、パスタの保管方法については、第2章の「基本生地の作り方」（P.35）、「保管方法」（P.37・38）を参照。特殊なものについては、各レシピページで解説。

各種ブロードやスーゴ、基本のソース（トマトソース、ベシャメルソース、ペスト・ジェノヴェーゼなど）、自家製品（ドライトマト、サルシッチャなど）の作り方は、巻末の「補足のレシピ」（P.244～）を参照。

### ●料理ページの地図について
ゆかりの地域がおおまかにつかめるように、該当する州に色づけした地図を付した。ただし、地方性の解釈には諸説あり、また、料理は州単位で区切れるものではないので、あくまでも参考にとどめてほしい。

パスタの発祥とソースの地方性（応用含む）がおおよそ一致している料理。

パスタの発祥は■だが、ソースの地方性（応用含む）は■と、明確な違いがあるものを組み合わせた料理。

[地図なし]
とくに地方性のないもの（全国区のものを含む）、諸説あって地方性を特定できないもの、レストランや個人のオリジナル性の高いものなど。

### ●基本材料について
- 00粉、0粉 ⇒イタリアの軟質小麦粉。精白度別に00、0、1、2、インテグラーレ（全粒粉）の5タイプがあり、最も精白度の高いものが00粉、その次の精白度のものが0粉。
- セモリナ粉 ⇒デュラム小麦（硬質小麦の一種）の粗挽き粉。特筆していない場合は、最も挽きの細かいもの（ファリーナ・ディ・セーモラ farina di semola、セーモラ・リマチナータ semola rimacinata）を使用。
- 薄力粉、中力粉 ⇒日本の軟質小麦粉。
- 準強力粉、強力粉 ⇒日本の硬質小麦粉。

※粉類と乾燥パスタについては、カッコ内に生産者名を付記。外国産の場合、国名を明記していないものはイタリア産。日本の粉については〈ブランド名〉も記した。

- 卵 ⇒1個58g[卵黄24g、卵白34g]（西口）
  1個60g前後[卵黄20g前後、卵白40g前後]（小池）
  1個55g[卵黄15g、卵白40g]（杉原）
- E.V. オリーブ油 ⇒エクストラ・ヴァージン・オリーブ油。
- トマト⇒特筆していない場合は通常サイズのフレッシュトマト。フルーツトマト、プティトマト、ホールトマトは、そのつど明記。
- アンチョビ ⇒油漬けのフィレ。
- ケイパー ⇒特筆していない場合は酢漬け。
- ニンニク ⇒特筆していない場合は皮をむいて使用。国産（西口、小池）、国産[イタリア種]とイタリア産（杉原）
- ハーブ類、キノコ類 ⇒特筆していない場合はフレッシュ。
- スパイス類、ローリエ ⇒特筆していない場合はドライ。
- コショウ ⇒白コショウを細かく挽いたもの。黒の場合は黒コショウと表記。
- 赤唐辛子 ⇒イタリア・カラブリア州産（西口、小池）、国産[カラブリア州系イタリア種]（杉原）
- 生クリーム ⇒乳脂肪分35%（西口）、38%（小池）、47%（杉原）
- バター ⇒食塩不使用。
- パルミジャーノ ⇒パルミジャーノ・レッジャーノ。
- パルミジャーノ、ペコリーノなどのチーズ ⇒特筆していない場合はすりおろしたもの。
- リコッタ ⇒特筆していない場合は牛乳製。
- 使用材料等のデータは2014年4月現在のもの。

※スパゲッティやペンネ、マッケローニなどは、現代では全国区のパスタとして定着している。こうしたパスタについては、ソースの地方性のみで■としたものもある。

第 1 章

それぞれの
パスタ論

# 素朴なパスタを作り続ける

西口大輔　ヴォーロ・コズィ

### ●主役は前後の料理に譲る

　パスタに対する私の考え方は、都合9年間のイタリア修業時代に培われました。

　イタリア滞在時に私がまかないで食べていたパスタは、ほとんどが「パスタ・ビアンカ」です。スパゲッティやペンネ、フジッリなどの乾麺をグラーナ・パダーノとオリーブ油だけで和える、とてもシンプルな料理です。というのも、食事には必ずパスタの前にアンティパスト（前菜）、パスタの後にセコンド・ピアット（メイン料理）があったからです。

　その体験から、東京でリストランテを経営している今に至るまで、パスタは単体の料理ではなく、イタリア料理のコースの中の一つのカテゴリーに過ぎない、という考え方を持ち続けています。

- ストゥッツィキーノ（つきだし）
- エントラータ（導入の皿）
- アンティパスト（前菜）
- プリーモ・ピアット（パスタ、リゾット）
- セコンド・ピアット（メイン料理）
- ドルチェ（デザート）
- ピッコラ・パスティッチェリーア（小菓子）

　このように続くコースの中で、パスタ料理はあくまでセコンド・ピアットへのステップ的な存在。印象に残ることはあっても、味やボリュームが前後とのバランスを欠いた、突出するものであってはならないと考えます。

　味わいの点でとくに重視しているのは、主役をアンティパストやセコンド・ピアットに譲るということ。食肉加工品やチーズのほかに旬の食材をフレッシュやマリネなどでつややかに盛り合わせるアンティパスト、肉や魚のぜいたくなおいしさをストレートに表現するセコンド・ピアット。その間にあるパスタ料理は、前後の料理では使わない部位、部分を、パスタの「調味料」として用いるのです。私がイタリアで学んだパスタ料理とはそういったものでした。食材を無駄なく有効に活用しながら、粉の味わいを前面に出して価値あるプリーモ・ピアットとして昇華させる。そこに一番の重点をおいています。

### ●食材の有効活用から生まれる身近なおいしさを大切に

　店の定番パスタの「ポレンタとタレッジョのラヴィオリ」は一つの典型です。最高においしいポレンタは炊きたての「ポレンタ・フレスカ」

**西口大輔** にしぐち だいすけ

1969年東京都生まれ。'88年より東京・西麻布の「カピトリーノ」（現在は閉店）でイタリア料理の修業を始める。'93年に渡伊し、北部のヴェネト州、ロンバルディア州で研鑽を積む。修業期間の最後を過ごしたミラノの「サドレル」ではパスタシェフを任される。'96年に帰国し、東京・代々木上原の「ブォナ・ヴィータ」（現在は閉店）の料理長として活躍後、2000年に再び渡伊。ミラノの南に位置するパヴィーアのリストランテ「ロカンダ・ヴェッキア・パヴィーア」へ入店後、料理長を5年間務める。'06年に帰国し、都内の住宅街に「ヴォーロ・コズィ」を開業。

ですが、これは大量に作らないとおいしくできない。仕込めば必ずあまる。そのあまったポレンタを二次的に使いながら、いかにおいしいものを生み出すか。そこから「ポレンタとタレッジョのラヴィオリ」ができました。イタリア国内には、このようにして生まれたパスタ料理がいっぱいあります。

　その時、その場にある食材を使って簡単にできるものだからこそ、パスタ料理はいつまでも日常的で、身近な存在であり続けられる。それに、イタリアでも、おそらく日本でも、食べ手はパスタに「ほっとできる味」を求めていると思うのです。私が、素朴なパスタを作り続ける理由はそこにあります。

● "イタリア人にとってのパスタ"を念頭におきながら

イタリア人の友人に、「パスタとは何？」と問いかけてみました。
　　——「人生のベース　Base della vita !」（東京在住の料理人）
　　——「イタリアのシンボル　Simbolo dell'italianità」（ミラノの1ツ星リストランテ、オーナーシェフ）
　　——「毎日の喜び Piacere della quotidianità !」（イタリア在住の建築家）
　　——「絶え間ない発見、土地を映し出すもの Una scoperta continua e lo specchio di un territorio」（トレヴィーゾのリストランテ、オーナーシェフ）

　これらの言葉通り、パスタはイタリアのシンボル、ベースです。これにプラスして4人に共通していたのは、「食べない日はない！」「パスタを食べないと、力がわいてこない！」ということ。
　そんなわけで、私は「毎日でも食べたい＆食べられるようなパスタ」を作りたいと思っています。リストランテというと、とかく豪華な食材を使った華やかなパスタをイメージされますが（トリュフに限っては豪華です）、イタリアに根づいているパスタは、本来そうではないし、リストランテといえども身近な料理と感じられるものを目指しています。

ヴォーロ・コズィ
住所／東京都文京区白山 4-37-22
電話／03-5319-3351
URL／http://volocosi.com

# 歴史の浪漫に満ちた郷土料理のパスタ

小池教之　インカント

● 小さなパスタの向こうに見える壮大な浪漫に魅せられて

　今や世界中に広まり、愛されているイタリア料理ですが、誰もが真っ先に浮かべるイメージは、まぎれもなく「パスタ」であると言っていいと思います。

　イタリア料理は「郷土料理の集合体」といわれるように、北から南まで多様な気候風土や地理的な違いの上に成り立っていますが、中でもパスタは、何千種というバリエーションが示すように、土地の顔を一番に映し出しているのではないでしょうか。また、先史時代や古代のものも含めればとうに数千年の歴史を経ていることになり、今もその背景となるものを色濃く残しているところに壮大な浪漫を感じます。

　私がシェフを務める店では、イタリア全土をほぼ網羅したパスタ料理を提供しています。原点となっているのは、料理人人生の最初の修業先で食べさせてもらった「リングイーネのペスト・ジェノヴェーゼ」「スパゲッティのイワシとフェンネルのソース」「ブカティーニのアマトリチャーナ」です。リグーリア、シチリア、ローマと、各地を代表する昔も今も変わらない伝統のパスタ料理ですが、当時はそのようなことを知る由もなく、ただおいしさの感動と衝撃に包まれながら、パスタの虜となったのでした。そして、その後に修業や勉強を重ねていくなかで、実は多様な民族や都市国家がからみあっているというイタリアの郷土料理の興味深い成り立ちを知り、とことん探求してみようと駆りたてられたのです。

　「この地方にはどんな郷土料理があるのか？ "～風"と謳われた街とはどんな街なのか？　料理の作られた由来には何があったのか？」。次から次へと沸いてくる疑問の中で、最も多かったのがパスタの郷土性、地方性でした。修業でイタリアへ渡ると、その多様性に導かれるようにして、西から東、北から南とくまなく回ることとなりました。今、店に足を運んでくださるお客さまが一番おもしろがってくれるのも、そんなパスタの多様性だと思っています。

● イタリアで感じた"おおらかさ"と"きびしさ"

　さて、パスタを作るたびに感じるのは、日本では、粉、水、卵などの分量を正確に割り出し、製法を忠実に守ることが普通ですが、イタリアではそこまで厳密にやっていなかったこと。計るのは最初の大まかなところまでで、後は手や指先が記憶する感覚で、いつもの自分たちの味にしてしまう。いや、自然になるといったほうがよいでしょうか。そこが驚きでもあり、あっぱれな部分です。

　また、たとえばある街の伝統的なパスタも、その土地ではみなが子どもの頃から親しんできた「おふくろの味」。当然おふくろの数――つまり、

小池教之　こいけ のりゆき

1972年埼玉県生まれ。1993年から「ラ・コメータ」(東京・麻布十番)で修業を始め、約5年間学んだのち、「パルテノペ」(東京・南麻布、恵比寿)で3年間働く。その前後に数店の経験を経て2003年に渡伊。北部はトレンティーノ＝アルト・アディジェ州、ピエモンテ州、中部はウンブリア州、南部はプーリア州、シチリア州、カンパーニア州のトラットリーアやリストランテなど計6軒で修業を積む。その合間を縫って、肉店で加工技術を学ぶなど各地を巡り、さまざまな郷土料理と伝統的な食文化を吸収する。'06年に帰国し、'07年の「インカント」の開業とともにシェフに就く。

作る人の数だけ仕立て方があり、材料などにも少しずつ違いがあるのが普通でした。しかし、食べてみれば、どれにも共通する「伝統の顔」があり、「伝統の味」がある。伝統の真髄について考えさせられる時間でした。

イタリアの修業先では、リストランテでもトラットリーアでも、パスタを担うのはシェフのポジションであり、典型的な家族経営の店ではシェフの母親や祖母の仕事でした。目を背けたくなるような大量の詰めものパスタを信じられない速さで成形し、私よりも太い腕や指で器用にオレッキエッテなどの小さいパスタを作りあげていくシェフや女性たちの姿に圧倒され、イタリア人の血や肉の一部となっているパスタの存在感の強さに感じ入ったものです。

しかしながら、「パスタ場」は家族や料理人同士の「絆の場」であると同時に、いざ営業が始まると怒鳴り合う声が飛び交う騒がしい「戦場」でもある。映画のワンシーンのような光景に、まちがいなく自分がイタリアにいることを実感したことも忘れられません。

●イタリアの伝統に近づくため、さまざまなパスタと向き合う日々

店では今、さまざまな手打ちパスタを作り、いろいろなイタリアの粉と触れています。仕入れの量や保存状態、期間、季節などによっていつも状態が異なり、さらに加える水分、練りの加減、時間といったものもそのつど変えざるを得ず、自分で割り出した製法通りにはなかなかいかないものです。

昔は、それに納得できず、しっくりこなかったのですが、最近では「それがイタリア料理だ」という感覚で向き合えるようになりました。見方が違えば、「雑」な仕事に映るかもしれませんが、生地のぶれ幅も、合わせるソースの状態も、理詰めではなく、自然な感覚で「いつものあの味」、「あの街のあの料理」を仕上げられるようになって、初めてイタリアの伝統に一歩近づけるのではないかと思うのです。

数字や手順の説明だけではわからない何かを会得するために、日々、パスタに耳を傾けながら作っていこうと考えています。

インカント
住所／東京都港区南麻布4-12-2
ピュアーレ広尾2階
電話／03-3473-0567
URL／http://www.incanto.jp/

# パスタは私のソウルフード

杉原一禎　オステリア オジラソーレ

### ●経験を重ねることで得られる"感覚"こそが答え

　イタリア料理の料理人を生業にしている私にとって、パスタは大きなテーマで、一番執着のあるジャンルです。ある時はパスタとは何か？と考えをめぐらし、イタリアのパスタ事情を知り、そのうえで日本で作る際の落としどころも考える。全てが大事で、考えるべきこと、勉強すべきことは多岐にわたります。でも、その時に大事なのは、「何が正しいか」と考えるのではなく、もっと感覚的に全体の事象をとらえることだと思っています。

　たとえば、パスタのアルデンテ感。もし一生で1回だけイタリアで食事をする機会があったとすれば、その人にとっての本場のアルデンテは、その1回の経験が全てでしょう。しかし、経験が増えるほど、「生に近いアルデンテから柔らかめのアルデンテまで」があることを知り、その間を行ったり来たりしながら、主観的にアルデンテをとらえられるようになります。

　実際、イタリアでも、みながみな固めのアルデンテを好むわけではありません。一般に、南に行くほど固くなる傾向はありますが、客観的に見れば南部でもそんなに固くゆでない例もあります。こうした現実の中で、何が正しいアルデンテかを論ずるよりも、その振れ幅を感覚として取り込み、自在に応用できることのほうがずっと大事だと思うのです。

### ●変わりゆくイタリア、お客さまの希望、あらゆる現実を見つめて

　今、イタリア全土で10歳くらいの子供が食べている日常の食事を比較すると、20年前と比べてイタリア全体が均質化されています。食の伝統が一番色濃く反映されるのはパスタを始めとするプリーモ・ピアットですが、今や北イタリアでも普通にペンネのトマトソースを食べ、ピッツァ人気がすこぶる高い。南部の典型的なパスタや料理が北部で当たり前に食べられるようになったのです。伝統的な食事や食材を守ろうというスローフード運動が起きたことは、伝統が失われつつある証拠。何事にも保守的なイタリアで、最も保守な食の分野が、この10年、15年でドラスティックに変化しています。決して喜ばしい変化ではないですが、事実です。

　では、私の場合、十数年前にイタリアで修業した経験で何を表現するか？　パスタを通じて何ができるのか？　何がしたいのか？　長く自問自答してきました。リアルなイタリアを伝えるために、この十数年間のイタリアの変化を伝えるべきか。それとも古きよきイタリアを伝える懐古主義がよいのか。

　現実に、お客さまの中には見たことも聞いたこともない南イタリアの手打ちのショートパスタなどより、食べ慣れたスパゲッティを楽しみた

**杉原一禎** すぎはら かずよし

1974年兵庫県生まれ。地元・西宮市の「ペペ」でイタリア料理の修業を始める。5年半を経て、'97年に渡伊。カンパーニア州ナポリの「ラ・カンティーナ・ディ・トゥリウンフォ」で2年間、同州ソレント近くの「トッレ・デル・サラチーノ」で2年間学ぶ。また、パスティッチェリーアでも修業し、ナポリほか南イタリアの菓子にも精通する。帰国後の2002年に芦屋市内に「オステリア オ ジラソーレ」を開業。'14年6月には同市内に移転予定で、バールを併設し、ドルチェのテイクアウトも行う構想である。

いと思う方がいらっしゃる。一方で、せっかくの外食だからと珍しいパスタを望んでいるお客さまもいます。求められることが一様ではない中で、こちらがありきたりの対応をしていたら、どなたにも満足していただくことができないでしょう。

●パスタはお客さまをイタリア料理の世界へいざなう大事なツール

　心は大きく揺れながら、それでも方向性が少しずつ固まってきました。ナポリを中心とした南イタリアで修業した私にとって、パスタは、まさに私のソウルフード。だれにも負けたくないという情熱の対象であり、徹底して執着したいモノ。そして、私の最大の武器であるとも思っています。

　しかし、学んできたことを押し付けるのではなく、お客さまとのやりとりの中で少しずつ自分の世界に招き入れていこうと考えています。手打ちより乾麺、乾麺の中でもスパゲッティがよいというお客さまには、喜んでスパゲッティをお出しします。でも、その時にちょっとだけ、珍しいソースを提案させてもらうこともします。気に入っていただけたら、次の機会には「このソース、実はこちらの手打ちパスタのほうがもっと合います。さらに同じ生地で、こんな食感のパスタもできるんですよ」と引き入れていく。

　最初に、「何が正しいかを考えるよりも感覚でとらえること」と述べた真意はここにあります。イタリア料理は広がりと奥行きのある素晴らしい世界です。入り口で、正しい、正しくない、の問答にとらわれていては、その先のファンタスティックな世界をお客さまに味わっていただくことなく終わらせてしまうことになりかねません。導入の仕方はいろいろであっていいと思うのです。

　ただし、「陳腐なアレンジ」を肯定しているのではありません。間違いなく、イタリア料理の魅力は過去の産物である地方料理、伝統料理です。そして、伝統料理も作り続けるうちに自然に変わっていくもので、今、私たちの前にあるものもさまざまな変化を遂げてきた結果です。「変える」のではなく、「変わる」まで作り続けていく。その先に、また新たな明るい未来が待っているように思います。

オステリア オ ジラソーレ

住所／兵庫県芦屋市大原町4-12
ビューコート芦屋1階
（6月中旬に下記に移転予定）
芦屋市宮塚町15-6
キューブ芦屋1階
電話／0797-35-0847
URL／http://www.o-girasole.com

パスタ各論

# 1. 生地材料へのこだわりは？

> 小麦粉

●パスタの出身地や料理の地域性で使い分ける （小池）

　まず、大きく分ければ、北部一帯とトスカーナ州周辺の中北部のパスタは00粉、0粉などの軟質小麦で作り、ラツィオ州一帯の中南部は軟質小麦を使いながら硬質小麦（セモリナ粉）の頻度を高め、南部は硬質小麦中心、というようにパスタの出身地や料理の地域性に即して粉を選ぶことを基本にしている。

　昔は、国産メーカーの強力粉、薄力粉、全粒粉を使っていたが、イタリア産の粉が入手できるようになってからは両者をブレンドしたり、それぞれを単独で使ったりするようになり、現在はイタリア産が大半を占める。

　本書に記載したイタリア産の粉は、前述の地域の使い分けに加え、タンパク質の含有量や精製度なども考慮していろいろなメーカーの製品を試し、自分のイメージとシンクロさせながら決めたものだ。なかには、メーカーの所在地を決め手の一つにしたものも多い。たとえばカンパーニア州のパスタを作るなら、ナポリの「カプート社」の粉を使うなど。実際に、そのように現地の環境に近づけると、粉の香りや食感、雰囲気など、パスタの仕上がりがより説得力を帯びてくると実感している。

　ただ、そうは言っても、細分化された多様なイタリア産の粉が手に入るものでもなく、実際に品質にばらつきがあり欠品もあるなど、仕入れの点で不安定な要素はある。また、小規模レストランで、質が劣化しないうちに1袋25kg分を全て使いきるのはむずかしい。そこで、回転の速い1袋1kgの製品の中から、比較的安定して在庫が確保できるものなど、さまざまな条件から判断している。セモリナ粉はカプート社、ディ・チェコ社、00粉はマリーノ社、モリーニ社、カプート社を主に使っている。

　とくに気に入っているのは、マリーノ社（ピエモンテ州）の石臼挽きの粉。普通の精製粉に比べて扱いが難しいところはあるが、香りが格段に高いところが魅力で、人気の理由がよくわかる。

　一方、国産メーカーの粉は総じて精製度が高く、粒子が細やか。品質も高水準で、流通が安定している。料理人になってから長く使ってきたものだけに特性がよくわかるものも多く、イメージするイタリアの味が再現しやすい場合に使ったりしている。東京製粉の強力粉はその一つ。

●小麦の素朴な香りが残る石臼挽きの粉 　（西口）

　パスタ生地に使う小麦粉のうち、00粉とセモリナ粉はともにピエモンテ州のマリーノ社の製品を使用。石臼挽きの小麦の素朴な香りが気に入っており、イタリアから帰国後、ずっと使い続けている。

　そのほか一部のパスタ（カヴァテッリ、クレスペッレ、パンのニョッキなど）に、日清製粉の準強力粉「リスドオル」を使う。一度目のイタリア修業から帰国した当時はイタリアの粉が輸入されておらず、日本で手に入る小麦粉の中で最もイタリアの粉に近いと感じ、使い始めた。現在は大概の手打ちパスタを前述のマリーノ社製で作るようになったが、小麦粉を補助的に使うレシピでこの準強力粉を使っている。

●卵入りの生地か、卵なしの生地かでシンプルに使い分け　（杉原）

　卵を入れる生地は00粉、卵を入れない生地はセモリナ粉と、ほとんどのパスタをこれらの使い分けで作っている。あとは、変則的に強力粉や薄力粉を補うことがあるくらいだ。

　00粉もセモリナ粉も、ナポリが本拠地のカプート社の製品。同社は1924年創業の製粉メーカーで、イタリア産の小麦（ウンブリア州、マルケ州が主産地）をベースとし、その他のイタリア国内の厳選した小麦、またヨーロッパ産の高品質小麦をブレンドしている製品もあるという。ナポリの修業時代から使い慣れていることもあり、現在、日本で入手できるイタリア産の粉の中で、最も質に満足している。

## 卵

●卵黄のコクと卵白の弾力を重視　（西口）

　4年ほど前から、青森県産の「緑の一番星」という商品名の卵を使っている。殻が薄緑色をしているが、これは同県の畜産試験場が開発した鶏の品種（南米チリ原産のアロウカナ種とロードアイランドレッド種の掛け合わせ）の特徴のようだ。抗生物質を使わず、α-リノレン酸が豊富なエゴマを主体に飼料として与えているという。

　この卵が気に入っているのは、卵黄の甘みとコクが強いことと、卵白が盛り上がって弾力のある点。とくにラヴィオリのような詰めものパスタで、ツルン、プルンといった心地よい食感が得られるのはこの卵白の力が大きいように思う。店では卵入りのパスタ生地を作ることが非常に多いので、卵の質は気になるところだ。

　生地をこねる時も、こねすぎれば生地の温度が上がって卵の劣化につながるため、強くはこねないようにしている。どの生地も手でこねたあとに真空にして休ませており、真空にすることで粉と水分がよくなじむので、軽くこねるだけで十分である。実際、つやが出るまではこねない。

●粉をおいしく食べるために卵の風味を添える感覚　（小池）

　卵はノーブランド。最近の日本では、卵黄の色がつややかなオレンジ色で、味の濃いものがよいとされる傾向があり、私も以前はそのようなものを使っていた。しかし、イタリアでは一部を除いて淡い黄色の黄身が一般的だったこともあり、改めていろいろな卵を使い比べてみた。

　その結果、思ったのは、パスタとは結局は粉のおいしさを味わうものであり、その他の材料は粉を生かすものであるべきということ。粉をおいしく食べるために「卵の風味を添える」感覚で使うのがよいと考えている。

　例外はタヤリンのように卵黄のみで練るもので、この場合は個性に見合うような卵黄の濃度と味の強さのある卵を使う。

●地鶏の卵で満足　（杉原）

　店では卵入りの生地を作る頻度が少なく、本書で紹介したタリオリーニやラザニェ、ラザニェッテの生地に全卵や卵黄を使うくらい。

　以前は、卵黄を多く使うラザニェッテには卵黄のリッチ感が出るようにと、黄身の色が濃い卵を使っていた。しかし、地鶏の卵を使うようになってから、黄身の色はエサの中身で大きく変わることを知り、色にはこだわらなくなった。また、色に限らず、パスタ生地を練る材料として卵の質はとくに気にしていない。

ちなみに使用している地鶏の卵は、九州でイタリア野菜を栽培するイタリア人農家が、無農薬野菜を飼料に飼育しているもので、満足している。

## 水

●生地に汎用性を求めるなら浄水　（小池）

　基本は浄水（浄水器を通した水道水）。パスタの品数が多く、1つの生地からいろいろな形状のパスタを多種作ることも多いので、汎用性のある生地を作るために浄水がよいとの判断だ。日本の水は硬度が低く、粉となじみやすい、味がニュートラルな点が利点だと思う。

　イタリアのミネラルウォーターは総じて硬度が高いので、印象として生地に食感の重さが出たり、締まりすぎの感覚を感じることがある。しかし、口に入れた時のほどよい咀嚼感、ソースとの一体感、粉の香りの感じ方では効果があり、さらにプリーモ・ピアットの位置づけを強調したい時はそうした仕上がりもあっていいと考える。これからイタリア産のミネラルウォーターを各種試して、パスタの地方性に合わせた使い分けをしてみたいという気持ちもある。

●温度と水加減に細心の注意を払う　（杉原）

　浄水を使っている。水で大切なのは温度と水加減だと考え、季節やパスタの種類によって微調整している。

　まず、冬と夏では水道水の温度がかなり異なる。冬場の6～7℃の冷たい水は小麦粉になかなかなじまず、粉自体も冷たい（粉はだいたい気温マイナス1℃）ので、37℃くらいのぬるま湯を使う。それ以外の時期は常温の水。真夏は水も粉も温度が高いので、氷を少し入れることもある。

　一方、生地の水加減はわずかな違いでも成形作業の効率が大きく違ってくるし、味わいや食感にも影響する。目指すパスタの仕上がりを想定して配合を決めるわけだが、わずかな違いでゆで時間やソースとのなじみ方が変わってくるものだ。

　具体的には、水加減が多い生地はゆでるのに時間がかかり、ソースを少しはじく感じになる。逆に水分が少なめでドライに練り上げたものはゆで上がりが速く、水分をよく吸うのでソースのなじみがよいし、柔らかくなってニュルン、ツルンとした食感が際立つ。ちょうどワンタンやそうめんに近い口当たりになる。ドライなほうが固そうだが、逆で、ゆでると柔らかくなるのだ。

　総合的には一見、ドライのほうがよさそうだが、そこは一長一短。ドライタイプは手打ち感が強く出るが、早いうちに食べ飽きてくることと、料理に仕上げてからの劣化が比較的早い。この劣化とは、ふやけてベタっとし、麺同士がくっつく感じのこと。ただ、少量で満足できるので、コース料理の中で供するのに効果的だ。

　逆に水分の多い生地は、飽きにくいのでたくさんの量が食べられるし、ゆで上げ後の劣化もおだやかだ。パーティ料理などにはとくにこちらがよい。

●補足的ではあるが、微調整に不可欠　（西口）

　店で供している手打ちパスタは卵を水分とするものが多く、水は補足的に使う程度。浄水を使う、ということ以外はとくに意識していない。

　ただ、私の場合は生地の水加減の調整になくてはならない材料で、生地をこねる時は必ず脇に水を準備して作業している。そのつど、粉の乾燥度や卵の1

個分の重量、厨房の湿度などに微妙な違いがあるので、生地の基本材料に「水」を入れていないものでも、調整として水を加えることは多い。手の感覚で生地の水加減を感じとり、必要とあれば水を加えるという作業である。

### 塩

●イタリアと同じ使い方ができる天日海塩　（小池）

シチリア州ソサルト社のモティア産天日海塩、サーレ・フィーノ（細かい粒子の塩）を使用。イタリア各地の塩をいろいろ試した中で最も旨みがあり、丸みをおびた風味が気に入った。イタリアでは海塩が主流なので、そのまま同じ使い方ができるところが使いやすい。

●味に深みを感じる天日海塩　（西口）

ミネラル分が豊かで味に深みがあるという理由で、シチリア州ソサルト社のモティア産天日海塩、サーレ・フィーノ（細かい粒子の塩）を使用。生地に混ぜるのもゆで汁に加えるのもこの塩である。パスタ生地に塩を加えるのは、グルテンの生成を助けるため。タンパク質の含有量の多い強力粉やセモリナ粉は弾力が強くなり、少ない00粉の場合はしなやかさが増すと思う。

●粉の特性によって塩の要・不要を判断　（杉原）

一時は凝って数種類の塩を使い分けていたが、今はシチリア州ソサルト社のモティア産天日海塩、サーレ・フィーノ（細かい粒子の塩）1種に絞っている。パスタのコシは、小麦粉中のタンパク質が変化したグルテンの形成によって生まれるが、少量の塩を加えると、グルテンの力の中でも「のび」がよくなるという効果がある。また、塩を入れないと、練り上げた後の生地がダレやすい、乾燥しやすい、火の通りに時間がかかるなどのデメリットがある。00粉や薄力粉などで作る生地はこの塩の効果が大きいと思う。本書ではラザーニェやシャラティエッリの例がこれだ。

しかし、塩を入れる必要がないと思うパスタもある。一つが、私はあまり作ることがないが、卵黄のみで練るタヤリン。このパスタの歯ごたえは、グルテンでなく卵黄の凝固作用によるところが大きいので塩を入れる意味はないとの考えだ。

さらにセモリナ粉も、タンパク質の含有量は多いものの、水で練った時にグルテンの弾力は出るが「のびる性質」がない。つまり、塩を入れるメリットがない。セモリナ粉は練りすぎるとかえって切れやすい生地になり、短時間で弾力のピークを探しながら練るのが必要なことからもわかるように、もともとのびる性質のない小麦粉である。

### オリーブ油

●生地につやを出すために加える　（西口）

調理の仕上げにかけるのはシチリア州産のE.V.オリーブ油だが、パスタ生地に練り込んだり、加熱調理に使ったりするのはトスカーナ州ルッカ産のピュアオリーブ油。分類はピュアだが、E.V.オリーブ油が大量に入っているブレンド品なので、甘みを感じさせる香りとフルーティな味があり、使い勝手がよい。

パスタ生地にオリーブ油を入れるとつやが出るので、たいていの生地に入れているが、量が多すぎるとグルテンの力が弱まるので、少量にとどめている。

●パスタの個性を表すのに必要な場合に入れる　（小池）

　私の作るパスタ生地には、オリーブ油を入れるものと入れないものがある。入れないものは、たとえば「セモリナ粉と00粉と水、塩」で作る生地。これは同じ生地から形を変えていくつかのパスタに発展させ、ソースによっていろいろな表情を作れるようにニュートラルな生地にするため、オリーブ油を必要としていない。
　一方、オリーブ油を入れるのは、たとえばピンポイントでそのパスタのためだけに生地を練る場合に多い。オリーブ油だけでなくラードなど他の油脂も同じだが、そのパスタの地域において、油脂が生地材料の重要なパーツと考えられる時。パスタの個性を表すのにオリーブ油が必要かどうか、という考え方だ。当然、オリーブ油の香りを生かすことが大事で、その土地の製品の中からとくに香りと色のよいE.V.オリーブ油を選んでいる。

●しなやかで縮みにくい生地にしたい時に加える　（杉原）

　ナポリのメーカー品で、産出地がバジリカータ州のE.V.オリーブ油を使っている。生地の中に油を練り込む場合は、とくに油の品質にこだわっていない。
　基本的に、生地に油を入れるとしなやかな食感になり、縮みにくくもなる。そうした観点から、オリーブ油を入れるか入れないかを考えるとよいと思う。

## 2. ゆで湯の塩分濃度は？

●1％　（小池）

　塩分濃度1％を目安にしている。加える塩はシチリア州産のサーレ・グロッソ（粗塩）、もしくはサーレ・フィーノ（粒子の細かい塩）。
　営業中は寸胴鍋でボコボコと大きく湧かないくらいの火加減を維持して沸かしておき、営業のピーク時まで使う。ピークを過ぎたら鍋のサイズを小さくして、新しくゆで湯を準備する。詰めものパスタのような繊細なものは別に小鍋でゆったりさせながらゆでることもある。

●約1.3％　（杉原）

　塩分濃度は1.3％くらいの設定で、いくらか流動的。日本では1％にしている店が多いと思うが、イタリアはそれよりも若干数値は高く、私自身も1％では味のインパクトが足りないように思い、1.3％に上げている。
　塩はシチリア州のサーレ・グロッソ（粗塩）。湯の継ぎ足しや交換は作業の流れの中で可能な時に行う。営業が始まってゆで湯を使い始めたら、塩加減は湯で見ず、ゆでているパスタの味で判断する。
　温度管理は100℃をキープ。ただし、グラグラ沸きすぎていてはパスタが踊りすぎるのでNG。また、大量の湯に対しパスタの量がかなり少ないと、おいしくないとまでは言わないが、湯の味を感じる。

●1％弱　（西口）

　パスタの種類や料理の仕立て方によって微妙に調整するが、営業中は湯21ℓに塩200gを基本に入れている。塩分濃度は1％弱。私はゆで汁も調味料の一

つと考え、ソースとパスタを和える際に必ずゆで汁を入れるので、塩分をやや抑えている。ゆで汁にはパスタ生地の粉の旨みも溶けており、料理に味わい深い柔らかな塩味をつけることができる。ゆで汁は煮つまってきたら随時水を加えて濃度を調整する。

　塩の種類は生地に入れるものと同じで、シチリア州のサーレ・フィーノ（細かい粒子の塩）。火加減は湯の表面がゆるやかに波打っている状態で、パスタを入れたら湯の中でゆっくり踊っている状態にする。乾麺は入れたら最初の2分間はさわらず、1回かき混ぜたら、あとはそのままゆでる。手打ちパスタもほぐれやすいのでさほどかき混ぜない。どちらもかき混ぜすぎないことが大切。

## 3. アルデンテとは？

### ●しっかりと火は通っているが、芯があるかのような歯ごたえ　（小池）

　アルデンテは、粉が生で芯を残した状態ではなく、粉にしっかりと火が通っていながら、「芯があるかのように歯ごたえを感じる」食感。粉の香りをよく引き出すために、しっかりゆでることを心がけている。

### ●個々のパスタで求めるアルデンテ（歯ごたえ）はさまざま　（西口）

「歯ごたえのある」食感がアルデンテである。ただ厳密には、乾麺か手打ちか、また形状や厚みなどによって、それぞれのパスタに合った歯ごたえがあると思う。その意味では、ゆで加減はそれぞれに異なる。ゆで上げたあとも余熱で火が入ることを計算して、食べる時にぎりぎりの歯ごたえのある状態にゆでることが大切。

　印象として、イタリアよりも日本のほうが麺の固さに敏感すぎる感じがする。アルデンテを意識するあまり、固めに仕上げてしまっては逆効果。個々のパスタに見合った歯ごたえをとらえることである。

### ●アルデンテとは「食べ飽きない」工夫であり、食べる量に比例させるもの　（杉原）

　乾麺の場合、袋にゆで時間の目安が書いてあるので、ゆでることはパスタ場の仕事の中で一番簡単そうだが、実はむずかしい。
　まず、当店が使っているような伝統的な製法の乾麺は、年間を通してみるとゆで時間に2分くらいの誤差が出ることが多々ある。理由はよくわからないが、冬場はゆで時間が少し長くなる傾向があり、他の時期には柔らかくなるのがやたらと早いこともある。ロットの違いによる差もあると思う。
　現在は、私一人で前菜もパスタもメインも調理しているので、パスタをゆでる時に一応タイマーをかけるが、必ず食べてチェックする。イタリアでは、パスタ場にタイマーはない。家庭でもレストランでも、パスタをゆでるのにタイマーをセットしている人を見たことがなかった。慣れると、食べなくても触ったらわかる。

　ゆで方は、大きく2方向で考えるべきだと思う。ジャストのゆで上がりがどこかという視点と、そのつど状況を見ながら臨機応変に対処する幅を持つこと。
　パスタの固さ＝アルデンテも、解釈はいろいろだと思うが、基本的に固いと感じるのはダメ。固いのではなく、弾力があることだ。それと、盛りつける量に比例させることも大事だと思う。柔らかくゆですぎたものは早いうちに食べ

飽きてくるので、アルデンテは食べ飽きない工夫である。山盛りで供するパスタなら強めのアルデンテがよいし、リストランテでごく少量を盛る場合はアルデンテの加減を弱くするとよい。イタリアの育ち盛りの男子は軒並み、超固めのパスタを好むのはたくさん腹一杯食べられるからだ。

## 4. パスタとソースを和えるコツ

### ●十分に準備の整ったパスタとソースを一気に和えるスピード感が重要 （小池）

　簡単に言えば、準備したソースをしっかりと温め、ゆでたてのパスタを入れて手早く和える。ものによってはソースの中で少しパスタを煮て味を含ませる方法もあるにはあるが、それは特殊なものに限られる。

　和えるのに時間がかかってソースに余分な濃度が出ると、そのぶん、水分でのばす必要が出て味がずれてくるので、パスタもソースも十分に準備の整ったものを合わせ、一気に和えるスピード感が必要だ。火加減はやや強めで、火から離すと温度が下がるので、空中であおりすぎない。最後に油やチーズを加える段階では、火を止めて手早く和える。

　「乳化」については、フライパンの中で一生懸命に和えて水と油をつなごうとする必要はない。十分な濃度のついたソースであればパスタにからまり、それで十分だと思う。

### ●ゆで汁で塩分と水分を補いながら和え、一体化した瞬間を逃さずに盛る （西口）

　和える時に、注意していることはたくさんある。パスタがゆで上がる前に、ソースが必ず仕上がっていること。生ウニのような例外はあるが、パスタの温度とソースの温度がなるべく近い状態であること。必ず、ゆで汁で塩分と水分を補いながら和えていくこと。パスタ料理のおいしさは、粉の旨み、凝縮したソースの味、そして一体感。パスタとソースをよく和えることで、いろいろなものがひとつにまとまり、深い味わいが生まれる。

　イタリアでは、ソースをからめるパスタを「パスタシュッタ pastasciutta」と呼ぶ。「乾燥したパスタ」という意味で、ソースの水分が多すぎず、ほどよい濃度であることを指す。つまり、パスタにソースがよくからんで、一体化している状態であり、食べ終わった時に皿にソースが残っていないことだ。

　工程を詳しく説明すると、和える時はソースの中にパスタを入れる。和えながら塩はふらず、ソース、ゆで汁、チーズで塩味をととのえる。また、乳化についてはとくに意識することはない。ソースにもともと濃度があり、さらにチーズやバターを入れることが多いので自然につながるからである。

　イタリアでは「あつあつ」でパスタ料理を供することはなく、「温かい」温度が必要だ。そのため、パスタとソースを和える時は火からおろしている。和えたら、瞬時に器に盛る。盛り付け用のフォークやレードルは必ず定位置に置いておき、1秒たりとも時間をムダにしないようにしている。

### ●乳化系ソースはソースにパスタを、非乳化系ソースはパスタにソースを （杉原）

　和え方は、ソースを二分して考えている。ソースが乳化状態のものと、ソースの脂分が分離した非乳化系のもの。体系化するのはむずかしいが、乳化タイプはたとえば、オイル系のソース（アサリのスパゲッティ、ペスカトーラなど）、

生クリームやチーズ、バターなどで和えたクリームソース、バターソース。一方、非乳化タイプはオイル系(ペスト・ジェノヴェーゼ、チーメ・ディ・ラーパのソースなど)、脂分が分離した焼き汁をベースにしたスーゴ的なもの、そしてラグー類である。

　前者の乳化系ソースはソースにパスタを入れ、後者の分離したソースはゆでたパスタをいったん鍋に入れ、そこにソースをかけて和えることが多い。乳化系は主に1人分ずつ仕上げるのでソースの分量を的確にとらえられるが、非乳化系のソースは大量仕込みのものが多く、1人分の適量を一度に決めることがむずかしいからだ。ソースの具材、液体分、分離している脂などさまざまな要素を、状態を見ながらパスタに加えていく。

　乳化系ソースの場合、パスタを加えてさらに加熱するが、その時に「パスタにソースの味を吸わせる」という考え方、また表現はあまり賛成ではない。からんでいるので十分だ。それに、パスタはさほど味を吸うものではない。液体の中でパスタを長く加熱することで、パスタの粉気がソースに出てとろみとなり、油脂と水分の乳化以上の濃度が液体に出るので、吸ったかのように感じるのではないだろうか。

　要は、「和える」のに尽きると思う。乳化系も混ぜ過ぎると味にキレがなくなる。経験が浅い人ほど混ぜすぎる傾向があるが、必要最低限がよい。

　ただ、上記のそれぞれのカテゴリーの中でも、味の狙いどころによって和え方を変えることがある。たとえばアサリのスパゲッティでは、パスタを入れる前のソースの水分を少なくしておくとシャープになるし、水分を多くしてトロンとした濃度をつけていればふくよかになる。また、クリーム系ソースを軽く分離するまで煮つめると、重さは出るが甘さが減って、キレのある味になることもある。

　このように風味の着地点を想定しながら、個々の変化球的な味わいをうまくまとめられる和え方ができれば理想である。

# 5. 私の好きな乾燥パスタ

### ●ポイントはゆで上がりの粉の風味と肉厚な食感　（小池）

　個人的な好みから、肉厚なショートや太めのロングを選択することがほとんどで、料理もそれに合わせてしっかりとした味つけのものが多い。

　長く使い続けてきたメーカーは、パスタイ・グラニャネージ社、アフェルトラ社、ヴィチドーミニ社。各社の製品の中にいろいろなタイプがあるが、総じて肉厚なものが多く、ゆで上がりの粉の風味と食感、加えて料理の仕上がりにイタリア現地の趣が出るところが気に入っている。どれも汎用性が高く、南部から中部あたりの料理に対応できる。

　実際に店でよく使うパスタの種類は、カラマーリ、カサレッチェ、ペンネ（筋のないタイプ）、ツィーテ、スパゲッティ、リングイーネなど。

　この他にもピンポイントで、パスタごとに他のメーカー品を使うこともある。たとえば、アネージ社のリングイーネでペスト・ジェノヴェーゼを合わせたり、ディ・チェコ社のリガトーニをグリシャーノ風にしたり。よく知られた大手のパスタも表現の仕方でドラマが生まれるので、作り手の規模の大小は問わない。

　乾麺は手打ちに比べて価値が低く見られることもあるようだが、イタリア料

理においてはずせない一つの文化。使う時は個々のパスタの特性を考えて選び、料理の仕立て方にも工夫や調整をしている。

### ●粉の香りがあって、力強さを感じるものが好み　（西口）

　私の店では手打ちパスタが基本なので、乾燥パスタをお出しすることはほとんどないが、たまに、どうしても乾麺を召し上がりたいというお客さまや子ども客のためにスパゲッティを中心に常備している。本書で使用したスパゲッティはモリーゼ州のモリサーナ社とカンパーニア州のリグオーリ社。

　両製品ともにコシが強く力強さがあり、アルデンテの持続性が長い。また、粉の香りも強いところが気に入っている。メーカーの所在地の土地のイメージもあり、モリーゼ州のモリサーナ社は肉のラグーやオイル系のソース、ナポリに近いリグオーリ社はしっかりと煮込んだ魚介のソースと組み合わせることが多い。まかないはほとんど乾麺で、モリサーナ社のものをよく食べている。

### ●パスタごとに、料理ごとに、ジャストフィットするものがある　（杉原）

　最近はカンパーニア州のメーカーの製品しか使っていないが、土地にこだわっているわけではなく、たまたまのこと。アフェルトラ社、パスタイ・グラニャネージ社、ラ・ファッブリカ・デッラ・パスタ社の3社である。

　1社に絞っていないのは、パスタごとに自分の好みで最もよいと思うもののメーカーが違うから。たとえばスパゲッティは90％がアフェルトラ社。かなり太いが万能である。ただし、「スパゲッティ・カルボナーラ」と、春に作る「イカナゴのスパゲッティ」はラ・ファッブリカ・デッラ・パスタ社が合う。パスタイ・グラニャネージ社はショートパスタの種類が豊富で、かつ非常においしいと思う。

　一方、パッケリは3社ともに使う。アフェルトラ社のものはとても味がよいが、ゆで時間が23分間かかる。モチャーッとした食感で、ラグー系やワタリガニの濃いソースに合うが、トマトソースだとソースが負ける。ラグー系の場合でも、油脂分が分離するくらいに煮つめたソースを和えるのがおいしい。

　反対にパスタイ・グラニャネージ社のパッケリはゆで時間があまり長くなく、ペロンとした食感。ペスカトーラ的な魚介のソースやシンプルなトマトソースに合う。味的にパッパルデッレと少し似た印象だ。ラ・ファッブリカ・デッラ・パスタ社はその中間で、よい意味で万能である。

　このように、このメーカーのコレ、という使い分けだ。

　私の中で、乾麺は一つの完成された食材。手打ちパスタはソースから逆算、またはソースとパスタの両方から調整していくが、乾麺はそうはできない。同じスパゲッティでもソースによって若干固め、柔らかめとゆで加減は調節できるが、基本はパスタありき。それでいいと思う。

# 第 2 章

## パスタ 基本のテクニック

## ●基本生地の配合

本書掲載の多彩なパスタ生地の中から、使う頻度の高い基本生地を3人のシェフ別に整理。粉（セモリナ粉、00粉）、水分（卵、水）の使い分けをわかりやすく分類した。

---

### 西口

北イタリアの料理を中心にしていることから、00粉主体の卵入り生地が基本。コシを出すためにセモリナ粉も少量補っている（A）。それ以外はパスタごとにほぼ個別の配合にしており、ここでは比較的作る頻度の高い3種を紹介した（B、C、D）。

**A　00粉＋セモリナ粉＋卵**

●代表的なパスタ
ラヴィオリ、ラザーニェなどの詰めものパスタ、タリオリーニなどのロングパスタ

【作りやすい分量】
00粉　800g
セモリナ粉　200g
卵黄　8個分
全卵　5個
ピュアオリーブ油　少量
（水　適量）

※店で最も多用している卵入り生地。水はこねながら途中で少量ずつ加えて固さを調整する。（本文中は水の記載なし）

**B　00粉＋セモリナ粉＋卵**

●代表的なパスタ
マッケローニなど小型マシンで絞るパスタ

【作りやすい分量】
00粉　400g
セモリナ粉　100g
卵黄　8個分
全卵　2個
ピュアオリーブ油　少量
塩　少量

※Aのアレンジで、粉に対する卵黄の分量が多い。小型マシンの強い圧力で絞り出すマッケローニ、マッケロンチーニ専用。

**C　00粉＋卵黄**

●代表的なパスタ
タヤリン

【作りやすい分量】
00粉　200g
卵黄　6個分
水　少量

※タヤリン専用の卵黄だけで練る生地。

**D　00粉＋全粒粉＋卵＋水**

●代表的なパスタ
ピゴリ

【作りやすい分量】
全粒粉　300g
00粉　200g
卵黄　8個分
全卵　1個
ピュアオリーブ油　5g
ぬるま湯　50g

※全粒粉を使わない場合は00粉500gで作る。
※生地がかなり固いので、時々手のひらを水で湿らせるとこねやすい。こね上げた時に多少、ひび割れていてもよい。

---

### 小池

ほぼパスタごとに材料や配合を変えたり、風味づけの副材料を加えたりするため、生地の種類は多岐にわたる。その中から基本の3つのタイプ——セモリナ粉を使ったもの（A）、00粉主体（B）、卵入り（C）の各生地を紹介。

**A　セモリナ粉＋00粉＋水**

●代表的なパスタ
オレッキエッテなどのショートパスタ

【作りやすい分量】
セモリナ粉　250g
00粉　250g
ぬるま湯　230g
塩　5g

※本来はセモリナ粉と水で作るパスタを、店ではセモリナ粉と00粉を同割にして使うことが多い。00粉を加えることで、単なるコシの強さだけでなく、しなやかさを出している。

**B　00粉＋水**

●代表的なパスタ
ピーチ、ストゥランゴッツィなどのロングパスタ

【作りやすい分量】
00粉　500g
水　230g
塩　5g

※中部イタリアに多いうどん的なパスタ用。00粉と水のシンプルな配合。

**C　00粉＋卵（＋水）**

●代表的なパスタ
トルテッリ、アニョロッティなどの詰めものパスタ

【作りやすい分量】
00粉　500g
卵黄　5個分
全卵　2.5個
塩　3g

※シート状にのばして詰めものをするような卵入りの柔らかな生地。

---

### 杉原

最も使用頻度の高いのが南部のパスタの典型的な、セモリナ粉と水の生地（A）。巻く、くぼみを作る、細く切るなど成形法は多様。一方、卵入りの生地は00粉を基本にしてシート状にする（B、C）。

**A　セモリナ粉＋水**

●代表的なパスタ
マッケローニやパッケリなどのショートパスタ、フジッリ・ルンギやフェットゥッチェなどのロングパスタ

【作りやすい分量】
セモリナ粉　200g
水　100g

※卵入りパスタのようなぎゅっと締まった生地ではなく、弾力が強いもちもちとしたコシの強さのある生地。

**B　00粉＋卵**

●代表的なパスタ
ラヴィオリなどのシートパスタ

【作りやすい分量】
00粉　100g
全卵　1個
E.V.オリーブ油　少量
塩　少量

※火の通った卵の食感が加わるので、サクサクした歯切れのよさやシコシコした歯ごたえのある生地。
※シート状に成形する生地は、5～6時間休ませてから成形しないと戻る力が強くマシンでのばしにくい。また、こねたてをマシンで何度ものばしてしまうとグルテンがちぎれやすく、食感が悪くなる。

**C　00粉＋卵黄**

●代表的なパスタ
ラザニェッテ、タリオリーニ

【作りやすい分量】
00粉　1kg
卵黄　29～30個分

※本書で掲載したサフラン入りのタリオリーニは強力粉やセモリナ粉を使った特殊な配合で、一般的なタリオリーニは上記の生地を使用。

## ●基本生地の作り方

左ページの配合の中から、3人のシェフが最も基本としている<生地A>を例に仕込み方を紹介。真空にして休ませる、休ませながらこねる、こねた直後に成形するなど製法はさまざま。

### 西口

生地A

こねた生地（A～Dのいずれも）は真空にして、冷蔵庫で一晩休ませてから成形。こねるのに時間をかけず、真空にすることで水分と粉を均一になじませてムラのない生地にする。

1　ボウルに材料（セモリナ粉、00粉、卵黄、全卵、ピュアオリーブ油）を全て入れる。

2　手のひらでつかむように混ぜ合わせていく。

3　生地がそぼろ状にまとまってきたら、水を少量ずつ加えながら生地になじませ、つないでいく。

4　ボウルに粉や生地が残らず1つの塊にまとまるまで、粉と水分をつなぎながら練り合わせる。

5　打ち粉をしたこね台に置き、数分間こねる。専用の袋に入れて真空にし、冷蔵庫で一晩休ませる。

※仕込んだ翌日に使いきる。生地が半端に残れば、まとめてカネロニやラザーニェなど細工の必要のないシート状生地に利用する。

### 小池

生地A

塊にまとめた生地を常温で1時間ほど休ませてこねる、という工程を数回繰り返し、徐々に粉に水分をなじませていくこね方。仕上がった後も一晩休ませてから翌日に成形する。

1　セモリナ粉と00粉を合わせる。塩を溶かしたぬるま湯をかけ、ゴムべらですいとん状に混ぜる。

2　指先でほぐすように混ぜ、粉に水分を回していく。しっとりしてきたら手のひらで押しながら軽くこねる。

3　ビニール袋で包んで空気を抜き、常温で1時間ほど休ませる（夏は15℃前後のワインセラーを利用）。

4　生地をビニール袋から取り出し、こね台でよくこねる。

5　3と4の工程をあと3～4回繰り返し、表面がツルンとなったらラップ紙で包み、冷蔵庫で一晩おく。

※気温や粉の乾燥度は一定していないので、分量表よりやや少ない水分でこね始め、霧吹きで水をかけながら水分を調整する。

### 杉原

生地A

この生地は体温でだれないように軽くこね、すぐに成形する。グルテンの弾性が強いうちにその力を利用するという考え方。休ませると力が弱まり、形が作りにくい。

1　ボウルにセモリナ粉と水を入れる。

2　手のひらでつかんだり押したりしながら、粉と水をなじませていく。

3　粉と水が完全に混ざり、1つの塊になるまでボウルの中でこねる。

4　台にのせ、一定方向に上から強く押しながらこねる。腕の重さをかける感覚で、押しのばさない。

5　表面がツルンとするまで5～6分間こねる。セモリナ粉の生地をこねすぎると、切れやすくなる。

※こねる際に向きを変えると、生地がプツプツと切れたような食感になる（フェットゥッチェなど一部の生地は向きを変える）。水分が足りなければ霧吹きで補うとよい。

## ●マシンでのばす

ラヴィオリやラザーニェなどのシート状生地で作る詰めものパスタ、またタリオリーニやタリアテッレなどの一般的な平打ち麺は、均一に極薄にのばせるパスタマシンが最適。

（杉原）

### 1　一方向にのばし続ける（タリオリーニ）

1　こねた生地を手で押しつぶし、パスタマシンに入る厚さにする。適宜、強力粉で打ち粉をして作業。

2　目盛りを最も大きくして生地を通し、まず生地の厚みを揃える。

3　少しずつ間隔を狭くしながら、生地を同じ方向にのばし続ける。

4　生地が長くなってきたら適宜切り分け、再び同じ方向にのばし続ける。厚さ1mmに仕上げる。

※タリオリーニのように幅の狭いシートにのばす時は、途中で方向を変えてのばすと生地がブツブツと切れる食感になるため、同一方向にのばし続ける。

### 2　途中で1回、向きを変えてのばす（幅広のロングパスタ、ラザーニェなど）

1　写真はシャラティエッリの例。こねた生地を押しつぶし、パスタマシンに通して厚みを揃える。

2　2回ほど通したら、生地を3ツ折にする。

3　最初の方向と90度向きを変えてマシンに通す。生地の端の半端な形も、きれいな長方形に整う。

4　そのまま同じ方向にのばし続けて、パスタに合わせた厚さ（1mm以下〜3mm）に仕上げる。

※幅広ロングパスタや大きなシートにのばす時は、1回向きを変えることでツルンとしたしなやかさが出る。ただし、何度も向きを変えると生地が傷むので1回だけにする。

## ●めん棒でのばす

本書の中では管状のパッケリ、カネロニ、マッケローニ、トゥベッティを作る場合ののばし方。管の形が保てる固さと厚みが必要なのでめん棒を利用。マシンは柔らかくなりやすい。

（杉原）

1　生地を球状にまとめる。均等にのばしやすく、作業性もよい。

2　真上から手のひらの根元で押しつぶす。

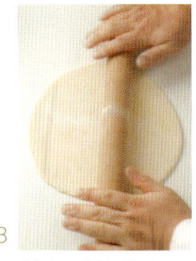

3　めん棒を前後に転がしてのばし、次に生地を90度回転させてのばす。この動きを繰り返し薄くする。

4　随時、厚みが残っているところものばしていく。

5　四隅を作るようにのばして、最終的に四角形にする。

## ● 保管方法

成形した生地の保管法は、パスタの形状や配合の違い、求める食感のイメージ、さらに仕込みの量などによっても変わってくる。3人のシェフの代表的な保管法の事例を紹介する。

---

### 西口

午前中に成形し、夕方の営業まで冷蔵庫で保管する。ガルガネッリのように保形性を高めたいものは室温におくが、大半は冷蔵庫で保管。打ち粉は、00粉などの軟質小麦粉に比べてベタつきにくいセモリナ粉を使う。

#### 1 冷蔵庫で保管

卵入りも水だけの生地も、成形したらセモリナ粉をまぶす。バットに布を敷き、セモリナ粉をふってパスタをのせ、再度セモリナ粉をふって布をかぶせて冷蔵庫に置く。タリオリーニのような細いパスタ（写真左）は1人分ずつにまとめ、ピーチのような太いパスタ（右）は1本ずつバラした状態で。

詰めものパスタもバットに布とセモリナ粉を敷いた上に並べ、上にもセモリナ粉をまぶして布をかける。生地のみシート状で保管する時は、1枚ずつラップ紙で挟んで冷蔵。

---

### 小池

パスタ料理はメニューに常時10種類以上をのせているため、いつでも提供できるように冷凍保管を基本にしている。保管のために新たに打ち粉はしない。

#### 1 冷凍する

タヤリンはゆでる際にほぐれやすいので、最初に1人分ずつ丸める。保管は2通りの方法で。柔らかさを強調させる場合は成形後すぐに冷凍。サクサクした歯ごたえを出したい時は半日ほど室温にむき出しでおいて乾燥させ、冷凍せずに使う。

タヤリン以外のロングパスタは、まっすぐにのばしてくっつかないように並べる。多くは成形後、すぐに冷凍。キタッラやトゥロッコリのように切り口に湿り気が多いものは、室温にむき出しておいて30分間ほど乾かしてから冷凍。

ショートパスタと詰めものパスタも基本は成形後、すぐに冷凍。例外的にストラッシナーティは形を安定させるために室温で30分間ほど乾かしてから冷凍する。

冷凍する時は、いずれも左の写真のようにバットにパラフィン紙を敷いてパスタをのせ、蓋かラップ紙をかぶせる。凍結したら、スペースを節約するためにビニール袋に入れて密封し、引き続き冷凍庫へ。

※本書で掲載した小池氏担当のパスタのゆで時間は、冷凍品の場合の目安。生からゆでる時は少し短くする。

※冷凍品をゆでる場合は、割れたり欠けたりしないように気をつけ、丁寧に湯に入れる。

杉 原

パスタの種類によって保管法はいろいろ。使用頻度の高いセモリナ粉と水の生地は営業直前にこねて成形して、調理まで時間をおかない。その他はパスタにより乾燥、下ゆで、冷凍など。なお、手打ちは1日2種類に限定している。

## 1　直前に成形して冷蔵保管

バットにセモリナ粉をふって成形したパスタを広げ、布をかぶせて冷蔵庫におく。営業直前に仕込むので、調理するころにちょうど表面だけが軽く乾いた状態になる。

ロングパスタもショートパスタと同様の保管法。基本はまっすぐにのばしてバットに入れるが、ソースのからみをよくしたい場合は、巣籠り状に丸めることもある。

## 2　3日間おいて半乾燥にする

フェットゥッチェは乾燥させたほうが味も食感もよいので、3〜5日間かけて乾燥させる。方法は布を敷いた上に並べて上にも布をかぶせ、冷蔵庫へ。途中で生地を裏返しにしたり、布を取り替えたりする。乾いたら密閉容器に立てて並べ（右）、冷蔵庫へ。平らにして積み重ねると底に置いたものが壊れやすくなる。

## 3　ゆでて保管する

水分の多いシャラティエッリ（写真）とニョッキは、そのまま保管するとベタついてくる。また柔らかさが醍醐味なので乾燥させるのも向かない。そこで、すぐにゆでない場合は塩なしの湯で下ゆでする。わずかに浮いたら取り出し、バットに入れてE.V.オリーブ油で和える。冷めたら布をかけて冷蔵庫へ。

## 4　冷凍する

イカ墨入りの生地は新鮮な香りを残したいので、多めに作って保管する場合は表面のベタつきがなくなり、くっつかない程度に乾燥させてから冷凍。乾燥法は1と同様。

## ●成形法いろいろ

本書に登場する手打ちパスタの中から43点を抜粋して、成形法をプロセス写真入りで解説する。

（タイプ別にアイウエオ順）
### ●ロング
- キタッラ 39
- サーニェ・ンカンヌラーテ 39
- ストロッツァプレーティ 40
- スパゲットーニ 40
- トゥロッコリ 40
- ピゴリ 41
- ピーチ 41
- フジッリ・チレンターニ 41
- フジッリ・ルンギ 42

### ●ショート
- オレッキエッテ 42
- カヴァティエッディ 42
- カヴァテッリ 43
- ガルガネッリ 43
- コルツェッティ（スタンプ型） 43
- コルツェッティ（8の字形） 44
- コルテッチェ 44
- ストゥラッシナーティ（ナイフで成形） 44
- ストゥラッシナーティ（指で成形） 45
- ストゥリーゴリ 45
- チェカルッコリ 45
- トゥロフィエ 46
- ノッケッテ 46
- パッケリ 46
- ファルファッレ 47
- フィレイヤ 47
- マッカローネス 47
- マッケローニ 48
- マッロレッドゥス 48
- ロリギッタス 48

### ●詰めもの
- アニョロッティ・デル・プリン 49
- カッペッラッチ 49
- カネロニ 49
- クリンジョーニス 50
- チャルソンス 50
- トルテッリ 50
- ファゴッティーニ 51
- ロートロ 51

### ●ニョッキ・粒
- クスクス 52
- ニョッキ 52
- パスタ・グラッタータ 52
- ピサレイ 53
- ピッツォッケリ（キャヴェンナ風） 53
- フラスカレッリ 53

---

### ロング

### キタッラ
（小池）

料理 P.61・63

右の工程は伝統的な道具を用いた成形法だが、パスタマシンでも作れる。生地の厚みと幅を同じ寸法にして断面を正方形に作る。

1 キタッラ用の道具「キタッラ」（ギターの意）。木製の箱に弦が張られている。
2 こねた生地を弦の間隔（写真のものは2.5mm）より若干厚く（3mm）のばす。
3 生地を道具よりひと回り小さい長方形に切ってのせる。セモリナ粉で打ち粉をしためん棒を強く押しながら転がす。
4・5 弦によって生地が切られ、道具の下に落ちる。
6 切り口がくっつきやすいので、セモリナ粉をまぶし、室温に30分間ほどおいて半生状に乾燥させる。

※弦がたるんでいると切れないので、ネジを締めて調整する。キタッラは両面に弦が張られており、幅が異なるので、好みで使い分けるとよい。

---

### サーニェ・ンカンヌラーテ
（小池）

料理 P.88・89

帯状の生地を編み棒に巻き付けてカールさせたパスタ。しなやかでコシのある生地を、ぴったりと棒に巻き付ける。

1 直径4mmくらいの編み棒を用意。生地がくっつかないように打ち粉をする。
2 こねた生地を厚さ3mmにのばし、長さ18cm、幅1.5cmの帯状に切る。
3 生地を横長に置き、右端に編み棒の先端を斜めにおく。
4・5 生地の端を棒に巻き付け、台上で棒を転がしながら、生地が重ならないようにらせん状に巻き付ける。
6 巻いている途中で、生地を軽く押さえると巻きが安定する。
7 巻き終えたら、棒を回しながら生地から抜き取る。
8 できたものを少し乾燥させると、ゆでる際にヘタらない。

### ストゥロッツァプレーティ
（小池）

短冊形の生地を、こよりのようにねじるパスタ。軽くねじる方法もあるが、写真はねじりの回数を多くしたタイプ。

料理 P.84・86

1 こねた生地を厚さ約1mmにのばし、8×3cmの短冊形に切る。
2 両端を持ち、左右に軽く引っ張りながら2〜3回ねじる。
3・4 そのまま台に置き、両手のひらを台に押しつけながらねじり続ける。
5 元の2倍の長さになるまで、ねじりながらのばす。

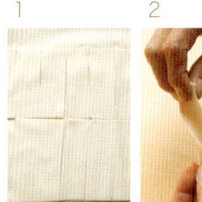

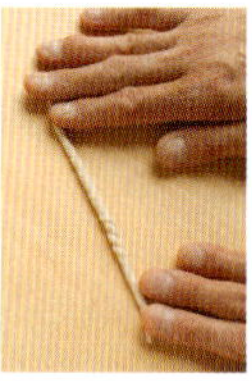

※台に生地を置いたら、最初に左右の端のほうをしっかりねじり、次第に中央に移っていくとねじりが安定して作りやすい。左右に引っ張る感覚でねじる。

---

### スパゲットーニ
（杉原）

生地の小片を、手のひらでこすって長くのばすパスタ。生地はねじらずに、細くのばしていく。

料理 P.80・82

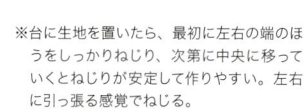

1 こねた生地を少量ずつ、手のひらで転がして直径1cmほどの棒状にのばす。
2 約2cm幅に切る。
3・4・5 1個ずつ、両手のひらでこよりを作るようにこすりながら長くのばす。直径約3mm、長さ25cm前後に仕上げる。

※スピーディに作らないとちぎれやすい。長さはぴったり揃えず、多少の長短があったほうがよい。
※両手のひらで生地をこすり合わせると圧力が強く加わり、コシが出て乾麺に近いシコシコした食感になる。また、台の上で転がしながらのばす方法でもよい。あまり力を入れなくてものびやすく、モチモチ感が出る。

---

### トゥロッコリ
（小池）

溝付きのめん棒を生地の上で転がしてカットする原始的なパスタ。

料理 P.76・78

1 溝付きのめん棒、トゥロッコラトゥーロ。溝の幅が3mm〜1.4cmまで数種類ある。打ち粉をしておく。
2 こねた生地を厚さ5mmにのばし、幅20cm、長さ30cmの長方形に切る。
3・4・5 生地を縦長に置き、トゥロッコラトゥーロを手前に置いて強く押しながら転がして切り分ける。
6 部分的に切れたり、切れなかったりするので、1本ずつ手で離す。

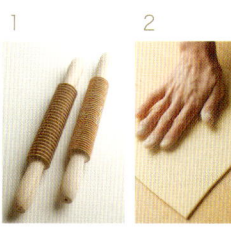

※トゥロッコラトゥーロに生地が巻き付きやすいので、生地もめん棒もセモリナ粉で十分に打ち粉をする。また、切り分け後も切り口同士がくっつきやすいので、打ち粉をして保管する。
※トゥロッコラトゥーロを転がす際に生地が多少のびるので、その分を考えてシート状生地は長くしないほうがよい。1本ずつ切り離す時も若干のびる。

40　パスタ　基本のテクニック

## ビゴリ
(西口)

ハンドル式圧搾機のピゴラーロでスパゲッティ状に絞り出すパスタ。写真は全粒粉と00粉を混ぜた生地で作ったビゴリ。

料理 P.77・79

1 圧搾機のピゴラーロ。板の上にまたがり、ハンドルを回して圧力をかけながら絞り出す。ダイスは数種類あるので、ビゴリ用をセットする。
2 こねた生地を、ピゴラーロに入る太さの筒形に整えて詰める。
3 ハンドルを回して絞り出す。
4 セモリナ粉を入れたボウルを下に置いておく。
5 絞り出した生地にセモリナ粉をまぶす。
6・7 包丁で約25cmの長さに切ってボウルに落とし、もう一度セモリナ粉をまぶしてくっつかないようにする。

## ピーチ
(A 小池・B 西口)

生地を転がしながら細長くのばすパスタ。生地の塊から直接のばす方法(A)でも、小片を取ってのばす方法(B)でもよい。

料理 P.81・83

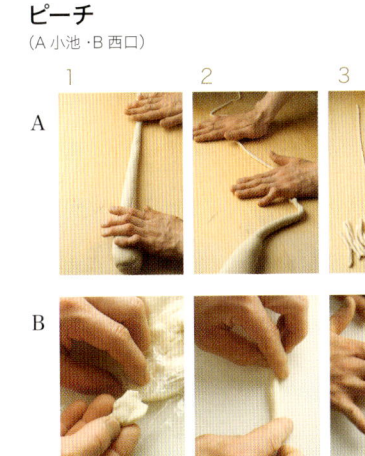

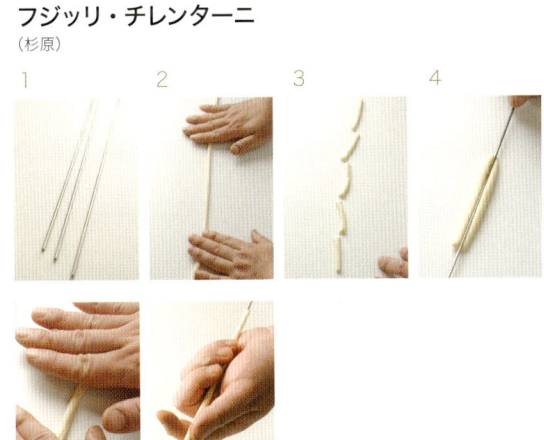

A 1・2 こねた生地の端のほうを両手で転がし、細い棒状に作っていく。太めのサヤインゲンとほぼ同じ太さまでのばす。
3 包丁でサヤインゲン状の長さに切り、1本ずつ両手で前後に転がしながら左右に長くのばす。

※パスタ同士がくっつきやすいので、成形後は麻布の上に広げたり、粉をまぶしたりするのが一般的だが、パラフィン紙の上にすき間を開けて並べ、そのまま乾燥か冷蔵、冷凍にすれば打ち粉をしないですみ、ゆで湯が汚れない。

B 4 こねた生地を親指先大にちぎる。
5 台にのせて、前後に転がしながら左右に細長くのばしていく。
6 太さにバラつきが出たら、太い部分を集中的に転がして揃え、全体の長さを25cm前後までのばす。

## フジッリ・チレンターニ
(杉原)

棒状の生地に細い棒を埋めて作る穴あきパスタ。長さ、巻きの強さ、厚さによって味も変わるので、ソースとの相性でアレンジを。

料理 P.85・87

1 細い棒を使う。写真は直径1.2mmの金串。
2 こねた生地を少量ずつ、手のひらで転がして鉛筆の太さの棒状にのばす。
3 長さ6～7cmに切る。
4 棒を生地にのせて軽く埋める。
5 そのまま転がして棒に巻き付ける。軽くのばす感覚で数回転がせばよい。
6 棒を回しながら抜き取る。

### フジッリ・ルンギ
（杉原）

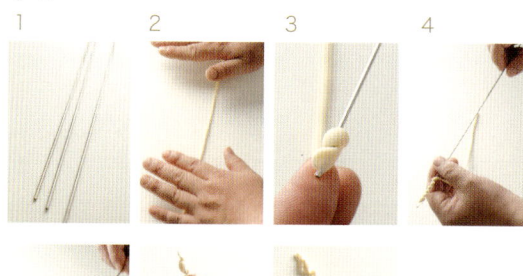

1 細い棒を使う。写真は直径1.2mmの金串。でき上がりが長くなるので、棒の長さは30cm以上がよい。
2 こねた生地を少量ずつ、手のひらで転がして直径約2mm、長さ35cm前後の棒状にする。
3 生地の端を金串に引っかけて、ずれないように貼り付ける。
4・5 そのまま金串を回転させて生地をらせん状に巻いていく。
6 端まで巻いたら、全体を手で軽く押さえ、金串を少し逆回転させて引き抜く。
7 長さ25cm前後に仕上がる。

※金串に強く押しつけて巻くと、あとで金串が抜けなくなるので、軽く巻き付ける。
※巻く際に生地同士をくっつけすぎたり、逆に開けすぎたりしてもきれいならせんにならない。軽く触れ合う程度に巻き付ける。

スパゲッティ状の細い生地を細い棒にぐるぐると巻き付けたらせん状パスタ。多少の長短をつけるとよい。

料理　P.88・89

### ショート

### オレッキエッテ
（杉原）

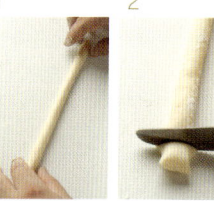

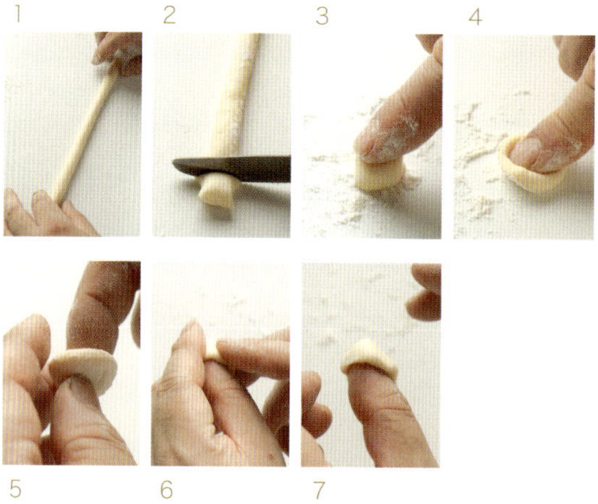

1 こねた生地を少量とり、転がして直径1cmの棒状にする。
2 幅1cmに切り分ける。
3・4 切り口を上下にして台に置き、人差し指で強く押しつぶす。手前に軽く引きながら丸めるようにくぼみを作る。
5・6・7 そのまま持ち上げて逆の手の親指にかぶせ、くぼみを押し戻す。

耳たぶ形であれば、大きさ、厚み、くぼみの深さなどはある程度自由でよい。写真はやや小さめでくぼみの深い仕上がり。

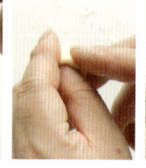

料理　P.108・110

### カヴァティエッディ
（小池）

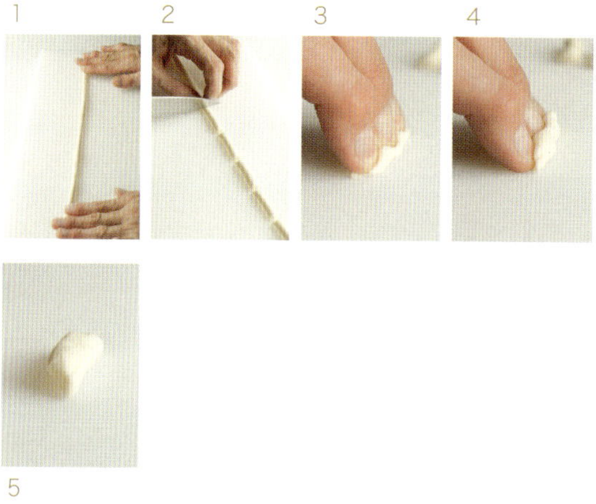

1 こねた生地を少量とり、転がして直径8mmの棒状にする。
2 幅4cm前後に切り分ける。
3・4・5 指3本を揃えて生地にのせ、強く押しつけながら手前に引いて巻き込む。

※コルテッチェ（P.44）も、このカヴァティエッディと同じ成形法。

形状は1種ではなく、カヴァテッリ（右ページ）のようにくぼみ1つに成形することもある。ここでは3つのくぼみを作るタイプを紹介。

料理　P.105・107

## カヴァテッリ
(西口)

小さな塊にくぼみをつけるパスタで、同類の中では最も小型。カヴァティエッリ、カヴァテッディとも呼ばれる。

料理　P.104・106

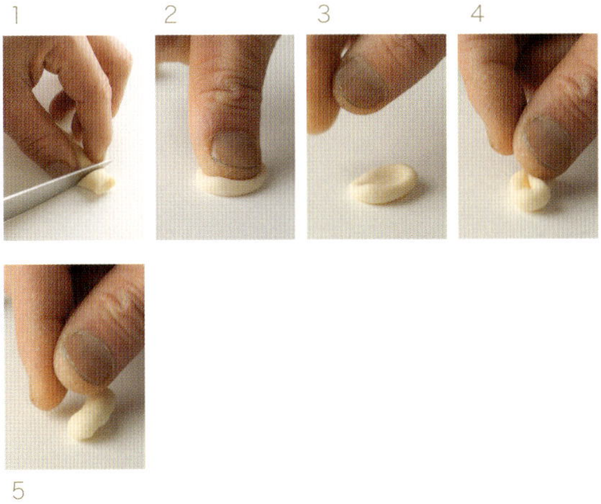

1　こねた生地を少量とり、転がして直径1cmの棒状にする。幅1cm強に切る。

2・3　切り口を上下にして台におき、親指で押しつぶす。

4・5　2ツ折にするようにして丸く巻き込む。

※チェカルッコリ（P.45）は名称違いの同じパスタ。最後の丸め方が若干異なるが、どちらの方法でもよい。

## ガルガネッリ
(A 西口・B 小池)

ペッティネという道具の上で生地を転がし、丸めながら表面に筋模様をつけるパスタ。ペッティネには旧式と新式がある。（本文中では新式を使用）

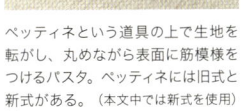

料理　P.116・118

A1　新式の木製ペッティネ。表面に溝があり、台の真ん中に巻き付け用の棒が収納できる穴がある。

2　こねた生地を厚さ1mmにのばし、3cm四方に切る。写真の道具は、幅が自在に調節できる「タリア・パスタ」で、一度に大量にカットでき、効率がよい。

3　生地の対角線のひとつがペッティネの溝に平行になるように置く。

4　専用の棒に巻き付けながら器具に強く押しつけるように転がし、同時に筋模様をつける。

B5　旧式のペッティネ。樹皮を利用した細い糸が張られ、くし状になっている。

6・7　Aと同様に、生地の対角線が糸と平行になるようにおき、棒で巻き付けながら筋模様をつける。

8　筋の間隔は新式のものより細かい。

## コルツェッティ（スタンプ型）
(小池)

スタンプ式の型でくりぬきと模様づけを行うシートパスタ。絵柄は宗教色のあるもの、家紋、草花、幾何学模様などさまざま。直径5.5cm大。

料理　P.124・126

1　2個で1組のコルツェッティ用スタンプ。両方に異なる絵柄が彫られている。写真手前にあるスタンプの土台は底面の縁が尖っているので、ここで生地を丸くりぬく。

2・3　こねた生地を厚さ2mmにのばし、土台のスタンプの底面を強く押しあてて円形にくりぬく。

4　土台のスタンプの絵柄の上に生地をのせる。

5　把手の付いたスタンプを上から強く押しあてる。

6・7　生地の両面にそれぞれ異なる絵柄がつく。

### コルツェッティ（8の字形）
（小池）

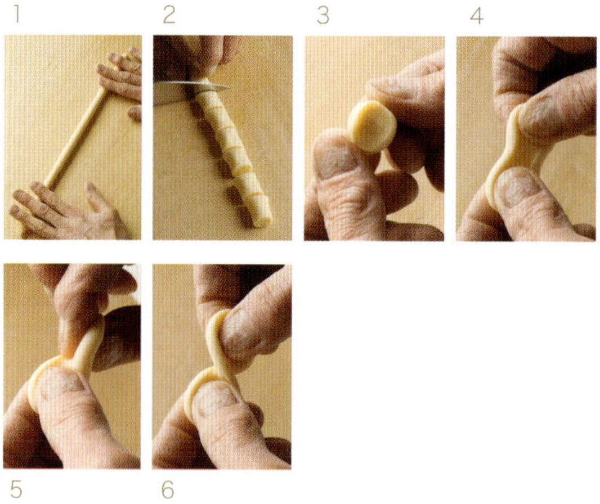

P.43のコルツェッティとは同名異形。こちらは指でつまんで8の字形にする。つまみ方やねじり方は自由で、手法はいろいろある。

料理 P.125・127

1 こねた生地を少量とり、転がして直径1cmの棒状にする。
2 幅2cmに切り分ける。
3・4 切り口を上下にして両手の親指と人差し指で持ち、押しつぶしながら左右に少し引っ張る。
5・6 片側を裏に返してねじった8の字形にする。

※8の字形の形状は、ねじらないもの、くぼみのない平坦なもの、くぼみが深いものなど変化に富む。

---

### コルテッチェ
（杉原）

カヴァティエッディ（P.42）と成形法は同じ。細長い生地に3本指でくぼみを作る。

料理 P.105・107

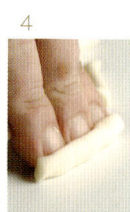

1 こねた生地を少量とり、転がして鉛筆よりひと回り太い棒状にする。
2 幅4cmに切る。
3・4 指3本を揃えて生地にのせ、前方へ少し押し出してから強く押しつけながら手前に引いて巻き込む。

---

### ストゥラッシナーティ（ナイフで成形）
（杉原）

オレッキエッテ（P.42）よりひと回り大きいパスタで、生地を薄く押し広げる。ナイフを使う成形法で、太めと細めの2タイプを紹介。

料理 P.109・111/112・114

1 テーブルナイフのような細身のものを利用する。
2 こねた生地を少量とり、転がして直径1cmほどの棒状にする。
3 幅約4cmに切る。
4 生地を縦長に置き、ナイフの刃を生地の右端に揃えて置く。
5 左方向へ力を入れて押し広げる。
6 幅の真ん中まできたら、のばして丸まった右側部分をもう一方の手で開き、ナイフはそのまま左に巻き上げるように押し広げる。
7 直径7mmの細い生地で作った細身のタイプ。形状が似ていることから「オリーブの葉のようなストゥラッシナーティ」と呼ばれる。

### ストゥラッシナーティ（指で成形）
（小池）

1 こねた生地を少量とり、転がして直径1cmの棒状にする。
2 幅2cmに切る。
3 切り口を上下にして置き、親指で押してくぼみを作る。
4 横へ押しのばしてくぼみを広げる。
5 広げた生地が縮んで戻るので、指で引っ張って広げる。

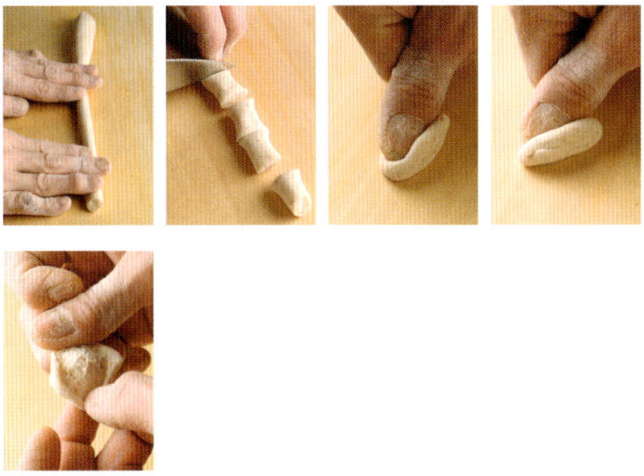

※ 縮まないように、バットなどに広げて30分間ほど室温におき、表面を乾燥させるとよい。

指で薄く押し広げるタイプ。カットした生地の切り口をどの向きにするかで、形状に変化が出る。写真はファッロ麦のストゥラッシナーティ。

料理　P.112・114

---

### ストゥリーゴリ
（小池）

1 幅広のパレットナイフを利用。先がすぼまったりしていない、面が長方形のものが使いやすい。
2 こねた生地を少量とり、転がして直径約5mmの棒状にする。長さ6cm前後に切り、両端を押さえて軽く転がし、先端を細くする。
3 生地を横長に置き、パレットナイフの右端を生地の右端に合わせて、斜めに置く。
4・5・6 左手前へ強く押しのばすようにして端から出てくる生地をよせ、らせん形にする。

トゥロフィエ（P.46）の一種で、短い棒状生地をらせん形に巻いたもの。パレットナイフで巻きの多いらせんにしている。

料理　P.132・133

---

### チェカルッコリ
（小池）

1 こねた生地を少量とり、転がして直径1cmの棒状にする。
2 幅2.5cmに切る。
3 切り口を前後にして台に置く。
4・5・6 親指で手前から奥へ押し広げながら巻き込む。貝殻のような形になる。

※ 切り口を左右にして成形してもよい。その場合はやや角張った形になる。

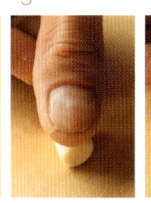

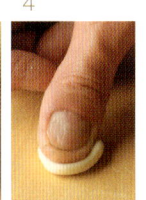

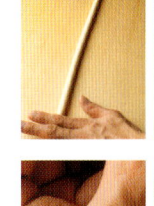

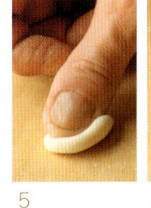

カヴァテッリ（P.43）と成形法はほぼ同じ。小さい塊に、指で1つのくぼみを作る。

料理　P.104・106

45

### トゥロフィエ
（小池）

細く短い白魚状のパスタだが、棒状に近いもの、指跡の凹凸のついたもの、写真のようにらせん形にねじるものなど成形法は多様。

料理 P.132・133

1 こねた生地を少量とり、転がして直径1cmの棒状にする。
2 幅1cmに切る。
3 1本ずつ転がして、白魚状に細長くする。
4 生地を横長に置き、手のひらの脇を生地の右端にのせる。
5・6 そのまま左手前へ強く押しのばすようにして生地をよせ、らせん形にする。

※摩擦の大きい木製の台が作りやすい。また、生地の中心あたりで向きを少し変えると、形に変化が出る。

---

### ノッケッテ
（杉原）

ファルファッレ（右ページ）と同様、「蝶」の形のパスタで、円形生地を使う。写真はイカ墨入りの生地。直径3cmだが、サイズは自由。

料理 P.129・131

1 生地を厚さ1.5～2mmにのばし、直径3cmのセルクル型で抜く。
2 円の向かい合う端と端をつまんで貼り付ける。
3 袋状の部分を底から指で押さえて平らにし、形を安定させる。

※生地が柔らかいので、バットに並べて互いがくっつかない程度に軽く乾燥させる。

---

### パッケリ
（杉原）

ひと口で食べやすいように、乾麺よりひと回り小さく仕立てた手打ちのパッケリ。直径2cm強、長さ4cmほどに成形。

料理 P.100・102/101・103

1 直径2cmくらいの筒を用意する。写真はカンノーリ（シチリアの伝統菓子）用の金属製の筒。
2 こねた生地を厚さ2mmにのばし、幅4cmの細長いシートに切る。縦長に置き、手前から筒に巻き始める。この時、生地を巻き付けながら筒を前後に転がし、心持ち薄くのばす。
3 1周分強の長さで残りの生地を切り離す。
4 つなぎ目がぴったり貼り付くように筒で強く押さえる。
5 筒をはずし、指でつなぎ目を押さえて厚みを整える。

## ファルファッレ
（西口）

1・2 こねた生地を厚さ1mmにのばし、パイカッターで1辺3cm前後の四角形に切る。
3・4 左右を持って片側を裏返すようにねじる。
5・6 左右の指を近づけるようにしてねじった部分を押さえ、薄くする。

※写真は波形に切れるカッターを使ったが、直線状に切ってもよい。
※ねじった後は、真上から押して平らにしない。ねじったカーブを生かしたまま中心部を押さえる。

一般には四角い生地の真ん中をつまんで蝶形にするが、紹介するのは片側を裏返しにするようにねじる成形法。作業性もよい。

料理 P.128・130

## フィレイヤ
（小池）

1 幅広のパレットナイフを利用する。また、包丁の峰でも同じようにできる。
2 こねた生地を少量とり、転がして直径6mmの細い棒状にする。
3 長さ8〜9cmに切り分ける。
4 生地を横長に置き、パレットナイフをやや右下がりの角度で、右端にわずかに生地が見える位置に置く。
5・6 斜め左手前に強く押しのばしながら生地を巻き込む。

※完全な管の形ではなく、一部が開いたような管になればよい。

マッケローニの一つで、本来は細い木の棒によって管状にするが、ここでは作業性のよいパレットナイフを使う方法を紹介。

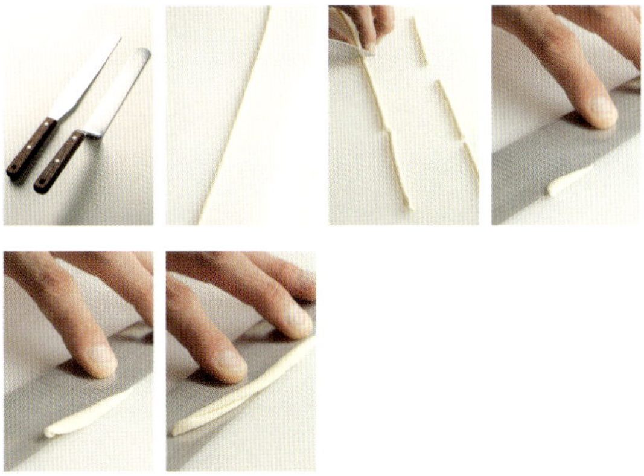

料理 P.97・99

## マッカローネス
（小池）

1 直径5mmくらいの編み棒がちょうどよいサイズ。
2 こねた生地を少量とり、転がして直径約5〜6mmの棒状にする。
3 長さ5cm前後に切る。
4 生地を横長に置いて編み棒をのせ、軽く埋め込む。
5・6 編み棒を前後に転がして生地を巻き付ける。
7 形がくずれないように生地を軽く握り、編み棒を回しながら引き抜く。

※成形時に編み棒を生地と平行にのせると、とじ目が完全に閉まるが、やや斜めに置けば生地がよれて閉じ目にすき間ができる。どちらの方法でもよい。

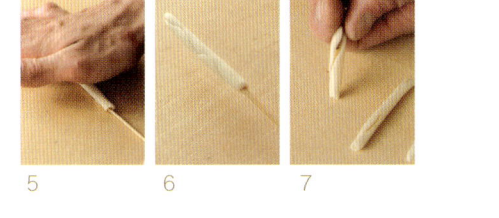

棒状の生地に編み棒を埋めて巻き付け、管状に成形するパスタ。一般には長さ7〜8cmに作るが、ここでは具材に合わせて5cmと短くした。

料理 P.97・99

47

## マッケローニ
（杉原）

シート状の生地を編み棒に巻き付けて作るベーシックな手打ちマッケローニ。写真はやや太めで穴も大きく作ったもの。

料理　P.96・98

1　直径5mmの木の編み棒を利用。求める穴の大きさに応じて棒の太さを変えるとよい。
2　こねた生地を厚さ2mmにのばし、6cm×3cmの長方形に切る。
3　生地を横長に置き、手前に編み棒をのせる。
4・5　そのまま生地を全て巻き付ける。
6　編み棒を数回転がして重なったところをとくに薄くのばしながら、穴も広げる。

※でき上がりの写真は直径1cm強、長さ7〜8cm。細すぎると食べ飽きてくるので、大きめのサイズにしているが、生地の厚み、穴の大きさ、長さなどは自由でよい。同じ生地で作っても、食感や生地の味わいが変わってくる。

## マッロレッドゥス
（小池）

表面に筋模様をつけながら生地の小さな塊にくぼみをつけるパスタ。ニョッケッティ・サルディも同じもの。

料理　P.113・115

1　ガルガネッリなどにも使われる、溝のある木製の板「ペッティネ」で作る。
2　こねた生地を少量とり、直径1cmの棒状にする。
3　幅2cm強に切り分ける。
4　切り口は左右のまま、ペッティネの溝に対して斜めに置く。
5・6・7　親指でつぶしてくぼみを作り、そのまま転がして筋模様をつける。

※ザルやフォークなどで作ってもよい。今回は斜めに筋模様をつけたが、溝と平行に転がせばまた表情が変わっておもしろい。

## ロリギッタス
（小池）

細い棒状の生地で二重の輪を作り、ねじったパスタ。

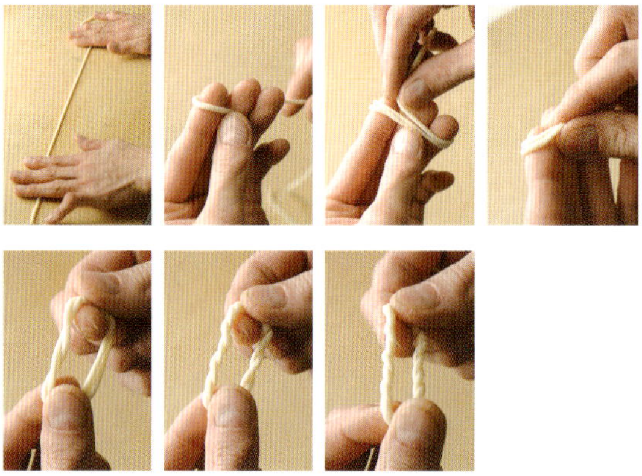

料理　P.129・131

1　こねた生地を少量とり、転がして直径3mmくらいの細い棒状にする。
2・3　指3本分に二重に巻き付ける。
4　余分な生地をちぎって除いた後、生地の端と端をつまんでくっつける（1本分は長さ22cm前後）。
5・6・7　輪の左右を持ち、同じ方向に5回くらいねじる。

## 詰めもの

1辺3cmほどの小型の詰ものパスタ。「指でつまんだ跡」が残るように成形する。

料理 P.144・146

### アニョロッティ・デル・プリン
（西口）

1 こねた生地を厚さ0.5mmほどにごく薄くのばし、適宜の大きさに切る（今回は40cm×20cm）。生地を横長に置き、手前側に水をぬる。
2 詰めものを絞り袋に詰め、手前から2cmの位置に1cm間隔で横一列に絞る。
3 手前の生地を詰めものにかぶせる。
4・5 詰めものの両脇の生地を垂直に立てるように指でつまみ、生地と詰めものを密着させる。
6 詰めものの奥側の生地を切り離す。
7 手前から奥へパイカッターを転がし、1個ずつに切る。
8 生地の重なり部分を指で強く押さえて厚さを均一にする。

※1個ずつに切る際、詰めもののある手前からカッターを転がすことで、つまんだ生地がやや傾いて独特の表情が出る。

---

リング状にする詰めものパスタ。トルテッリーニ、カッペッレッティ、アニョーリ、アニョリーニなども同様の方法で成形する。

料理 P.153・155

### カッペッラッチ
（西口）

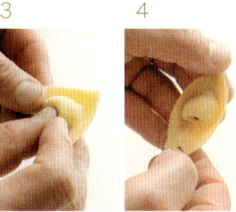

1 こねた生地を厚さ1mm以下にごく薄くのばす。5cm四方に切り、4辺に沿って水をぬる。詰めものを絞り袋に入れて生地の中心に絞る。
2 対角線で折って三角形にし、生地同士を貼り付ける
3・4 詰めもののある底辺の真ん中を親指で押してくぼみを作り、両端を手前で重ねて貼り付ける。

---

細長い生地で詰めものを巻き込むロール状パスタ。

料理 P.160・162

### カネロニ
（杉原）

1 こねた生地を薄くのばして7～10cm大の長方形に切り分ける。片面全体にとき卵をぬる。
2 詰めものを一面に広げる。
3・4 端の生地を少し折り込んでから、のり巻き状に巻いてロールにし、巻き終わりをぴったりと貼り付ける。
5 でき上がりの断面を見た時に、生地が「の」の字になっているようにする。

※スープ仕立てにする場合は、そのままのサイズでは大きくて食べにくい。ブロードで煮てから、盛りつける時に2等分してスプーンにのる大きさにする。

## クリンジョーニス
(小池)

円形生地を編み込みのようにとじ、「麦の穂」をイメージする仕上がりに。台の上（A）と手のひらの中（B）と、2通りの作り方を紹介。

料理 P.149・151

A 1 作りやすい台の上での成形法。こねた生地を薄くのばして直径約9cmの円形に抜く。中央に詰めものをのせて、生地の一端を少し折り曲げる。

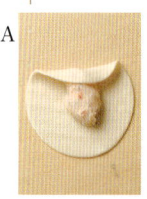

2・3 折ったところから左右の生地を交互に少しずつかぶせ、そのつど生地同士をつまんでとじる。

4 先端を少し尖らせるようにして、しっかりととじる。

B 5・6 慣れてくれば、手のひらの上のほうがスピーディにできる。とじ初めは両手の指を使うが、その後は片方の親指と人差し指で交互にかぶせてとじる。

※とじ目にすき間ができたり、生地と詰めものの間に空気が入ったりしないよう密着させる。また、とじ目が厚いと、ゆでた時に火の通りにムラができ、食感が悪いので薄くとじる。

## チャルソンス
(小池)

円形の生地を2ツ折にし、餃子風に成形するパスタ。

料理 P.148・150

1 こねた生地を薄くのばし、直径7cmの円形に抜く。

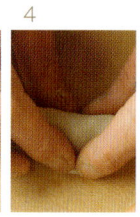

2 中心に詰めものを絞り出す。

3 縁に水をぬって2ツ折にする。

4 詰めものの周りの空気を抜きながら生地と生地を貼り付ける。

5 縁はそのままでもよいし、端から少しずつ内側に巻き込むなどして模様をつけてもよい。

## トルテッリ
(小池)

リング状に成形する詰めものパスタ。カッペッラッチ（P.49）と製法は同じだが、ここでは円形の生地で大型に作っている。

料理 P.152・154

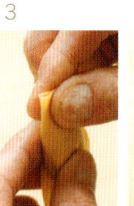

1 こねた生地を厚さ1mm以下にごく薄くのばす。直径8cmのセルクル型で抜き、中心に詰めものを絞る。縁に水をぬる。

2・3 2ツ折にして、空気を抜きながら詰めものの周りの生地を貼り付ける。

4・5 半円の両端をやや下げ、詰めもののふくらみの手前に人差し指をあてて、生地の両端を指に巻き付けるようにする。

6 指を抜き、両端を交差させて貼り付ける。

## ファゴッティーニ
(西口)

生地を上面ですぼませた「包みもの」の形のパスタ。茶巾絞りにする方法もあるが、写真は正方形の生地の四隅を貼り付けたもの。

料理　P.156・157

1　こねた生地を厚さ1mm以下にごく薄くのばし、5cm四方に切る。四隅に水をぬり、中心に詰めものを絞る。
2　向かい合う角同士を中心で貼り合わせる。
3・4　もう一対の角も、両側から中心に寄せて貼り付ける。
5　生地と生地のつなぎ目を強く押さえ、しっかりと貼り付けながら薄くする。

## ロートロ
(西口)

極薄の生地に詰めものをのせてロール状に巻いたもの。太巻き寿司並みに太く、長く巻く。

料理　P.164・166

【下準備】こねた生地を厚さ1mm以下にごく薄くのばし、およそ22×45cmに切る。2~3分間、塩湯でゆでて柔らかくし、氷水に移して冷やす。布で水気をふき、1枚ずつラップ紙で挟み、保管する際は冷蔵庫へ入れる。
1　ラップ紙数枚分をずらして広げ、約50cm四方にする。生地を保管用のラップ紙から取り出して新しいラップ紙の上に縦長に置く。
2　生地の奥のほうの端を幅5cm分、切り離しておく。
3　生地の手前側に、ソースを4~5cm幅にぬり、チリメンキャベツなどの詰めものをのせる。
4　チーズと黒コショウをふる。
5　切り取った細長い生地を、詰めものの奥側半分に重ねる。
6・7　手前側のラップ紙を持ち上げて生地をかぶせ、のり巻きの要領で巻いてロールにする。
8　外側をラップ紙で巻き、両端にはみ出ているラップ紙を手で押さえて、ロール部分を前後に転がして巻きを固くする。
9　金串で3カ所ほど穴を開けて空気を抜く。
10　全体をラップ紙で包み、同様に転がして巻きを固くする。〈穴を開けて空気を抜く→ラップ紙で包む→転がす〉工程をもう一度繰り返し、さらに巻きを固くする。ラップ紙の両端を強くねじるか結ぶかして形を固定し、1時間ほど冷蔵庫で休ませる。
11　詰めものの間に生地が1枚挟まっている状態がよい。

## ニョッキ・粒

セモリナ粉に水を吹きかけて作る極小の粒パスタ。霧吹きで均等に水をかけ、手でほぐすようにかき混ぜる工程を繰り返す。

料理　P.188・189

### クスクス
（杉原）

1　大きめのボウルにセモリナ粉を入れ、塩をふって混ぜる。
2　霧吹きを5押しほどして水をかける。
3　5本の指先を広げて全体に水分を行きわたらせるように大きくゆっくりと混ぜる。粉が水分を吸って湿り気がなくなったら、繰り返し、水をかけて混ぜる。
4・5　粒が大きくなってきたら、粒をつかんで混ぜたり、指を揃えて指の外側や手の甲を粒にあて、粒同士をすり合わせるように混ぜると均等な粒ができる。
6・7　1回の水の量を徐々に増やしていき、後半は10押しくらいにする。湿気た粉チーズのような、油っぽい触感を指先に感じるようになれば仕上がり。
8　布の上に広げて、30分間ほど乾かす。

※ボウル側面にこびりついた生地は、直接かき落とすと大きなダマになる。粉をかけて手の甲でこすり落とせば粒になる。

---

ニョッキの形の作り方はいろいろある。写真はジャガイモベースの生地を、フォークで筋をつけながら丸めたベーシックなもの。

料理　P.172・174

### ニョッキ
（杉原）

1　仕込んだ生地を、手のひらで転がして直径1cm強の棒状にする。
2　幅1cm強に切る。
3　切り口を上下にしてフォークの背にのせる。
4・5　親指を巻き込むようにしながら、くるっと向こうに転がして筋をつける。

※ジャガイモは時季や個体差によって味や水分が異なるので、そのつど配合や大きさを若干変える。ジャガイモの水分が少なく、つなぎの小麦粉の量が少なくてすめば、大きめに作ってジャガイモの風味が立つようにする。

---

チーズ用おろし器で小片にすりおろすパスタ。生地はやや固めに仕上げたほうがおろしやすい。

料理　P.184・186

### パスタ・グラッタータ
（小池）

1　チーズおろし器。おろし器の穴の大きさによってパスタの大きさや形が変わるので、好みで選ぶとよい。今回は直径8mmの穴を利用。仕上がりは幅8mm、長さ3cm前後。
2・3　こねた生地をおろし器にこすりつけて小片に形作る。ブロード仕立ての場合は、すりおろしながらブロードの鍋に直接入れてゆでる。

### ピサレイ
（小池）

パン粉をベースにしたニョッキだが、成形法はショートパスタのカヴァテッリ（P.43）やチェカルッコリ（P.46）などと同じ。

料理　P.181・183

1　こねた生地を適量とり、直径1cmの棒状にする。
2　幅1.5cmに切る。
3・4・5　切り口を左右にしたまま、親指で押しつけ、くるっと手前に転がして丸める。

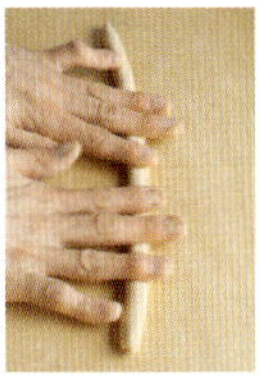

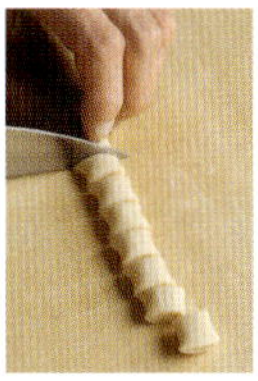

### ピッツォッケリ（キャヴェンナ風）
（西口）

スライサー式器具で湯に直接落として作る粒状パスタ。指、スプーン、ゴムべら等で少量ずつ湯に落とす方法でもよい。

料理　P.185・187

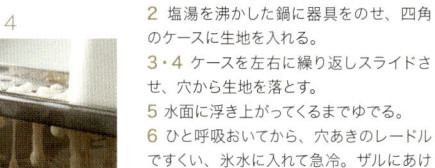

1　スペッツリ（P.185）用のスライサー式器具（スペッツリも同様にして作る）。
2　塩湯を沸かした鍋に器具をのせ、四角のケースに生地を入れる。
3・4　ケースを左右に繰り返しスライドさせ、穴から生地を落とす。
5　水面に浮き上がってくるまでゆでる。
6　ひと呼吸おいてから、穴あきのレードルですくい、氷水に入れて急冷。ザルにあけて水分をきり、容器に入れてE.V.オリーブ油をまぶしておく。

※長く垂れたものは、ゆでてから包丁で切ればよい。5mm〜2cmが適正サイズ。

### フラスカレッリ
（小池）

小麦粉に水滴をふりかけて作る粒パスタ。クスクス（P.52）やフレーゴレと製法はほぼ同じだが、フラスカレッリは大粒で不揃いに作る。

料理　P.188・189

1　０粉を大きなバットに広げる。ブラシなどの先端をぬるま湯でぬらし、粉の上からふりかける（霧吹きで吹きかけてもよい）。
2　すぐにバットを前後に揺らして粒状の粉の塊を作る。
3・4　1〜2の工程を繰り返し、粒をたくさん作る。
5　最初にできた粉の塊は、繰り返すうちに徐々に大きくなる。
6・7　ザルでこして余分な粉を落とすと、大小さまざまな粒が残る。バットなどに広げ、常温にしばらくおいて表面を乾かす。

※形や大きさを揃えないのが持ち味なので、ゴマ粒から大豆くらいまで大小入り混じったものを一緒に調理する。

LE PASTE FRESCHE LUNGHE

# 第3章

## 手打ちパスタ ロング

## タリオリーニ

**タリオリーニ**
語源は「細く切ったもの」で、地域によって1文字違いのタリエリーニtaglieriniとも。断面は正方形ではなく、長方形。基本は00粉を卵で練り、幅2〜3mmに細長く切ったものだが、実際にはセモリナ粉を混ぜたり、卵以外に水や油を加えたりとレシピは多様で、写真もその一例。タリオリーニの幅広なものがタリアテッレ（P.64）で、ともにエミリア＝ロマーニャ州が発祥だが、現在は全土に広まっている。

幅2mm、長さ18cm

### 肉のラグーと季節の野菜で和えたタリオリーニ
仔牛モモ肉の小片を白ワイン風味で煮込み、カルチョフィのソテーと合わせてタリオリーニのソースに。タリオリーニは細身で味わいが繊細なことから、イタリアでは旨みが濃くて具のないソースと合わせるのが伝統だが、この料理のように肉を小片にしてラグーを作り、季節の野菜と一緒に和えてボリューム感を出しても十分においしい。

# 001
Tagliolini al sugo di vitello e carciofi
### タリオリーニ、仔牛腿肉とカルチョフィのラグー和え

西口大輔

**サフラン入りのタリオリーニ**
パスタ生地はいろいろな素材を練り込み、風味づけや色づけができる。このタリオリーニはサフランを浸したぬるま湯を生地に練り込んだ例。生地のベースはセモリナ粉と強力粉を卵黄で練ったもので、一般的なタリオリーニよりもコシの強さ、シャキッとした歯切れのよさを出している。

幅5mm、長さ19cm

### 海の香りの共通項で結びつけたサフランとアワビ
アワビには濃いヨード香があるが、加熱したサフランにも昆布に似た香りがあるものだ。この潮の香りの共通項から、2つを組み合わせたパスタ料理を思いついた。とはいえ、サフランはソースに混ぜると香りの主張が強すぎる。パスタに練り込み、ほのかに香るくらいに抑えたほうが、主役の蒸しアワビの風味が際立ってよい。また、パスタの太さもタリオリーニくらいの細身のほうがアワビの存在感が生きる。

# 002
Tagliolini allo zafferano con abalone
### サフランを練り込んだタリオリーニ、鮑のソース

杉原一禎

#003
Tagliolini scuri al pesto di radicchio rosso
タッリョリーニ スクーリ アル ペスト ディ ラディッキョ ロッソ

## 赤チコリを練り込んだタリオリーニ、赤チコリのペースト和え

**赤チコリ入りのタリオリーニ**
ヴェネト州トレヴィーゾ特産の赤チコリ「ラディッキオ・ロッソ・ディ・トレヴィーゾ」でピュレを作り、タリオリーニの生地に練り込んだ。ベースの生地はセモリナ粉と00粉と卵黄。日本ではサラダ用生食野菜のイメージの強い赤チコリだが、イタリアではグリル、ソテー、ソースなど使い方は多彩で、パスタ生地に練り込む方法もポピュラー。ほろ苦い赤チコリの風味が生きている。

幅2mm、長さ25cm

### 赤チコリづくしのトレヴィーゾ流パスタ
赤チコリのピュレを練り込んだタリオリーニを、赤チコリのペーストで和えた赤チコリづくしのシンプルな料理。ペーストは、サルシッチャのタネに赤チコリ、松の実、オリーブ油を加えて攪拌した濃厚なもの。タリオリーニを和える際に、フレッシュの赤チコリも少量混ぜている。

西口大輔

## マッケロンチーニ

#004
Maccheroncini di campofilone al tartufo nero
マッケロンチーニ ディ カンポフィローネ アル タルトゥーフォ ネーロ

## カンポフィローネ風、極細の手切りマッケロンチーニ

**手切りマッケロンチーニ**
「小さい(または細い)マッケローニ」の意だが、パスタ創成期には中心の穴の有無にかかわらず細長いパスタもマッケローニと呼んでおり、その流れをくんだ名称。ここで紹介したのは中世期にマルケ州カンポフィローネの修道院で作り始めたとされるもので、素麺状の細さから「カペッリ・ダンジェロ(天使の髪)」の別名もある。粉を卵で練った生地を包丁でできる限り細く切って繊細さを出すところに真骨頂がある。

幅1.5mm前後、長さ30cm

### "はかなく溶ける"繊細さが真骨頂の極細麺
中世のある公会議の場で、繊細な触感を「口の中ではかなく溶けるおいしさ」と称賛されたマッケロンチーニ。黒オリーブとトリュフ入りのバターソースで和え、薄切りのトリュフをふんだんに盛った。極細麺だけに、具のない濃厚なソースでシンプルに仕立てるのが最もおいしい食べ方だ。マルケ州はアックワラーニャを中心とした地域がトリュフ(黒、白)の一大産地で、同郷同士の取り合わせである。

小池教之

57

## タリオリーニ

●タリオリーニの配合
【作りやすい分量。1人分80g】
00粉（マリーノ社）　800g
セモリナ粉（マリーノ社）　200g
卵黄　8個分
全卵　5個
ピュアオリーブ油　少量

### ＃001
### タリオリーニ、仔牛腿肉とカルチョフィのラグー和え

西口大輔

●タリオリーニ
1. こねた生地を、パスタマシンで厚さ1mm、幅2mm、長さ18cmに切り分ける。

●仔牛肉のスーゴ
1. 仔牛モモ肉(1kg)を2cm角の小片に切る。鍋にピュアオリーブ油、ソッフリット(P.245。1人分約120g)、ローリエ、仔牛肉を入れて炒める。
2. 表面が色づいてきたら白ワインを入れてアルコール分を飛ばし、トマトペーストと鶏のブロード適量を加え、蓋をして1時間弱煮込む。
3. 一晩休ませ、翌日、表面に固まった脂を取り除く。

●カルチョフィのソテー
1. カルチョフィ(トゲのあるタイプ。1人分約1/2個)を掃除して1.5cm角に切る。ピュアオリーブ油でソテーし、塩で調味して白ワイン少量をふりかける。

●仕上げ
1. タリオリーニを1～2分間、塩湯でゆでる。
2. スーゴ(1人分100cc)を鍋にとって温め、カルチョフィを加える。バターでつなぎ、パスタのゆで汁で濃度をととのえる。
3. タリオリーニをスーゴで和え、黒コショウとグラーナ・パダーノをふって和える。皿に盛り、再度グラーナ・パダーノをふる。

◆Point
肉はミンチにせず、包丁で小片に切る。食感が残り、噛み締めることで肉の旨みも強く感じられる。白身肉の仔牛とカルチョフィは春先のイメージで組み合わせたが、他の素材を使う場合も季節を合わせることが大事。

◆応用例
野菜はカルチョフィのほかに、ラディッキオやポルチーニもよく利用している。

●サフラン入りタリオリーニの配合
【作りやすい分量。1人分80g】
強力粉（日清製粉〈カメリア〉）　700g
セモリナ粉（カプート社）　350g
　（上記の配合で1kgを使用）
卵黄　25個分
サフラン水
　｜サフラン　1つまみ
　｜ぬるま湯　150g

※ アワビのソースと組み合わせる場合は、タリオリーニをまっすぐにのばして保管する。巻いたりほぐした状態で保管すると縮れ麺のようになり、ソースのからみがよすぎて濃厚なソースがどく感じられる。

### ＃002
### サフランを練り込んだタリオリーニ、鮑のソース

杉原一禎

●タリオリーニ
1. サフラン水を作る。サフランをぬるま湯に浸け、色と香りを出してこす。
2. 2種類を合わせた小麦粉に、卵黄とサフラン水を加えてこねる。粉と水分がなじんだら塊にしてビニール袋に入れ、冷蔵庫で5～6時間ほど休ませる。
3. パスタマシンで厚さ1mm、幅5mm、長さ19cmに切り分ける。

●アワビのソース
1. 殻付きのアワビを水洗いし、ダッチオーブンで約30分間蒸し焼きにする。粗熱を取り、殻をはずし、身とヒモは約1cm角に切って、肝は裏ごしにする。
2. ボウルにアワビの身(1人分100g弱)とヒモ少量、ペスト・ジェノヴェーゼ(P.249。大さじ1弱)、E.V.オリーブ油、バターを入れる。アワビの肝(1個分)とパスタのゆで汁少量を加え、よく混ぜる。

●仕上げ
1. タリオリーニを1分20秒間、塩湯でゆでる。
2. アワビのソースにタリオリーニを入れて和え、皿に盛る。

◆Point
アワビは高級素材だが、身(貝柱)、ヒモ、肝の全てを使い、量もたっぷり使ってソースの中にアワビのおいしさを存分に出す。肝が入ると生臭みが出やすいが、ペスト・ジェノヴェーゼを混ぜると味わいも濃度も調和しておいしくなる。

◆応用例
アワビのソースはスパゲッティにも合う。サフラン入りのパスタと比べると味がシンプルなので、その場合はソースのペスト・ジェノヴェーゼの配合を多めにする。

## ♯003 赤チコリを練り込んだタリオリーニ、赤チコリのペースト和え

西口大輔

### ●赤チコリ入りタリオリーニの配合
【作りやすい分量。1人分80g】
00粉（マリーノ社） 250g
セモリナ粉（マリーノ社） 50g
卵黄 1個分
赤チコリのピュレ 約150g
  赤チコリ（ラディッキオ・ロッソ・ディ・トレヴィーゾ〈タルディーヴォ〉） 120g
  タマネギのソッフリット 30g
  ピュアオリーブ油 24g
  鶏のブロード 30g

※ タルディーヴォは晩成種のこと。

※ 赤チコリは外葉と内葉を適宜混ぜて使う。外葉は赤みが濃くて苦みが強いが、内葉は苦みより甘みが濃い。外葉4:内葉1くらいの比率で混ぜるとよい。ペーストも同様。

※ 赤チコリは生で生地に練り込むよりも、火を入れてピュレにしたほうが色の出方がよい。またピュレは水分が多いうえに、パスタ生地に効果的に色をつけるには量が必要なので、生地は柔らかめに仕上る。細く切るとちぎれやすいので、やや幅広に切るとよい。

### ●タリオリーニ
**1.** 赤チコリのピュレを作る。タマネギのソッフリットと赤チコリを細かく刻んだものをピュアオリーブ油でソテーし、鶏のブロードを入れて煮る。水分がほぼなくなったらハンドミキサーでピュレにする。
**2.** セモリナ粉、00粉、卵黄、赤チコリのピュレを混ぜてこねる。専用の袋に入れて真空にかけ、1日冷蔵庫で休ませる。パスタマシンで厚さ1mmにのばし、幅2mm、長さ25cmに切る。

### ●赤チコリのペースト
**1.** サルシッチャのタネ（P.245。100g）をフライパンで焼いて火を入れ、適宜の大きさに切り分ける。
**2.** 1を、刻んだ赤チコリ(150g)、松の実(50g)、ピュアオリーブ油(100g)、塩とともにフードプロセッサーで攪拌してペーストにする。

### ●仕上げ
**1.** タリオリーニを2分間、塩湯でゆでる。
**2.** 赤チコリのペースト（1人分60g）にパスタのゆで汁少量、フレッシュの赤チコリの角切り（20g）を入れて温める。
**3.** タリオリーニを入れて和え、グラーナ・パダーノをふって和える。皿に盛る。

◆ Point
赤チコリはバジリコに比べると香りが薄く、また苦みを強調させたいので、ペーストを作る際はやや多めに使うほうが効果的。

---

## マッケロンチーニ

### ♯004 カンポフィローネ風、極細の手切りマッケロンチーニ

小池教之

### ●マッケロンチーニの配合
【作りやすい分量。1人分60g】
00粉（マリーノ社） 200g
0粉（マリーノ社） 200g
セモリナ粉（ディ・チェコ社） 100g
全卵 5個
E.V.オリーブ油 5g
塩 5g

※ ピエモンテ州のタヤリン（P.60）に似ているが、このマッケロンチーニのほうがより細く繊細な印象。

※ 通常は打ちたてをすぐにゆでるが、軽く乾燥させて繊細さの中に少し歯ごたえを出す手法もあり、今回はその方法をとった。

### ●マッケロンチーニ
**1.** こねた生地をパスタマシンで厚さ1mm以下に薄くのばす。奥行の長さを30cmに切り、00粉で打ち粉をして手前からロール状に丸め、包丁で幅1〜1.5mmの極細に切り分ける。
**2.** 常温に半日くらいおいて乾燥させ、シコッとした食感を出す。

### ●黒オリーブとトリュフのソース
**1.** 種子を抜いた黒オリーブ（1人分2個）と秋トリュフ（2g）をフードプロセッサーで粗めのみじん切りにする。
**2.** ニンニクとエシャロットの各みじん切りをバターで炒め、香りが出てきたら少量のアンチョビのフィレ、ハーブ（タイム、ローリエ、セージ）を加えて炒める。香りが出たらハーブ類を取り出す。
**3.** 用意した黒オリーブと秋トリュフを加えてさっと炒め合わせる。鶏のブロードかパスタのゆで汁少量でのばす。

### ●仕上げ
**1.** マッケロンチーニを30秒間、塩湯でゆでる。
**2.** ソースでマッケロンチーニを和え、パルミジャーノを加えて和える。
**3.** 皿に盛り、トリュフの薄切りをのせる。

◆ Point
マッケロンチーニは非常に細いのでソースがからみやすく、またいじりすぎるとすぐに切れる。パスタとソースの量のバランス、ゆで方や和え方などに気を配り、手早く調理する。

◆ 応用例
一般にはトマトソース、セージ風味のバターソース、ボローニャ風ラグー（ミートソース）などごくシンプルなソースと組み合わせる。

# タヤリン

**タヤリン**

タリオリーニ(P.56)の別名の「タリエリーニ」が変化した名前で、ピエモンテ州の方言。タリオリーニやタリエリーニは一般に全卵主体でこねるが、タヤリンはたくさんの卵黄でこねるのが基本。今回のレシピも00粉を卵黄と少量の水で練って卵黄のコクやコシの強さを強調した。現代では粉や卵の使い方が多様で、たとえばセモリナ粉を加えてよりコシを強めることもある。また、タリオリーニより細く仕立てられていることも多い。

幅1〜2mm、長さ18cm

## ピエモンテに伝わるタヤリンの典型料理

バターで和え、白トリュフを盛ったタヤリンの典型的料理。バターも白トリュフも地元ピエモンテ州の特産品で、シンプルに調理することで細打ちのタヤリンの存在感を際立たせている。麺1本1本にはコシがあるが、全体的にはふんわりとした軽さがあるのがタヤリン。ソースと合わせる時はオムレツを作るイメージで、きれいな形にまとまるまで和える。形ができた時が盛りつけのタイミングで、軽い食感が出て香りも生きる。

♯005
Tajarin con tartufo bianco
### タヤリンの白トリュフ添え

西口大輔

**タヤリン**

上記タヤリンと同じ。00粉を卵黄と少量の水で練り、卵黄のコクやコシの強さを強調して作ったもの。店ではタリオリーニよりも細めにして使い分けている。

幅1〜2mm、長さ18cm

## タヤリンを細切り野菜で和える

パスタとソースのなじみがよいように、ホワイトアスパラガスとズッキーニをタヤリンの形状に合わせて細長く切り、バターとチーズで和えたシンプルな仕立て。ホワイトアスパラガスを細く切ってパスタと和える調理法は、イタリアの産地では普通に見られる。複雑で濃厚な味つけではアスパラガスの繊細な風味が生きないので、バターとチーズだけの単純な味つけが理にかなっている。

♯006
Tajarin con asparagi bianchi e zucchine
### ホワイトアスパラガスとズッキーニのタヤリン

西口大輔

## キタッラ

### キタッラ
四角い箱に弦を張ったキタッラ(ギターの意)で切り分けることから、道具名がパスタの名になったもの。アブルッツォ州の歴史のあるロングパスタで、切り口は正方形に近い。今回の料理では、昔ながらの配合通りにセモリナ粉を卵でこねてコシのある生地で作った。

2〜3mm角、長さ20cm

### # 007
キタッラ　アッラマトゥリチャーナ　イン　ビヤンコ
Chitarra all'amatriciana in bianco
### キタッラ、原形の白いアマトゥリチャーナ

### ギター形の道具の名を冠したパスタ
ブカティーニ・アマトゥリチャーナ(P.217)の原形といわれる料理で、トマトを使わないことから「白いアマトゥリチャーナ」と呼ばれている。もとの名は発祥の地に近い町の名をつけた「グリシャーノ風 alla griscia」。グリシャーノではスパゲッティで作るが、ここはかつてアブルッツォ州に属していたので(現在はラツィオ州)、今回は同じアブルッツォ発祥のキタッラを合わせた。調理はグワンチャーレ(豚ほほ肉の塩漬け)をアーリオ・オーリオ風味で炒めて、ペコリーノ・ロマーノをたっぷりとふる。

小池教之

## トンナレッリ

### イカ墨入りのトンナレッリ
形状はキタッラ(上記)と同じで、断面が正方形のロングパスタ。トンナレッリは元来がローマ方言だが、今では他の地域にも広がっている呼称。写真は00粉とセモリナ粉、卵の生地にイカ墨を練り込み、パスタマシンで成形したもの。イカ墨を入れるとインパクトの強い黒色になり、柔らかくツルンとした食感も生まれる。

2mm角、長さ20cm

### # 008
トンナレッリ　ネーリ　コン　セッピェ　エ　ポモドーロ　フレスコ
Tonnarelli neri con seppie e pomodoro fresco
### いか墨を練り込んだトンナレッリ、すみいかと生トマトソース

### キタッラと同形のローマ生まれのパスタ
イカ墨を練り込んだ黒いトンナレッリを、コウイカ(=スミイカ)と角切りトマトで和えた軽やかな味わいの料理。イカ墨は古くから料理に使われており、ヴェネツィアの「イカの墨煮」や「イカ墨のリゾット」が有名だが、パスタ生地に練り込む方法も珍しくない。ソースはアーリオ・オーリオ風味で、トンナレッリをこのソースベースで和えてからコウイカの身を加え、短時間で火を入れて柔らかな食感と甘い風味を生かしている。

西口大輔

# タヤリン

●タヤリンの配合
【作りやすい分量。1人分 80g】
00 粉 ( マリーノ社 )　200g
卵黄　6個分
水　少量

## # 005 タヤリンの白トリュフ添え

西口大輔

●タヤリン
1. こねた生地をパスタマシンでごく薄くのばし、幅1〜2mm、長さ約18cmに切る。

●仕上げ
1. タヤリンを30秒間、塩湯でゆでる。
2. 常温で柔らかくしたバター (1人分約35g) を冷たいフライパンに入れて火にかけ、パスタのゆで汁 (1人分約20cc) で溶かす。すぐに火を止め、白トリュフオイル少量を入れる。タヤリンを入れ、グラーナ・パダーノを加えて和える。
3. 器に盛り、白トリュフをスライサーで極薄に切りながらかける。

※白トリュフは調理場で手早く削って盛るのがよい。演出を兼ねて客席で削ると、盛りつけてからお客の口に入るまでに時間がかかり、麺同士がくっついて固まりやすくなる。素早いサービスが必須のパスタ。

◆ Point
バターを加熱する時は沸騰させない。泡立つほどに熱すると液体分の澄ましバターと個体の乳しょうに分離し、風味のある乳しょうがタヤリンにからみにくくなる。その分、風味が乏しく感じるので、決して熱くしすぎない。

●タヤリンの配合
【作りやすい分量。1人分 80g】
00 粉 ( マリーノ社 )　200g
卵黄　6個分
水　少量

## # 006 ホワイトアスパラガスとズッキーニのタヤリン

西口大輔

●タヤリン
1. こねた生地をパスタマシンでごく薄くのばし、長さ約18cmに切って幅1〜2mmにカットする。

●アスパラガスとズッキーニのソース
1. ズッキーニを長さ7〜8cmの細切りにして、柔らかく塩ゆでする。氷水で急冷し、ペーパータオルで水分をふく。塩湯は取りおく。
2. 掃除したホワイトアスパラガスをピーラーで3周分皮をむき、横に2等分して細切りにする。中力粉少量を白ワインヴィネガーで溶き、こしながらズッキーニのゆで汁に加える。アスパラガスを入れて再沸騰したらすぐに氷水にとり、ペーパータオルで水分をふく。
3. バターでアスパラガス (1人分約1/3本分)、ズッキーニ (1/4本分) を軽くソテーし、火を止めてからイタリアンパセリのみじん切りをふる。

●仕上げ
1. タヤリンを約2分間、塩湯でゆでる。
2. ソースに加えてさっと和え、グラーナ・パダーノをふって和える。タヤリンとアスパラガスがまとまったら皿に盛る。

◆ Point
アスパラガスは柔らかくゆでたほうが風味は強く出るが、この料理ではタヤリンのコシの強さに合わせて短時間でゆで、やや固めの食感を残すほうがよい。

## キタッラ

●キタッラの配合
【作りやすい分量。1人分80g】
セモリナ粉（ディ・チェコ社）　450g
卵黄　8個分
全卵　2個
塩　4g
E.V. オリーブ油　適量

### #007 キタッラ、原形の白いアマトゥリチャーナ
小池教之

●キタッラ
1. こねた生地をパスタマシンで厚さ3mmにのばし、キタッラ用の道具よりひと回り小さい長方形に切る。
2. 道具の弦の上にのせ、めん棒を転がして生地を切り分ける。（成形→p.39参照）
3. 室温に30分間ほどおいて、半生状に乾燥させる。

●グワンチャーレのソース
1. つぶしたニンニクと赤唐辛子をE.V. オリーブ油で炒め、香りが出てきたら棒切りのグワンチャーレ（1人分約30g）を炒める。焦がさず、脂をじっくり溶かしながら火を入れる。
2. たまった脂をきり、タマネギの薄切り（1/6個分）とローリエを加える。タマネギがしんなりして甘みが出てきたら、パスタのゆで汁または野菜のブロードを少量入れて煮る。

●仕上げ
1. キタッラを約12分間、塩湯でゆでる。
2. ソースにキタッラとペコリーノ・ロマーノ、黒コショウを入れて和える。皿に盛って再度ペコリーノ・ロマーノをふる。

◆Point
グワンチャーレは豚のほほから首にかけての広範な部位で作られる塩漬け肉。バラ肉が原料のパンチェッタで代用されることもあるが、グワンチャーレのほうが旨みは強く、野性味もあって料理に力強さが出る。

◆応用例
一般には太めのスパゲッティやブカティーニで作る。また、肉厚のショートパスタ、リガトーニも合う。

## トンナレッリ

●イカ墨入りトンナレッリの配合
【作りやすい分量。1人分70g】
00粉（マリーノ社）　400g
セモリナ粉（マリーノ社）　100g
卵黄　4個分
全卵　1個
イカ墨　80g
水　40g

※イカ墨はソースに入れると風味が強く出るが、パスタ生地に練り込む場合は個性が弱まる。そこで水分量や味のバランスを考慮しつつ、イカ墨の量をやや多めに配合した。

### #008 いか墨を練り込んだトンナレッリ、すみいかと生トマトソース
西口大輔

●トンナレッリ
1. コウイカ（＝スミイカ）の墨袋をこしてイカ墨を取り出し、分量の水で溶く（少ない場合は冷凍の市販品を補う）。
2. 材料を全て混ぜ、1つにまとめてよくこねる。専用の袋に入れて真空にかけ、1日冷蔵庫で休ませる。パスタマシンで厚さ2mmにのばし、幅2mm、長さ20cmに切る。

●コウイカの下処理
1. コウイカ（＝スミイカ）の胴体部の皮をむいて汚れを除き、長さ4～5cm、幅1cmに切る（1人分約30g）。

●ソースのベース
1. つぶしたニンニクと赤唐辛子をピュアオリーブ油で熱し、ニンニクが薄く色づいたら赤唐辛子とともに取り出す。
2. トマトの小角切り（1人分約40g）とパスタのゆで汁、イタリアンパセリのみじん切りを加える。

●仕上げ
1. トンナレッリを約6分間、塩湯でゆでる。
2. ソースのベースにトンナレッリを入れて和える。コウイカの身に塩をふって加え、手早く和えて火を通す。
3. 皿に盛り、E.V. オリーブ油をかける。

◆Point
コウイカの身はパスタに合わせて細長く切るほうが、まとまりがよく味の一体感が出る。火を入れすぎると固くなるので、仕上げ間際に加えること。

◆応用例
このトンナレッリは、力強い魚介のラグーにも合う。

## ストゥリンゴッツィ

**ポルチーニ入りのストゥリンゴッツィ**
キタッラやトンナレッリ（ともにP.61）と同形の、断面が正方形をしたウンブリア州のパスタ。一般にはキタッラやトンナレッリより心持ち細めに作られるが、写真はトンナレッリと同サイズに作ったもの。基本は00粉を水で練るが、ここではセモリナ粉と00粉、卵黄を使用。さらにポルチーニのソースを合わせることを前提に、乾燥ポルチーニの粉末ともどし汁を練り込んで風味をつけた。

2mm角、長さ20cm

♯009
Stringozzi di funghi secchi al burro e formaggio
**乾燥ポルチーニを練り込んだ ストゥリンゴッツィ**

### 中部ウンブリア州のパスタを特産キノコと

ウンブリア州のパスタと同地特産のポルチーニを使った郷土色の濃いパスタ料理。乾燥ポルチーニの香りのよさを生かすために食材を絞り、ソースは乾燥ポルチーニのみじん切りをソテーして、もどし汁やチーズと炒め合わせるのみとした。具のないプレーンなソースは細めのパスタを合わせてからみをよくしたほうが、おいしさが増す。

西口大輔

## タリアテッレ

**セモリナ粉のタリアテッレ**
手打ちのロングパスタの代表。発祥地のエミリア＝ロマーニャ州など北イタリアを中心に作られてきた。基本は軟質小麦を卵で練って薄くのばし、巻くか折りたたんで、包丁で幅6～8mmの細長い平麺状に切る。タリアテッレは「切ったもの」の意。最近のイタリアでは、本来、中南部を中心に使われるセモリナ粉をタリアテッレの生地に混ぜることでやさしい食感の中にコシを出す傾向がある。ここでもその配合を取り入れた。

幅6mm、長さ23cm前後

♯010
Tagliatelle di farina di semola al ragù
**セモリナ粉のタリアテッレ、 牛肉のラグー**

### セモリナ粉入りのコシの強いタリアテッレ

タリアテッレの王道、さらには「永遠の定番」といわれるサルサ・ボロニェーゼ（ボローニャ風ラグー）との組み合わせ。現地ボローニャでは、このソースを単にラグー（煮込み）と呼ぶほど身近な存在だ。紹介した作り方は修業先で教わったイタリアの伝統的なもので、変えるべきところはなく、そのままを守り通している。タリアテッレをセモリナ粉入りにしたことで、このソースとの相性がより高まったと思う。

小池教之

# シャラティエッリ

**バジリコ入りのシャラティエッリ**
カンパーニア州アマルフィ生まれのパスタで、幅はタリアテッレと同じだが、長さが短く、厚みのある生地が特徴。また、牛乳やペコリーノを加える配合も独特で、写真は00粉、全卵、牛乳、オリーブ油、ペコリーノをこね、ちぎったバジリコの葉を練り込んでいる。生地はあまりこねず、ニョッキのようなモチモチとした柔らかさに仕上げる。

幅8mm、長さ15cm

## #011
シャラティエッリ アイ フルッティ ディ マーレ
Scialatielli ai frutti di mare
### 旬の貝類のシャラティエッリ

**厚めでモチモチ食感のニョッキ風平麺**
蒸し煮にした4種類の貝をシャラティエッリにからめたもの。柔らかなシャラティエッリが貝のエキスを吸うことで味の一体感が生まれ、モチモチの食感も生きる。魚介の豊富なナポリ一帯では、一皿にいろいろな種類の貝を使う料理が多く、この料理も一例。貝は殻の中に海の旨みが閉じ込められているので、殻付きを蒸し煮にするだけで充分においしいパスタソースになる。

杉原一禎

**赤唐辛子入りのシャラティエッリ**
カラブリア州の赤唐辛子入りパスタを応用して、唐辛子パウダーとパプリカパウダーを練り込んだシャラティエッリ。香辛料の辛みと甘い香りをしっかりきかせ、心持ち柔らかめにして厚みを持たせた。シャラティエッリは1960年代にアマルフィの料理人、エンリコ・コゼンティーノが創作したパスタで、料理コンテストの受賞作といわれる。現在では作る人により、フワッ、モチッ、サクッなどさまざまな食感のものがある。

幅8mm、長さ11cm

## #012
シャラティエッリ アル ペペロンチーノ エ ネーロ ディ セッピヤ
Scialatielli al peperoncino e nero di seppia
### 唐辛子を練り込んだ辛いシャラティエッリ、いか墨のソース

**赤唐辛子を混ぜてカラブリア色を融合**
カラブリア州名物のンドゥイヤ(赤唐辛子ペースト)で調味した辛いイカ墨ソースと、シャラティエッリの形状に合わせて細長くカットしたコウイカで和えた料理。カンパーニア州のパスタにカラブリア色を取り入れたアレンジの一品だが、赤唐辛子を共通項にしたパスタとソース、イカ墨とイカ、形を似せたパスタとイカなど全体に調和のある一皿に仕上げている。

小池教之

## ストゥリンゴッツィ

● ポルチーニ入りストゥリンゴッツィの配合
【作りやすい分量。1人分80g】
00粉(マリーノ社)　400g
セモリナ粉(マリーノ社)　100g
卵黄　4個分
乾燥ポルチーニのもどし汁　60g
乾燥ポルチーニの微粉　10g
水　適量

### #009 乾燥ポルチーニを練り込んだストゥリンゴッツィ

西口大輔

● ストゥリンゴッツィ
1. 乾燥ポルチーニを水適量に浸けて一晩おく。こしてポルチーニともどし汁に分ける(ポルチーニはソースに使用)。
2. 別の乾燥ポルチーニをミキサーで粉末にし、ふるいにかけて微粉10gを使う。
3. 水を除く材料を混ぜ、1つの塊にまとめる。水を少量加えて固さを調節しながらこねる。専用の袋に入れて真空にかけ、1日冷蔵庫で休ませる。
4. パスタマシンで厚さ2mmにのばし、幅2mm、長さ20cmに切る。

● ポルチーニのソース
1. ストゥリンゴッツィ用にもどしたポルチーニの水分を絞り、みじん切りにして、1人分約15gをバターでソテーする。
2. 別鍋にバター、パスタのゆで汁、ポルチーニのもどし汁各少量、1の炒めたポルチーニを入れ、イタリアンパセリのみじん切りとグラーナ・パダーノをふって和える。

● 仕上げ
1. ストゥリンゴッツィを3～4分間、塩湯でゆでる。
2. ポルチーニのソースでストゥリンゴッツィを和えて皿に盛る。

◆ Point
乾燥ポルチーニのもどし汁には香りだけでなく濃い旨みがあるので、適切なバランスで加えるとポルチーニの個性的な風味が強調できる。「旨みの素」としての役割は大きく、店では肉のラグーやフォン・ブルーノ(褐色のだし)にも隠し味として加えている。

◆ 応用例
ストゥリンゴッツィはトリュフ風味もよい。

---

## タリアテッレ

● セモリナ粉のタリアテッレの配合
【作りやすい分量。1人分60g】
00粉(マリーノ社)　250g
セモリナ粉(ディ・チェコ社)　250g
卵黄　8.5個分
水　100g
E.V.オリーブ油　10g
塩　5g

※セモリナ粉の配合を多くしすぎると、タリアテッレ本来のやさしい食感が失われる。このレシピのように多くても同割にとどめるのがよい。こねる時も、軟質小麦とセモリナ粉の吸水時間の差を考慮し、通常より時間をかけてしっかり生地をつなげる。

### #010 セモリナ粉のタリアテッレ、牛肉のラグー

小池教之

● タリアテッレ
1. こねた生地をパスタマシンで厚さ1mmにのばし、幅6mm、長さ23cm前後に切る。

● ボローニャ風ラグー(ミートソース)
1. 牛スネ肉(2kg)をミンサーで粗挽きにする。塩、コショウ、シナモンパウダーをふって練り合わせ、冷蔵庫で一晩休ませる。
2. フライパンにサラダ油(牛肉を掃除した時の脂でもよい)をひいて挽き肉をソテーする。
3. ソッフリット(P.248。レードル2杯)を入れた鍋に移し、赤ワイン(1ℓ)を入れて煮立たせ、トマトソース(レードル3杯)と仔牛のブロード適量を加える。ブーケ・ガルニ(ローリエ、タイム、ローズマリー、セージ)を入れて沸騰させてから、蓋をせずに弱火で2時間煮込む。途中で水分が少なくなったら、水を適宜加える。

● 仕上げ
1. タリアテッレを5～6分間、塩湯でゆでる。
2. ボローニャ風ラグー(1人分小レードル1杯)で和えて器に盛り、パルミジャーノをふる。

◆ Point
肉は塊肉を店で粗く挽き、カリカリになるまで炒めず、ほどよい焼き色がつく程度にする。粗挽き肉で「肉の赤ワイン煮」を作るイメージで、肉の食感と香りを生かすとよい。

◆ 応用例
このタリアテッレは、白身肉のラグーやポルチーニなどのキノコのソースにも合う。

# シャラティエッリ

●バジリコ入りシャラティエッリの配合
【作りやすい分量。1人分90g】
00粉(カプート社)　1kg
全卵　3個
牛乳　300g
E.V. オリーブ油　約30g
ペコリーノ・ロマーノ　50g
塩　ひとつまみ
バジリコの葉（大きくちぎったもの）　適量

※生地のまま保管するとベタついてくるので、すぐに仕上げない場合は、10秒ほど塩を入れずにゆでてからE.V. オリーブ油をまぶし、冷蔵庫で保管する(P.38)。

## ♯011
## 旬の貝類のシャラティエッリ

杉原一禎

●シャラティエッリ
**1.** 材料を全て合わせて軽くこねる。ラップ紙で包んで冷蔵庫で2時間休ませる。
**2.** パスタマシンで厚さ約2mmにのばし、包丁で幅8mm、長さ15cmに切る。

●貝の煮込み
**1.** 殻付きのムール貝、アサリ、オニアサリ、マテ貝の4種類（計約200gで1人分）を水洗いし、ムール貝以外は塩水に浸して砂出しする。
**2.** つぶしたニンニクをE.V. オリーブ油で炒め、色がついてきたらイタリアンパセリのみじん切りと3種類の貝（ムール貝、アサリ、オニアサリ）、自家製。プティトマトの瓶詰（P.249。2個）パスタのゆで汁少量、黒コショウを入れ、蓋をして殻が開くまで蒸し煮にする。開いたものから順次取り出す。マテ貝は別鍋で同様に蒸し煮にする。
**3.** 貝の蒸し汁をこしてフライパンに戻し、貝も殻ごと入れる。

●仕上げ
**1.** シャラティエッリを3分間、塩湯でゆでる（下ゆでしておいたものは浮いたら取り出す）。
**2.** 温めた貝の煮込みと合わせ、E.V. オリーブ油を加えて和える。シャラティエッリが一気に水分を吸収する瞬間があるので、その一歩手前で火を止め、1～2分間おいて味をなじませてから皿に盛る。
**3.** イタリアンパセリのみじん切りをふる。

※マテ貝は品質にバラつきがあるので、個別に火を入れて嫌なにおいがないか、確認する。

◆Point
貝は数種類で使うと旨みに複雑さが出て、甘みも増し、よりおいしくなる。ムール貝とアサリが必須で、あとは好みでよい。ムール貝とアサリは塩分が強いので、他の貝を混ぜると塩分がやわらぎ、バランスがとれるという利点もある。

◆応用例
このソースはスパゲッティやリングイーネにも合う。また、シャラティエッリはむきエビと野菜などのソースを組み合わせるのもよい。

●赤唐辛子入りシャラティエッリの配合
【作りやすい分量。1人分40g】
強力粉(東京製粉〈スーパーマナスル〉)　400g
パプリカパウダー（ギャバン）　20g
唐辛子パウダー（ナイル商会〈南蛮粉〉）　5g
全卵　1.7個（100g）
牛乳　100g
ペコリーノ・ロマーノ　100g
ラード（溶かしたもの）　20g

## ♯012
## 唐辛子を練り込んだ辛いシャラティエッリ、
## いか墨のソース

小池教之

●シャラティエッリ
**1.** 小麦粉、パプリカパウダー、唐辛子パウダー、ペコリーノ・ロマーノを最初に混ぜる。残りの材料を加えて混ぜ、塊にまとめてこねる。ラップ紙で包んで30分間休ませ、再びこねる。この工程をもう1回繰り返し、表面がツルンとなめらかになってきたら形を整え、ラップ紙で包んで冷蔵庫で一晩休ませる。
**2.** パスタマシンで厚さ4mmにのばし、包丁で幅8mm、長さ11cm前後に切る。

●ンドゥイヤとイカ墨のソース
**1.** コウイカ（4ハイ分）の身の皮をむき、シャラティエッリの形と大きさに合わせて切り分ける。足も同じ長さに切る。
**2.** コウイカの墨袋を裏ごしにかけ、練ってなめらかにしながらつやを出す。
**3.** ニンニク（1g）とタマネギ（1個）の各みじん切りをE.V. オリーブ油で炒め、甘みをしっかりと引き出す。ンドゥイヤ（スプーン1）を入れてほぐしながら炒め、香りと脂分を引き出す。イカ墨（4ハイ分）、赤ワイン（カップ1）、トマトソース（レードル1杯）を入れて約2時間煮込む。

●仕上げ
**1.** シャラティエッリを10分間、塩湯でゆでる。
**2.** つぶしたニンニクをE.V. オリーブ油で香りが出るまで炒める。軽く塩をふったコウイカの身を加え、さっと炒める。イカを取り出し、シャラティエッリを加えてパスタのゆで汁少量でのばしながら和え、乳化させる。イカの身を戻してさっと和える。
**3.** 皿に盛り、ンドゥイヤとイカ墨のソース（1人分スプーン1）をのせて、イタリアンパセリをちぎったものを散らす。

◆Point
シャラティエッリは柔らかめの生地なので、イカに火を入れすぎて食感を固くするとバランスが悪くなる。さっと炒めて柔らかさを残すようにする。

◆応用例
赤唐辛子入りのシャラティエッリは、猪や羊のソースで和えても風味が生きる。

## フェットゥッチーネ

**フェットゥッチーネ**
形状はタリアテッレ (P.64) とほぼ同じだが、幅は一般的に 8～10mm で 2～3mm ほど幅広に作られる。また、タリアテッレはエミリア＝ロマーニャ州の発祥で全土に広まった名称だが、フェットゥッチーネはローマ一帯での呼び名。材料も若干の違いがあり、軟質小麦と卵が基本とされてきたタリアテッレに対し、こちらは軟質小麦、セモリナ粉、あるいは両者のブレンドといろいろで、水分も卵に水を加えることもあるなど決まりはない。名前は「リボン」の意味をもつ「フェットゥッチェ」(P.69) の縮小形である。

幅1cm、長さ23cm

### ローマ一帯の"リボン状"ロングパスタ

マッシュルームと生ハム、グリーンピースを生クリームで煮て、フェットゥッチーネを和えた定番料理で、すでに日本でもおなじみである。冷蔵庫に常時ある材料で簡単に作れるところによさのあるソースだが、鮮度のよい生クリームとマッシュルーム、切りたての生ハム、季節の生のグリーンピースで作ると、驚くほど香りよく、深みのある一皿になる。

♯ 013
Fettuccine ai funghi, prosciutto e piselli
**フェットゥッチーネ、生ハムときのこ、グリーンピース**

小池教之

## フェットゥッチェッレ

**フェットゥッチェッレ**
ナポリなど南部一帯で使われている名称で、ローマのフェットゥッチーネ (上記) と同じ。右ページのフェットゥッチェの縮小形である。生地はセモリナ粉と水で作る南部の基本配合だが、幅広の平たいロングパスタの場合、水だけで練ったものはモチモチした柔らかさがベタつき感を生み、心地が悪いので、店では成形後に 2～3 日間乾かして半乾燥麺にして使っている。手打ち麺のしなやかさに乾麺的な引き締まった食感が加わり、味わいが高まる。

幅1.5cm、長さ30cm

### ナポリ版フェットゥッチーネ

ナポリの修業先で学んだもので、イワシとシシトウとプティトマトを炒め合わせ、フェットゥッチェッレを和えた料理。イワシと辛みの少ない青唐辛子は相性がよく、現地ではよく組み合わせる。イワシを水分と油脂分の混ざったソースでさっと炒め合わせるだけにすると、身がパサつかず、小片の表面にトロンとしたなめらかなソースがまとうので、イワシのおいしさが光る。

♯ 014
Fettuccelle con alici e peperoncini verdi
**鰯としし唐のフェットゥッチェッレ**

杉原一禎

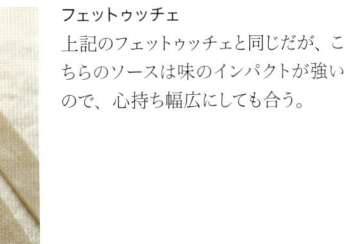

# フェットゥッチェ

**フェットゥッチェ**

パッパルデッレと同じ形状の、最も幅広のロングパスタ。フェットゥッチェはナポリなど南部一帯での呼び名で、フェットゥッチーネやフェットゥッチェッレの元になっている名称でもある。フェットゥッチェッレと同じく半乾燥にして歯切れのよさを出すが、同程度の乾燥度にすると幅が広い分、固く感じやすいので、乾燥時間を短くしている。また、食べやすいように長さは16〜18cmと短めに成形。

幅2cm、長さ16〜18cm

## #015
### Fettucce al ragù di pesce bandiera
### 太刀魚のラグーのフェットゥッチェ

**ナポリ版パッパルデッレ**

タチウオはナポリでは大衆魚としてよく食べられている魚。この料理はコンフィのイメージで蒸し焼きにしたタチウオの身を、焼き油とともにこしてソースにしたもので、海の香りの豊かな料理だ。本来はピュレ状のタチウオをスパゲッティと和えるが、飽きやすい味なので、店ではタチウオの身の一部を、形を残して混ぜることで味に起伏をつけ、パスタも柔らかな半乾燥の平麺にアレンジした。

杉原一禎

**フェットゥッチェ**

上記のフェットゥッチェと同じだが、こちらのソースは味のインパクトが強いので、心持ち幅広にしても合う。

幅2cm、長さ16〜18cm

## #016
### Fettucce con seppie e piselli
### 針いかとイタリア種のえんどう豆のフェットゥッチェ

**インパクトの強いソースに合うフェットゥッチェ**

ナポリの有名な魚介料理「コウイカとグリーンピースの煮込み」をパスタソースに利用。イカと豆の2つの甘みが合わさり、春らしい香りが生まれて軽やかなイメージがあるが、実際はイカも豆もじっくり煮込むので味と香りが凝縮し、複雑でインパクトのあるソースである。現地でもパスタ料理としてよく出され、いろいろな形のパスタが使われるが、私自身はこのソースの持ち味を最大限発揮できるものとして、半乾燥にした幅広のフェットゥッチェにたどり着いた。

杉原一禎

## フェットゥッチーネ

●フェットゥッチーネの配合
【作りやすい分量。1人分60g】
00粉(マリーノ社) 400g
全卵 3個
卵黄 2個分
水 50g強
塩 4g
E.V. オリーブ油 5g

### ＃013
### フェットゥッチーネ、生ハムときのこ、グリーンピース
小池教之

●フェットゥッチーネ
1. こねた生地をパスタマシンで厚さ2mmにのばし、包丁で幅1cm、長さ23cmに切り分ける。

●生クリームソース
1. つぶしたニンニクを同割のE.V.オリーブ油とバターで炒める。香りが出たら刻んだ生ハム(1人分で1/2枚分)を炒め、次いで厚切りのマッシュルーム(2個分)を加えてよく炒める。
2. 火が通ったら生クリーム(30cc)を加えて煮つめ、パスタのゆで汁か仔牛のブロード適量で濃度を調整する。

●仕上げ
1. フェットゥッチーネとさやをむいたグリーンピース(1人分10粒)を2分間、一緒に塩湯でゆでる。
2. 生クリームソースで和え、パルミジャーノをふってさらに和える。
3. 器に盛って、再度パルミジャーノをふる。

◆Point
ソースを作る際、生クリームを加えたら強火で煮立てない。

◆応用例
ローマの「リストランテ・アルフレード」が考案したバターとパルミジャーノで和えたフェットゥッチーネが世界的に有名。

## フェットゥッチェッレ

●フェットゥッチェッレの配合
【作りやすい分量。1人分90g】
セモリナ粉(カプート社) 200g
水 100g

※ナポリではフェットゥッチェッレの乾麺が売られている。

※同じ幅広のロングパスタでも、卵入りの生地ならゆでた時に卵が固まり、歯切れのよさが出るので、乾燥させる必要がない。

### ＃014
### 鰯としし唐のフェットゥッチェッレ
杉原一禎

●フェットゥッチェッレ
1. こねた生地をパスタマシンで厚さ3mmにのばし、包丁で幅1.5cm、長さ30cmに切る。
2. 冷蔵庫内の風の吹き出し口の前やワインセラーなどに入れ、途中で何回か返しながら2〜3日ほどおき、半乾燥にする。

●イワシの下処理
1. マイワシ(中サイズ。1人分3尾)を手開きにし、内臓、頭、背ビレなどを除く。塩をふって2時間ほどおく。

●シシトウのソース
1. つぶしたニンニクと丸ごとのシシトウ(5本)をE.V.オリーブ油で、弱火のまま炒める。ニンニクの香りが十分に出てシシトウが柔らかくなったら、半割のプティトマト(2個分)を加え、パスタのゆで汁を少量入れて味がなじむまで煮る。
2. シシトウを取り出し、調理バサミで2〜3等分に切って鍋に戻す。

●仕上げ
1. フェットゥッチェッレを4〜5分間、塩湯でゆでる。
2. ゆで上がりの直前にシシトウのソースにマイワシを入れ、火を入れながら小片に切る程度にさっと炒め合わせる。
3. フェットゥッチェッレとイタリアンパセリのみじん切りを加え、和える。
4. 皿に盛り、再度イタリアンパセリをふる。

◆Point
シシトウは丸ごとで調理し、火が入ってからハサミで小片に切る。内側の種子の部分が直接ソースの水分に触れないので、独特の青い香りや粒々の食感がそのまま残り、よりおいしく味わえる。また、シシトウの香りを効果的に立たせるために、弱火でゆっくり炒める。

◆応用例
フェットゥッチェッレは、黒オリーブとクルミのソースなども合う。

## フェットゥッチェ

●フェットゥッチェの配合
【作りやすい分量。1人分90g】
セモリナ粉(カプート社)　200g
水　100g

### ♯015
## 太刀魚のラグーのフェットゥッチェ

杉原一禎

●フェットゥッチェ
1. こねた生地をパスタマシンで厚さ2mmにのばし、包丁で幅2cm、長さ16〜18cmに切る。
2. 冷蔵庫内の風の吹き出し口の前やワインセラーなどに入れ、途中で何回か返しながら1日半ほどおいて半乾燥にする。

●タチウオのラグー
1. タチウオ1尾(700〜800g。約10人分)を、頭に近い部分、中央の身幅の大きい部分、尾ビレに近い細身の部分の3つのパートに分ける。中央の身は骨を除き、小さめに切る。
2. タチウオのピュレを作る。つぶしたニンニクをE.V.オリーブ油で炒め、香りが出てきたらタチウオの頭に近い部分と尾ビレに近い部分を骨付きで入れ、蓋をして蒸し焼きにする。完全に火が入ったら取り出して骨をはずし、身と焼き油を野菜こし器でこしてピュレにする。
3. つぶしたニンニク、赤唐辛子をE.V.オリーブ油で炒める。香りが出たらタチウオの中央部の身(1人分約40g)を入れ、フレッシュトマトソース(P.111。スプーン1杯)、パスタのゆで汁少量、イタリアンパセリのみじん切り、タチウオのピュレ(スプーン1杯)を加えて火が通るまで煮込む。

●仕上げ
1. フェットゥッチェを4〜6分間、塩湯でゆでる。
2. タチウオのラグーにフェットゥッチェを入れ、イタリアンパセリのみじん切りを加えて和える。
3. 皿に盛り、鍋に残ったラグーをかけて、再度イタリアンパセリをふる。

◆応用例
　原形通りにタチウオのラグーをスパゲッティと和えるのもよい。

---

●フェットゥッチェの配合
【作りやすい分量。1人分90g】
セモリナ粉(カプート社)　200g
水　100g

### ♯016
## 針いかとイタリア種のえんどう豆のフェットゥッチェ

杉原一禎

●フェットゥッチェ
1. こねた生地をパスタマシンで厚さ2mmにのばし、包丁で幅2cm、長さ16〜18cmに切る。
2. 冷蔵庫内の風の吹き出し口の前やワインセラーなどに入れ、途中で何回か返しながら1日半ほどおいて半乾燥にする。

●針イカとエンドウ豆の煮込み
1. コウイカ(=針イカ。300g程度のもの1パイで3人分)を掃除し、足は1本ずつに切り分け、胴部は食べやすい大きさの短冊形に切る。
2. グリーンピース(イタリア産。さや付きで500g)を柔らかく塩ゆでし、水気をきる。
3. タマネギの薄切り(1/4個分)をE.V.オリーブ油で炒め、しっかりと火が入ったら白ワインを入れ、アルコール分を飛ばす。コウイカを入れ、蓋をして十分に柔らかくなるまで蒸し煮にする。
4. グリーンピースを加え、豆が半ば煮ずれてコウイカと一体感が出るまで煮込む。

●仕上げ
1. フェットゥッチェを4〜6分間、塩湯でゆでる。
2. 鍋にフェットゥッチェを入れてコウイカとエンドウ豆の煮込み(1人分レードル1杯)を加え、ごく少量のパルミジャーノをふって和える。
3. 皿に盛り、イタリアンパセリのみじん切りをふる。

※料理名の「針イカ」は瀬戸内海沿岸での名称で、コウイカのこと。

◆Point
　グリーンピースの形がくずれるまで煮込んでこそ凝縮した旨みが出る。見た目も味もイカと一体になるまでよく煮込むことが大事。

◆応用例
　針イカとエンドウ豆のソースを、ペンネなど噛みごたえのあるショートパスタと合わせてもバランスがよい。

## ラガネッレ

**ラガネッレ**
シート状の「ラーガネ」を、幅広のロングパスタにしたもので「小さなラーガネ」の意。タリアテッレなどのルーツに当たる。ちなみにラーガネはイタリア最古のパスタの一つで、食文化史上でも重要な位置づけにある。イタリア南部のパスタなので本来はセモリナ粉100%だが、私は南部のロングパスタにはセモリナ粉に00粉を同割で合わせ、モチッとした食感の中にしなやかさとなめらかさを出している。

幅2cm、長さ22〜23cm

#017
ラガネッレ コン ウォーヴォ ソード エ ポモドーロ
Laganelle con uovo sodo e pomodoro
### ラガネッレ、ゆで卵入りトマトソース

**タリアテッレのルーツとなった南部発祥のパスタ**
つぶしたゆで卵とサラミ入りのトマトソースで和えたラガネッレ。イタリア南部のカルネヴァーレ(謝肉祭)の定番料理であるラザーニェ(P.156)の簡略版のようなパスタ料理だ。ラザーニェは材料を豊富に使って豪華な仕立てにするのに対し、この料理は日常的に台所にある材料だけで作る質素なものだが、味わいは深い。バジリコほか数種類の香草を使っているので香りも高い。

小池教之

## ピカッジェ

**栗の粉入りのピカッジェ**
形状はタリアテッレ、あるいはパッパルデッレとほぼ同じで、名前はリグーリア州の方言で「家具にかける布」の意味がある。パスタ生地を布のように薄く大きくのばして切り分けたのが由来だろう。基本は軟質小麦粉だが、写真のように栗粉や、ホウレン草などを練り込むことも多い。リグーリア州はアペニン山脈に連なる山間地の面積が広く、栗林も豊か。栗はごく身近な食材で、昔から乾燥させて粉に挽き、パスタやパンに利用してきたようだ。ソバ粉のパスタのようなポソッとした食感になる。

幅2.5cm、長さ20cm

#018
ピカッジェ ディ ファリーナ ディ カスタンニャ
Picagge di farina di castagna
アル ラグー ディ チンギヤーレ コン マッローニ
al ragù di cinghiale con marroni
### 栗の粉のピカッジェ、猪と栗のラグー

**特産の栗粉を混ぜたリグーリア州のパスタ**
栗を共通項としてパスタとソースをつないだもの。リグーリア州からトスカーナ州にかけての栗林では野生の猪が多く生息していることから、猪肉のラグーにゆで栗を混ぜ、栗粉入りピカッジェのソースとした。リグーリア州は海岸線が長く魚介料理が豊富なイメージが強いが、山の料理も豊かである。

小池教之

# パッパルデッレ

**パッパルデッレ**
幅3cm前後と最も幅広なロングパスタ。伝統的には軟質小麦粉で作るが、昨今は現地のリストランテなどでセモリナ粉を少量ブレンドしてコシを出す手法が増えている。ここでも強力粉とセモリナ粉を4:1で合わせ、卵黄で練って乾麺に近いコシの強さを強調し、そのうえで薄めにのばしてしなやかさを出している。

幅3.5cm、長さ20cm

## セモリナ粉入りのコシの強いパッパルデッレ

パッパルデッレをはじめ、黒キャベツ、野生キジ肉、ヴィンサント（甘口ワイン）とトスカーナ州を代表する食材を組み合わせて、郷土色を前面に出した料理。ほろ苦さと甘みの混じる黒キャベツの葉を煮くずれる一歩手前まで蒸し煮にし、食べごたえのあるキジ肉のラグーに混ぜて凝縮した旨みの濃いソースとし、幅広の力強いパッパルデッレで包み込む感覚で作った。

#019
Pappardelle al cavolo nero e fagiano
パッパルデッレ　アル　カーヴォロ　ネーロ　エ　ファジャーノ

### パッパルデッレ、きじ肉と黒キャベツのストゥファート

小池教之

---

**パッパルデッレ**
軟質小麦の00粉とセモリナ粉を4:1の比率で混ぜ、全卵と卵黄で練ったコシのあるパッパルデッレ。ロングパスタの中では最も幅広で厚みのあるボリューム感が特徴だが、それだけに食べにくいというマイナス面もある。そこで、幅と厚さは基本を守りつつ、長さを心持ち短く作ることを心がけている。

幅2〜2.5cm、長さ18cm

## パッパルデッレと肉の煮込みの定番

トスカーナ州のパスタ料理の定番、パッパルデッレとジビエの煮込みの組み合わせ。同地は丘陵や山岳地が多く、各種肉やジビエ料理が豊富で、濃厚な味に仕上げた煮込みは厚手で幅広のパッパルデッレでこそ釣り合いのとれる好相性だ。ここではトスカーナでも狩猟の多い猪肉を赤ワインやトマトペーストで煮込み、ポルチーニを加えることでコクのあるソースに仕上げた。

#020
Pappardelle al sugo di cinghiale e funghi porcini
パッパルデッレ　アル　スーゴ　ディ　チンギヤーレ　エ　フンギ　ポルチーニ

### パッパルデッレ、猪とポルチーニのスーゴ和え

西口大輔

## ラガネッレ

●ラガネッレの配合
【作りやすい分量。1人分50g】
セモリナ粉（カプート社）　250g
00粉（マリーノ社）　250g
水　230g
塩　5g

### #017
### ラガネッレ、ゆで卵入りトマトソース
小池教之

●ラガネッレ
1. こねた生地をパスタマシンで厚さ3mmにのばし、幅2cm、長さ22～23cmに切り分ける。

●ゆで卵入りトマトソース
1. つぶしたニンニクと赤唐辛子をE.V.オリーブ油で炒める。サラーメ・ディ・ナポリ（ナポリ特産のサラミ。1人分1/2枚）を食べやすい大きさに切り分けて加え、軽く炒める。トマトソース（レードル1杯）と刻んだ香草（タイム、ローズマリー、マジョラム、セージ、ミント、ローリエ）をひとつまみずつ入れ、香りを移しながら煮る。
2. ゆで卵（1/2個分）を加えてフォークで粗くつぶしながら炒め合わせ、なじませる。バジリコの葉（1枝）も一緒に入れて、香りが出たら取り出す。

●仕上げ
1. ラガネッレを7～8分間、塩湯でゆでる。
2. ゆで卵入りトマトソースで和える。
3. 器に盛り、ちぎったバジリコの葉とゆで卵の半割を飾り、南部のペコリーノをふる。

◆Point
トマトソースにゆで卵をほぐし入れるので、とくに黄身が水分を吸収して重くなりがち。トマトソースの量を通常よりも心持ち多めにして和えるとよい。

## ピカッジェ

●栗の粉入りピカッジェの配合
【作りやすい分量。1人分50g】
00粉（マリーノ社）　150g
栗粉（フランス・ティエルスラン社）　100g
ココアパウダー　3g
卵黄　3個分
全卵　2個
塩　3g

※栗粉は挽きが細いほうがよりよい。生地全体に均一に混じることが大事で、マーブル状になった場合はよく練って、いったん真空にかけるとなじみがよくなる。

※栗粉はグルテンがないので、栗粉のみで作ったり、生地を薄くしすぎたりすると噛みごたえのない印象で存在感が弱まる。小麦粉と混ぜて作るのがよい。

### #018
### 栗の粉のピカッジェ、猪と栗のラグー
小池教之

●ピカッジェ
1. こねた生地をパスタマシンで厚さ2mmにのばし、包丁で幅2.5cm、長さ20cmに切り分ける。

●猪のラグー
1. 猪肉の肩から前スネにかけての部位（2kg）を2cm角に切り、塩、コショウ、ローリエ、セージ、ローズマリーで一晩ほどマリネする。
2. 猪の骨は香味野菜、ローリエ、水で3～4時間煮出してこし、ブロードとする。
3. 猪肉をE.V.オリーブ油で焼いて焼き目をつけ、ソッフリット（P.248。レードル2～3杯）を加えて混ぜる。赤ワイン（1本分）を入れてアルコール分を飛ばし、トマトペースト（スプーン2）と猪のブロード（レードル1杯）、つぶした黒コショウとネズの実を入れる。アクを除き、蓋をして弱火で3時間ほど煮込む。

●仕上げ
1. ピカッジェを12分間、塩湯でゆでる。
2. 和栗のむき栗（1人分3個）を柔らかく塩ゆでし、水気をきる。
3. 猪のラグー（小レードル1杯）にローズマリー1枝とゆで栗を入れて温め、ピカッジェを和える。
4. 皿に盛ってパルミジャーノをふる。

◆Point
栗粉の特性から、料理の温度が下がるとピカッジェが固く締まってくるので、熱いうちにすぐに食べてもらう。

◆応用例
ジェノヴァではプレーンのピカッジェにペスト・ジェノヴェーゼを合わせる。栗入りのピカッジェは、クルミや松の実のソースにも合う。

## パッパルデッレ

●パッパルデッレの配合
【作りやすい分量。1人分50g】
強力粉（東京製粉〈スーパーマナスル〉）　300g
セモリナ粉（ディ・チェコ社）　75g
卵黄　16個分
塩　3g
E.V. オリーブ油　5g

●パッパルデッレ
1. 材料を混ぜ、こねながら1つの塊にまとめる。固い生地なので、体重をしっかりとかけてめん棒で長方形にのばす。
2. 三ツ折にして生地を密着させ、ラップ紙で包んで1時間以上休ませる。折りパイ生地の要領で、次は1回目の垂直の方向にのばし、再び三ツ折にして休ませる。この工程をあと2回ほど繰り返す。ラップ紙で包んで、冷蔵庫で一晩休ませる。
3. パスタマシンで厚さ1mmにのばし、包丁で幅3.5cm、長さ20cmに切る。

●黒キャベツときじ肉のラグー
▽黒キャベツのストゥファート
1. 黒キャベツ（500g）を横に4等分する。中心の太い軸は固いので除く。

## #019
## パッパルデッレ、きじ肉と黒キャベツのストゥファート
小池教之

2. ニンニクのみじん切りと赤唐辛子を少量のE.V. オリーブ油で炒め、香りが出てきたら根元側の黒キャベツを入れる。水分を引き出すための少量の塩をふって炒め合わせ、蓋をして弱火で蒸し煮にする。柔らかくなったら残り半分の黒キャベツを入れて炒め合わせ、蓋をして蒸し煮にする。
3. 柔らかくなったら取り出して長さ3～4cmに切り、煮汁はソース用に取りおく。

▽キジ肉のラグー
1. キジ1羽分の胸肉、手羽元、もも肉を使う。骨と筋を除いた肉を、ローズマリー、セージ、タイム、ネズの実、ニンニク、少量のヴィンサントとともに袋に入れて真空にかけ、一晩マリネする。
2. 赤タマネギ（2個）、ニンジン（1/3本）、セロリ（2本）の各小角切り、つぶしたニンニクとネズの実、ブーケ・ガルニ（ローズマリー、タイム、セージ）を鴨（または豚）の脂で炒めてソッフリットを作る。
3. キジ肉を取り出して水分をふき、塩とコショウをふって小角切りにする。鴨（または豚）の脂で炒め、ソッフリットのうちレードル1杯を加えて軽く炒め合わせる。白ワイン（カップ1）をふって鍋底の旨みを煮溶かし、キジのブロード（500cc）を入れて沸騰させる。アクを除いてトマトソース（小レードル1杯半）とヴィンサント（カップ1）を加え、弱火で約2時間煮込む。随時水を補う。

▽ソースの仕上げ
1. 黒キャベツのストゥファートとキジのラグーを合わせ（比率4:1）、キジのブロードでのばして、軽く煮て味をととのえる。
2. トマトソース少量を加え、すりおろしたレモンの皮を混ぜる。

●仕上げ
1. パッパルデッレを約3分間、塩湯でゆでる。
2. 黒キャベツとキジ肉のラグー（1人分小レードル1杯）で和え、ペコリーノ・ロマーノとE.V. オリーブ油をふってからめる。
3. 皿に盛り、ペコリーノ・トスカーノをふる。

◆Point
黒キャベツは最初に単体で蒸し煮にし、余分な水分を抜いて味を凝縮させておくことがおいしさのポイント。液体分は加えず、キャベツ自体の水分でクタクタの柔らかさにする。

---

●パッパルデッレの配合
【作りやすい分量。1人分80g】
00粉（マリーノ社）　800g
セモリナ粉（マリーノ社）　200g
卵黄　8個分
全卵　5個
ピュアオリーブ油　少量

## #020
## パッパルデッレ、猪とポルチーニのスーゴ和え
西口大輔

●パッパルデッレ
1. こねた生地をパスタマシンで厚さ2mmにのばし、幅2cm強、長さ18cmに切る。

●猪のスーゴ
1. 猪肉の肩ロースから首にかけての部位（1kg。約12人分）を1.5cm角に切り、塩、黒コショウ、中力粉をまぶす。サラダ油で焼き色がつくまで焼く。
2. 鍋にソッフリット（P.245。120g）とローリエを入れて火にかけて温め、猪肉を入れる。赤ワイン（400cc）を注いで煮つめ、少量のトマトペースト、フォンド・ブルーノ（500cc）を加えて沸かし、アクを除く。蓋をして、弱火で1.5時間煮込む。
3. 一晩休ませて、表面に固まっている脂を取り除く。

●ポルチーニの下調理
1. 乾燥ポルチーニ（15g。約12人分）を水でもどし、水分を絞ってみじん切りにする。ピュアオリーブ油でソテーし、もどし汁は取りおく。
2. フレッシュポルチーニの傘（1人分約30g）を2cm角に切り、ニンニク風味のオリーブ油でソテーする。

●仕上げ
1. パッパルデッレを4～5分間、塩湯でゆでる。
2. 猪のスーゴ（1人分約85g）をフライパンに入れ、鶏のブロードでのばし、バター（小さじ1）を加えて温める。2種類のポルチーニと少量のもどし汁を加える。パッパルデッレを和え、イタリアンパセリのみじん切り、E.V. オリーブ油、グラーナ・パダーノを入れて和える。
3. 皿に盛り、黒コショウとグラーナ・パダーノをふる。ピーラーで薄切りにしたフレッシュポルチーニ1人分3枚をのせる。

◆Point
乾燥ポルチーニのもどし汁には香りだけでなく濃い旨みがあるので、フレッシュのポルチーニとともに使うと風味が強調されておいしさが増す。この料理でも「旨みの素」として、フレッシュのポルチーニと一緒に猪のスーゴに加える。

# トゥロッコリ

**トゥロッコリ**

全面に溝のついためん棒「トゥロッコラトゥーロ」をシート状の生地の上で転がして細長く切るパスタ。この器具は、現在は木製が一般的だが、昔は銅や真鍮で作られていた。突起の部分が鋭利ではないので転がすだけでは完全にカットできず、生地にできた溝に沿って手で1本ずつ分ける作業も必要だ。キタッラ(P.61)と原理の似た製法だが、断面は紡錘形になる。プーリア州北部のフォッジャ近郊が発祥とされ、生地はセモリナ粉と水で作るのが基本。

幅5mm、長さ25cm

## 溝つきのめん棒で切るトゥロッコリ

一緒にゆで上げたトゥロッコリとチーメ・ディ・ラーパを、ほぐした自家製サルシッチャの炒め煮と和えた料理。プーリア州特産のチーメ・ディ・ラーパとトゥロッコリは文句なしの相性で、サルシッチャの旨みが加わり、シンプルながら味わい深い。南イタリアの料理に合わせ、チーズも南部特産のカチョカヴァッロを使っている。

♯021
Troccoli con salsiccia e cime di rapa 
### 粗挽きサルシッチャとチーメ・ディ・ラーパのトゥロッコリ

小池教之

**トゥロッコリ**

厚さ1mmの薄い生地を、トゥロッコラトゥーロ(全面に溝のついためん棒)の溝の間隔の狭い(約3mm)タイプを使って切った細身のトゥロッコリ。10〜15cmの幅の狭い生地で作ると、トゥロッコラトゥーロを転がす時に中央に集中的に圧力をかけられるので、切り離しやすい。ただ、完全に断ち切ることはできないので、つながっているところは1本ずつ手で離す。

直径3mm、長さ35cm前後

## トゥロッコリと好相性のコウイカと青菜

コウイカとフリアリエッリ(ナポリの青菜)を、黒オリーブやケイパーなどと煮込んでトゥロッコリを和えた料理。プーリア州発祥のこのパスタの代表的なソースに、ゆで卵やパンなどを詰めたコウイカのトマト煮があり、そのアレンジでコウイカの白い煮込みを合わせた。イカを蒸し煮にして香りと旨みを十分に引き出し、その煮汁を青菜に吸わせてモチモチ感のあるトゥロッコリにからませる。相性のよい3つの素材がひとつながりにまとまった一皿だ。

♯022
Troccoli con seppie e friarielli di Cercola 
### 甲いかとフリアリエッリの煮込みで和えたトゥロッコリ

杉原一禎

## ビゴリ

**全粒粉のビゴリ**
固めに練った生地を専用のハンドル式圧搾機「ビゴラーロ」に詰め、強い圧力をかけて太いスパゲッティ状に絞り出したコシの非常に強いパスタ。ヴェネト州独自のものである。全粒粉と00粉を混ぜ、卵で練るのが基本で、写真はその例。全粒粉は小麦の外皮が入っているので栄養価が高く、旨みも濃い。また表面にざらつきが出やすいのでソースのからみがよい。00粉を水や卵で練る白色や黄色のビゴリもある。

直径3mm、長さ25cm

### 固い生地を高圧の圧搾機で絞り出すビゴリ

毛ガニの殻、ミソ、内臓を煮出したコクのある濃厚なスーゴで和えたビゴリ。ここでは全粒粉入りのビゴリと和えたが、00粉と卵で作るビゴリにも合う。ヴェネツィアはイタリアの中でもカニの産地として有名で、毛ガニと肉質の似たグランセオラ(クモガニ)をよく使う。その意味で、毛ガニとビゴリはヴェネト州を象徴する好相性の組み合わせである。

# 023
ビゴリ スクーリ アル スーゴ ディ グランキョ
Bigoli scuri al sugo di granchio
**全粒粉のビゴリ、毛蟹のスーゴ和え**

西口大輔

## ストゥランゴッツィ

**ストゥランゴッツィ**
ストゥランゴッツィはウンブリア州での名称で、南部のスパゲットーニ(P.80)やトスカーナ州のピーチ(P.81)と同類。太めに手延べして作る、断面の丸いコシのあるパスタ。貧しい時代を象徴するように卵は使わず、軟質小麦の粉を水だけで練り、手でよったり転がしたりして、ひも状に作る。写真は00粉を水で練り、台上で転がしたもの。

直径5mm、長さ26cm前後

### ウンブリア州生まれの手延べの太麺

ソースはキノコの宝庫ウンブリア州の郷土料理で、カンタレッリ(アンズタケ)をアーリオ・オーリオ風味で炒め、フルーツトマトで軽く煮込んだもの。カンタレッリは現地では非常にポピュラーで、今回のレシピは地元のマンマ直伝。香り高くコクのあるソースで、肉厚なパスタを合わせるのが理にかなっている。ここでは同郷のパスタ、ストゥランゴッツィで郷土色を強く出した。

# 024
ストゥランゴッツィ アイ フンギ エ ポモドーロ フレスコ
Strangozzi ai funghi e pomodoro fresco
**ストゥランゴッツィ、きのことフルーツトマト、マジョラム風味**

小池教之

## トゥロッコリ

●トゥロッコリの配合
【作りやすい分量。1人分 50g】
セモリナ粉（カプート社）　300g
塩　3g
水　140〜150g

※トゥロッコラトゥーロは溝の幅が3mm〜1.4cmまで数種類ある。今回の料理では5mmのものを使用。

※トゥロッコラトゥーロを転がす際に生地が多少のびるので、その分を考えてシート状生地はあまり長くしないほうがよい。また、1本ずつに切り離す時にも、生地が若干のびる。

※トゥロッコラトゥーロに生地がくっつきやすいので、生地にはセモリナ粉でしっかり打ち粉をしておく。

### ♯021
### 粗挽きサルシッチャとチーメ・ディ・ラーパのトゥロッコリ

小池教之

●トゥロッコリ
1. こねた生地をめん棒で厚さ5mmにのばし、幅20cm、長さ30cmの長方形に切り分ける。
2. 生地を縦長に置き、トゥロッコラトゥーロを手前に置いて強く押しながら転がして切り分ける。部分的に切れたり、切れなかったりするので、最終的に1本ずつ手で離す。（成形→P.40参照）
3. 室温に30分間ほどおいて、半生状に乾燥させる。

●サルシッチャのソース
1. つぶしたニンニクをE.V.オリーブ油で炒め、色づいたら取り出す。自家製サルシッチャ（P.248。50gで約1人分）をほぐしながら入れて炒め、パスタのゆで汁を入れて軽く煮込む。

●仕上げ
1. トゥロッコリを約10分間、塩湯でゆでる。ゆで上がる3〜4分ほど前に短く切り分けたチーメ・ディ・ラーパ（1人分3本）を入れて、一緒にゆで上げる。
2. トゥロッコリとチーメ・ディ・ラーパをサルシッチャのソースで和え、カチョカヴァッロをふって混ぜる。
3. 器に盛り、再度カチョカヴァッロをふる。

◆Point
チーメ・ディ・ラーパはクタクタになるくらいに柔らかくゆでたほうが、旨みがよく出てパスタとのなじみもよい。

◆応用例
トゥロッコリはいろいろなソースに合わせやすいが、羊のトマト煮のようなソースもよい。

---

●トゥロッコリの配合
【作りやすい分量。1人分 90g】
セモリナ粉（カプート社）　200g
水　100g

※トゥロッコラトゥーロに生地が巻き付きやすいので、生地はセモリナ粉で十分打ち粉をする。また、切り分けたあとも切り口同士がくっつきやすいので、セモリナ粉で打ち粉をして保管する。

### ♯022
### 甲いかとフリアリエッリの煮込みで和えたトゥロッコリ

杉原一禎

●トゥロッコリ
1. こねた生地をめん棒で厚さ1.5mmのシート状にのばし、包丁で幅10〜15cm、長さ30cmに切る。
2. 生地を縦長に置き、トゥロッコラトゥーロを手前に置いて強く押しながら転がして切り分ける。部分的に切れたり、切れなかったりするので、1本ずつ手で離す。（成形→P.40参照）

●コウイカとフリアリエッリのソース
1. 材料を下ごしらえする。コウイカ（1パイで4人分）は掃除して食べやすい大きさに切り、フリアリエッリ（200g）は塩ゆでし、水気を絞って同様に切る。ケイパー（塩漬け。5g）は水洗いして塩分を流し、水気を絞る。黒オリーブ（12個）の種子を除く。
2. つぶしたニンニクをE.V.オリーブ油で炒め、香りが出たらイカ、イタリアンパセリのみじん切り、ケイパーを加え、粗塩で下味をつける。蓋をして10分間ほど蒸し煮にする。
3. コウイカが柔らかくなったらフリアリエッリと黒オリーブを加えてさらに煮る。イカと野菜の味がなじんだら、塩で味をととのえる。

●仕上げ
1. トゥロッコリを約2分間、塩湯でゆでる。
2. 鍋にトゥロッコリ、ペコリーノ・ロマーノ、赤唐辛子、コウイカとフリアリエッリのソース（1人分レードル1杯）を入れ、温めながら和える。
3. 皿に盛り、ペコリーノ・ロマーノをふる。

※フリアリエッリはチーメ・ディ・ラーパ近縁のナポリの野菜。料理名のチェルコラ（Cercola）はナポリ近郊の産地名。ここでは九州で栽培しているものを使用。

◆Point
トゥロッコリに限らず、セモリナ粉と水を練ってすぐに成形する私のパスタは、ツルン、ニュルッ、モチモチッとした食感が出る。こうしたパスタになめらかなソースは味がのりにくいので、ざらつきがあったり、今回のように具材が多いほうがパスタのおいしさが生かせる。

◆応用例
ブロッコリとアンチョビ、松の実で作るソースでトゥロッコリを和えてもおいしい。

## ビゴリ

●全粒粉のビゴリの配合
【作りやすい分量。1人分80g】
全粒粉 (マリーノ社)　300g
00 粉 (マリーノ社)　200g
卵黄　8個分
全卵　1個
ピュアオリーブ油　4g
ぬるま湯　50g

※生地がかなり固いので、こねる際は時々手のひらを水で湿らせるとやりやすい。あとで強い圧力で押し出すので、練り上げた時に多少ひび割れていても問題ない。

#023
### 全粒粉のビゴリ、毛蟹のスーゴ和え
西口大輔

●ビゴリ
**1.** こねた生地を圧搾機ビゴラーロに入る太さの筒形に整える。圧搾機にビゴリ用のダイスをセットして生地を詰める。
**2.** 絞り出し口の下にセモリナ粉入りのボウルを置く。ハンドルを回して生地を絞り出し、包丁で25cmの長さに切り離してボウルに落とし、セモリナ粉をまぶす。(成形→P.41参照)

●毛ガニのスーゴ
**1.** 毛ガニ5杯分 (約10人分) の殻、ミソ、内臓を用意し、殻を適宜の大きさに叩く。
**2.** タマネギ、ニンジン、セロリの角切り (各100g) をピュアオリーブ油で炒め、香りが出てきたら1のカニを入れて木べらで叩きながら炒める。カニの香りが出てきたら白ワインをふり、トマトペースト (150g) と水 (7ℓ) を加えて混ぜ合わせ、沸かす。アクを取り除き、弱火で2時間弱煮込む。
**3.** こして、さらに煮つめる。

●仕上げ
**1.** ビゴリを8分間、塩湯でゆでる。
**2.** つぶしたニンニクをピュアオリーブ油で炒め、色づいたら取り出す。毛ガニのスーゴ (1人分約90g) とトマトソース少量を入れて温め、パスタのゆで汁少量で濃度をととのえる。
**3.** ビゴリをソースで和え、イタリアンパセリのみじん切りを加えて和える。皿に盛る。

※毛ガニのスーゴは冬のシーズン時には常時ストックし、ラザーニェ (P.156) やフリッタータ、スープなどにも利用している。香りがよく旨やコクも濃いので重宝する。

◆Point
毛ガニのスーゴは2時間以上煮ると、殻のえぐみが出てくるので煮すぎない。

◆応用例
全粒粉入りのビゴリは、油で炒め煮にしたタマネギとアンチョビのピュレ状ソースで和える「イン・サルサ」が定番。全粒粉の香りを生かすには具のないソースが合う。一方、00 粉のみで作るビゴリは具のある鴨のラグーや魚介のソースも向いている。

## ストゥランゴッツィ

●ストゥランゴッツィの配合
【作りやすい分量、1人分50g】
00 粉 (モリーニ社)　500g
水　230g
塩　5g

#024
### ストゥランゴッツィ、きのことフルーツトマト、マジョラム風味
小池教之

●ストゥランゴッツィ
**1.** こねた生地を少量ずつこね台に取り出して、手のひらで転がしながら細長くのばす。直径5mm、長さ26cm前後に仕上げる。

●キノコのソース
**1.** カンタレッリ (=アンズタケ。1人分5個) の石突きを切り落とし、軽く水洗いして天日干しにするか、紙で包んで冷蔵庫内の冷風の吹き出し口に置き、軽く乾かす。
**2.** つぶしたニンニクと赤唐辛子をE.V.オリーブ油で炒め、香りが出てきたらパンチェッタの棒切り (30g) を炒める。
**3.** 油をきり、カンタレッリと枝付きのマジョラムを加えて炒める。油が回ったら白ワイン1ふりを入れて煮つめ、ざく切りのフルーツトマト (2個分) を入れてくずしながら炒める。マジョラムを除く。

●仕上げ
**1.** ストゥランゴッツィを約10分間、塩湯でゆでる。
**2.** ソースにストゥランゴッツィとゆで汁を加えて濃度を調整しながら和える。
**3.** 皿に盛り、マジョラムの葉を飾ってペコリーノ・ロマーノをふる。

◆Point
カンタレッリは水で洗って汚れをきちんと落とすのがよいが、そのままでは水っぽいので、必ず軽く乾燥させて香りを立たせる。

◆応用例
このキノコのソースは太めのスパゲッティ、ブカティーニ、厚めのタリアテッレにも合う。

## スパゲットーニ

**スパゲットーニ**
「大型のスパゲッティ」の意味で、乾麺の場合はスパゲッティよりひと回り太いものを指すが、手打ちではより太く、細うどんのように作る。同形のストゥランゴッツィ（P.77）やピーチ（P.81）は中部のもので、スパゲットーニは南部一帯の名称。南部ではセモリナ粉と水が基本で、写真もその例。小さな塊に切った生地を、両手のひらで強くこすって長くのばしており、モチモチの食感にシコシコ感も加わっている。

直径約3mm、長さ25cm前後

### 卵黄のソースを引き立てる太いスパゲッティ

卵黄をのせた食パンのオーブン焼きにカラスミをかけるサルデーニャ州の郷土料理を応用し、卵黄、カラスミ、ウニの組み合わせで「潮の香りのカルボナーラ風」パスタにした。鶏卵と魚卵が混ざり合うとコクが増し、卵好きにはたまらない味になる。ウニはなめらかさを出すために加えたが、風味も高まる。当初は乾麺のスパゲッティで作ったが、柔らかでボリューム感のある手打ちのスパゲットーニに変えたことで卵黄のソースのおいしさが明確になった。

#025
Spaghettoni alla carbonara di mare
赤うに、からすみ、地鶏の卵黄で和えた手打ちスパゲットーニ

杉原一禎

**スパゲットーニ**
上記スパゲットーニと同じ。太すぎると全体にコシが強まり、ソースと合わせた時にパスタだけが目立つ。逆に細すぎれば、表面のでんぷんがソースに溶けやすく、パスタの存在感が弱まるので、店では直径3mmを基準に作っている。

直径約3mm、長さ25cm前後

### キノコの個性的な風味に調和する太さ

フレッシュポルチーニをニンニクと炒め、相性のよいバターとパルミジャーノにパスタのゆで汁も加えて、とろみを出しながらクリーミーに仕上げたスパゲットーニ料理。生クリームでつなぐ調理法もあるが、風味が主張しすぎるので、前記の材料だけで乳化させるほうがポルチーニの香りが鮮烈に出てよい。また、このソースは乾麺よりも手打ちパスタ向き。ポルチーニの個性的な風味を目いっぱい引き出しても、それに負けない力が手打ち麺にあり、バランスがよい。

#026
Spaghettoni con porcini freschi
フレッシュポルチーニのスパゲットーニ

杉原一禎

# ピーチ

ピーチ
直径3〜5mm、長さ30cm

トスカーナ州のシエナ一帯で作られている手延べの太いパスタ。語源は「手で転がす」の意味を持つ方言の「アッピチャーレ appiciare」。土地によりピッチ picci、ピンチ pinci ともいう。エトルリア時代に遡る長い歴史があり、材料は軟質小麦粉、水、塩と素朴。こね具合によって表情が変わり、また手延べ特有の太さのムラやねじれができるので食感にアクセントが生まれ、それがおいしさになっている。スパゲットーニ（P.80）、ストゥランゴッツィ（P.77）、ウンブリア州のウンブリチェッリは同類。

## 「手で転がす」が語源の手延べパスタ

ピーチはニュートラルな味なのでどんなソースにも幅広く利用できるが、味の骨格がしっかりとしたソースのほうがよりよい。紹介した料理はアーリオ・オーリオのベースでカルチョフィを炒め、同郷のペコリーノ・トスカーノをたっぷりとまぶしたもの。見た目はシンプルであっさりしたイメージがあるが、カルチョフィの力強い風味に加え、ニンニクもかなりきかせているため存在感のあるソースだ。

#027
ピーチ アイ カルチョフィ
Pici ai carciofi
### カルチョフィとにんにくのピーチ

小池教之

ピーチ
直径3〜5mm、長さ25cm前後

材料も成形法もシンプルなパスタだが、イタリアで食べた印象では店ごとに食感がさまざまである。本来ピーチに使わないセモリナ粉を、最近では加える店も多いようで、歯ごたえの強いものが多い。ここでは本来の00粉のみで作る配合で、ネチッとした柔らかさを感じる仕上がりにしている。

## ニンニクの風味が主役の定番ピーチ料理

ベーシックなピーチの料理の一つで、現地のトラットリーアでは定番料理になっている。「アーリオ・オーリオ・エ・ペペロンチーノ」にペコリーノの風味を加えた材料構成だが、料理名にあるように「ニンニク」がソースの主役。トマトを加える調理法もポピュラーで、ここではトマト味を紹介した。

#028
ピーチ アッラッリョーネ
Pici all'aglione
### ピーチのにんにく風味

西口大輔

## スパゲットーニ

●スパゲットーニの配合
【作りやすい分量。1人分100g】
セモリナ粉（カプート社）　200g
水　100g

※スピーディに作らないとちぎれやすくなるので注意。長さはぴったり揃えず、多少の長短があったほうがよい。

※台の上で転がしながらのばす方法はあまり力を入れなくてものびやすく、モチモチ感の強いスパゲットーニになる。一方、両手のひらでよると圧力が強く加わり、コシが出て乾麺に近いシコシコした食感が加わる。

### ＃025
### 赤うに、からすみ、地鶏の卵黄で和えた手打ちスパゲットーニ

杉原一禎

●スパゲットーニ
1. こねた生地を少量ずつこね台にとり、手のひらで転がして直径1cmほどの棒状にのばす。約2cm幅に切り分ける。
2. 1個ずつ、両手のひらでこよりを作るようにこすりながらのばす。直径約3mm、長さ25cm前後に仕上げる。（成形→P.40参照）

●卵黄とウニのソース
1. ボウルに卵黄1個分（1人分）、赤ウニ適量、E.V.オリーブ油20cc、イタリアンパセリのみじん切り、塩、黒コショウを入れて軽く混ぜる。

●仕上げ
1. スパゲットーニを8分間、塩湯でゆでる。
2. 卵黄のソースにスパゲットーニを入れ、少量のゆで汁を加えながらからめる。ソースに火が入るとやや固まってもったりとしてくるので、もう一度ゆで汁を加えて和え、なめらかにする。
3. 皿に盛り、すりおろした自家製カラスミ（P.249）をふりかける（写真では赤ウニを飾りにも使用）。

※卵黄のソースはくどくなりがちなので素材の選び方も重要。店ではあっさりした風味の地鶏の卵と、淡泊な旨みが特徴の赤ウニ（瀬戸内海産）を使っている。

◆Point
卵黄のソースは直火にかけず、ゆで上がったスパゲットーニの余熱と熱いゆで汁で火を入れ、とろりと仕上げる。卵黄が生っぽく残らないようにしっかりからめる。

◆応用例
乾麺のスパゲッティでもよい。スパゲッティの存在感が強いので卵黄のソースの印象がやや弱まるが、そのぶんたっぷりと食べられる。

---

●スパゲットーニの配合
【作りやすい分量。1人分90g】
セモリナ粉（カプート社）　200g
水　100g

### ＃026
### フレッシュポルチーニのスパゲットーニ

杉原一禎

●スパゲットーニ
上記と同じ。

●ポルチーニのソース
1. ポルチーニ（100g）の傘の上面を水洗いし、軸は水で洗って皮を薄く削る。ともに、ひと口大に切る。
2. つぶしたニンニクをE.V.オリーブ油で炒め、しっかりとニンニクの香りを引き出す。ポルチーニ（1人分レードル1杯）を入れて塩、黒コショウをふりながら炒める。きざんだイタリアンパセリとタイムの葉を少量加え、パスタのゆで汁も少量入れてのばす。

●仕上げ
1. スパゲットーニを8～9分間、塩湯でゆでる。
2. 鍋にスパゲットーニとバター、パルミジャーノを入れ、火にかけて和える。ポルチーニのソースを入れ、パスタのゆで汁を足しながらトロッとするまで混ぜる。
3. 皿に盛り、パルミジャーノをふる。

◆Point
ポルチーニは傘の内側のひだに強い風味があるので、水分をつけないように汚れを取る。出始めの夏は傘も軸も締まっているので小さめに切って風味を出しやすくし、やや多めのバターとチーズで力強さを加える。一方、秋になり傘が開いてくると香りが増し、味が濃くなってぬめりも出やすくなるので、それらを生かすようにシンプルに調味する。傘が大きいものはぬめりが多く、くどく感じられることもあるので大ぶりに切るとよい。

◆応用例
ポルチーニのソースは、幅広のボリュームのあるパッパルデッレにも合う。

## ピーチ

●ピーチの配合
【作りやすい分量。1人分50g】
00粉(マリーノ社)　300g
水　140g
塩　3g

※生地同士がくっつきやすいので、成形後は麻布の上に広げたり、小麦粉やトウモロコシ粉をまぶしたりするのが一般的。しかし、パラフィン紙の上にすき間を開けて並べ、そのまま乾燥、あるいは冷蔵、冷凍にすれば打ち粉をしないですむため、ゆで湯が汚れない。

### ♯027 カルチョフィとにんにくのピーチ

小池教之

●ピーチ
1. こねた生地を両手で前後に転がし、端のほうから細い棒状に成形していく。太めのサヤインゲンとほぼ同じ太さまでのばし、包丁でサヤインゲン状の長さに切る。
2. 生地を台に置いて、1本ずつ両手で前後に転がしながら左右にのばしていく。(成形→P.41参照)

●カルチョフィのソース
1. カルチョフィの下処理をする。カルチョフィ(1人分で1個)の上部1/3～1/2を切り落とし、外側の固いガク片と軸の皮をむき取り、縦半分に切って繊毛があれば取り除く。レモン入りの水に浸けてアク止めする。水気をふき、食べやすい大きさのくし形に切る。
2. つぶしたニンニク(3片)と赤唐辛子(1本)をE.V.オリーブ油で炒め、強めに香りを出す。アンチョビ(1枚)を入れてさっと炒める。
3. カルチョフィを加えて手早く炒め、パスタのゆで汁で濃度を調整しながら軽く炒め煮にする。

●仕上げ
1. ピーチを12分間、塩湯でゆでる。
2. カルチョフィのソースに入れ、ペコリーノ・トスカーノとE.V.オリーブ油を入れて乳化させながらよく和える。
3. 器に盛り、ペコリーノ・トスカーノをふる。

◆応用例
店ではこのピーチに、猪のラグー、サルシッチャのソース、ニンニクのきいたトマトソースなど、比較的味のしっかりした現地の味に近いソースを組み合わせている。

---

●ピーチの配合
【作りやすい分量。1人分60g】
00粉(マリーノ社)　300g
水　120g
塩　ひとつまみ
ピュアオリーブ油　10g

### ♯028 ピーチのにんにく風味

西口大輔

●ピーチ
1. こねた生地を親指先大にちぎり、こね台にのせて前後に転がしながら左右に細長くのばしていく。太さにバラつきが出たら、太い部分を集中的に転がして揃える。(成形→P.41参照)

●ニンニク風味のソース
1. ニンニクのみじん切り(1人分3g)と赤唐辛子をE.V.オリーブ油で炒める。ニンニクが色づいてきたらトマトの角切り(30g)とトマトソース(35g)、パスタのゆで汁適量を加えて軽く煮つめる。

●仕上げ
1. ピーチを8分間、塩湯でゆでる。
2. ニンニク風味のソース(1人分約70g)で和え、ペコリーノ・ロマーノと塩で味をととのえる。
3. 器に盛る。

◆応用例
「パン粉ソースのピーチ Pici con le briciole」もベーシックな料理。トスカーナパンを乾燥させて粉にし、ニンニクとともにオリーブ油でカリッと炒めてピーチを和える。

# ストゥロッツァプレーティ

**ストゥロッツァプレーティ**
「のどを詰まらせた僧侶」という奇妙な意味をもつパスタ。短冊形の生地を両手でこすり合わせて軽くねじる成形法で、締めつけられてのどを詰まらせるイメージがなくもない。生まれはエミリア＝ロマーニャ州東部のロマーニャ地方（今は近隣に広がっている）。多くが長く教皇領の圧制と貧困に苦しめられた土地で、卵を使わず粉と水だけで作る生地は「貧困の象徴」でもある。同州は、卵をふんだんに使った手打ちパスタの聖地とされるが、豊かだったのは支配の異なった西側のエミリア地方である。

直径7mm、長さ16cm前後

## ♯029
ストゥロッツァプレーティ　コン　クウォーレ
**Strozzapreti con cuore**
エ　ロンニョーネ　ディ　ヴィテッロ　アル　ヴィン　サント
**e rognone di vitello al vin santo**

### ストゥロッツァプレーティ、仔牛のハツと腎臓のヴィン・サント風味

**ロングサイズのこより状パスタ**
仔牛の心臓と腎臓を、厚切りのタマネギや各種ハーブとともに炒め煮にしたソースで、ラルドやヴィン・サント(甘口ワイン)を風味づけに使っている。ストゥロッツァプレーティ自体はニュートラルなパスタでどんなソースにも合わせやすいが、素朴ながらもしっかりとしたコシがあるパスタなので、個性や風味の強いソースのほうがより相性がよい。

小池教之

**ストゥロッツァプレーティ**
上記のストゥロッツァプレーティが基本形で、こちらはよりていねいにねじって作ったリストランテ仕様。台上でしっかりと、ねじりの回数を多くしてらせん形にする。

長さ16cm前後

## ♯030
ストゥロッツァプレーティ　カーチョ　エ　ペーペ　コン　ファーヴェ　フレスケ
**Strozzapreti cacio e pepe con fave fresche**

### ストゥロッツァプレーティ、空豆を加えたカーチョ・エ・ペーペ

**ねじりの多いらせん形はリストランテ仕様**
ペコリーノ・ロマーノと黒コショウのみでパスタを和える「カーチョ・エ・ペーペ」の仕立て方にソラ豆を加え、ストゥロッツァプレーティと組み合わせた料理。ペコリーノ・ロマーノとソラ豆はイタリアでは定番のコンビでもある。ソラ豆の青臭さとペコリーノの強い塩気や羊乳チーズ独特の風味が一体となって力強い味わいが生まれ、弾力のあるパスタと均衡がとれる。

小池教之

## フジッリ・チレンターニ

♯ 031
フズィッリ　チレンターニ　コン　アンニェッロ　カーチョ　エ　ウォーヴァ
Fusilli cilentani con agnello cacio e uova

### 仔羊のカーチョ・エ・ウォーヴァ和え、フジッリ・チレンターニ

直径 8mm、長さ 18〜25cm

**フジッリ・チレンターニ**
チレンターニは「チレント風」の意味で、ナポリ南東にある地域に由来するパスタ。フジッリといっても、フジッリ・ルンギ（P.88）やショートパスタのフジッリ（P.238）のようならせん形ではなく、棒状の生地を、編み棒を芯にして穴あきの筒にしたもの。生地はセモリナ粉を水で練った南部の標準的なもので、穴があることでツルン、ニュルンとした食感が効果的に出る。

杉原一禎

**ブカティーニ風の穴あきロングパスタ**
仔羊肉とグリーンピースの煮込みをとき卵とチーズでつなぎ、フジッリ・チレンターニを和えたもの。南部の伝統的な家庭料理で、もとはセコンド・ピアットの仔羊肉の煮込みのあまったソースをパスタにからめたのが始まり。豆、卵、タマネギなど甘みのある食材が多く食べ飽きる味になりがちなので、ここでは形状の異なるスパゲットーニを少量混ぜて食感に変化をつけた。

## ストゥロッツァプレーティ

●ストゥロッツァプレーティの配合
【作りやすい分量。1人分50g】
00粉 (モリーニ社)　300g
塩　3g
水　135g

# 029
## ストゥロッツァプレーティ、仔牛のハツと腎臓のヴィン・サント風味

小池教之

●ストゥロッツァプレーティ
1. こねた生地をめん棒かパスタマシンで厚さ約1mmにのばし、8×3cmの短冊形に切る。
2. 1枚ずつ、こよりを作るように両手のひらで数回こすり合わせてねじる。

●仔牛内臓のソース
1. 仔牛の心臓と腎臓 (各20gで1人分) を掃除する。食べやすい大きさに切り、塩、コショウする。
2. 自家製ラルド (P.248。30g) とローズマリー、セージ、ローリエを乳鉢でペースト状にすりつぶす。
3. つぶしたニンニクと赤唐辛子、2のラルドのペーストを炒める。香りが出たらタマネギ (1/4個分) の厚めのスライス、ローリエ、ローズマリーを入れて蓋をし、少し焼き色がついてしんなりするまで蒸し焼きにする。
4. 仔牛の心臓と腎臓をE.V.オリーブ油で高温にしてさっと炒める。3の鍋に入れて、ヴィン・サントをひと回しし、仔羊のブロードかパスタのゆで汁を入れて、内臓に火が入るまで軽く煮込む。

●仕上げ
1. ストゥロッツァプレーティを10分間、塩湯でゆでる。
2. 仔牛内臓のソースで和え、グラーナ・パダーノをふって和える。
3. 器に盛り、再度グラーナ・パダーノをふる。

◆Point
内臓は火を入れすぎると臭みが出るので、さっと炒めてソースの中で温める感じにする。

◆応用例
ストゥロッツァプレーティはオーソドックスなトマトソースや、ボローニャ風ラグー（ミートソース）にも合う。

---

●ストゥロッツァプレーティの配合
【作りやすい分量。1人分50g】
00粉 (モリーニ社)　300g
塩　5g
水　145～150g

※成形する際、台に生地を置いたら端のほうをしっかりねじり、次第に中央に移っていくとねじりが安定して作りやすい。また、左右に引っ張る感覚でのばしながらねじる。

※らせんになっているぶん、ゆでムラが生じやすいので、生地は柔らかめに練り上げるとよい。配合は水分量をやや多めにしている。

# 030
## ストゥロッツァプレーティ、空豆を加えたカーチョ・エ・ペーペ

小池教之

●ストゥロッツァプレーティ
1. こねた生地をめん棒かパスタマシンで厚さ約1mmにのばし、8×3cmの短冊形に切る。
2. 両端を持ち、左右に軽く引っ張りながら2～3回ねじる。そのまま台に置き、両手のひらで台に押しつけながらねじり続ける。元の2倍の長さにする。(成形→P.40参照)

●ソース
1. つぶしたニンニクとマジョラムをE.V.オリーブ油で炒め、香りが出てきたらともに取り出す。
2. 鶏のブロードとバターを加えて軽く乳化させ、コショウをふる。

●仕上げ
1. ソラ豆 (1人分8個) をさやから取り出し、薄皮をむく。さやも香りづけに使うので取りおく。
2. ストゥロッツァプレーティを約12分間、塩湯でゆでる。ゆで上がりの少し前にソラ豆とさやを入れ、同時にゆで上げる。
3. ストゥロッツァプレーティとソラ豆をソースに入れ、ペコリーノ・ロマーノとE.V.オリーブ油を順に加えてそのつど和える。
4. 皿に盛り、薄く削ったペコリーノ・ロマーノを散らして黒コショウをふる。

## フジッリ・チレンターニ

#031
## 仔羊のカーチョ・エ・ウォーヴァ和え、フジッリ・チレンターニ

杉原一禎

●フジッリ・チレンターニの配合
【作りやすい分量。1人分90g】
セモリナ粉（カプート社） 200g
水 100g

※長さ、巻きの強さ、厚さが変わると味も変わってくる。ソースとの相性でアレンジするとよい。

※今回はフジッリ・チレンターニと手打ちのスパゲットーニ(P.80)を8:2の比率で混ぜて使った。

●フジッリ・チレンターニ
**1.** こねた生地を少量ずつこね台にとり、手のひらで転がして鉛筆の太さの棒状にのばし、長さ6〜7cmに切り分ける。
**2.** 直径1mmの棒を生地に平行にのせて軽く埋め、そのまま転がして生地を棒に巻き付ける。軽くのばす感覚で数回転がし、棒を抜き取る。(成形→P.41参照)

●スパゲットーニ
**1.** P.82参照。直径3〜5mmの太さで、フジッリ・チレンターニの長さに揃えて18〜25cmに切る。

●仔羊のソース
**1.** 仔羊肉(骨付きの首肉、バラ肉など。1人分で約120g)をぶつ切りにし、塩、黒コショウをふる。
**2.** 鍋にE.V.オリーブ油とラードを3:1で入れて火にかけ、仔羊肉を弱火で色づけないように炒める。肉に火の入った香りが出てきたらタマネギのみじん切り(スプーン1)を加え、蓋をしてタマネギの水分で蒸し焼きにする。
**3.** グリーンピース(イタリア種。肉と同量)を柔らかく塩ゆでし、水気をきる。
**4.** 仔羊肉にほぼ火が通ったところでグリーンピースを入れ、さらに蒸し煮にする。肉と豆がなじんだら火を止め、仔羊肉は骨をはずして小さく切り、鍋に戻す。

●仕上げ
**1.** フジッリ・チレンターニとスパゲットーニを約4分間、塩湯でゆでる。
**2.** 仔羊のソース(1人分レードル1杯)を鍋に取って温め、パスタ2種を入れて黒コショウ、パルミジャーノ、ペコリーノ・ロマーノ、とき卵(1人分4/5個分)を加える。ゆっくり混ぜて火を入れ、柔らかいスクランブルドエッグ状に仕上げる。
**3.** 皿に盛り、ペコリーノ・ロマーノをふる。

◆ Point
仔羊肉とグリーンピースは両者が渾然一体となるまで十分に煮込んでなじませる。旨みが増し、パスタとのからみもよくなる。

◆ 応用例
フジッリ・チレンターニの定番ソースは、ナポリ風ラグー(P.237)。一方、仔羊のソースはフェトゥッチェッレ(P.68)、ブカティーニ、リガトーニなど、テクスチャーのしっかりしたものに合う。

## フジッリ・ルンギ

**フジッリ・ルンギ**

「長いフジッリ」の意。日本ではねじ形の短いフジッリが定番だが、細長くのばした生地を串に巻き付けてらせんにした、このフジッリ・ルンギが本来のもの。南イタリアでは乾燥品も流通しているほどポピュラーなパスタ。らせんの麺が口の中でほどけていく過程で、モチモチしたり、のびてツルンとしたり、変化に富んだ食感が生まれる。

直径3〜4mm、長さ約25cm

### 串に巻き付けてらせんにするロング・フジッリ

ソースのベースは「ウサギのイスキア風」という、ナポリ沖に浮かぶイスキア島のセコンド・ピアット。骨付き、頭付きのウサギのぶつ切り肉を白ワインやプティトマトと一緒に蒸し煮にするもので、ここでは舌やホホ肉も含めたすべての肉を細かくほぐしてフジッリ・ルンギにからめた。具材と油脂が半ば分離した状態になるので、長く複雑な形のパスタのほうがからみやすく、おいしさを感じやすい。

# 032
Fusilli lunghi fatti a mano con coniglio all'ischitana

イスキア風うさぎの煮込みで和えたフジッリ・ルンギ

杉原一禎

## サーニェ・ンカンヌラーテ

**サーニェ・ンカンヌラーテ**

サーニェは南部固有のシート状パスタで、ラーガネと同意語。ンカンヌラーテは「筒状（カンナ）にした」の意味で、リボン状の細長い生地を細い棒にらせん状に巻き付け、中心に穴のあいた筒形にしたものを指す。紹介した作り方と名称はプーリア州で教わったが、南部一帯に同じようなパスタがたくさんあり、大きさや作り方の若干の違いで呼び名もブシャーティなどいろいろだ。厚みはあるが、しなやかな食感で軽やかに食べられる。

直径8??mm、長さ20cm

### らせんに巻いた細長のリボン状パスタ

ベースのトマトソースにプティトマトを加え、軽く煮込んだソースで和えたサーニェ・ンカンヌラーテ。プティトマトのフレッシュな酸味と甘みが生きた爽やかな味わいで、ルーコラの苦みとチーズの塩味がアクセントに。サーニェ・ンカンヌラーテはさまざまな調理法があるが、この組み合わせが現地で最も慣れ親しんだもので気に入っている。

# 033
Sagne n'cannulate ai pomodorini, rucola e cacioricotta

サーニェ・ンカンヌラーテ、ポモドリーニとルーコラ、カチョリコッタのサレント風

小池教之

## フジッリ・ルンギ

●フジッリ・ルンギの配合
【作りやすい分量。1人分90g】
セモリナ粉（カプート社）　200g
水　100g

※金串に押し付けるように巻くと後で金串が抜けなくなるので、自然に軽く巻き付ける。また、生地同士をくっつけすぎたり、逆に開けすぎたりしてもきれいならせんにならないので、軽く触れ合う程度に巻き付けるのがよい。仕上がりは、多少の長短があるほうがよい。

## ＃032 イスキア風うさぎの煮込みで和えたフジッリ・ルンギ

杉原一禎

●フジッリ・ルンギ
1. こねた生地を少量、こね台にとり、手のひらで転がして直径約2mm、長さ35cm前後の棒状にする。
2. 生地の端を長い金串に引っかけて、ずれないように貼り付ける。そのまま金串を回転させて生地をらせん状に巻いていく。
3. 端までいったら、金串を少し逆回転させて引き抜く。長さ25cm前後に仕上がる。（成形→P.42参照）

●ウサギ肉の煮込みソース
1. 頭付きのウサギ肉（1羽分）を、骨付きで16切れくらいのぶつ切りにする（約1.5kg。10人分）。
2. ダッチオーブンにE.V.オリーブ油をひいてウサギ肉を入れ、プティトマト（缶詰。300g）、つぶしたニンニク、赤唐辛子、バジリコ、タイム、ローズマリー、白ワイン（80cc）、粗塩を加える。蓋をして、ウサギ肉に串がスッと入る柔らかさまで約40分間煮込む。
3. ウサギ肉の身をほぐしながら骨を除き、頭から舌とホホ肉を取り出す。肉を全て煮汁に戻し入れる。

●仕上げ
1. フジッリ・ルンギを約6分間、塩湯でゆでる。
2. ソースを温めて肉をさらにほぐし、フジッリ・ルンギを和える。
3. 器に盛り、ペコリーノ・ロマーノをふる。

◆Point
骨付き、頭付きでウサギ肉を密閉状態で蒸し煮にすることで旨みが渾然一体となり、パサつかずにしっとり仕上がる。

◆応用例
フジッリ・ルンギはサルシッチャのラグーなどで和えてもおいしい。

## サーニェ・ンカンヌラーテ

●サーニェ・ンカンヌラーテの配合
【作りやすい分量。1人分50g】
セモリナ粉（ディ・チェコ社）　250g
00粉（カプート社）　250g
水　230g
塩　5g

※しなやかでコシのある生地を作り、ぴったりと棒に巻き付けて成形する。少し乾燥させるとゆでる際にヘタらない。

## ＃033 サーニェ・ンカンヌラーテ、ポモドリーニとルーコラ、カチョリコッタのサレント風

小池教之

●サーニェ・ンカンヌラーテ
1. こねた生地を、パスタマシンで厚さ3mmにのばす。幅1.5cm、長さ18cmに切り分ける。
2. 直径4mmの棒に打ち粉をし、横長に置いた帯状の生地の右端に棒の先端を置く。棒は右上がりの斜めに。生地の端を棒に巻き付け、台上で棒を転がしながら生地が重ならないようにらせん状に巻付ける。巻きながら生地を軽く押さえると巻きが安定する。
3. 巻き終えたら、棒を回しながら生地から抜き取る。（成形→P.39参照）

●プティトマトのソース
1. つぶしたニンニクをE.V.オリーブ油で炒め、香りが出たら取り出して半割のプティトマト（8個分で1人分）とトマトソース（スプーン1）を加えて軽く炒め合わせ、塩で味をととのえる。

●仕上げ
1. サーニェ・ンカンヌラーテを5分間、塩湯でゆでる。
2. プティトマトのソースで和え、粗く刻んだルーコラ、ペコリーノ・ロマーノを入れて和え、軽く温める。
3. 皿に盛り、刻んだルーコラ、細長く削ったカチョリコッタ（プーリア州産の牛乳製セミハードチーズ）を盛る。

◆Point
ソースに加えるプティトマトもルーコラも、軽く火を入れる程度にしてフレッシュ感を残す。現地ではこのほか、火を入れずにボウルの中でさっとパスタにからめる手法もポピュラー。

◆応用例
サーニェ・ンカンヌラーテは魚介のソースと合わせてもよい。

# LE PASTE FRESCHE CORTE

# 第4章

## 手打ちパスタ ショート

# マッケローニ

**マッケローニ（トルキオ製）**
日本でいうマカロニ。中世の頃までは長いもの、穴のないものも含めたパスタの総称だったが、現在は中心に穴のあいたショートパスタを指す。写真はピチ（P.77）を作るハンドル式圧搾機「ビゴラーロ（トルキオとも呼ぶ）」を利用したマッケローニ。中心に穴があくダイスで長く絞り、包丁で切り分けた。ビゴラーロで作ると生地が強く圧縮されて、弾力の強い、旨みの凝縮感のあるものができる。生地は店の基本のもの（00粉、セモリナ粉、卵など）を使用。

直径8mm、長さ3〜4cm

## 肉厚で弾力のあるマッケローニ

赤ワインで煮たジビエの真鴨の力強いソースを、マッケローニと組み合わせた。真鴨は血液分が濃く弾力に富んで、煮込みにすると独特の香りも際立ってくる。強い圧力をかけて絞り出すビゴラーロ製の肉厚で固めのマッケローニと合わせると、ともにしっかり咀嚼しながら食べることになり、パスタ生地のおいしさと真鴨肉の深い味わいがバランスよく楽しめる。

**マッケローニ（マシン製）**
電動の小型パスタ絞り機で作ったマッケローニ（マカロニ）。中心に穴のあくブカティーニ用ダイスで長く絞り出し、包丁で切って成形。常温や冷製の料理に使うことを前提に、冷めても固く締まりすぎないよう卵黄の量を多くし、若干柔らかめの生地で作っている。絞る時の圧力もビゴラーロに比べると弱いので、弾力もいくぶん少なく、汎用性の広いマッケローニである。

直径5mm、長さ3cm

## マッケローニのオーブン焼き

ティンバッロは、ショートパスタや米をパイ生地などに詰めて円盤状に作る料理。本来の意味は楽器の「ティンパニ」で、形状が似ていることからの名。伝統的にはパスタにミートソースやベシャメルをからめて詰めるが、今回はリストランテ料理としてシンプルにアレンジ。マッケローニをバターとチーズで和えるだけにしてパン粉をまぶした型に詰め、盛りつけ後にホロホロ鳥の赤ワイン煮をソースとしてかけた。熱々ではなく、常温がおいしい。

---

#034
マッケローニ　アル　トルキオ
**Maccheroni al torchio**
コン　スーゴ　ディ　ジェルマーノ　レアーレ　エ　タルトゥーフォ　ネーロ
**con sugo di germano reale e tartufo nero**

## トルキオで作ったマッケローニ、野鴨のスーゴ、黒トリュフ添え

西口大輔

#035
ティンバッロ　ディ　マッケローニ　コン　ラグー　ディ　ファラオーナ
**Timballo di maccheroni con ragù di faraona**

## ティンバッロ、ほろほろ鳥腿肉のラグー添え

西口大輔

# マッケロンチーニ

**マッケロンチーニ（トルキオ製）**
短いマッケローニ（マカロニ）。左ページ上段のマッケローニと同様、00粉、セモリナ粉、卵などで作る基本生地をビゴラーロで絞り、マッケローニよりもさらに短く切ったもの。

直径8mm、長さ2cm

## マッケロンチーニの温製サラダ風
マッケロンチーニの大きさに合わせてカットしたホワイトアスパラガスとマテ貝のソテーをソースとし、三者を合わせて温製サラダ風に仕立てた。伝統的な料理ではないが、ヴェネト州を代表する食材を使い、店のオリジナルの料理として供している。一般に、形のある具材がソースに入るとパスタにからみにくく、味もバラバラになりやすい。むずかしさはあるが、大きさや食感を揃えることで従来のパスタ料理とは異なる楽しみ方が提案できると思う。

**マッケロンチーニ（マシン製）**
左ページ下段のマッケローニを短く成形したもの。この料理も常温のサラダ仕立てのため、卵黄の配合の多い生地を小型パスタ絞り機で絞り、生地が締まって固くなりすぎないようにした。ゆで加減も、通常より柔らかめにする。

直径5mm、長さ1.8cm

## ホロホロ鳥と野菜入りパスタサラダ
しっとりとゆでたホロホロ鳥胸肉と、トマト、ラディッシュ、ズッキーニ等の野菜をマッケロンチーニと同じサイズに切り揃え、常温に冷ましたマッケロンチーニと和えたパスタサラダ。イタリアの伝統料理「インサラータ・ディ・リーゾ（米のサラダ）」のパスタバージョンである。淡白なホロホロ鳥の風味と野菜のフレッシュ感を生かすべく、レモン果汁とオリーブ油でシンプルに調味した。

## ♯036
Maccheroncini al torchio
con asparagi bianchi e cannolicchi
### マッケロンチーニ、白アスパラガスとマテ貝のソース

西口大輔

## ♯037
Insalata di maccheroncini con petto di faraona
### 自家製マッケロンチーニとほろほろ鳥胸肉のサラダ仕立て

西口大輔

## マッケローニ

●マッケローニの配合
【作りやすい分量。1人分70g】
00粉（マリーノ社）　400g
セモリナ粉（マリーノ社）　100g
卵黄　4個分
全卵　2.5個
ピュアオリーブ油　少量
塩　少量

### # 034
### トルキオで作ったマッケローニ、野鴨のスーゴ、黒トリュフ添え

西口大輔

●マッケローニ
1. ビゴラーロにマッケローニ用のダイスを着け、こねた生地を長く絞り出す。包丁で長さ3～4cmに切る。

●野鴨のスーゴ
1. 乾燥ポルチーニ（15g）を、一晩水に浸けてもどす。ポルチーニの水分を絞り、みじん切りにしてバターでソテーする。もどし汁は取りおく。
2. 真鴨（約1kgのもの1羽分）のモモ肉と胸肉を小角切りにし、塩、黒コショウをふって中力粉をまぶす。ピュアオリーブ油でソテーする。
3. ソッフリット（P.245。50g）と真鴨肉を鍋に入れ、肉の焼き汁を赤ワイン少量で煮溶かして加える。赤ワイン（200cc）を入れて煮つめ、アルコール分が飛んだらポルチーニのソテーともどし汁（150cc）、トマトペースト（25g）と鶏のブロード（500cc）を入れ、2時間弱煮込む。冷蔵庫で一晩休ませる。

●仕上げ
1. マッケローニを塩湯で約12分間、ゆでる。
2. 野鴨のスーゴの表面に固まった脂を除き、人数分（1人分約70g）を鍋にとる。鶏のブロード少量を加えて温め、バターを加える。マッケローニを和える。
3. 器に盛り、黒トリュフの薄切りとイタリアンパセリのみじん切りをふる。

---

●マッケローニの配合
【作りやすい分量。1人分50g】
00粉（マリーノ社）　400g
セモリナ粉（マリーノ社）　100g
卵黄　8個分
全卵　2個
ピュアオリーブ油　少量
塩　少量

### # 035
### ティンバッロ、ほろほろ鳥腿肉のラグー添え

西口大輔

●マッケローニ
1. 小型パスタ絞り機にブカティーニ用のダイス（直径5mm）をつけ、こねた生地を長く絞り出す。包丁で長さ3cmに切る。

●ティンバッロの組み立て
1. マッケローニ（1台分50g）を塩湯で10分間ゆでる。
2. 湯をきり、熱いうちにバターとグラーナ・パダーノで和える。
3. ココット（直径7cm、高さ2.5cm）にバターをぬってパン粉をまぶし、2のマッケローニを型いっぱいに詰める。湯煎にして180℃のオーブンで20分間弱、蒸し焼きにする。
4. 常温において粗熱を取る。

●ホロホロ鳥のラグー
1. ホロホロ鳥のモモ肉（骨付きで200g）を小角切りにし、塩と黒コショウをふって中力粉をまぶす。ピュアオリーブ油でソテーする。
2. ソッフリット（P.245。25g）とホロホロ鳥の肉を鍋に入れ、肉の焼き汁を赤ワイン少量で煮溶かして加える。ローリエ（1枚）と赤ワイン（70cc）を入れて煮つめ、アルコール分が飛んだらトマトペースト（10g）と鶏のブロード（100cc）を入れ、1時間弱煮込む。途中で煮つまったら適宜ブロードを足す。冷蔵庫で一晩休ませる。

●仕上げ
1. ホロホロ鳥のラグー（1台分約70cc）を鍋にとる。鶏のブロードとトマトソース各少量を加えて温め、バターを加える。
2. ティンバッロをココットから取り出し、天地を逆にして器に盛る。ホロホロ鳥のラグーをかけ、イタリアンパセリを飾る。

◆応用例
ティンバッロは「アネッリーニ」という小さな指輪形パスタで作ることも多い。また、パスタをソースで和えて型に詰める場合は、盛りつけ後にソースはかけない。

## マッケロンチーニ

●マッケロンチーニの配合
【作りやすい分量。1人分70g】
00粉（マリーノ社）　400g
セモリナ粉（マリーノ社）　100g
卵黄　4個分
全卵　2.5個
ピュアオリーブ油　少量
塩　少量

### #036
### マッケロンチーニ、白アスパラガスとマテ貝のソース
西口大輔

●マッケロンチーニ
1. ビゴラーロにマッケローニ用のダイスを着け、こねた生地を長く絞り出す。包丁で長さ2cmに切る。

●ホワイトアスパラガスとマテ貝のソース
1. 中力粉少量を白ワインヴィネガーで溶き、こしながら沸騰した湯に加える。ホワイトアスパラガス（1人分1本）をピーラーで3周分皮をむき、湯に入れて再沸騰したらすぐに氷水にとる。ペーパータオルで水分をふいてマッケロンチーニと同じ長さ（2cm）に切る。
2. マテ貝（2本）は殻付きのまま、つぶしたニンニクとともにピュアオリーブ油で炒める。白ワイン少量を入れ、蓋をして殻が開くまで蒸し煮にする。殻から身をはずし、内臓を除いてマッケロンチーニの長さに切る（約3等分）。煮汁は取りおく。
3. フライパンにマテ貝の煮汁とピュアオリーブ油を入れて温める。ホワイトアスパラガス、マテ貝、マジョラムとイタリアンパセリの各みじん切りを入れる。

●仕上げ
1. マッケロンチーニを塩湯で12分間ゆでる。
2. ホワイトアスパラガスとマテ貝のソース（1人分約80cc）を温め、マッケロンチーニを加えて和える。
3. 器に盛り、E.V.オリーブ油をかける。

●マッケロンチーニの配合
【作りやすい分量。1人分70g】
00粉（マリーノ社）　400g
セモリナ粉（マリーノ社）　100g
卵黄　8個分
全卵　2個
ピュアオリーブ油　少量
塩　少量

### #037
### 自家製マッケロンチーニとほろほろ鳥胸肉のサラダ仕立て
西口大輔

●マッケロンチーニ
1. 小型パスタ絞り機にブカティーニ用のダイス（直径5mm）を着け、こねた生地を長く絞り出す。包丁で長さ1.8cm前後に切る。

●ホロホロ鳥と野菜
1. ホロホロ鳥の胸肉の皮（1枚）に塩と黒コショウをふる。サラダ油をぬったフライパンで両面をカリカリに焼いて小片に切る。
2. ホロホロ鳥の胸肉（1枚）を2等分し、塩味をつけて温めたホロホロ鳥のブロードに入れる。余熱で芯まで火が通る加減にゆで、粗熱を取って1cm角に切る。
3. グリーンピースと、7mm角に切ったズッキーニを塩ゆでする。セロリ、ラディッシュ、皮を湯むきにしたトマト、キュウリのピクルスもすべて7mm角に切る。全てを冷やす（野菜は各適量）。

●仕上げ
1. マッケロンチーニを塩湯で約8分間ゆでる。E.V.オリーブ油をかけて常温にもどす。
2. マッケロンチーニ、ホロホロ鳥の胸肉、野菜を塩、黒コショウ、E.V.オリーブ油、レモン汁で和える。
3. 器に盛り、ホロホロ鳥の皮をのせて、刻んだイタリアンパセリを散らす。

◆応用例
マッケロンチーニの代わりに、フジッリやペンネを柔らかくゆで、小さく切って使ってもよい。

## パスティーナ

**パスティーナ（マシン製）**
「小さいパスタ」の意で、主にスープに使うミニパスタの総称。いろいろな形のものがあり、個々に名前がついていることもある。一般に弾力のあるものが多い。ここではマッケローニやマッケロンチーニ（P.92下、P.93下）と同様に、卵黄の配合の多い生地を小型パスタ絞り機で絞り出し、ごく短く切ってパスティーナとした。

直径5mm、長さ1cm

### ミニパスタ入りヒヨコ豆のズッパ
ヒヨコ豆のピュレをベースにしたズッパ。ヒヨコ豆のスープは、日本のお彼岸にあたる11月2日の「フェスタ・デイ・モルティ（死者の日）」に食べる行事食として定着している料理。ここでは具材にヒヨコ豆と同じ大きさ、同じ柔らかさにゆでたタコとパスティーネを加え、洗練されたリストランテ料理のズッパに仕立てた。

# 038
ツッパ ディ チェーチ アル ロズマリーノ コン パスティーナ エ ピオーヴラ
Zuppa di ceci al rosmarino con pastina e piovra
### ひよこ豆と真蛸、パスティーナのスープ

西口大輔

## マッケローニ

**手打ちのマッケローニ**
シート状の生地を編み棒に巻き付けて作る原初的な手打ちマッケローニ（マカロニ）。生地の厚み、穴の大きさ、長さなど自由に作れるが、食感や生地の味わいが大きく変わるので、おもしろくもあり、むずかしくもある。私は手打ちのパッケリ（P.100～101）と同系列の穴あきパスタととらえ、パッケリを細身に作ってマッケローニとしている。細すぎると食べ飽きるので、やや太めで穴も大きく作っている。

直径1cm強、長さ7～8cm

### しなやかさのあるマッケローニ
液体分を少なく仕上げた仔鳩の煮込みで和えたマッケローニ。仔鳩は1羽丸ごとで煮てから、肉をほぐしてソースに混ぜている。乾麺のマッケローニは肉厚で弾力があるため、ソースに水分や油分をたくさん必要とするが、この手打ちマッケローニは柔らかくしなやかなので、水分が少ないほうがバランスがよい。ソースが均一にからみにくいが、マッケローニの味のしみ方に強弱ができることで、かえって食べ飽きることがなくてよい。

# 039
マッケローニ ファッティ ア マーノ
Maccheroni fatti a mano
コン ピッチョーネ アル ヴィーノ ロッソ エ タルトゥーフォ
con piccione al vino rosso e tartufo
### 手打ちのマッケローニ、鳩の赤ワイン煮込み和え、トリュフ添え

杉原一禎

## マッカローネス

**マッカローネス**
マッケローニ（マカロニ）の一種で、セモリナ粉主体で作るサルデーニャ州のもの。棒状の生地を編み棒に巻き付けるように転がし、管状に成形する。昔は祭事用だったが今は日常食となり、乾麺も多い。一般には長さ7～8cmに作るが、今回はイカと同じ寸法に短く仕上げた。同様の作り方で、名前の異なるマッケローニが中南部一帯にたくさんある。

直径7mm、長さ5cm

### サルデーニャ州のマッケローニ
マッカローネスとコウイカを、黒オリーブペーストやプティトマトとともに炒め合わせたサルデーニャ料理。黒オリーブペーストはケイパーやオレガノを加えた自家製で、ニンニクオイルや爽やかな香りのミントも使ってサルデーニャらしい複雑な香りをつけている。コウイカは肉厚の身の食感を生かすべく棒切りにし、その形とサイズに揃えたマッカローネスを組み合わせて一体感を高めた。

#040
マッカッローネス　デ　ブーザ　コン　レ　セッピェ　エ　オリーヴェ
Maccarrones de busa con le seppie e olive
### 甲いかとオリーブで和えた編み棒仕上げのマッカローネス

小池教之

## フィレイヤ

**フィレイヤ**
カラブリア州南部の伝統的なパスタで、マッケローニ（マカロニ）の一つ。語源は諸説あるが、成形用の木の棒に由来するとの説が有力。同地でフィレイヤと呼ばれる細い棒で作ったことから、パスタ名にも使われるようになったという。現地ではセモリナ粉で作るが、店では薄力粉と同割で使用。また、由来とは異なるが、パレットナイフで生地を巻き込んで管状に仕上げている。作業効率がよいからだが、オリジナルの雰囲気と変わらない自然なカーブがつく。

長さ約15cm、幅0.8～1cm

### カラブリア州南部のマッケローニ
いろいろなソースと組み合わせられるが、最もポピュラーで王道のものが、腸詰のンドゥイヤを使った辛いトマトソース。ンドゥイヤもカラブリア州南部の村が発祥で、豚の脂や内臓を大量の唐辛子とともにペースト状にして詰めてある。ソースには、逸品として有名な近隣のトゥロペーア産赤タマネギや、カラブリア州産のペコリーノを使い、カラブリアの土地を象徴する食材で郷土料理としての存在感を力強く表現した。

#041
フィレイヤ　コン　チポッレ　ロッセ　ディ トゥロペーア　エンドゥイヤ
Fileja con cipolle rosse di Tropea e n'duja
### フィレイヤ、トゥロペーア産赤玉ねぎとンドゥイヤの辛いトマトソース

小池教之

## パスティーナ

●パスティーナの配合
【作りやすい分量。1人分60g】
00粉（マリーノ社）　400g
セモリナ粉（マリーノ社）　100g
卵黄　8個分
全卵　2個
ピュアオリーブ油　少量
塩　少量

#038
### ひよこ豆と真蛸、パスティーナのスープ
西口大輔

●パスティーナ
1. 小型パスタ絞り機にブカティーニ用のダイス（直径5mm）を着け、こねた生地を長く絞り出す。包丁で長さ1cm前後に切る。

●ヒヨコ豆のピュレ
1. ヒヨコ豆（300g）を水に浸けて一晩おく。
2. 翌日、新しい水とともに鍋に入れ、つぶした皮付きニンニク、ローリエ、粗塩を加えて沸騰させる。アクを取り、弱火にして柔らかくなるまで40〜50分間ゆでる。
3. ザルにあけてゆで汁をきり、豆の半量を少量のゆで汁とともにハンドミキサーでピュレにする。残り半量は粒のまま取りおく。

●タコ
1. マダコ（1パイ）を60〜70分間、水からゆでる。
2. 熱いうちに頭とクチバシを除き、足を縦に2等分して吸盤をナイフで削り取る。長さ2cmに切る。

●ローズマリー風味の油
1. 手鍋にE.V.オリーブ油、つぶした皮付きニンニク、ローズマリーを入れて火にかけ、2分間ほど温めて香りを移す。
2. こしてローズマリー風味の油とする。

●仕上げ
1. パスティーナを塩湯で約10分間ゆでる。
2. ヒヨコ豆のピュレ（1人分約200cc）を鍋に入れて鶏のブロード少量でのばし、味をととのえる。ローズマリー風味の油（小さじ1）を加えて風味をつけ、マダコ（30g）と粒のヒヨコ豆（10粒）を加える。
3. パスティーナを加えて混ぜる。
4. 器に盛り、E.V.オリーブ油を回しかける。

◆応用例
乾麺のスープ用ミニパスタで代用できる。

## マッケローニ

●マッケローニの配合
【作りやすい量。1人分80g】
セモリナ粉（カプート社）　200g
水　100g

#039
### 手打ちのマッケローニ、鳩の赤ワイン煮込み和え、トリュフ添え
杉原一禎

●マッケローニ
1. こねた生地をめん棒で厚さ2mmにのばし、6cm×3cmに切る。
2. 直径5mmの編み棒を生地と平行にのせ、生地を巻き付ける。編み棒を転がして重なったところをとくに薄くのばしながら、穴も広げる。（成形→P.48参照）

●鳩の赤ワイン煮込み
1. 仔鳩（1羽で約4人分）の内臓を抜き、肝臓、心臓、砂肝はそれぞれ掃除して腹に戻す。全体に塩、黒コショウをふる。
2. 白ネギの小口切り（1/2本分）をE.V.オリーブ油で炒める。7割ほど火が通ったら、鳩を入れて表面を焼く。鳩の香りが出てきたら赤ワイン（200cc）を加えて10分間ほど煮込む。
3. 鳩が柔らかく煮えたら取り出し、骨をはずして肉をほぐす。内臓は細かく切り、ともに煮込んだソースに戻す。

●仕上げ
1. マッケローニを塩湯で2〜3分間ゆでる。
2. 鳩の赤ワイン煮込み（1人分約80g）にバター、パルミジャーノを入れ、マッケローニを和える。
3. 器に盛り、パルミジャーノと黒トリュフの薄切りを散らす。

◆応用例
このマッケローニはエビとエンドウ豆のソース、キノコのソースなどいろいろな素材と相性がよい。

## マッカローネス

●マッカローネスの配合
【作りやすい分量。1人分50g】
セモリナ粉（雪和食品） 175g
00粉（マリーノ社） 175g
ぬるま湯 125g
塩 3g

※セモリナ粉はやや挽きの粗い粉を使い、しっかりとした噛みごたえとざらつき感のある生地とした。ただ、00粉も同割で加えているので、しなやかさもあって食べやすい。

※成形時に編み棒を生地と平行にのせると、とじ目が完全に閉まるが、やや斜めに置けば生地がよれて閉じ目にすき間ができる。どちらの方法でもよい。

### ♯040 甲イカとオリーブで和えた編み棒仕上げのマッカローネス

小池教之

●マッカローネス
1. こねた生地を少量とって台にのせ、手のひらで転がして直径約5〜6mmの棒状にする。長さ5cm前後に切る。
2. 生地を横長に置いて直径5mmの編み棒をのせ、軽く埋め込む。
3. 編み棒を前後に転がして生地を巻き付け、管状になったら編み棒を引き抜く。（成形→P.47参照）

●黒オリーブペースト
1. 黒オリーブ（100g）の種子を除き、水に浸して半日強おく。適度に塩が抜けたら水気をきる。
2. つぶしたニンニクをE.V.オリーブ油で炒め、香りが出てきたらアンチョビー（2枚）、黒オリーブ、刻んだケイパー（スプーン1）、オレガノ（ドライ）を入れて軽く炒める。
3. ニンニクを除き、粗熱を取ってミキサーで粗めのペーストにする。

●コウイカのソース
1. コウイカ（1人分小型1/2パイ）の身の皮をむき、マッカローネスとほぼ同じサイズの拍子木切りにする。
2. つぶしたニンニクと赤唐辛子をE.V.オリーブ油で炒め、香りが出てきたらコウイカを入れてさっと炒める。黒オリーブペースト（スプーン1）を加え、パスタのゆで汁少量、ミントの葉数枚を入れて軽く炒め煮にする。

●仕上げ
1. マッカローネスを塩湯で約5分間ゆでる。
2. コウイカのソースにマッカローネスと半割のプティトマト（1人分6〜7個）を入れ、トマトの汁をソースに溶け込ませながら、マッカローネスに含ませるように軽く煮る。E.V.オリーブ油を入れてつなぐ。
3. 器に盛り、ミントの葉を飾る。

## フィレイヤ

●フィレイヤの配合
【作りやすい分量。1人分50g】
セモリナ粉（カプート社） 250g
00粉（カプート社） 250g
水 220〜230g
塩 5g

### ♯041 フィレイヤ、トゥロペーア産赤玉ねぎとンドゥイヤの辛いトマトソース

小池教之

●フィレイヤ
1. こねた生地の少量をこね台に取り出し、手のひらで転がして直径6mmの棒状にのばす。長さ8〜9cmに切り分ける。
2. 生地を横長に置き、パレットナイフ（または包丁の峰）をやや右下がりの角度で、右端にわずかに生地が見える位置に置く。斜め左手前に押しのばしながら生地を巻き込む。（成形→P.47参照）

●辛いトマトソース
1. つぶしたニンニクをE.V.オリーブ油で炒め、香りが出てきたら唐辛子漬けグワンチャーレ（塩漬け豚バラ肉に唐辛子粉をまぶした市販品）の細切り（1人分20g）を加えて炒める。しみ出してきた脂分をきる。
2. トゥロペーア産赤タマネギの薄切り（1/6個分）を加えて炒め、しんなりしてきたらンドゥイヤ（スプーン1/3）を入れる。ほぐしながら炒めて、辛みと脂分を引き出す。トマトソース（スプーン2）を加えて2〜3分間煮込む。

●仕上げ
1. フィレイヤを塩湯で10分間ゆでる。
2. 鍋にソースをとって温め、フィレイヤを和える。
3. 火からはずし、小さくちぎったモッツァレッラ（小型のボッコンチーニ1/2個）を加えて、からめながら余熱で溶かす。
4. 器に盛り、カラブリア州産ペコリーノをふって、ちぎったイタリアンパセリを散らす。

◆Point
最後にからめるチーズはモッツァレッラでも十分においしいが、代わりに燻製のスカモルツァでもよいし、燻製のカチョカヴァッロ・シラーノを使うとカラブリア州らしさが強くなり、風味も増す。

## トゥベッティ

トゥベッティ
「小さいチューブ」の意味で、文字通りチューブを短く切った形が特徴。スープに使うことの多いカンパーニア州のミニパスタで、一般には乾麺が普及している。店で作るときは、マッケローニ（P.96）と同様、セモリナ粉を水で練った生地を編み棒で巻き、短く切ってトゥベッティとしている。

直径1cm強、長さ1.5cm

### ミニチューブ形パスタの卵とじスープ

カンパーニア州で伝統的に作られている3つの料理「トリッパのズッパ」「チーズ入り卵とじのズッパ」「卵とチーズで和えたトゥベッティ」を合体したもの。トリッパを卵とじ風スープにし、トゥベッティをチーズとオリーブ油で和えて盛りつけてある。通常、イタリア料理の技法ではパスタをスープの中でゆでて一体感を出すが、手打ちの場合は別ゆでしてチーズ等で味を決めてから合わせたほうが、味がぼやけずシャープなおいしさが出る。

#042
トゥベッティ　ファッティ　ア　マーノ
Tubetti fatti a mano
イン　ミネーストゥラ　ディ　トゥリッパ　カーチョ　エ　ウォーヴァ
in minestra di trippa cacio e uova

### 手打ちのトゥベッティ、卵とチーズ入りトリッパのミネストゥラ仕立て

杉原一禎

## パッケリ

パッケリ
カンパーニア州の穴あきの太い筒形パスタ。乾麺が一般的だが、日本人の口には大きすぎて食べにくく、「ナイフで切って食べたい」という要望が多いことから、ひと口で食べやすいように乾麺よりひと回り小さい手打ちのパッケリを作り始めた。ひと口で食べることでいろいろに変化する食感がパッケリの醍醐味で、はずせないポイントである。水で練ったセモリナ粉の生地を薄くのばし、筒に巻き付けて作る。

直径2cm強、長さ4cm強

### 食べやすさを優先した小ぶりのパッケリ

イノシシの塊肉を骨付き、皮付きでトマト煮にし、ほぐしてパッケリにからめたカンパーニア州山間地の料理。部位は脂肪と赤身がほどよく混ざったモモ肉、バラ肉、首肉を使い、1週間前後熟成させて固さをほぐし、風味を引き出してからコクのある煮込みに仕上げる。手打ちのパッケリは一つ一つの大きさや形が微妙に異なることから複雑な食感が生まれ、からんだソースが一層味わい深くなる。

#043
パッケリ　ファッティ　ア　マーノ　アル　ラグー　ディ　チンギヤーレ
Paccheri fatti a mano al ragù di cinghiale

### 猪の煮込みの手打ちパッケリ

杉原一禎

♯ 044
Paccheri fatti a mano al profumo di mare
# 手打ちパッケリ、潮の香りのソース

直径2cm強、長さ4cm強

**パッケリ**
左ページのパッケリに同じ。乾麺のパッケリは肉厚感とねっとりした食感があるものがよく、手打ちでもその特徴を出すことが大事。さらに手打ちのパッケリは、乾麺にないツルン、ニュルンという独特の食感が出るところもよい。

杉原一禎

## サザエとイカのソースで和えた手打ちパッケリ

店オリジナルの料理として考案した魚介系のパッケリで、当店の看板メニューでもある。日を浴びて乾き始めた"岩礁付近の潮の香り"をイメージして作ったソースで、サザエとコウイカ、カキ、ウニを使い、香りを生かすべくアーリオ・オーリオ風味でシンプルな味つけにした。サザエは潮の香りが際立ち、ほろ苦さもあって風味に複雑みが出るので必須の材料。またイカも、最後に加えて和えるととろみが出てソースがつながりやすくなり、パッケリとのからみがよい。

## トゥベッティ

●トゥベッティの配合
【作りやすい分量。1人分40g】
セモリナ粉（カプート社）　200g
水　100g

# 042
## 手打ちのトゥベッティ、卵とチーズ入りトリッパのミネストゥラ仕立て

杉原一禎

●トゥベッティ
1. こねた生地をめん棒で厚さ2mmにのばし、3cm幅の長方形（長さは適宜）に切る。
2. 直径5mmの編み棒を生地と平行にのせ、生地を巻き付ける。編み棒を転がして重なったところをとくに薄くのばす。幅1.5cmの輪切りにする。
3. 常温において、軽く乾燥させる。

●トリッパのスープ
1. トリッパ（1kg）を水から3回ゆでこぼす。
2. 鍋にトリッパと、セロリ、タマネギ、ニンジン各適量、ローリエ1枚、ニンニク1株、赤唐辛子2〜3本、黒粒コショウ、クローヴ各適量、トマト2個を入れて水をたっぷりと張る。沸騰させて弱火にし、粗塩を少量加えて、アクを取りながら2〜3時間、トリッパが柔らかくなるまで煮込む。
3. トリッパは繊維を断ち切る方向にスライスし、ゆで汁をこす。それぞれを別に保管する。

4. 提供直前に、人数分のトリッパとゆで汁（1人分60g、180cc）を鍋で温める。全卵（ゆで汁140ccに対し全卵1個）をボウルでとき、塩、黒コショウ、イタリアンパセリのみじん切り、パルミジャーノを加えて混ぜ、トリッパのスープに流し入れて卵とじ風にする。

●仕上げ
1. トゥベッティを塩湯で3〜4分間ゆでる。
2. ゆで上がったら、パルミジャーノ、E.V. オリーブ油、ごく少量のバターで和える。
3. トリッパのスープを器に流し、トゥベッティを盛る。好みで挽きたての黒コショウとパルミジャーノをふる。

※本来はプリーモ・ピアットだが、当店ではおまかせコースの中のアンティパストとして供することが多い。とくに3月〜4月頭の、春を迎えながらもまだ肌寒い日に、1品目のストゥッツィキーノ（つきだし）として出すと喜ばれる。

## パッケリ

●パッケリの配合
【作りやすい分量、1人分80g】
セモリナ粉（カプート社）　200g
水　100g

●パッケリ
1. こねた生地を、めん棒で厚さ2mmにのばし、幅4cmの細長いシートに切る。
2. 直径2cmの筒（カンノーリ用の筒を利用）に生地を巻き付けながら筒を転がして心持ち薄くのばす。
3. 筒1周分の長さで切り、つなぎ目が貼り付くように筒で強く押さえる。筒をはずして、指でつなぎ目を押さえ厚みを整える。（整形→P.46参照）

●猪の煮込み
1. 猪のモモ肉、バラ肉、首肉など（計3kg程度）を骨と皮付きのままタコ糸で

# 043
## 猪の煮込みの手打ちパッケリ

杉原一禎

縛り、ローリエとともに赤ワイン（1本分）で2日間マリネする。肉は水分をふき取り、マリネ液は取りおく。
2. つぶしたニンニクをE.V. オリーブ油と少量の猪の脂で炒める。軽く香りが出たら猪肉を入れて表面を焼く。肉から赤ワインがしみ出し、焼き色はつかないので、温める感じでじんわりと加熱する。
3. 鍋底が色づいてきたら、タマネギ、ニンジン、セロリの粗みじん切り（計600g程度）を加え、野菜の水分で鍋底の焼き汁を溶かし、炒める。野菜の水分がある程度抜けた時点で、ローズマリーを加えてさらに炒める。
4. 野菜の香りが乾いた感じに変わったら、赤ワインヴィネガー（80cc）を加えて酸味を飛ばす。猪のマリネ液とホールトマト（250g）を加え、蓋をして煮込む（部位と猪の年齢によるが、2〜3時間）。煮汁がひたひたになるように仕上げる。
5. 深さのあるバットに入れて蓋をし、冷蔵庫で1週間ねかせる。

●仕上げ
1. パッケリ（1人分10個）を塩湯で5〜7分間ゆでる。
2. 猪肉の煮込みを使う量だけ取り出し、骨を除いて、皮を付けたままパッケリとほどよくからむ大きさに切る。煮汁適量とともに鍋に入れて温める。
3. パッケリをバターとパルミジャーノで和え、猪肉の煮込み（1人分約90cc）を加えて和える。
4. 器に盛り、パルミジャーノをふる。

※冷蔵庫でねかせると表面に脂の層が固まるので、そのままくずさずにおいて肉に煮汁の味をなじませる。使い始めたら、肉と煮汁を真空パックにして保管するとよい。

◆ Point
現地では油脂分の量が多くトマトも大量に使い、濃い味に仕上げる。寒さの厳しい山の料理を象徴する作りだが、店では油脂を軽い風味づけ程度の量に抑え、その代わりに肉をマリネした赤ワインを使うなど、コクを出しながらも洗練された味わいにしている。煮上がったものは1週間休ませることで煮汁の渋み、酸味が飛び、マイルドになる。

## ♯044 手打ちパッケリ、潮の香りのソース

杉原一禎

●パッケリの配合
【作りやすい分量。1人分90g】
セモリナ粉（カプート社） 200g
水 100g

●パッケリ
**1.** こねた生地を、めん棒、またはパスタマシンで厚さ2mmにのばし、幅4cmの細長いシートに切る。
**2.** 直径2cmの筒（カンノーリ用の筒を利用）に生地を巻き付けながら筒を転がして心持ち薄くのばす。
**3.** 筒1周分の長さで切り、つなぎ目が貼り付くように筒で強く押さえる。筒をはずして、指でつなぎ目を押さえ厚みを整える。（成形→P.46参照）

●魚介の下準備
**1.** サザエ（1人分1個）を水洗いして鍋に入れ、浸かる量の水と塩を入れ、完全に身に火が入るまでゆでる。沸騰して6〜7分間が目安。身を取り出して薄切りにし、ゆで汁に浸けておく。
**2.** コウイカの身（15g）をそぎ切りにして、小さな短冊切りにする。カキのむき身（1個）を厚めの輪切りにする。

●仕上げ
**1.** パッケリを塩湯で5〜7分間ゆでる。
**2.** つぶしたニンニクと赤唐辛子をE.V.オリーブ油で炒める。香りが出たらイタリアンパセリのみじん切りを加え、パスタのゆで汁と魚のブロードを少量ずつ加えて軽く煮つめる。パッケリを入れ、サザエ、カキ、ウニ（スプーン1）、コウイカを順に加えながら和え、火を入れる。
**3.** 器に盛り、すりおろしたカラスミをふる。

◆応用例
乾麺のパッケリの項目で紹介したワタリガニのソース（P.232）を、手打ちのパッケリと組み合わせてもよい。

## カヴァテッリ

**カヴァテッリ**
生地の小さな塊にくぼみをつけるタイプのパスタで、同じグループの中では最も小型。カヴァーレ（穴などを掘るの意）が語源で、貝殻のように巻き込んで細長い溝を作る。この溝にソースがたまりやすいのでソースとのなじみがよく、また時間がたっても固さを保ちやすいことから大量調理に向き、使い勝手がよい。プーリア州が発祥とされるが、南部一帯に浸透していて、名称も土地によってカヴァティエッリ、カヴァテッディ、チェカルッコリなど多数。

長さ1.3cm

### 細い溝のある貝殻形カヴァテッリ
ムール貝とカルドンチェッリ（アンズタケの一種）のソテーをカヴァテッリに合わせた一品。カヴァテッリの発祥地とされるプーリア州では、キノコといえばカルドンチェッリが最もポピュラーで、ムール貝と組み合わせる料理も多いことから発想したもの。ムール貝から出る旨みの濃い汁をソースに利用し、カルドンチェッリのシャキッとした歯ごたえとムール貝の柔らかな食感を生かしてソースを仕上げている。

♯045
カヴァテッリ コン コッツェ エ カルドンチェッリ アッラ マッジョラーナ
Cavatelli con cozze e cardoncelli alla maggiorana
### カヴァテッリのムール貝とカルドンチェッリのソース、マジョラム風味

西口大輔

## チェカルッコリ

**チェカルッコリ**
上記カヴァテッリと同じ貝殻形パスタ。修業で訪れたカンパーニア州の内陸地（モリーゼ州、プーリア州との州境近く）では、方言でこのように呼んでいた。本来はセモリナ粉のみで作るものだが、生地はアレンジで、セモリナ粉と00粉を同割で合わせて水で練り、固めのモチモチとした食感に仕上げている。

幅1.5cm、長さ3cm

### カンパーニア州の貝殻形パスタ
チェカルッコリをバッカラとヒヨコ豆のトマト煮で和えた料理。本来はセコンド・ピアットとして食べる煮込みをパスタに応用したもので、トマトを使わずに白ワインと水でシンプルに白く仕上げる調理法もある。味に深みのある煮込みで、肉厚で歯ごたえのあるチェカルッコリとは相性がよく、店でも時折供している。

♯046
チェカルッコリ アル スーゴ ディ バッカラ エ チェーチ
Cecaruccoli al sugo di baccalà e ceci
### チェカルッコリ、バッカラとひよこ豆のトマトソース

小池教之

## カヴァティエッディ

**カヴァティエッディ**
左ページ「カヴァテッリ」の方言の一つで、主にシチリア州と南部3州での呼び名。一説では、このカヴァティエッディがカヴァテッリに変化して標準語となったといわれる。形状は一つではなく、左ページのようにシンプルに作ることもあれば、写真のように複数のくぼみをつけてやや長めに作ることもあり、この場合は「3本指で作るカヴァテッリ」という言い方もできる。

幅1cm、長さ4〜5cm

### 3本指で穴を作るシチリアのカヴァテッリ
シチリア料理の顔ともいえる「イワシとフェンネルのパスタ」をアレンジ。よく知られているのは、パレルモを中心とする島西部のレシピでサフランを使った色鮮やかな料理だが、紹介したのはカターニアを中心とする東部のトマトで煮込むタイプで、さらに本来イワシを使うところを同じ青魚のサバに代えている。脂ののった旬のサバのおいしさが生きる料理で、身がしっかりしているぶん、食感のアクセントも出る。一般にはスパゲッティを使うが、カヴァティエッディのような細長いショートパスタとも相性がよい。

#047
カヴァティエッディ アッラ カタネーセ コン ズゴンブロ
Cavatieddi alla catanese con sgombro
### 鰯を鯖に置き換えたカヴァティエッディのカターニア風

小池教之

## コルテッチェ

**コルテッチェ**
上記カヴァティエッディと形が同じだが、こちらは主にカンパーニア州で使われている呼び名。また、指で2〜3個のくぼみをつけた細長い形と決まっている。くぼみが多い分、ソースがからみやすく、また生地の厚みが不均一になって食感に変化が生まれるところも楽しい。カヴァテッリとストゥラッシナーティ（P.104・P.109）の中間的な食感ととらえるとよい。名称は比較的新しいもののようだが、乾麺や半乾燥品も多く出回っている。

長さ4cm

### 3本指で穴を作るカンパーニア州のパスタ
くし形に切ったカルチョフィを蒸し焼きにしてソースとし、コルテッチェを和えた料理。イタリア人にとって、カルチョフィは「春の訪れ」を一番に感じる野菜で、パスタ料理にもよく使う。パスタ用には下ゆでせず、アーリオ・オーリオ風にソテーしてから蓋をして蒸し焼きにするのが一般的だ。ここではケイパー、黒オリーブ、クルミを加えて旨みと香り豊かなパスタに仕上げた。

#048
コルテッチェ コン カルチョフィ オリーヴェ エ ノーチ
Cortecce con carciofi, olive e noci
### カルチョフィと黒オリーブとくるみのコルテッチェ

杉原一禎

## カヴァテッリ

●カヴァテッリの配合
【作りやすい分量。1人分70g】
セモリナ粉（マリーノ社）　70g
準強力粉（日清製粉〈リスドオル〉）　30g
塩　ひとつまみ
ぬるま湯　45g

#045
### カヴァテッリのムール貝とカルドンチェッリのソース、マジョラム風味

西口大輔

●カヴァテッリ
**1.** こねた生地から少量をとり、直径1cmの棒状にして幅1cm強に切る。
**2.** 切り口を上にして台に置き、親指で押しつぶしながら2ツ折にするように巻き込む。（成形→P.43参照）

●ムール貝とカルドンチェッリのソース
**1.** 殻付きのムール貝（1人分5個）を白ワインで蒸し煮にし、殻を開ける。身を取り出し、汁も取りおく。
**2.** つぶしたニンニクと赤唐辛子をE.V.オリーブ油で炒め、香りが出てきたらニンニクと赤唐辛子をともに取り出す。2cm角に切ったカルドンチェッリ（シャントレル。1人分30g）を入れて炒める。火が通ったらドライトマト（P.245。10g）、ムール貝の汁と身を入れてさっと炒める。
**3.** 火を止め、イタリアンパセリのみじん切り、マジョラムの葉をつまんで入れる。

●仕上げ
**1.** カヴァテッリを塩湯で10分間ゆでる。
**2.** ムール貝とカルドンチェッリのソース（1人分約100g）を温め、カヴァテッリを入れて和える。E.V.オリーブ油をふって和える。
**3.** 器に盛り、マジョラムの葉を飾ってイタリアンパセリのみじん切りをふる。

## チェカルッコリ

●チェカルッコリの配合
【作りやすい分量。1人分50g】
セモリナ粉（カプート社）　250g
00粉（カプート社）　250g
水　230g
塩　5g

#046
### チェカルッコリ、バッカラとひよこ豆のトマトソース

小池教之

●チェカルッコリ
**1.** こねた生地を少量とり、直径1cmの棒状にして幅2.5cmに切る。切り口を前後にして置き、親指で手前から奥へ押し広げながら巻き込む。切り口を左右にして成形してもよく、その場合はやや角張った形になる。（成形→P.45参照）

●バッカラとチェーチのトマトソース
**1.** バッカラを、水に4〜5日間浸して塩抜きする。その間、水は毎日取り替える。骨と皮を取り除き、水気をしっかりとふき取る。
**2.** ヒヨコ豆（1人分10粒）を水に一晩浸してもどし、水を取り替えてニンニク、セージ、ローリエ、塩を加えて30分間ほどゆでる。
**3.** つぶしたニンニクと生の赤唐辛子を、多めのE.V.オリーブ油で炒め、香りを出す。バッカラ（50g）に薄力粉をまぶして入れ、油の中で泳がすようなイメージで炒める。色づいてきたら余分な油をきり、トマトソース（レードル1杯）、ヒヨコ豆を加えて、バッカラが軽くほぐれるまで煮る。

●仕上げ
**1.** チェカルッコリを塩湯で15分間ゆでる。
**2.** バッカラとチェーチのトマトソースにチェカルッコリを入れて和える。
**3.** 器に盛り、ちぎったイタリアンパセリを散らす。

## カヴァティエッディ

●カヴァティエッディの配合
【作りやすい分量。1人分50g】
セモリナ粉（カプート社） 250g
00粉（カプート社） 250g
水 220〜230g
塩 5g

#047
### 鰯を鯖に置き換えた
### カヴァティエッディのカターニア風

小池教之

●カヴァティエッディ
**1.** こねた生地を少量とり、直径8mmの棒状にのばす。幅4cm前後に切り分ける。
**2.** 指3本を揃えて生地にのせ、強く押しつけながら手前に巻き込む。（成形→P.42参照）

●サバの煮込み
**1.** サバ（2尾）を下処理する。3枚におろし、身は薄皮をはがして塩をふる。1時間ほどおいて余分な水分を抜いておく。骨と頭は香味野菜（タマネギ、ニンジン、セロリ）、香草（タイム、ローズマリー、セージ、ローリエ）、水で1時間煮出してこし、サバのブロードとする。
**2.** つぶしたニンニク、玉ねぎの薄切り（1個分）、フィノッキオの株の薄切りと柔らかい葉のみじん切り（各1/2個分）をE.V.オリーブ油で炒め、甘みを引き出す。サバのブロードをひたひたに注ぎ、トマトソース（レードル1杯）を入れ、フェンネルシード、クミンパウダー、サフラン、レーズン、松の実を加えて混ぜる。
**3.** サバの身の水分をふき取り、E.V.オリーブ油で両面をカリッと香ばしく焼く。**2**の鍋に入れ、1時間ほど煮込む。時々混ぜながら、サバの身を軽くほぐす。

●仕上げ
**1.** カヴァティエッディを塩湯で10分間ゆでる。
**2.** サバの煮込みを人数分鍋にとり（1人分スプーン2）、温める。カヴァティエッディを入れて和える。
**3.** 器に盛り、ペコリーノ・ロマーノをふる。

◆Point
サバを煮る時に、混ぜすぎてフレークにならないようにする。自然にほぐれる程度に形を残すと食感が生きる。サバはイワシより魚体が大きいので、仕込みも楽である。

## コルテッチェ

●コルテッチェの配合
【作りやすい分量。1人分80g】
セモリナ粉（カプート社） 200g
水 100g

#048
### カルチョフィと黒オリーブとくるみのコルテッチェ

杉原一禎

●コルテッチェ
**1.** こねた生地を少量とり、鉛筆よりひと回り太い棒状にして、長さ4cmに切る。
**2.** 指3本を揃えて生地にのせ、前方へ少し押し出してから強く押しつけながら手前に引いて巻き込む。（成形→P.44参照）

●カルチョフィのソース
**1.** トゲのないタイプのカルチョフィ（1個半）を掃除する。上部半分を切り落とし、外側の固いガク片と軸の皮をむき取り、縦半分に切って繊毛を除く。レモン汁を加えた水に浸けてアク止めする。6〜8等分のくし形に切り、再びレモン水に浸ける。
**2.** つぶしたニンニクをE.V.オリーブ油で炒め、香りが出てきたらカルチョフィを、水気をあまりきらずに入れる。ケイパー（塩漬け。7〜8粒）とイタリアンパセリのみじん切りも入れてさっと炒め合わせる。蓋をして蒸し焼きにする。
**3.** カルチョフィに竹串が入る柔らかさになったら、種子を取り除いた黒オリーブ（4〜5個）を入れ、2〜3分間炒め合わせながら香りを油に移す。

●仕上げ
**1.** コルテッチェを塩湯で7分間前後ゆでる。
**2.** カルチョフィのソース（1人分スプーン2）を温め、コルテッチェを入れる。クルミ（ローストして細かくすりつぶしたものと粗く砕いたものの2種。スプーン1弱）を加えて混ぜ、パルミジャーノとペコリーノ・ロマーノを加えて和える。
**3.** 器に盛り、刻んだイタリアンパセリとパルミジャーノをふる。

◆応用例
カルチョフィのソースは一般にスパゲッティと合わせるが、ロング、ショート、手打ちなどどんなパスタにも合う。

# オレッキエッテ

**オレッキエッテ**
「小さい耳」の意味で、名前通りに丸い耳たぶ形のパスタ。小さな生地にくぼみをつけるタイプの一つで、カヴァテッリ（P.104）やニョッケッティ・サルディ（P.113）よりひと回り大きく広げたもの。発祥はプーリア州で、乾麺の登場によって全国に広まったが、依然プーリアの地方色が濃く残っている。作る人により、大きさ、厚み、くぼみの形などにちょっとした違いが表われ、風味や食感に個性が出る。私はくぼみを心持ち深めにしている。

直径 2.5 cm

## 耳たぶ形パスタと青菜の卵とじ

オレッキエッテとチーメ・ディ・ラーパで作る、プーリア州を代表する料理だが、これはバリエーションの一つで、とき卵でとじたもの。卵が入るとまろやかさが加わり、チーメ・ディ・ラーパの苦みがやわらぐ。この野菜は春野菜のイメージがあるが、実際はつぼみのある冬が旬。春は復活祭にからめて卵の料理が多くなるので、冬の終わりに春到来を表現するのによい料理だと思う。卵はパサつかせず、また生っぽさも残らないよう柔らかく火を入れる。

#049
オレッキエッテ コン チーメ ディ ラーパ エ ウォーヴァ
Orecchiette con cime di rapa e uova
### オレッキエッテ、チーメ・ディ・ラーパと卵和え

杉原一禎

**オレッキエッテ**
上記オレッキエッテに同じ。ショートパスタの中ではソースに対する汎用性はあまり高くなく、チーメ・ディ・ラーパを中心とするブロッコリ系の野菜のソースと、肉系のラグーが主体。魚介と合わせることはほとんどない。

直径 2.5 cm

## オレッキエッテとベストマッチのラグー

ナポリの修業先のレストランが定番料理としていた、おそらくこの店オリジナルのオレッキエッテ料理。サルシッチャをトマトで煮たソースは、他のどのショートパスタよりもオレッキエッテがベストマッチで、帰国後も作り続けてきた。通常の調理法と異なるのはニンニクを炒めず、サルシッチャ、トマト、オリーブ油と同時に鍋に入れて煮込む点。炒めないことによってにじみ出るニンニクのキレのある香りが、ソースを非常においしいものにしている。

#050
オレッキエッテ アル ラグー ディ サルスィッチャ
Orecchiette al ragù di salsiccia
### フェンネル風味のサルシッチャのラグー、手打ちオレッキエッテ

杉原一禎

\# 051
オレッキェッテ　コン　ソッフリット　ディ　マイヤーレ
Orecchiette con soffritto di maiale
## オレッキエッテ、豚モツの辛い煮込み

**オレッキエッテ**
イタリアではセモリナ粉のみで作るパスタだが、店で基本としているセモリナ粉と00粉をブレンドした生地を使用。強く跳ね返す食感をやや抑えてしなやかさを出し、ソースの組み合わせの幅を広げた。成形は指だけでなく先の丸いナイフでくぼみをつけてもよい。しっかりとくぼみを作り、生地を押し広げた部分に独特のざらつきが出るようにすると、オレッキエッテらしさが高まり、ソースのからみもよい。

直径 2.5〜3cm

### 食感にしなやかさを出したオレッキエッテ
豚の内臓の煮込みソース「ソッフリット」で和えたもの。ソッフリットは本来はナポリの冬の伝統料理だが、かつてのナポリ王国支配の名残りで、今はプーリア州やバジリカータ州でも親しまれている。豚のあらゆる内臓（心臓、腎臓、胃、腸、肺、子宮、軟骨など）で作る煮込みで、ここでは赤唐辛子、トマトペースト、赤ピーマンのピュレなどを使って辛みや酸味を強くきかせ、厚手で大きめに作ったオレッキエッテと組み合わせた。

小池教之

## ストゥラッシナーティ

\# 052
ストゥラッシナーティ　アル　ポモドーロ　エ　フォルマッジョ　フレスコ　ディ　カープラ
Strascinati al pomodoro e formaggio fresco di capra
## ストゥラッシナーティ、トマトとフレッシュな山羊のチーズ和え

**ストゥラッシナーティ**
「引きずった」「長くのばした」の意味で、生地を薄く押し広げて作るショートパスタ。カヴァテッリ（P.104）やオレッキエッテ（P.108）と同様にくぼみをつけるタイプのパスタで、このグループの中では最も大きい。生まれはプーリア州とバジリカータ州。ここではサイズ違いで2種類のストゥラッシナーティを紹介したが（P.112上段参照）、食感やソースののり方が違ってくる。こちらのほうが細身で、その形から「"オリーブの葉"のようなストゥラッシナーティ」と呼ばれる。

幅2cm強、長さ5cm強

### オリーブの葉形のストゥラッシナーティ
フレッシュトマトのソースとヤギ乳のフレッシュチーズで和えた夏向きのストゥラッシナーティ。コクや甘みが控えめで、酸味のきいたあっさりとしたヤギ乳チーズがポイントで、フレッシュトマトならではの爽やかなソースと引き立てあう。ショートパスタの中では表面積の広いストゥラッシナーティが一番おいしさを実感できる組み合わせだが、幅が広すぎてもソースが多くのりすぎて酸味のシャープさに欠ける。細身のストゥラッシナーティがジャストバランスである。

杉原一禎

# オレッキエッテ

●オレッキエッテの配合
【作りやすい分量。1人分90g】
セモリナ粉（カプート社）　200g
水　100g

## ♯049
## オレッキエッテ、チーメ・ディ・ラーパと卵和え

杉原一禎

●オレッキエッテ
**1.** こねた生地を少量とり、転がして直径1cmの棒状にする。幅1cmに切り分ける。
**2.** 切り口を上下にして台に置き、人差し指で強く押しつぶして手前に軽く引きながら丸めるようにくぼみを作る。そのまま持ち上げて逆の手の親指にかぶせ、くぼみを押し戻す。（成形→P.42参照）

●チーメ・ディ・ラーパのソース
**1.** たっぷりの湯を沸かし、パスタのゆで汁より少し薄い塩加減にする。チーメ・ディ・ラーパ（1kg）を柔らかくゆで、取り出して水気を軽くきる。ゆで汁は取りおく。
**2.** ニンニクと赤唐辛子をE.V. オリーブ油で炒める。ニンニクの香りが出たらアンチョビのフィレ（10枚）を加えて溶かしながら香りを出す。
**3.** チーメ・ディ・ラーパを加え、水分を飛ばすように炒める。炒めながら、ナイフ（フォークやハサミでもよい）で小さく切る。

●仕上げ
**1.** オレッキエッテを、チーメ・ディ・ラーパのゆで汁で7〜8分間ゆでる。
**2.** 卵（1人分1個）をときほぐして塩、黒コショウをする。
**3.** チーメ・ディ・ラーパのソースにオレッキエッテ、パルミジャーノ、ペコリーノ・ロマーノを加えて和える。途中でとき卵を加えて和えながら卵に火を通す。
**4.** 器に盛り、パルミジャーノをふる。

◆Point
チーメ・ディ・ラーパは収穫時期や個体差などにより、柔らかく溶けやすいものと筋張って固いものがある。最初から小さく切ってゆでると、柔らかい部分がくずれて溶けてくることがある。そこで、長いまま下ゆでし、炒める際に固さを見ながら切り分け、火入れをコントロールすると、理想の質感にもっていくことができて合理的である。

---

●オレッキエッテの配合
【作りやすい分量。1人分80g】
セモリナ粉（カプート社）　200g
水　100g

## ♯050
## フェンネル風味のサルシッチャのラグー、手打ちオレッキエッテ

杉原一禎

●オレッキエッテ
**1.** こねた生地を少量とり、転がして直径1cmの棒状にする。幅1cmに切り分ける。
**2.** 切り口を上下にして台に置き、人差し指で強く押しつぶして手前に軽く引いて丸めるようにくぼみを作る。そのまま持ち上げて逆の手の親指にかぶせ、裏側からくぼみを押し戻す。（成形→P.42参照）

●サルシッチャのラグー
**1.** 鍋にE.V. オリーブ油、ほぐしたサルシッチャ（P.249。300g）、つぶしたニンニク、フェンネルシード、プティ・トマト（缶詰。300g）を合わせ、火にかける。沸いてきたら弱火で30分間ほど煮込む。
**2.** ニンニクを取り出し、塩で味をととのえる。

●仕上げ
**1.** オレッキエッテを塩湯で7〜8分間ゆでる。
**2.** オレッキエッテをパルミジャーノとペコリーノ・ロマーノで和える。ちぎったバジリコ、人数分のサルシッチャのラグー（1人分レードル軽く1杯）、スカモルツァの角切り（7〜8g）を加えてよく和える。
**3.** 器に盛り、パルミジャーノをふる。

●オレッキエッテの配合
【作りやすい分量。1人分50g】
セモリナ粉(ディ・チェコ社)　250g
00粉(カプート社)　250g
水　220〜230g
塩　5g

## #051
## オレッキエッテ、豚モツの辛い煮込み

小池教之

●オレッキエッテ
1. こねた生地を少量とって手のひらで転がしながら直径1.5cmの棒状にのばす。幅2cmに切り分ける。
2. 切り口を上下にして親指で押してくぼみを作り、へこんだ中心部を戻すように裏側からくぼみを押し出す。

●豚モツの煮込み
1. 豚の1頭分の内臓(計2kg)の下処理をする。心臓は余分な脂を除き、腎臓は切り開いて尿管を除き、ともに小さなさいの目に切る。
2. 胃袋、大腸、小腸、コブクロ(子宮)、軟骨を、それぞれ白ワインヴィネガーを加えた熱湯でゆで、アクとぬめりを取る。氷水にとって締め、水洗いして汚れを取る。胃袋は余分な脂を取り除いて小さなさいの目に、大腸と小腸は切り開いてヒダにある脂を包丁でしごいて除き、水洗いして小片に切る。コブクロは切り目を入れて氷水の中でもみながら水分をしごき出す。軟骨はとくに固い部分をはずして小口に切る。
3. 肺はアクが出なくなるまで水を取り替えながらゆでこぼし、さいの目に切る。
4. 各内臓を部位ごとにラードで炒める。炒めた内臓を全て合わせ、赤唐辛子とともにラードで炒める。ソッフリット(P.248。レードル3杯)を入れて炒め合わせ、白ワイン(500cc)、トマトペースト(スプーン3)、赤ピーマンのピュレ(P.248。レードル2杯)を加え、内臓が十分に柔らかくなるまで約2時間煮込む。

●仕上げ
1. オレッキエッテを塩湯で5分間ゆでる。
2. 豚モツの煮込みを人数分鍋にとり(1人分レードル1杯)、仔牛のブロードとトマトソース各少量でのばす。オレッキエッテを入れて和え、ペコリーノ・カラブレーゼをふって和える。
3. 器に盛り、ホースラディッシュをすりおろしながらふる。

---

[ストゥラッシナーティ]

●ストゥラッシナーティの配合
【作りやすい分量。1人分90g】
セモリナ粉(カプート社)　200g
水　100g

## #052
## ストゥラッシナーティ、
## トマトとフレッシュな山羊のチーズ和え

杉原一禎

●ストゥラッシナーティ
1. こねた生地から少量をとり、転がして直径約7mm(鉛筆くらいの太さ)の棒状にして、幅5cmに切り分ける。
2. 生地を縦長に置き、ナイフの刃を生地の右端に揃えて、左方向へ力を入れて押し広げる。
3. 幅の真ん中まできたら、のばして丸まった右側部分をもう一方の手で開き、ナイフはそのまま左に巻き上げるように押し広げる。(成形→P.44参照)

●フレッシュトマトソース
1. つぶしたニンニクをE.V.オリーブ油で炒め、香りが出たらバジリコの葉(ナポリ種)と縦に2ツ割にしたプティトマト(ピエンノロ種。6〜7個)を入れる。粗塩を加えて軽く煮つめ、最後に塩で味をととのえる。

●仕上げ
1. ストゥラッシナーティを塩湯で6分間ゆでる。
2. フレッシュトマトソース(1人分レードル1杯)にストゥラッシナーティを入れ、パルミジャーノ、ペコリーノ・ロマーノ、ヤギ乳のフロマージュ・ブラン(スプーン1)、マジョラムを加えて和える。
3. 器に盛り、ペコリーノ・ロマーノをふる。

※ヤギ乳のフロマージュ・ブランは、ヤギ乳を乳酸菌で発酵させた柔らかいフレッシュチーズ。

◆Point
トマトソースにフレッシュチーズを使う時は、一般にモッツァレラを使う。ホールトマトで作るソースはコクが出るのでバランスがとれるが、フレッシュトマトのソースの場合はモッツァレラの旨みが重く感じられ、味がまとまらない。また、牛乳や羊乳のリコッタも甘みが強く、向かない。ヤギ乳のチーズで作ってこその料理。

## ストゥラッシナーティ

**ストゥラッシナーティ**
前記ストゥラッシナーティ（P.109下段）と配合や製法は同じだが、太めの棒状生地を幅広に成形したもの。こちらのほうが標準サイズ。ストゥラッシナーティはスパゲッティと同じように汎用性が高く、野菜、魚介、肉のソースのいずれとも相性がよく、またソースの濃度やつながり具合も問わないので使いやすい。唯一の欠点は、食べ飽きやすく、たくさんの量を食べられないことである。

幅3cm弱、長さ4.5cm

### 幅広のストゥラッシナーティ
ソースはエビとドライ・ポルチーニをトマトと魚のブロードで煮込んだラグー。エビの殻の香ばしさを引き出したコクのある味で、旨みの強いポルチーニとの相乗効果でインパクトのあるエビのソースになっている。ナポリのトラットリーアで学んだ料理で、そこではカサレッチェと合わせていたが、さまざまなパスタで試作し、幅広のストゥラッシナーティが一番合うと確信した料理である。

# 053
Strascinati ai gamberi e funghi secchi
## 海老とフンギ・セッキのストゥラッシナーティ

杉原一禎

**ファッロ麦のストゥラッシナーティ**
本来はセモリナ粉と水だけで作るパスタだが、小麦の全粒粉やファッロ麦の粉、大麦の粉を混ぜるなどして個性を出したものもよく見かける。写真は、ファッロ麦の全粒粉と0粉を同割で合わせて香りよく仕上げたもので、ファッロ麦の持つナッツに似た甘い香りが生きている。ファッロ麦だけでは食感がモソモソするので、通常の小麦粉とブレンドするのが効果的。

幅2.5cm、長さ4.5cm

### ファッロ麦の粉入りストゥラッシナーティ
モリーゼ州の郷土料理「バッカラのパン粉焼き」をストゥラッシナーティのソースに応用。マダラで作った自家製バッカラを、黒オリーブやドライトマトと炒め煮にしたソースで、仕上げにアーモンド粉とハーブ入りパン粉をまぶして香ばしく焼いている。ファッロ麦の粉を混ぜてモチッとした口あたりにしたストゥラッシナーティと柔らかなバッカラがよくなじみ、おいしい一皿である。

# 054
Strascinati di farro e baccalà mollicato
## パン粉焼きにしたバッカラとファッロ麦のストゥラッシナーティ

小池教之

# マッロレッドゥス

長さ2cm強

**マッロレッドゥス**
生地の小さな塊にくぼみをつけるタイプのパスタ。マッロレッドゥスはサルデーニャ島南西部カンピダーノ地方の方言による呼び名で、標準語ではニョッケッティ・サルディ（下段）。「マッロル（牡牛）」が語源とされ、複数形で「仔牛の群れ」の意。もともとイグサを編んだザルの上で転がしたことから筋模様がつき、これを「仔牛の脇腹のふくらみに浮き出る肋骨」に見立てたともいわれる。現在は日常食になったが、本来は祝祭日のパスタで、セモリナ粉の生地にサフランを練り込んで色鮮やかに仕立てる。

## サフランを加えた筋入りパスタ

マッロレッドゥスとの組み合わせとしてもっとも名高い「カンピダーノ平野風のソース」で仕上げた料理。フェンネルの風味をつけたサルシッチャのトマト煮で、チーズは地元のペコリーノ・サルドを使う。カンピダーノは起伏の激しいこの島において、島面積の1割を占める広大な平野で、農業や酪農の盛んな地域。かつては多くの「牛の群れ」が見られたことが想像でき、かの地の情景が見える一皿である。

♯055
マッロレッドゥス　アッラ　カンピダネーゼ
**Malloreddus alla campidanese**
# マッロレッドゥスのカンピダーノ平野風

小池教之

# ニョッケッティ・サルディ

幅8mm、長さ1.5cm

**ニョッケッティ・サルディ**
上記マッロレッドゥスの標準語名で「サルデーニャの小さなニョッキ」の意。ジャガイモのニョッキが登場する前の、セモリナ粉の生地を小さく丸めた初期のニョッキの一つである。現在は乾麺が広く普及している。本来はセモリナ粉100%で作るが、ここでは歯ごたえの強さを残しつつ、00粉を少量混ぜてこねやすくした。伝統にのっとってサフランを入れている。

## 羊の島、サルデーニャのイメージで

魚介にも肉にも合うパスタだが、サルデーニャ州は羊の飼育が盛んな土地柄であることから、そのイメージに沿って仔羊のラグーを組み合わせた。コロコロとしたニョッケッティ・サルディの形とよくなじむように、肉は粗挽きくらいの大きさで調理するとよい。乾麺のニョッケッティ・サルディはさらりと仕上がるが、手打ちは粉のとろみが出るのでまとまりやすく、一体感が強く出る。

♯056
ニョッケッティ　サルディ　コン　ラグー　ダニェッロ
**Gnocchetti sardi con ragù d'agnello**
エ　スカッリェ　ディ　ペコリーノ　サルド
**e scaglie di pecorino sardo**
# ニョッケッティ・サルディ、仔羊のラグー和え、ペコリーノ・サルド添え

西口大輔

## ストゥラッシナーティ

●ストゥラッシナーティの配合
【作りやすい分量。1人分90g】
セモリナ粉（カプート社）　200g
水　100g

# 053
## 海老とフンギ・セッキのストゥラッシナーティ
杉原一禎

●ストゥラッシナーティ
1. こねた生地から少量をとり、直径1cmほどの棒状にのばして、幅約4cmに切る。
2. 生地を縦長に置き、ナイフの刃を生地の右端に揃えて、左方向へ力を入れて押し広げる。
3. 幅の真ん中まできたら、のばして丸まった右側部分をもう一方の手で開き、ナイフはそのまま左に巻き上げるように押し広げる。（成形→P.44参照）

●エビのソース
1. 殻付きの有頭エビ（シラサエビ、アシアカエビなど。2～3尾）は、背ワタを抜く。乾燥ポルチーニ（5g）はぬるま湯で柔らかくもどし、水分を絞って小片に切る。
2. つぶしたニンニクと赤唐辛子をE.V.オリーブ油で炒め、香りが出たらエビを入れ、塩、黒コショウしながらソテーする。油にエビの香りを移すように両面を炒める。
3. ポルチーニ、プティトマト（缶詰。1人分2～3個）、イタリアンパセリのみじん切りを加え、軽く炒め合わせる。ブランデーを入れてアルコール分を飛ばし、魚のブロード（レードル1杯）を加えて温める。
4. エビを取り出して頭と身に分ける。頭をソースに戻し、木べらでつぶしてミソを絞り出す。軽く火を入れ、最後に頭を取り除く。エビの身は殻をむき、食べやすい大きさにちぎって取りおく。

●仕上げ
1. ストゥラッシナーティを塩湯で6分間ゆでる。
2. エビのソース（1人分約120cc）を温め、ストゥラッシナーティを入れて和える。イタリアンパセリのみじん切りとエビの身を入れてよく和える。
3. 器に盛り、パルミジャーノをふる。

●ストゥラッシナーティの配合
【作りやすい分量。1人分40g】
0粉（マリーノ社）　200g
ファッロ麦の全粒粉（マリーノ社）　200g
塩　4g
ぬるま湯　180g

# 054
## パン粉焼きにしたバッカラとファッロ麦のストゥラッシナーティ
小池教之

●ストゥラッシナーティ
1. こねた生地を少量とり、直径1cmの棒状にして、幅2cmに切る。
2. 切り口を上下にし、親指で押してくぼみを作り、横へ押しのばしてくぼみを広げる。
3. 縮まないように、バットなどに広げて30分間ほど室温におき、表面を乾燥させる。（成形→P.45参照）

●バッカラのソース
1. バッカラ（P.248。1人分40g）を小さめのぶつ切りにする。
2. つぶしたニンニクをE.V.オリーブ油で炒め、色づいてきたら取り出す。タマネギのみじん切り（スプーン1）を加えて甘みが出るまでゆっくりと炒める。
3. 種子を除いた黒オリーブ（5個）、ドライトマトのざく切り（2個分）、ケイパー（塩漬け。スプーン1）を加えて軽く炒め、バッカラを加えて炒め合わせる。水をひたひたに入れて、バッカラの身が繊維に沿って自然にほぐれるまで煮る。オレガノ（ドライ）とすりおろしたレモンの皮を少量ずつ加える。

●仕上げ
1. ストゥラッシナーティを塩湯で約10分間ゆでる。
2. バッカラのソースを温め、ストゥラッシナーティを和える。表面に香りパン粉（P.248）をふりかけ、サラマンドル（または高温のオーブン）で表面を色づける。
3. 器に盛り、ローストしたアーモンドスライスを散らす。

## マッロレッドゥス

●マッロレッドゥスの配合
【作りやすい分量。1人分50g】
セモリナ粉（ディ・チェコ社）　300g
サフラン　微量
ぬるま湯　140〜150g
塩　3g

※成形時の道具は、現在では「ペッティネ」と呼ばれる溝のある木製板を使うのが一般的。ほかにザルやフォークなどで作ってもよい。また、今回は斜めの筋模様をつけたが、溝と平行に転がせばまた表情が変わっておもしろい。

#055
### マッロレッドゥスのカンピダーノ平野風

小池教之

●マッロレッドゥス
**1.** サフランを分量の水で溶き、セモリナ粉と塩と合わせてこねる。
**2.** こねた生地から少量をとり、直径1cmの棒状にして幅2cm強に切り分ける。切り口は左右のまま、ペッティネの溝に対して斜めに置き、親指でくぼみを作りながら転がして筋模様をつける。（成形→P.48参照）

●サルシッチャのソース
**1.** つぶしたニンニクと赤唐辛子をE.V.オリーブ油で炒め、香りが出たら自家製サルシッチャのタネ（P.248。1人分50g）をほぐしながら入れて炒める。
**2.** 火が通ったらフェンネルシードと刻んだフェンネルの葉、トマトソース（レードル1杯）を加え、味が出るまで煮込む。

●仕上げ
**1.** マッロレッドゥスを塩湯で7〜8分間ゆでる。
**2.** サルシッチャのソースを温め、マッロレッドゥスを入れて和える。おろしたペコリーノ・サルドをふり入れて和える。
**3.** 器に盛り、ペコリーノ・サルドをふる。

## ニョッケッティ・サルディ

●ニョッケッティ・サルディの配合
【作りやすい分量。1人分80g】
セモリナ粉（マリーノ社）　170g
00粉（マリーノ社）　70g
サフラン水　108g
塩　少量

※サフラン水は、サフラン少量を少しの水に浸けて色と風味を出し、こしてぬるま湯と合わせて108gを用意する。

※道具のペッティネは筋の幅が3mmと4mmのものがあるが、好みで。溝の狭いフォークの内側やガルガネッリ用ペッティネ（P.43 A参照）を利用してもよい。

#056
### ニョッケッティ・サルディ、仔羊のラグー和え、ペコリーノ・サルド添え

西口大輔

●ニョッケッティ・サルディ
**1.** こねた生地を少量とってころがし、直径1cmの棒状にして幅0.5cmに切る。
**2.** 切り口を上にしてペッティネにのせ、親指でくぼみを作りながら転がして筋模様をつける。

●仔羊のラグー
**1.** 仔羊肩肉（1kg）をミンサーで粗く挽く。
**2.** 仔羊肉をピュアオリーブ油で炒め、ソッフリット（P.245。120g）を加えて混ぜる。白ワインを加えてアルコール分を飛ばし、トマトペースト（50g）を加えて軽く炒め合わせる。
**3.** ローリエとローズマリー、鶏のブロード（1ℓ）を入れて2時間30分間煮込む。

●仕上げ
**1.** ニョッケッティ・サルディを塩湯で2〜3分間ゆでる。
**2.** 人数分の仔羊のラグー（1人分約100g）を鶏のブロード少量でのばして温める。ローズマリーのみじん切り、ペコリーノ・サルドとグラーナ・パダーノをふって和える。
**3.** ニョッケッティ・サルディを入れて和え、器に盛る。

◆応用例
ニョッケッティ・サルディを冷製インサラータにしてもおいしい。トマト、ケイパー、サルシッチャなどとともにオリーブ油とレモン汁で調味すると、格好の夏の料理になる。

# ガルガネッリ

**ガルガネッリ**
幅1cm、長さ4〜5cm

ガルガネッリ
エミリア＝ロマーニャ州の筒形パスタ。名前はかつてのロマーニャ方言で「気管の軟骨」を表す。誕生秘話は1700年代の枢機卿の晩餐会に遡る。当地の名物「カッペレッティ」用の詰めものを猫に食べられ困った宮廷料理人が、即興で作ったというもの。四角い生地を棒に巻き、織機のリード（糸を通すくし状の部分）で転がし、筋をつけたという。カッペレッティの生地は柔らかいものだが、店では型くずれを防ぎ、食感をよくする目的でセモリナ粉を混ぜ、卵黄の比率も多くしてやや固めに作っている。

## 「気管」の形を模した薄手の筒状パスタ

ガルガネッリは肉のラグーやサルシッチャのソースを合わせることが多いが、今回はイタリアでもよく食べられているカエル肉で仕立てた。冬眠から目覚めた春の設定で春キャベツとともに使ったが、冬が旬のチリメンキャベツでも合う。キャベツは下ゆでせずにカエルの煮込みの中で煮上げた。

# 057
ガルガネッリ　コン　コッシェ　デイ　ラーネ　エ　カーヴォロ　プリマヴェリーレ
Garganelli con cosce di rane e cavolo primaverile
## かえる腿肉と春キャベツのガルガネッリ

小池教之

**ガルガネッリ**
幅1.5cm、長さ4cm

ガルガネッリ
両端がペンネのように尖り、細い筋模様が特徴のガルガネッリ。盛りつけた時に筒形がつぶれて平たくならないようにすることが大切だ。そのために00粉にセモリナ粉を加えてコシを出し、成形後は常温で半日ほどおいて強めに乾燥させ、形が安定するようにしている。写真のガルガネッリは成形用の棒が太いので、筒がやや太め。また、伝統的な製法に沿って、生地に少量のナッツメッグを混ぜている。

## 盛りつけ後も筒形を保つガルガネッリ

ガルガネッリの薄手で繊細な食感と、ナッツメッグやチーズで風味をつけた味わいを生かすように、合わせるソースはいつもやさしい風味を心がけている。今回の料理は小さく切り揃えた6種類の野菜を炒め、カルチョフィのピュレでつないでラグー風に仕立てたもの。ウサギ肉や牛肉のラグーで和える場合も強い味つけはせず、野菜を豊富に使っている。

# 058
ガルガネッリ　アル　ラグー　ディ　ヴェルドゥーレ
Garganelli al ragù di verdure
## ガルガネッリ、野菜のラグー

西口大輔

## ラガネッレ

ラガネッレ
南イタリアに広く浸透している手打ちの幅広パスタ。一般には細長くタリアテッレやタリオリーニ状に作るが（P.72）、少数派ながら写真のように短いサイズに作ることもあり、ここではショートパスタとして分類した。店ではセモリナ粉を水で練るという現地と同じ製法で、やや厚めに成形している。

幅1.5cm、長さ5cm強

### 短いラガネッレとヒヨコ豆のスープ

ラガネッレの語源のシートパスタ「ラーガネ」とヒヨコ豆で作る「ラーガネ・エ・チェーチ」が原形。ラーガネといえば、この料理と限定される定番中の定番である。ここでは原形の味わいを保ちつつ、食べやすさと"おいしく感じられるひと口の量"を考慮して細身のラガネッレでアレンジ。さらに、スープ仕立てとしたため、スプーンに無理なくのる短いサイズのラガネッレとした。

#059
Pasta e ceci
パスタ エ チェーチ
### ひよこ豆とパスタの煮込み

杉原一禎

## ピッツォッケリ

ピッツォッケリ（ヴァルテッリーナ風）
ロンバルディア州北部の山岳地、ヴァルテッリーナ地方のシート状パスタで、寒冷地の産物であるソバ粉を使うところが特徴。写真は幅広の長方形だが、半分ほどの幅で細く作られることもある。また、同地方にはソバ粉を入れず、粒状に成形するピッツォッケリもあるが（P.185）、こちらのシート状のほうが広く知られている。

5cm × 2cm

### 山岳地のソバ粉入りシートパスタ

ピッツォッケリの料理といえば、チリメンキャベツとジャガイモとともにセージバターで和えたものが大定番。ヴァルテッリーナ地方の産物を使った冬の名物料理として定着している。寒い冬の料理なので、もったりとした濃い味わいが持ち味だ。ここではほぼ伝統に沿ったレシピを紹介したが、最後に和えるチーズは入手しやすい山のチーズ、フォンティーナを利用。現地で使う土地のチーズ、ビットやカゼーラを使えばより本格的になる。

#060
Pizzoccheri valtellinesi
ピッツォッケリ ヴァルテッリネースィ
### ヴァルテッリーナ風ピッツォッケリ

西口大輔

## ガルガネッリ

●ガルガネッリの配合
【作りやすい分量。1人分50g】
00粉（モリーニ社）　250g
セモリナ粉（ディ・チェコ社）　250g
塩　5g
卵黄　8.5個分
水　100g
E.V. オリーブ油　10g

#057
### かえる腿肉と春キャベツのガルガネッリ

小池教之

●ガルガネッリ
**1.** こねた生地をパスタマシンで厚さ1mmにのばし、3cm四方に切る。
**2.** 生地の対角線の1つがペッティネ（細い溝が彫られた木製の小さな板）の糸に平行になるように置く。直径4mmの専用の棒に巻き付けながら器具に強く押しつけるように転がし、筋模様をつける。（成形→P.43 A 参照）

●カエル肉の煮込み
**1.** カエルモモ肉（6人分24本）に塩、コショウをふる。
**2.** カエルの骨は香味野菜（タマネギ、ニンジン、セロリ）、ローリエ、タイム、つぶした黒コショウ、水で2時間ほど煮出してこし、ブロードをとる。
**3.** つぶしたニンニク、セージ、ローリエをバターとE.V. オリーブ油で炒める。香りを出しながらバターに少し焦げ色がつくくらいまで炒める。カエルモモ肉を入れてさっと炒め、2のブロードをひたひたに入れて軽く煮込み、ベースとする。

●仕上げ
**1.** ガルガネッリを塩湯で7分間ゆでる。
**2.** カエルの煮込み（1人分スプーン2）を鍋にとり、食べやすい大きさにちぎった春キャベツ（1/2枚）を加えて2〜3分間煮る。
**3.** ガルガネッリを合わせ、すりおろしたレモンの皮とパルミジャーノを入れて和え、器に盛る。

●ガルガネッリの配合
【作りやすい分量。1人分70g】
00粉（マリーノ社）　300g
セモリナ粉（マリーノ社）　200g
卵黄　5個分
水　125g
ナッツメッグ　ひとつまみ
パルミジャーノ　大さじ1

#058
### ガルガネッリ、野菜のラグー

西口大輔

●ガルガネッリ
**1.** こねた生地をパスタマシンで厚さ1mmにのばし、3cm四方に切る。
**2.** 生地の対角線の1つがペッティネ（細い溝が彫られた木製の小さな板）の溝に平行になるように置く。直径9mmの専用の棒に巻き付けながら器具に強く押しつけるように転がし、筋模様をつける。（成形→P.43 A 参照）

●野菜のラグー
**1.** カルチョフィのピュレを作る。下処理したカルチョフィの軸（120g）をピュアオリーブ油でソテーし、タマネギのソッフリット（P.245。30g）とともに鶏のブロード（200cc）で柔らかく煮る。バーミックスでピュレにして裏ごしする。
**2.** 野菜を下ごしらえする。グリーンピース（15g）を柔らかく塩ゆでし、水にとって水分をきる。カルチョフィの花托（1/2個）は小角切りにしてレモン入りの水に浸しておく。トマト（30g）は皮を湯むきにし、種子を除いて小角切りにする。
**3.** つぶした皮付きニンニクをピュアオリーブ油で炒め、香りが出たらニンニクを取り出す。カルチョフィ、ナス（40g）、赤ピーマン（40g）の各小角切りを炒めて火を通し、塩、黒コショウする。火を止めてグリーンピース、トマト、カルチョフィのピュレ（30g）を入れて和える。

●仕上げ
**1.** ガルガネッリを塩湯で7分間ゆでる。
**2.** 野菜のラグー（1人分約100g）を温め、E.V. オリーブ油で香りづけし、パスタのゆで汁少量でのばす。
**3.** ガルガネッリを加えて和える。グラーナ・パダーノをふって和え、器に盛る。

※カルチョフィを仕入れたら、余分なガク片や軸の皮をむき、塩とレモン汁を入れた水で沸騰後4分間ゆでる。鍋底に氷水をあてて冷ましておく。

## ラガネッレ

●ラガネッレの配合
【作りやすい分量。1人分70g】
セモリナ粉（カプート社）　200g
水　100g

# 059
## ひよこ豆とパスタの煮込み

杉原一禎

●ラガネッレ
1. こねた生地をめん棒で厚さ2mm強にのばす。包丁で長さ5cm強、幅1.5cmに切り分けて、短いタリアテッレ状にする。

●ヒヨコ豆の煮込み
1. たっぷりの水に重曹（少量）を加え、ヒヨコ豆適量を一晩浸してもどす。
2. 浸した水は捨て、新たに豆の2倍量の水を入れて、豆が十分に柔らかくなるまでゆでる。つぶしたニンニク、イタリアンパセリのみじん切り、E.V. オリーブ油各適量を加えて、さらに30分間ほど煮込む。
3. 半量のヒヨコ豆と煮汁少量を野菜こし器でこして鍋に戻す。塩で味をととのえる。

●仕上げ
1. ヒヨコ豆の煮込み（1人分約300cc）にラガネッレを入れ、6〜8分間ゆでる。ラガネッレがゆで上がると同時に、スープがシャバシャバでもなく、ボテボテでもない濃度に仕上げる。
2. 塩、黒コショウ、E.V. オリーブ油で味をととのえ、器に盛る。

◆Point
豆は乾燥度によってゆで時間が異なるので、食べて確認しながらしっかりと柔らかくゆでる。煮豆にしたあとは、半量をピュレにして食べやすくコクのあるスープとする。パスタ、豆、煮汁がスプーンにバランスよくのり、一緒に食べられる濃度にまとめることが大事。

## ピッツォッケリ

●ピッツォッケリの配合
【作りやすい分量。1人分70g】
ソバ粉（マリーノ社）　180g
00粉（マリーノ社）　60g
水　90g

※ソバ粉のパスタは小麦粉だけで作るパスタに比べて柔らかめになり、食感がボソッとしやすい。ソバ粉と00粉を3:1で混ぜると、風味、食感ともにバランスのよいものになる。

# 060
## ヴァルテッリーナ風ピッツォッケリ

西口大輔

●ピッツォッケリ
1. こねた生地をパスタマシンでごく薄くのばし、5cm×2cmに切り分ける。

●野菜の下調理
1. チリメンキャベツ（1人分2枚）を3cm四方に切り、塩ゆでする。
2. ジャガイモを7〜8mmの角切りにし（1/2個分）、柔らかくなるまで塩ゆでする。

●仕上げ
1. ピッツォッケリを塩湯で8分間ゆでる。
2. ニンニクのみじん切りとセージをバターで炒め、香りを移す。ニンニクがうっすらと色づいてきたらチリメンキャベツとジャガイモを入れて、さっとソテーする。ゆで汁少量とセージを加える。
3. ピッツォッケリを加えて火を止め、和える。フォンティーナの角切りとグラーナ・パダーノを加えて和え、器に盛る。

◆応用例
ここで使ったソースは、ピッツォッケリに限らず、布きれ状のストゥラッチ系シートパスタやソバ粉のポレンタにも合う。

## ブレーキ

**ソバ粉のブレーキ**
フリウリ地方の方言で「ぼろ切れ」や「つぎはぎ」を表わし、標準語の「ストゥラッチ」（右ページ）にあたるパスタ。ドロミテやカルニア、カルソナなどの山あいの寒冷地のパスタで、伝統的にソバ粉を用いたものを基本とする。グルテンの出ない粉なので、小麦粉やチーズ、卵などでしっかりとつないで生地を練り、シートにして四角形や三角形に切る。

7cm × 4cm

### ソバ粉とチーズ入りのぼろ切れ形パスタ

ブレーキはバターやチーズでからめるシンプルな料理が多いようだが、ここではオーストリア＝ハンガリー帝国の影響を多大に受けた地域性から、同国を代表するグーラシュのスーゴを合わせた。グーラシュはパプリカパウダーの甘い風味をきかせた牛肉のシチューである。香りが強いため、ブレーキはそれに負けないようやや厚めにしてソバ粉の香りが生きるようにした。また、チーズも同地特産のモンターズィオを使用し、リッチな味にアレンジしてある。

#061
ブレーキ アル スーゴ ディ グーラシュ
**Bleki al sugo di gulasch**
## そば粉のブレーキとグーラシュ

小池教之

## タッコーニ

**トウモロコシ粉のタッコーニ**
「ぼろ切れ」や「つぎはぎ」の意味を持つパスタで、アブルッツォ州周辺での呼び名。元になっているのは、シート状パスタ「サーニェ」で、それを小さく切り分けたのがタッコーニ。この土地の伝統的パスタとして有名な「サーニェ・ア・ペッツィ」とほぼ同じものである。材料は軟質小麦粉がベースで、セモリナ粉、豆の粉、トウモロコシ粉を練り込むこともあり、ここでは00粉にトウモロコシの粉、ラード、チーズを加えた農家のレシピを紹介した。

1辺4〜6cm

### アブルッツォ州のぼろ切れ形パスタ

アブルッツォ州のパスタソースとしてポピュラーなのは、仔羊肉をシンプルにトマト煮にしたラグーで、シート状のパスタと組み合わせたものが一番の定番料理。現地ではヤギ肉で同様に作ることも多いことから、ここでは日本で希少なヤギ肉を使うことで郷土料理の色合いを強くした。タッコーニは半ゆでにして、ラグーで煮上げて味をよく含ませる。

#062
タッコーニ ディ マイス アル ラグー ディ カープラ
**Tacconi di mais al ragù di capra**
## とうもろこし粉のタッコーニ、山羊のラグー

小池教之

## ストゥラッチ

#063
ストゥラッチ ディ ファリーナ ディ マイス アル ラグー ディ カーペサンチ
Stracci di farina di mais al ragù di capesante
### とうもろこし粉のストゥラッチ、帆立貝のラグー和え

**トウモロコシ粉のストゥラッチ**
「布切れ」「ぼろ切れ」の意味で、数ある同類のパスタ名のなかで最も標準的な名称。ひし形などの四角形に作ることが多く、写真は1辺3cmととくに小さく作ったもの。材料も00粉とヴェネト州産の白トウモロコシ粉を同割で合わせたアレンジで、ポソッとした独特の食感だ。トウモロコシ粉はグルテンが出ないので生地が切れやすく、細長く切るには不向きだが、シート状なら作りやすい。素朴な味わいが郷土料理の趣を出してくれる。

1辺3cm

**白トウモロコシ粉入り布切れパスタ**
ホタテの稚貝をトマトソースで煮込み、白トウモロコシ粉入りストゥラッチを和えた料理。ヴェネツィアで定番の「魚介と白ポレンタ」の組み合わせをパスタに応用したもの。ホタテの稚貝は旨みの濃いだしが出るのでパスタソースなどに利用するとよい。丸ごと大量に煮込めば、シンプルな味つけでもおいしいラグーになる。

西口大輔

## ストゥラッパータ

#064
パスタ ストゥラッパータ ディ パーネ インテグラーレ
Pasta strappata di pane integrale
アル ラグー ルスティコ ダナトゥラ
al ragù rustico d'anatra
### 全粒粉のストゥラッパータ、田舎風の鴨のラグー

**全粒粉のストゥラッパータ**
「引きちぎった」の意味で、シート状の生地をつまんで引きちぎって作ることからの名。ウンブリア州南部のテルニ一帯に伝わるパスタで、隣接のトスカーナ州やラツィオ州の一部でも見られる。ラツィオ州の修業先では「ストゥラッパテッラ」と呼んでいた。基本は00粉と水で作るが、紹介したのは発酵させるタイプで、元はパン生地のあまりを練り直して作ったようだ。発酵生地ならではのふんわりとした食感、生きた酵母の香り、酸味の醸し出す風味が気に入ってよく作っている。

1辺3～4cm

**パン生地のシートを引きちぎったパスタ**
発酵生地のストゥラッパータと鴨のラグーの組み合わせ。現地では、庭先で飼育しているアヒルや野鳥などを内臓もろともざっくりと煮た"野暮ったさ"のあるラグーを組み合わせることが多く、ここでも田舎風の色合いを意識した。ストゥラッパータは昔ながらの田舎パンをイメージし、全粒粉を天然酵母で発酵させた生地を使用。独特の香りの効果もある。ラグーは鴨のモモ肉を赤ワインで煮込み、内臓3種類を混ぜた。

小池教之

## ブレーキ

●ソバ粉のブレーキの配合
【作りやすい分量。1人分40g】
ソバ粉（マリーノ社） 200g
00粉（チンクエ・スタジョーニ社） 200g
ラード 10g
モンタージオ（すりおろしたもの） 30g
全卵 1.7個（100g）
ミネラルウォーター（硬水） 100g
塩 4g

※モンタージオはフリウリ＝ヴェネツィア・ジュリア州など北東部の牛乳製ハードチーズ。12カ月の長期熟成品を使用。

※ソバ粉ならではの土のような香りとサクッとした食感が持ち味なので、つなぎは最小限に抑えて打ちたてを使うのが望ましいが、味、食感、仕込みの手間、保存などを踏まえて作りやすい配合とした。ソバ粉の香りが飛ばないよう、材料をまとめるくらいの練り方とし、練りすぎに注意する。ソバ粉自体も挽きたての香り高いものを使うのが理想。

# 061
### そば粉のブレーキとグーラシュ
小池教之

●ブレーキ
1. こねた生地を、パスタマシンで厚さ2〜2.5mmにのばす。包丁で7cm×4cmの長方形に切り分ける。

●牛肉とパプリカのグーラシュ
1. 牛ホホの塊肉（1kg）に塩、コショウし、赤ワイン（1本分）とニンニク、ホール状のスパイス（シナモン、クローヴ、コリアンダー、スターアニス、ネズの実）、ハーブ（ローリエ、ローズマリー、タイム、セージ）で一晩マリネする。
2. ホホ肉を取り出してサラダ油で両面を焼く。ソッフリット（P.248。レードル1杯）とともに鍋に入れ、マリネ液をこして全量入れる。トマトソース（レードル1杯）とパプリカパウダー（スプーン1）を加え、新たにマジョラムとローリエを入れて3時間煮込む。

●仕上げ
1. ブレーキを塩湯で7〜8分間ゆでる。
2. ホホ肉を切り整え、大きな塊はセコンド・ピアットに利用し、端肉をパスタソースに利用する。グーラシュの煮汁適量とともに温め、ブレーキを入れて和える。
3. 器に盛り、モンタージオをふる。

## タッコーニ

●タッコーニの配合
【作りやすい分量。1人分50g】
00粉（カプート社） 200g
トウモロコシ粉（細挽き） 200g
卵黄 3個分
ぬるま湯 150g
ラード 30g
ペコリーノ・ロマーノ 30g
塩 4g

※トウモロコシ粉は通常、粗挽きを使うが、挽きの細かいものを使用した。粗挽きではつながりにくく、ざらついた生地になりがちで、細かいものならなめらかに練り上げられ、またコシもあって、トウモロコシの甘みや香りもより生かすことができる。ただ、小麦粉だけの生地に比べてもろいので、ゆでたり和えたりする際、手荒く扱わないようにする。また、打ち粉にだけ粗挽きのトウモロコシ粉を使って、わずかにザラッとした食感を出す。

※トウモロコシ粉が入るとグルテンの少ない生地になるのであまり縮むことがなく、パスタマシンにかける回数は少なくてよい。

# 062
### とうもろこし粉のタッコーニ、山羊のラグー
小池教之

●タッコーニ
1. こねた生地をパスタマシンで厚さ2.5mmにのばす。包丁で1辺4〜6cmの平行四辺形に切り分ける。

●ヤギ肉のラグー
1. ヤギの肩肉（1kg）をひと口大に切り、塩をふる。
2. 鍋にヤギの脂を入れ、皮付きのニンニクとハーブ（ローリエ、ローズマリー、タイム、セージ）とともにヤギ肉を炒める。
3. 香ばしく焼き色がついたら、ソッフリット（P.248。レードル1杯）、ホールトマト（1ℓ）、ヤギのブロード（500cc）を入れ、弱火で2時間ほど煮込む。

●仕上げ
1. タッコーニを塩湯で3分間ほどゆで、半ゆで状にする。
2. ヤギのラグー（1人分小レードル2杯）を人数分とって温め、タッコーニを入れる。時々ゴムべらで鍋底から返す程度に混ぜて5〜6分間煮る。
3. 器に盛り、ヤギ乳のフロマージュ・ブランをクネル形にして盛る。ペコリーノ・ロマーノをふる。

※ヤギ乳のフロマージュ・ブランは、ヤギ乳を乳酸菌で発酵させた柔らかいフレッシュチーズ。

## ストゥラッチ

●ストゥラッチの配合
【作りやすい分量。1人分70g】
00粉（マリーノ社）　100g
白トウモロコシ粉（ラ・グランデ・ルオータ社）　100g
卵黄　1個分
水　約100g

♯063
### トウモロコシ粉のストゥラッチ、帆立貝のラグー和え

西口大輔

●ストゥラッチ
1. こねた生地をパスタマシンでごく薄くのばし、1辺3cm前後の四角形に切る。

●ホタテ稚貝のラグー
1. ホタテ稚貝（1人分7〜8個）は殻を開いて身（貝柱、ヒモなど）を取り出し、黒い内臓（中腸腺）を除き、水洗いして水気をふく。
2. つぶした皮付きのニンニクをピュアオリーブ油で熱し、色づいてきたらホタテ稚貝を入れて炒める。塩をふり、トマトペースト（20g）を入れ、魚のブロードをひたひたに注いで、さっと煮て火を通す。

●仕上げ
1. ストゥラッチを塩湯で約3分間ゆでる。
2. ホタテ稚貝のラグー（1人分約100cc）をサルサ・マリナーラ少量でのばして温める。イタリアンパセリのみじん切りとE.V.オリーブ油を加える。
3. ストゥラッチを入れて和え、器に盛る。

◆Point
ホタテ稚貝は甘みも強く出やすいので、塩味をきかせ、煮つめすぎないようにして、甘さが目立ちすぎないようにする。

## ストゥラッパータ

●ストゥラッパータの配合
【作りやすい分量。1人分50g】
たね生地A
　全粒粉（マリーノ社）　100g
　水　50g
　リエヴィス（天然酵母）　ひとつまみ
たね生地B
　全粒粉（マリーノ社）　300g
　水　150g
本ごね生地
　全粒粉（マリーノ社）　200g
　水　100g
　塩　6g

※店ではリエヴィスの代わりに、天然酵母を用いた発酵パン生地を利用している。

♯064
### 全粒粉のストゥラッパータ、田舎風の鴨のラグー

小池教之

●ストゥラッパータ
1. たね生地Aのリエヴィスを分量の水で溶き、全粒粉に混ぜて生地をまとめる。ビニール袋に入れて、常温で一晩発酵させる。
2. 翌日から1日に1回ずつ、たね生地Bのうち全粒粉100g、水50gずつを加えて粉気がなくなるまでこね、同様に発酵させる。これを計3回繰り返す。
3. 2のたね生地に本ごね生地の材料（全粒粉、水、塩）を全て加えてしっかりつながるまでこねる。常温で3時間ほど発酵させる。冷蔵庫で一晩ねかせて締め、成形時に常温にもどす。
4. めん棒で軽くのばしてから、パスタマシンで厚さ3mmにのばす。4cm前後の不均一な形にちぎる。

●鴨のラグー
1. シャラン鴨のモモ肉（8枚）に塩、コショウする。つぶしたニンニク、ローズマリー、マルサラをふり、冷蔵庫で1日マリネする。
2. E.V.オリーブ油で鴨肉を焼き、ソッフリット（P.248。レードル2杯）を加えて混ぜ合わせる。赤ワイン、マルサラ（各250cc）を加えてアルコール分を飛ばし、トマトソース（レードル1杯）と鴨のブロードをひたひたに加えて1時間煮込む。
3. 鴨肉を取り出して小角に切り、煮汁に戻してなじませる。

●仕上げ
1. ストゥラッパータを塩湯で5分間ゆでる。
2. 鴨の内臓（肝臓、心臓、砂肝）をE.V.オリーブ油で炒め、切り分ける。
3. 鴨のラグー（1人分レードル1杯）を人数分鍋にとり、マルサラを入れて温める。炒めた内臓適量と刻んだローズマリー、セージを加えて混ぜる。
4. ストゥラッパータを入れて和え、ペコリーノ・ロマーノとグラーナ・パダーノを加えて和える。
5. 器に盛り、粗く刻んだイタリアンパセリとペコリーノ・ロマーノ、グラーナ・パダーノをふる。

# コルツェッティ

**コルツェッティ（スタンプ型）**
リグーリア州ジェノヴァ以東の、レヴァンテ（東リヴィエラ）と呼ばれる地域のパスタ。スタンプ式の型で円形に抜いたのち、両面にスタンプの模様をつけたもの。語源は「クロゼッティ」で、中世の時代に宗教行事や祝祭の食卓にのせるためにクローチェ（十字架）の模様をつけたことから命名されたとの説が有力だ。型のスタイルは大きく変わっていないが、模様は宗教的なもの、貴族の家紋や草花などさまざまである。

直径 5.5cm

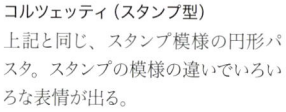

## #065
### Corzetti stampati con coniglio e olive taggiasche
コルツェッティ スタンパーティ コン コニッリョ エ オリーヴェ タッジャスケ

### スタンプ型コルツェッティ、うさぎとタジャスカオリーブ

**スタンプで模様をつける円形パスタ**
コルツェッティはスタンプの模様をくっきりと出すことがポイントで、見た目が美しくなるとともにソースののりがよくなる。そのためにしっかりとコシのある生地に練り上げる。今回の料理は、リグーリア州を代表する食材として、ポネンテ（西リヴィエラ）地域の秀逸なタジャスカ種のオリーブと、平地の少ない土地でも飼育できるウサギ肉をシンプルに煮込んでソースとした。

小池教之

**コルツェッティ（スタンプ型）**
上記と同じ、スタンプ模様の円形パスタ。スタンプの模様の違いでいろいろな表情が出る。

直径 5.5cm

## #066
### Corzetti con carciofi e gamberi
コルツェッティ コン カルチョフィ エ ガンベリ

### コルツェッティ、カルチョフィと海老のソース

**魚介とカルチョフィのリグーリアらしい組み合わせ**
リグーリア州のコルツェッティと同州特産の野菜、カルチョフィを組み合わせて土地のイメージが伝わる一品に仕立てた。当地ではカルチョフィを魚介に添えることがポピュラーなことから、ここではエビを使い、一体感が出るようにともに小さな角切りにした。北イタリアの料理はバターを使うことが多いが、リグーリア州は世界に名立たる良質なオリーブ油の産地。カルチョフィとエビのソースには、とくにオリーブ油のさっぱりとした風味が合う。

西口大輔

♯ 067
コルツェッティ　アッラ　ポルチェヴェラスカ　アル　ラグー　ディ　ヴィテッロ　コン　チェーチ
Corzetti alla polceverasca al ragù di vitello con ceci
## ポルチェーヴェラ風8の字形コルツェッティ、仔牛とひよこ豆のラグー

長さ5cm。

**コルツェッティ（8の字形）**
左ページのスタンプ型コルツェッティと同名だが、こちらは平たい8の字形に成形したもの。これはリグーリア州の中でも、ジェノヴァを取り囲むポルチェーヴェラ渓谷の独自のものである。ヒヨコ豆大の生地を引っ張ったり、つまんだり、ひねったりと成形法は各種あるが、私は指で両端を押しつぶし、ひねって成形。中心にゆでムラができないよう、また作業性もよくなるように、柔らかな生地で仕込むとよい。現地では乾麺も出回っている。

小池教之

### ジェノヴァ近郊の8の字形パスタ
ジェノヴァの看板料理の一つに「チーマ」——袋状にした仔牛肉に、仔牛肉のパテを詰めてゆでたもの——があるように、この地域では仔牛肉の料理が親しまれている。牛の飼育に向かない土地だが、隣州ピエモンテとの交易の影響といえよう。一方、ヒヨコ豆はジェノヴァが海洋王国としてならした時代に取り入れられ、定着した穀物。今や同地の代表的産物となった2つの素材で煮込みを作り、日本では珍しい8の字形コルツェッティと合わせてリグーリア州のイメージを広げた。

## コルツェッティ

●コルツェッティの配合
【作りやすい分量】
00粉（マリーノ社）350g
セモリナ粉（ディ・チェコ社）150g
水 200g
E.V. オリーブ油（タジャスカ種）10g
塩 5g

### ＃065
### スタンプ型コルツェッティ、うさぎとタジャスカオリーブ

小池教之

●コルツェッティ
1. こねた生地をパスタマシンで厚さ2mmにのばす。
2. コルツェッティ用スタンプで円形に抜き、絵柄の彫られた面にのせる。対のスタンプをのせて強く押し、両面に模様をつける。（成形→P.43参照）

●ウサギ肉の煮込み
1. ウサギのモモ肉（4枚分）の小角切りに塩と粉末のコリアンダーをふる。
2. つぶしたニンニクと、タイム、マジョラム、バジリコをE.V. オリーブ油で炒め、香りが出てきたら全て取り出す。エシャロットのみじん切り（1個分）を加え、甘みが出るまで炒める。
3. 次にウサギ肉を入れ、白ワインを加えてアルコール分を飛ばし、ウサギのブロード（1ℓ）を加えて30分～1時間煮込む。

●仕上げ
1. コルツェッティ（1人分7枚）を塩湯で5～6分間ゆでる。
2. 種子を抜いた黒オリーブ（タジャスカ種。1人分3～4個）、ケイパー（酢漬け）と松の実（各ひとつまみ）、エリンギの薄切り（1/4本分）をE.V. オリーブ油で炒め、ウサギ肉の煮込み（小レードル1杯）を入れる。
3. コルツェッティを入れて和える。グラーナ・パダーノ少量をふり、E.V. オリーブ油を垂らしてよく和える。
4. 器に盛り、ちぎったバジリコを散らしてグラーナ・パダーノをふる。

◆ Point
煮込む際に、さばいた時のウサギの骨を入れるだけでもすぐに旨みが出て効果的。また、あらかじめウサギの骨でブロードをとって利用してもよい。

●コルツェッティの配合
【作りやすい分量。1人分60g】
00粉（マリーノ社）800g
セモリナ粉（マリーノ社）200g
卵黄 8個分
全卵 5個
ピュアオリーブ油 少量

### ＃066
### コルツェッティ、カルチョフィと海老のソース

西口大輔

●コルツェッティ
1. こねた生地をパスタマシンで厚さ3mmにのばす。
2. コルツェッティ用スタンプで円形に抜き、絵柄の彫られた面にのせる。対のスタンプで挟み、強く押して両面に模様をつける。（成形→P.43参照）

●カルチョフィとエビのソース
1. カルチョフィ（1人分1個）を掃除して薄切りにし、レモン入りの水に浸けておく。
2. エビ（天使のエビ。3尾）の頭と殻、足をはずして身を小片に切る。
3. つぶした皮付きニンニクをピュアオリーブ油で炒め、香りが出てきたらニンニクを取り出し、カルチョフィの薄切りを入れて強火で炒める。カルチョフィのピュレ（P.118下段「野菜のラグー」参照。30g）を加えて火を止め、パスタのゆで汁少量でのばす。
4. エビを加え、パセリのみじん切りとE.V. オリーブ油を入れて和え、余熱でエビに火を入れる。

●仕上げ
1. コルツェッティ（1人分約10枚）を塩湯で3～4分間ゆでる。
2. カルチョフィとエビのソースを温め（1人分約100g）、コルツェッティを入れて和える。
3. 器に盛り、E.V. オリーブ油をかける。

## #067
## ポルチェーヴェラ風8の字形コルツェッティ、仔牛とひよこ豆のラグー

小池教之

● コルツェッティの配合
【作りやすい分量。1人分50g】
00粉（モリーニ社）　350g
セモリナ粉（カプート社）　150g
卵黄　2個分
水　180g
塩　5g

● コルツェッティ
1. こねた生地から少量をとって直径1cmの棒状にのばし、幅2cmに切り分ける。
2. 切り口を上下にし、両手の親指と人差し指で持って押しつぶしながら左右に少し引っ張る。片側を裏に返してねじった8の字形にする。（成形→P44参照）

● 仔牛とヒヨコ豆のラグー
1. ヒヨコ豆を水洗いして一晩水に浸してもどす。水を取り替えてニンニク、セージ、ローリエ、塩を加え、柔らかくなるまで30分間ほどゆでる。
2. 仔牛の肩肉（1kg）を1.5cm角に切り、塩をふる。
3. 仔牛肉をE.V.オリーブ油で炒め、色づいてきたらソッフリット（P.248。300g）を加えて混ぜる。白ワインを入れてアルコール分を飛ばし、仔牛のブロードをひたひたに入れ、ブーケ・ガルニ（ローリエ、ローズマリー、タイム、マジョラム、セージ、エストラゴン）1束、くし形に切ったレモン1片を加えて1.5〜2時間煮込む。
4. ヒヨコ豆の水気をきって仔牛のラグーに混ぜる。

● 仕上げ
1. コルツェッティを塩湯で12〜13分間ゆでる。
2. 仔牛とヒヨコ豆のラグー（1人分スプーン1）を人数分、鍋にとって温め、コルツェッティを入れて和える。スーゴ・ディ・カルネ少量を加えて和え、コクを足す。
3. 器に盛り、バジリコの葉をちぎって散らし、すりおろしたレモンの皮をふる。

## ファルファッレ

**ファルファッレ**

「蝶」の意味で、名前の通り小さな蝶形に作ったもの。一般には薄くのばした四角い生地の真ん中をつまんで蝶形にするが、写真は片側を裏返しにするようにねじって形作ったもの。イタリアの修業先で学んだ成形法で、ねじった部分が分厚くならず、作業性もよい。乾麺が広く流通しているパスタなので、手打ちの場合はそのイメージに近い歯ごたえのある配合とし、ナッツメッグとパルミジャーノで風味をつけている。

長さ2〜3cm

### 定番クリームソースで和えた蝶形パスタ

生ハムとグリーンピースを入れた生クリーム系の定番ソースで和えたファルファッレ。このソースは一歩まちがえるとくどさが出るが、生ハムを炒めすぎず、生クリームも煮つめすぎないことを心がけると、なめらかでコクのあるおいしいソースとなる。薄く小ぶりに作ったファルファッレとの相性もよい。

#068
ファルファッレ コン プロシュット エ ピセッリ
*Farfalle con prosciutto e piselli*

### ファルファッレ、生ハムとグリーンピースのクリームソース

西口大輔

## ストゥリケッティ

**ストゥリケッティ**

上記と同様、ファルファッレの名で知られる蝶形パスタだが、エミリア＝ロマーニャ州モデナ一帯では古くからストゥリケッティと呼ぶ。「締める、結ぶ」などの意味を持つ「ストゥリカーレ」、標準語の「ストゥリンジェレ」が語源で、生地の中央をつまんで作ることからの名。ちなみに、ストゥリケッティには、正方形の対角の1組を表側で、もう1組を裏側で貼り合わせた形のものもある。

長さ5.5cm　幅3.5cm

### モデナの蝶形パスタ

エミリア＝ロマーニャ州はウナギをよく食べる土地柄で、伝統料理にウナギを使った料理が各種ある。そのうちの一つ、ウナギの煮込みをアナゴに置き換えて、同地のパスタ、ストゥリケッティのソースとした。アナゴはトマトソースをベースにキノコや香味野菜とともに煮込んだもので、相性のよいオレンジの皮やローリエの香りを立たせた。

#069
ストゥリケッティ コン グロンゴ エ フンギ
*Strichetti con grongo e funghi*

### 穴子ときのこのストゥリケッティ、オレンジとローリエの香り

小池教之

## ノッケッテ

イカ墨入りのノッケッテ
「小さな蝶ネクタイ」「小さなリボン」の意味で、円形生地の向かい合う端と端をつまんで貼り付け、蝶ネクタイ風にしたパスタ。空洞ができるので、ファルファッレ（P.128）とパッケリ（P.100）の中間的な形状になる。軟質小麦と卵で作る生地で、今回はそこにイカ墨を練り込んだ。サイズも自由にアレンジできる。

長径3cm

#070
ノッケッテ　アル　ネーロ　ディ　セッピヤ　アイ　ガンベリ
Nocchette al nero di seppia ai gamberi
いか墨を練り込んだノッケッテ、
海老のソース

### 筒になった蝶ネクタイ形パスタ

旨みの濃いシンプルなエビのソースで和えたノッケッテ。ナポリでの修業時代に、ある高級リストランテで供していたオリジナルの料理で、ほぼ忠実に再現して提供している。プリッとした身の豊かなエビと柔らかなノッケッテの食感の相性、またエビミソのコクとイカ墨の風味も好相性である。イカ墨の香りをより強くするならソースにも加えると効果的。

杉原一禎

## ロリギッタス

ロリギッタス
サルデーニャ州西部のオリスターノ周辺が起源のパスタで、現地の言葉で「指輪」の意。細い棒状の生地を二重の輪にしてねじってある。基本材料はセモリナ粉と水だが、今回は作りやすくするために00粉を加え、水分をやや多くして柔らかくのびのよい生地で作った。サイズは小さいが、二重の輪をよっているので歯ごたえがあり、ソースのからみもよい。

長径3～4cm

#071
ロリギッタス　コン　ラ　パスタ
Lorighittas con la pasta
ディ　サルスィッチャ　デッレ　セルヴァッジーネ　ダ　ペンナ
di salsiccia delle selvaggine da penna
ロリギッタス、
野鳥数種のサルシッチャのトマト煮込み

### サルデーニャ州の指輪形パスタ

サルデーニャ島は丘陵地が多いが、中央部の山岳地にはジビエが生息し、「ヤマウズラの煮込み」もよく食べられる料理の一つ。ここではヤマウズラにライチョウやキジも加えて煮込み、ロリギッタスのソースとした。肉は挽いてフェンネル、シナモン、赤ワインで香りづけし、サルシッチャのタネにしてトマトで煮たもの。ヤマウズラの胸肉は淡白だが、モモ肉は筋肉質で独特の苦みやえぐみがあり、ライチョウやキジが加わることで個性の際立ったソースとなっている。

小池教之

## ファルファッレ

●ファルファッレの配合
【作りやすい分量。1人分70g】
00粉（マリーノ社）　300g
セモリナ粉（マリーノ社）　200g
卵黄　5個分
水　125g
ナッツメッグ　ひとつまみ
パルミジャーノ　大さじ1

### #068 ファルファッレ、生ハムとグリーンピースのクリームソース
西口大輔

●ファルファッレ
1. こねた生地をパスタマシンで厚さ1mmにのばし、波形のパイカッターで1辺3cm前後の四角形に切る。
2. 左右を持って片側を裏返すようにねじり、蝶形にする。ねじった部分を押さえて薄くする。（成形→P.47参照）

●クリームソース
1. グリーンピース（2人分50g）を柔らかくなるまで塩ゆでする。冷水にとってから、水気をふき取る。
2. フライパンにバター（40g）を溶かし、生ハムの細切り（50g）を香りが出る程度にさっと炒めて火を止める。
3. 白ワイン（30cc）を注いで火にかけ、沸いたら生クリーム（120cc）を入れる。液体の半分ほどが泡立ってきたら火を止める。
4. 黒コショウをふり、グリーンピースを混ぜる。

●仕上げ
1. ファルファッレを塩湯で8〜9分間、ゆでる。
2. クリームソース（1人分100g）を温め、ファルファッレを入れてゴムべらで混ぜながら軽く煮つめる。グラーナ・パダーノをふって手早く混ぜ、器に盛る。

◆Point
生ハムはカリカリに炒めると旨みも香りも抜けるので、軽く火を入れる程度にする。炒めずに、沸騰させた生クリームに直接入れる方法でもよい。少しマイルドな味になる。

---

## ストゥリケッティ

●ストゥリケッティの配合
【作りやすい分量。1人分40g】
00粉（モリーニ社）　250g
セモリナ粉（ディ・チェコ社）　150g
卵黄　4個分
水　125g
塩　4g

※一般的には卵でこねた生地を使うが、このレシピは卵黄で卵の味と香りを出し、あとは水で水分を調整して歯切れのよさとコシを両立させている。生地が厚くなる中心部にも火が入りやすいよう考慮した配合でもある。

### #069 穴子ときのこのストゥリケッティ、オレンジとローリエの香り
小池教之

●ストゥリケッティ
1. こねた生地をパスタマシンで厚さ2mmにのばす。波形のパイカッターと包丁で5.5cm×3.5cmの長方形に切り分ける。
2. 向かい合う長辺（直線）のそれぞれ中央に親指と人差し指を置き、真ん中に山形のひだを作るようにしてつまんで両指をしっかりとくっつけ、蝶形に成形する。

●アナゴのソース
1. アナゴ（4尾）を開いて内臓、骨、ヒレなどを取り除く。身に塩、コショウをし、骨切りをしながらぶつ切りにする。薄力粉をまぶして素揚げにする。
2. つぶしたニンニクをE.V.オリーブ油で炒め、香りが出てきたらニンジン、タマネギ、セロリの各小角切り（計200g）を炒める。
3. ほぐしたマイタケ（1株分）とマッシュルームの厚めのスライス（6個分）をE.V.オリーブ油で炒める。2に加え、トマトソース（レードル2杯）、マルサラ（カップ1）、アナゴのブロードをかぶるまで入れ、ケイパー（酢漬け。スプーン1）を加えて弱火で30分間ほど煮る。
4. 揚げたアナゴを入れ、約15分間煮込む。煮くずれしないように、アナゴの風味をソースに移すようにやさしく煮る。1〜2日間、冷蔵庫で休ませる。

●仕上げ
1. ストゥリケッティを塩湯で8分間、ゆでる。
2. 人数分のアナゴのソース（1人分小レードル1杯）を温め、ローリエとすりおろしたオレンジの皮を加え、トマトソースとパスタのゆで汁各少量でのばして濃度をととのえる。
3. ストゥリケッティを加えて和える。
4. 器に盛り、イタリアンパセリの粗みじん切りをふる。

## ノッケッテ

●ノッケッテの配合
【作りやすい分量。1人分90g】
00粉（カプート社）　500g
全卵　1個
水　150g
イカ墨　15g
E.V. オリーブ油　15g

# 070
### いか墨を練り込んだノッケッテ、海老のソース
杉原一禎

●ノッケッテ
1. 材料をよく練り、ラップ紙で包んで冷蔵庫で一晩休ませる。
2. 生地をパスタマシンで厚さ1.5～2mmにのばし、直径3cmのセルクル型で抜く。向かい合う端と端をつまんで貼り付け、袋状の部分を指で平らにして形を安定させる。（成形→P.46参照）
3. 生地が柔らかいので、バットに並べ、互いがくっつかない程度に軽く乾燥させる（すぐに調理しない場合は、乾燥後に冷凍する）。

●エビのソース
1. ニンニクと赤唐辛子をE.V. オリーブ油で炒め、香りが出てきたら有頭エビ（シラサエビ、アシアカエビなど。5尾分）を加え、香りを出すようにソテーする。
2. イタリアンパセリのみじん切り、プティトマト（缶詰。3～4個分）を加え、ブランデーを加える。アルコール分を飛ばし、魚のブロード（80cc）を加えてひと煮立ちさせる。
3. エビを取り出し、頭と皮をむいて身をひと口大に切り、取りおく。頭はソースに戻し、木べらでつぶしてミソを絞り出す。軽く火を入れてこす。

●仕上げ
1. ノッケッテを塩湯で1～2分間ゆでる。
2. エビのソース（1人分レードル1杯）を温めてエビの身を入れ、ノッケッテも入れて和える。
3. 器に盛り、イタリアンパセリのみじん切りをふる。

◆応用例
パスタ生地が柔らかいので、根魚やエビなどを使った風味も食感もマイルドなソースが合う。旨みのシャープなアサリや、イカ、タコなどの歯ごたえの強いものはノッケッテに向かない。

## ロリギッタス

●ロリギッタスの配合
【作りやすい分量。1人分50g】
セモリナ粉（カプート社）　250g
00粉（カプート社）　250g
ぬるま湯　230g
塩　5g

# 071
### ロリギッタス、
### 野鳥数種のサルシッチャのトマト煮込み
小池教之

●ロリギッタス
1. こねた生地から少量を台にとり、転がしながら細長くのばす。直径3mmくらいの太さにする。
2. 指3本分に二重に巻き付け、余分な生地はちぎって除く（1本分は長さ22cm前後になる）。両端をつまんでくっつけ、輪の左右を持って、同じ方向に5回くらいねじる。（成形→P.48参照）

●サルシッチャのタネ
1. ヤマウズラ（ルージュとグリの2種）、ライチョウ、キジの肉（計1kg）を全て挽き肉にする。塩、コショウ、フェンネルシード、コリアンダーパウダー、シナモンパウダー、赤ワイン、グラニュー糖（各適量）を加えて練る。冷蔵庫で一晩ねかせる。

●仕上げ
1. ロリギッタスを塩湯で約10分間ゆでる。
2. サルシッチャのタネをひと口大ずつに丸めてE.V. オリーブ油で炒める。白ワインをふり、トマトソース（スプーン1）、種子を抜いたグリーンオリーブ（4個）を加えて約10分間煮込む。
3. ロリギッタスを和えて器に盛り、ペコリーノ・サルドをふる。

◆応用例
シンプルなソースとも、肉系の強い味のソースとも無理なく合う。トマトソースや海の幸のソースもよい。

## トゥロフィエ

**トゥロフィエ**

リグーリア州の最も高名なショートパスタ。発祥は中世の時代、船上の料理人がパスタをこねた際、手についた粉を落とそうと両手をこすって落としたものから生まれたという説が有力で、海洋国家ジェノヴァらしい逸話である。細く短い白魚状だが、棒状に近いもの、指跡の凹凸のついたもの、写真のようにらせん形にねじったものとバリエーションがある。らせん形はレッコ周辺の手法で、細い生地を台の上でこするようにしてカールさせる。

長さ5～7cm

### ねじりを加えたトゥロフィエ

リグーリア州のパスタソースといえばバジリコで作るペスト・ジェノヴェーゼが筆頭にあがる。現代ではミキサーでなめらかに作る方法が主流だが、あえて大理石のモルタイオ（すり鉢）で作ったような粗さを出し、香りを立たせてトゥロフィエに合わせた。サヤインゲンとジャガイモを加えるのが伝統かつポピュラーだが、バリエーションは多く、今回は白身魚とタジャスカ種のオリーブをあしらった。

\# 072
トロフィエ アル ペスト ジェノヴェーゼ コン ペッシェ
**Trofie al pesto genovese con pesce**
らせん形のトゥロフィエ、
ペスト・ジェノヴェーゼ

小池教之

## ストゥリーゴリ

**ストゥリーゴリ**

上記トゥロフィエの一種で、短い棒状生地をらせん形に巻いたもの。一説では、あるパスタメーカーが乾麺のトゥロフィエに独自の商品名をつける際、「ストゥリンゴ（靴ひも）」に見立てて命名したのが最初ともいわれる。私自身は、中部から南部の地域で手打ちのストゥリーゴリに出会うことが多かった。今回は自分なりにアレンジし、グルテンの強い小麦粉を卵白で練り、パレットナイフでこすってらせん形にした。

長さ約5cm

### 強力粉を卵白で練ったらせん形パスタ

貝類とクルマエビを蒸し煮にし、赤ピーマンのピュレとサフランで調味した香り高いソースをストゥリーゴリに合わせたもの。最も印象に残ったストゥリーゴリの料理で、アブルッツォ州の海辺の町で出会った。魚介の旨みをしっかりと含ませ、特産のサフランの香りを生かしたご当地らしい仕立てである。

\# 073
ストゥリーゴリ アイ フルッティ ディ マーレ イン サポーレ ディ ペペローネ
**Strigoli ai frutti di mare in sapore di peperone**
卵白で練ったストゥリーゴリ、
海の幸とペペローネ風味

小池教之

## トゥロフィエ

●トゥロフィエの配合
【作りやすい分量。1人分50g】
強力粉（東京製粉〈スーパーマナスル〉） 500g
水 240g
白ワインヴィネガー 5g
塩 5g

※生地材料にヴィネガーを加えるのは、グルテンの力を抑えてのびのよい生地にするため。ゆるすぎず、固すぎず、トゥロフィエの形が作りやすくなる。

※摩擦が大きい木製の台が作りやすい。また、生地の中心あたりで向きを少しずらして不均衡ならせん形にするとよい。

072
### らせん形のトゥロフィエ、ペスト・ジェノヴェーゼ

小池教之

●トゥロフィエ
**1.** こねた生地を少量とって直径1cmの棒状にし、幅1cmに切る。1個ずつ転がして白魚状に細長くする。
**2.** 生地を横長に置き、手のひらの脇で生地の右端から左手前へ押しのばすようにして生地をよらせ、らせん形にする。（成形→P.46参照）

●具の下準備
**1.** 黒オリーブ（タジャスカ種。1人分5個）は種子を取り除いて、果肉を15分間ほど水にさらして水気をきる。
**2.** サヤインゲン（3本）は筋をむいて食べやすい長さに切る。スナップエンドウ（1個）も筋をむく。
**3.** ホウボウ（30g）を小さな切り身にし、塩をふってE.V.オリーブ油で炒める。

●仕上げ
**1.** トゥロフィエを塩湯で10分間弱ゆでる。途中で、サヤインゲンとスナップエンドウを加え、ほどよい固さにゆで上げて水分をきる。
**2.** 炒めたホウボウに魚のブロードを加えて温める。トゥロフィエを入れて和え、ペスト・ジェノヴェーゼ（P.247。1人分スプーン1）を加えてさらに和える。
**3.** サヤインゲン、スナップエンドウ、黒オリーブを入れて和え、器に盛る。

---

## ストゥリーゴリ

●ストゥリーゴリの配合
【作りやすい分量。1人分50g】
00粉（カプート社） 300g
卵白 2.5個分
水 適量
塩 3g

※卵白で練ると生地の白さが強調され、また熱凝固によってサクリと噛み切れる独特の歯切れのよさが出る。

# 073
### 卵白で練ったストゥリーゴリ、海の幸とペペローネ風味

小池教之

●ストゥリーゴリ
**1.** こねた生地を少量とって、直径約5mmの棒状にする。長さ6cm前後に切り、両端を押さえて再び転がし、両端を細くする。
**2.** 生地を横長に置き、幅広のパレットナイフを右端にのせて左手前へ強く押しのばすようにして生地をよらせ、らせん形にする。

●赤ピーマンと魚介のソース
**1.** 赤ピーマンのピュレを作る。赤ピーマン（4個分）のヘタと種子を除き、ざく切りにする。つぶしたニンニクとともにE.V.オリーブ油でゆっくりと炒め、蓋をして柔らかくなるまで蒸し焼きにする。ミキサーでピュレにしてこす。
**2.** つぶしたニンニクと赤唐辛子をE.V.オリーブ油で炒め、香りが出てきたら殻付きの魚介（1人分でアサリ3個、ハマグリ2個、磯ツブ貝1個、クルマエビ1尾が目安）を入れて炒める。油が回ったら水少量を加え、蓋をして蒸し煮にする。
**3.** 貝の殻が開いたら魚介を全て取り出し、アサリとハマグリは殻をはずす。クルマエビは頭と尾を残して腹部の殻を除く。煮汁はそのまま取りおく。
**4.** 3の煮汁に赤ピーマンのピュレ（スプーン1）、サフランのパウダー、つぶしたプティトマト（5個分）を加えて煮つめる。取りおいた3の魚介を戻して温める。

●仕上げ
**1.** ストゥリーゴリを塩湯で約15分間ゆでる。
**2.** 赤ピーマンと魚介のソースで和える。
**3.** 器に盛り、イタリアンパセリの粗みじん切りをふる。

※赤ピーマンの調理法は、カンパーニア州の山あいの町で教わった方法。通常はむき取る皮を、付けたまま蒸し焼きにして濃厚なピュレにしており、特徴的な甘みと香りを生かすことができる。店では真空冷凍して保管し、アブルッツォ州一帯の料理によく利用している。

LE PASTE FRESCHE RIPIENE

# 第 5 章

## 手打ちパスタ
## 詰めもの

## ラヴィオリ

**ラヴィオリ**
詰めものパスタの総称にもなっているもっとも代表的なもの。通常は5～6cmの正方形、三角形、円形、半円形などに作り、肉、魚介、野菜、豆、チーズとさまざまな具を詰める。土地によって「アニョロッティ」や「トルテッリ」（ともにP.141）など固有の名称で呼ばれているものもある。ここで紹介したのは、00粉と卵の生地にリコッタを詰めたベーシックなラヴィオリ。

1辺5～6cm

### 詰めものはリコッタとチーズ

ナポリは野菜が豊富だが、ズッキーニも人気が高く消費量の多い野菜である。私が修業していた頃は日本に比べて破格の安さで、春のシーズンには花が無料で付いてきた。鍋いっぱいに刻んだズッキーニを入れて素材の水分だけで蒸し煮にすると、蓋を開けた時にすばらしい香りが立ち上る。その感動をラヴィオリのソースとして再現した。イタリア語料理名のシュリッリは、ナポリ方言で花付きズッキーニのこと。

♯ 074
ラヴィオーリ　コン　シュリッリ
Ravioli con sciurilli
### ズッキーニとズッキーニの花で和えたラヴィオリ

杉原一禎

**ラヴィオリ**
生地は00粉とセモリナ粉を卵、オリーブ油で練った店の基本のもので、菊形に成形。詰めものは2種類のナスをそれぞれピュレとグリルに仕立て、南イタリアの燻製チーズを混ぜた。

直径5.5cm

### 揚げナスのピュレを詰めた菊形ラヴィオリ

ナスは油とともに火を入れるとひときわ旨みが増す野菜。そのおいしさを詰めものに利用した現代風のラヴィオリだ。油との相性がとくによい米ナスをピュレにし、食感のアクセントに長ナスのグリルを組み合わせた。また、ナスは主に南イタリアで食べられていることから、南部特産のチーズ、スカモルツァも添えて南イタリア色を強く出している。ソースはアーリオ・オーリオ風味で炒めたトマトで、夏向きのさっぱりとした味わい。

♯ 075
ラヴィオーリ　ディ　メランツァーネ　エ　スカモルツァ　アッフミカータ
Ravioli di melanzane e scamorza affumicata
### 茄子と燻製スカモルツァのラヴィオリ

西口大輔

#076
ラヴィオーリ ディ チェーチ コン ポルパ ディ ジェルマーノ レアーレ
Ravioli di ceci con polpa di germano reale
## ひよこ豆のラヴィオリ、真鴨のコンフィ和え

直径5.5cm

**ラヴィオリ**
生地も抜き型も左ページの「茄子と燻製スカモルツァのラヴィオリ」と同じで、00粉とセモリナ粉を卵とオリーブ油で練り、菊型で抜いたもの。詰めものはポレンタ風に煮たヒヨコ豆のピュレにウォッシュタイプのチーズ、タレッジョを合わせた。

西口大輔

**ポレンタ風のヒヨコ豆が詰めもの**
イタリアでは、インゲン豆に次いで用途の多いのがヒヨコ豆。粒を生かした料理のほかに粉末を利用した料理も多く、簡単にピュレができるので重宝する食材だ。この粉をポレンタのように炊いて詰めものにしたのがこのラヴィオリ。コクと独特の香りがあり、柔らかい食感とあいまって詰めものにはうってつけである。今回の料理では鴨モモ肉をコンフィにしてソースとした。

## ラヴィオリ

●ラヴィオリの生地の配合
【作りやすい分量】
00粉（カプート社）　100g
全卵　1個
E.V. オリーブ油　少量
塩　少量

●リコッタの詰めもの
【作りやすい分量。1個分ティースプーン1】
リコッタ（牛乳製）250g　卵黄1個分
パルミジャーノ10g　ペコリーノ・ロマーノ
8g　塩、黒コショウ各適量

### ＃074
### ズッキーニとズッキーニの花で和えたラヴィオリ
杉原一禎

●ラヴィオリ
▽リコッタの詰めもの
**1.** リコッタに卵黄、パルミジャーノ、ペコリーノ・ロマーノ、塩、黒コショウを加えてよく混ぜる。
▽成形
**1.** こねた生地を、パスタマシンで厚さ1mm以下にごく薄くのばす（大きさは適宜）。
**2.** リコッタの詰めものを絞り袋に入れ、生地の上に5〜6cm間隔で横一列に絞る。詰めものの周りに水をぬり、もう1枚の生地をかぶせる。詰めものの周りを押して空気を抜きながら、生地を密着させる。
**3.** 5〜6cm角の正方形に切り分ける。
●ズッキーニの蒸し煮
**1.** 花付きズッキーニ（10本）の実を厚さ5mmほどの半月切りにし、花は芯の固い部分を除く。
**2.** タマネギのみじん切り（1/2個分）をE.V. オリーブ油で炒め、しんなりしたらズッキーニの実とバジリコの葉、塩を加え、蓋をして柔らかくなるまで蒸し煮にする。
**3.** 火が通ったらズッキーニの花を加えて軽く火を入れる。
●仕上げ
**1.** ラヴィオリ（1人分5個）を塩湯で2〜3分間ゆでる。
**2.** ラヴィオリをE.V. オリーブ油とパルミジャーノで和えてから、ズッキーニの蒸し煮（スプーン2）を加えて和える。
**3.** 器に盛り、パルミジャーノをかける。

◆ Point
このズッキーニの蒸し煮は花を使うことを前提に、花の風味を生かすことを考えたレシピ。花のない秋、冬にはタマネギの代わりにニンニクを使い、ゆでたてのラヴィオリをE.V. オリーブ油で和える時もバターを加えるとコクが出てよい。

◆応用例
このラヴィオリは、シンプルなトマトソースやナポリ風ラグーでもおいしい。

---

●ラヴィオリの生地の配合
【作りやすい分量】
00粉（マリーノ社）　800g
セモリナ粉（マリーノ社）　200g
卵黄　8個分
全卵　5個
ピュアオリーブ油　少量

●ナスとチーズの詰めもの
米ナス　スカモルツァ・アッフミカータ（南部の牛乳製チーズの燻製品）　グラーナ・パダーノ　中力粉　サラダ油　塩　黒コショウ　長ナス　塩　ピュアオリーブ油

※ナスは水分量など個体差が大きいので、チーズや粉の分量を適宜調整する。

※詰めものパスタを成形する際は、詰めものの周りをしっかりと押さえて空気を抜き、型で抜いたり切り分けたりしてからも、再度押さえて1枚分の生地の厚さまで薄くすることが大事。成形の工程は、個数がどれだけ多くても1人が担当するのがよく、そうしないと形も大きさも薄さの加減もバラバラになって好ましくない。また、ゆでる工程も成形の加減のわかっている本人が行うのが基本だ。冬は生地の乾き具合が早いので、とくにスピーディに作ることを心がける。

### ＃075
### 茄子と燻製スカモルツァのラヴィオリ
西口大輔

●ラヴィオリ
▽ナスとチーズの詰めもの
**1.** 米ナスのピュレを作る。米ナスの皮をむき、乱切りにして塩をふり、重しをして一晩おく。
**2.** ナスの水分とアクを絞り、中力粉をまぶして200℃前後のサラダ油で揚げる。
**3.** フードプロセッサーでピュレにし、冷ます。スカモルツァ・アッフミカータのみじん切り、グラーナ・パダーノ、塩、黒コショウを混ぜる。
**4.** 長ナスのグリルを作る。長ナスを皮付きで幅1cm弱の輪切りにし、塩をふった天板に並べて上からも塩をふる。20分間ほどおいて水分とアクを抜き、ペーパーで水気をふく。
**5.** ピュアオリーブ油をかけてグリルにして火を入れ、1枚を十字に切る。
▽成形
**1.** こねた生地を、パスタマシンで厚さ1mm以下にごく薄くのばす（大きさは適宜）。
**2.** 生地の全面に水を薄くぬる。米ナスのピュレを絞り袋に入れ、6cm間隔で横一列に絞る。長ナスのグリルを適量のせ、生地をかぶせる。
**3.** 詰めものの周りを押して空気を抜きながら生地を密着させ、直径5.5cmの菊形の抜き型で抜く。
●ソース
**1.** つぶしたニンニクと赤唐辛子をピュアオリーブ油で炒め、ニンニクが薄く色づいたら赤唐辛子とともに取り出す。
**2.** トマトの小角切り適量とイタリアンパセリのみじん切りを加えて温まるまで炒め、塩をふる。
●仕上げ
**1.** ラヴィオリ（1人分8個）を2分間、塩湯でゆでる。
**2.** ソースをパスタのゆで汁少量でのばして温め、ラヴィオリを和える。グラーナ・パダーノをふって和え、器に盛る。

◆ Point
日本のナスはイタリア産よりも風味が弱いので、複数の種類を使ってそれぞれの個性を生かすとよい。米ナスは皮が固いのでむいて揚げ、表皮近くの香りや味の濃い長ナスは皮を生かしてグリルにした。

## #076 ひよこ豆のラヴィオリ、真鴨のコンフィ和え

西口大輔

●ラヴィオリの生地の配合
【作りやすい分量】
00粉（マリーノ社）　800g
セモリナ粉（マリーノ社）　200g
卵黄　8個分
全卵　5個
ピュアオリーブ油　少量

●ヒヨコ豆の詰めもの
【作りやすい分量】
▽ヒヨコ豆のピュレ
ヒヨコ豆の粉100g　水400cc　塩、黒コショウ、グラーナ・パダーノ各適量
▽タレッジョ　適量

●ラヴィオリ
▽ヒヨコ豆の詰めもの
1. 鍋に湯を沸かして塩を入れ、ヒヨコ豆の粉を入れる。ポレンタを作る要領で、ダマができないように泡立器で混ぜ、なじんだら木べらに換えて時々混ぜながら20分間煮る。
2. こしてバットなどに移し、粗熱を取る（フードプロセッサーで攪拌してもよい）。
3. 塩、黒コショウ、グラーナ・パダーノを加えて混ぜ、味をととのえる。

▽成形
1. こねた生地を、パスタマシンで厚さ1mm以下にごく薄くのばす。
2. ヒヨコ豆の詰めものを絞り袋に詰め、生地の上に6cm間隔で横一列に絞る。タレッジョを少量ずつちぎってのせる。生地の端に水をぬり、折り返して詰めものにかぶせる。
3. 詰めものの周りを押して空気を抜きながら生地を密着させ、直径5.5cmの菊形の抜き型で抜く。

●鴨肉のコンフィ
1. 真鴨モモ肉（約300gのもの。2人分1本）の骨を抜き、肉を1cm角に切って塩、黒コショウをふる。
2. 鴨肉を鍋に入れ、サラダ油をひたひたに加え、ローズマリーとニンニクを入れて火にかける。
3. 油が温まったら、鶏のブロード（200cc）を加え、弱火で45分〜1時間煮る。粗熱を取り、油に浸したまま丸1日冷蔵庫で休ませる。

●仕上げ
1. ラヴィオリ（1人分8個）を3分間、塩湯でゆでる。
2. フライパンにバターを入れ、鴨肉のコンフィ（1人分約70g）を油から取り出して入れる。油の下にたまっているスーゴ（煮汁）もすくい出して少量を加え、温める。
3. ラヴィオリを加えて和え、イタリアンパセリのみじん切りをふって和える。
4. 器に盛り、黒コショウをふる。

◆Point
真鴨モモ肉のコンフィを1時間以上煮ると、モモ肉の弾力がなくなり繊維質が目立ってくるので、必要以上に煮ない。また、冷やし固めた時に油の下にたまる煮汁には、鴨の風味が凝縮しているのでソースに必ず入れる。

## ラヴィオリ

#077
ラヴィオーリ ディ バッカラ エ ピセッリ
Ravioli di baccalà e piselli
### バッカラとグリーンピースのラヴィオリ

長径 5.5cm

**ラヴィオリ**
生地も抜き型も P.136 の「茄子と燻製スカモルツァのラヴィオリ」と同じで、00 粉とセモリナ粉を卵と水で練ったものを菊型に抜き、最後に両サイドをつまんで形に変化をつけた。詰めものはバッカラ・マンテカートとグリーンピースのピュレを合わせたもの。

西口大輔

**オリジナルの変形ラヴィオリ**
ラヴィオリの成形は正方形や円形が最も手間がかからないが、少し変形させるだけでも表情や食感に新味が出る。今回のラヴィオリもちょっとした思いつきで詰めものを内側に寄せたものだ。中に詰めたバッカラ・マンテカートは常備している店なら手軽に使える便利な具材。グリーンピースとは非常に相性がよい。また、グリーンピースのピュレは、バターと合わせてソースにも使った。

## トルテッリ

### トルテッリ
ラヴィオリの一種で、イタリア中部から北部にかけて使われる名称。一般に正方形が多いが、三角形、円形、半円形、さらにリング状に作るものもある。ここで取り上げた「カボチャのトルテッリ」は、カボチャの栽培が盛んなロンバルディア州マントヴァの伝統料理で、歴史はルネッサンス期以前に遡るといわれ、今でもクリスマスイヴに欠かせない料理である。

4〜5cm四方

### マントヴァのクリスマスイヴのパスタ
詰めものはカボチャのピュレにアマレッティ（アーモンド粉のクッキー）とナッツメッグ、グラーナ・パダーノを混ぜたもので、甘み、苦み、スパイシーな香りが融合した複雑な風味が持ち味。現地ではマスタード風味の野菜のシロップ煮「モスタルダ」も加えるが、日本では入手しにくいので使っていない。そこでナッツメッグも控えめにし、カボチャの旨みと甘みを際立たせるレシピとした。ソースは定番のセージ風味のバター。

#078
Tortelli di zucca alla mantovana
### かぼちゃのトルテッリ

西口大輔

---

## アニョロッティ

### アニョロッティ
ラヴィオリの一種で、ピエモンテ州固有のパスタ。元は円形だったと想像されるが、今ではロスが少なく作業効率もよい正方形が多いようだ。語源はアノロット（土地の言葉で羊）、アネッロ（生地をくりぬく円形の道具）など諸説ある。また、料理名の「ゴッビ」はコブ（瘤）の意味で、詰めものがコブのようにふくらむさまを指し、アニョロッティ・デル・プリン(P.144)と区別するためにつけられることがある。素朴な料理だが、ご馳走感の強い料理で、日曜や祝祭日、とくにクリスマスの食卓に欠かせない。

5cm四方

### ピエモンテ州のチーズ入りラヴィオリ
アニョロッティに詰めたのはジャガイモと2種類のチーズ。ピエモンテ州北部からヴァッレ・ダオスタ州にかけての郷土料理、フォンドゥータ（チーズフォンデュ）に使うことの多いフォンティーナとラスケーラを、ジャガイモのピュレに混ぜて溶かしたものだ。ソースはピエモンテ州特産のトピナンブール（＝キクイモ）入りセージバター。詰めものもソースも、アニョロッティの典型的な組み合わせの一つである。

#079
Agnolotti gobbi di fonduta e patate
### フォンドゥータとじゃがいもを詰めたアニョロッティ

小池教之

## ラヴィオリ

●ラヴィオリの生地の配合
【作りやすい分量】
00粉（マリーノ社）　800g
セモリナ粉（マリーノ社）　200g
卵黄　8個分
全卵　5個
ピュアオリーブ油　少量

●バッカラと豆の詰めもの
【作りやすい分量】
バッカラ・マンテカート（P.245）100g
グリーンピース（ソース用も含む）50g　塩適量　E.V. オリーブ油 15cc

# 077
### バッカラとグリーンピースのラヴィオリ
西口大輔

●ラヴィオリ
▽バッカラと豆の詰めもの
**1.** グリーンピースを柔らかく塩ゆでし、水分をきって、少量のゆで汁と E.V. オリーブ油とともにミキサーでピュレにする。冷まして、詰めものとソース用におよそ3：1の比率で分ける。
**2.** バッカラ・マンテカートに詰めもの用のグリーンピースのピュレを混ぜ、E.V. オリーブ油で味をととのえる。

▽成形
**1.** こねた生地を、パスタマシンで厚さ1mm以下にごく薄くのばす（大きさは適宜）。
**2.** 詰めものを絞り袋に入れ、生地の上に6cm間隔で横一列に絞る。生地の端に水をぬり、折り返して詰めものにかぶせる。
**3.** 詰めものの周りを押して空気を抜きながら、生地を密着させる。直径5.5cmの菊型で抜き、詰めものの両サイドから少し中心に寄せる。

●仕上げ
**1.** ラヴィオリ（1人分8個）を塩湯で3分間ゆでる。
**2.** フライパンにバター（1人分30g）を入れ、溶かしながらソース用に取りおいたグリーンピースのピュレ（約20g）を加えて温める。
**3.** ラヴィオリを加えて和え、器に盛る。

## トルテッリ

●トルテッリの生地の配合
【作りやすい分量】
00粉（マリーノ社） 800g
セモリナ粉（マリーノ社） 200g
卵黄 8個分
全卵 5個
ピュアオリーブ油 少量

●カボチャの詰めもの
【作りやすい分量】
カボチャ 300g　アマレッティ 30g　ナッツメッグ、グラーナ・パダーノ、塩、黒コショウ各適量

※この料理は詰めものの味が甘く濃厚なので、絞り出す詰めものの量に比して生地を大きくとると味のバランスがよい。

### #078 かぼちゃのトルテッリ　　西口大輔

●トルテッリ
▽カボチャの詰めもの
1. カボチャは8ツ割分の大きさに切り分け、アルミ箔をかけて、180℃のオーブンで柔らかくなるまで焼く。
2. 皮を除いて果肉を裏ごしし、細かく砕いたアマレッティ、ナッツメッグ、グラーナ・パダーノ、塩、黒コショウを加え、固めの詰めものにする。
▽成形
1. こねた生地を、パスタマシンで1mm以下にごく薄くのばす（大きさは適宜で複数枚を作る）。
2. カボチャの詰めものを絞り袋に入れ、生地の上に4〜5cm間隔で横一列に絞る。もう1枚の生地をかぶせる。
3. 詰めものの周りを押して空気を抜きながら生地を密着させ、波形のカッターで4〜5cm四方に切り分ける。

●仕上げ
1. トルテッリ（1人分8個）を塩湯で1〜2分間ゆでる。
2. バター（1人分30g）とセージをフライパンに入れて溶かし、トルテッリを和える。
3. 器に盛り、グラーナ・パダーノをふる。

## アニョロッティ

●アニョロッティの生地の配合
【作りやすい分量】
00粉（マリーノ社） 400g
全卵 3個
卵黄 2個分
水 50g強
塩 4g
E.V.オリーブ油 5g

●ジャガイモとチーズの詰めもの
【作りやすい分量。1個分ティースプーン1】
ジャガイモ3個　フォンティーナ100g
ラスケーラ50g　牛乳少量　塩適量

### #079 フォンドゥータとじゃがいもを詰めたアニョロッティ　　小池教之

●アニョロッティ
▽ジャガイモとチーズの詰めもの
1. 皮付きのジャガイモをアルミ箔で包んで230℃のオーブンで1時間、蒸し焼きにする。皮をむき、裏ごしする。
2. ジャガイモを鍋に入れて火にかけ、刻んだフォンティーナとラスケーラを入れて混ぜながら溶かす。固さを牛乳で加減し、塩で味をととのえる。
▽成形
1. こねた生地をパスタマシンで厚さ1mm以下にごく薄くのばす（大きさは適宜）。
2. ジャガイモの詰めものを絞り袋に入れ、生地の上に5cm間隔で横一列に絞る。生地の端に水をぬり、折り返して詰めものにかぶせる。
3. 詰めものの周りを押して空気を抜きながら生地を密着させ、パイカッターで5cm四方に切り分ける。
●トピナンブールのソース
1. トピナンブールの皮をむいてひと口大に切る（1人分数個）。
2. つぶしたニンニク、セージ、バターを火にかけて焦げないように炒め、香りが出てきたらトピナンブールを加えて炒める。
3. 野菜または鶏のブロード、パスタのゆで汁を加えて乳化させながら柔らかく煮る。

●仕上げ
1. アニョロッティ（1人分5個）を塩湯で5分間、ゆでる。
2. トピナンブールのソースでアニョロッティを和える。
3. 器に盛り、グラーナ・パダーノをふる。

◆Point
詰めものの水分が多いと、だれてコブの形がきれいにできないので、ジャガイモは蒸し器で蒸さずにオーブンで蒸し焼きにし、やや固めのピュレにする。一方の生地はのびのよいものにしてごく薄くのばし、コブをしっかりと作る。

◆応用例
牛肉のブラザート（赤ワイン煮）やボッリート・ミストの端肉を詰めることも多い。

## アニョロッティ・デル・プリン

#080
アンニョロッティ　デル　プリン　アル　スーゴ　ダッロスト
Agnolotti del plin al sugo d'arrosto

### 仔牛とビエートラを詰めた
### アニョロッティ・デル・プリン

1辺3cm

**アニョロッティ・デル・プリン**
アニョロッティは大型の詰めものパスタだが（P.141）「デル・プリン」、あるいは「ダル・プリン」がつくと3cm四方の小さなものになる。「プリン」はピエモンテ州方言で「つまむ」ことで、生地を指でつまむ成形法に由来する。小さくて食べやすく、ゆで時間が短いので、当地のレストランでは宴会の定番。一般には仔牛、ウサギ、豚などの白身肉を詰めるが、野菜やチーズを使うこともある。ここでは仔牛肉、サルシッチャ、ビエートラ（フダン草）を詰めた。

西口大輔

### 生地をつまんで作る小型の詰めものパスタ

詰めものパスタはもともとロースト肉の再利用として生まれたもので、しっかり火を入れた肉を使うのが基本。アニョロッティ・デル・プリンも肉に十分火を通して味を凝縮して、柔らかいペーストにして詰めると一層おいしくなる。今回の料理は溶かしバターとチーズで和える基本の仕上げだが、アクセントに、詰めものの肉を調理した際の焼き汁と、煮つめた赤ワインを混ぜてかけた。

## ラヴィオローネ

ラヴィオローネ
大型のラヴィオリ。通常のラヴィオリは一皿に数個分を盛る大きさだが、これは一皿に1個のボリュームに作る。リコッタなどの詰めものと一緒に卵黄を入れて、半熟に仕上げるものが有名。

直径10cm

### 半熟の卵黄が流れる大型ラヴィオリ

このラヴィオローネは80〜90年代にかけて興ったヌオーヴァ・クチーナの一品として生まれた料理。私の働いていたロンバルディア州のリストランテでは、クリスマスメニューとしてよく作っていた。今回の詰めものはリコッタと卵黄、ズッキーニの花。大きくて華やかさがあり、切り分けると半熟の卵黄が流れ出るサプライズがあるのでイベント向きである。白トリュフをかければより豪華になる。

#081
ラヴィオローネ ディ リコッタ フィヨーレ ディ ツッカ
Raviolone di ricotta, fiore di zucca
エ トゥオルロ ドゥオーヴォ
e tuorlo d'uovo

### リコッタと花ズッキーニと卵黄のラヴィオローネ

西口大輔

## メッツェルーネ

メッツェルーネ
「半月」の意味で、文字通り、半月形に作る詰めものパスタ。ただし、半月形に作っても、総称的なラヴィオリやトルテッリなどと呼ぶことも多い。

直径約5cm

### ジャガイモとビーツを詰めた半月形パスタ

エミリア＝ロマーニャ州を中心に北イタリアでは、ジャガイモとチーズを詰めものにすることが多いが、そのアレンジでジャガイモにビーツを混ぜて詰めものとした。ビーツが入ることで甘みが加わり、根野菜独特の土臭い風味が出る。生地に透けて見える鮮やかな赤色も美しく効果的。ソースはベーシックなセージ風味のバターで。

#082
メッツェルーネ ディ バルバビエートラ エ パターテ
Mezzelune di barbabietola e patate
アル ブッロ エ サルヴィヤ
al burro e salvia

### ビーツとじゃがいものメッツェルーネ、セージ風味

西口大輔

145

## アニョロッティ・デル・プリン

●アニョロッティ・デル・プリンの生地の配合
【作りやすい分量】
00粉（マリーノ社）　800g
セモリナ粉（マリーノ社）　200g
卵黄　8個分
全卵　5個
ピュアオリーブ油　少量

●仔牛肉の詰めもの
【作りやすい分量】
仔牛モモ肉（塊肉）500g　サルシッチャ（P.245）200g　ビエートラ（フダン草）300g　ニンニク1片　ローズマリー1枝　白ワイン、鶏のブロード、ナッツメッグ、グラーナ・パダーノ、サラダ油、塩、黒コショウ各適量

# #080
## 仔牛とビエートラを詰めたアニョロッティ・デル・プリン

西口大輔

●アニョロッティ・デル・プリン
▽仔牛肉の詰めもの
1. 仔牛モモ肉からスジを除き、強めに塩、黒コショウをふる。
2. サラダ油をひいた鍋に仔牛肉とサルシッチャ、つぶしたニンニク、ローズマリーを入れて180℃のオーブンで焼く。肉が色づいてきたら白ワインと鶏のブロードをかけて20分間ほど蒸し焼きにする。
3. サルシッチャは火が入ったら取り出し、仔牛肉はさらに20分間ほど焼く。常温で冷まして適宜の大きさに切り、一緒にフードプロセッサーでペーストにする。
4. ビエートラを塩ゆでし、水気を絞ってみじん切りにする。
5. ビエートラと肉のペーストを混ぜ、仔牛肉の焼き汁少量、ナッツメッグ、グラーナ・パダーノ、塩、黒コショウで調味して練る。

▽成形
1. こねた生地を、パスタマシンで厚さ0.5mmほどにごく薄くのばし、適宜の大きさに切る（今回は40cm×20cm）。
2. 生地を横長に置き、手前の端に水をぬる。詰めものを絞り袋に詰め、手前から2cmの位置に1cm間隔で横一列に絞る。
3. 手前の生地を詰めものにかぶせて密着させ、詰めものの両脇の生地を垂直に立てるように指でつまむ。
4. 詰めものの奥側の生地を切り離したのち、1個ずつに切り分ける。生地の重なり部分は指で強く押さえて厚さを均一にする。（成形→P.49参照）

●赤ワインソース
1. 赤ワイン（300cc）をとろりとした濃度が出るまで煮つめ、仔牛肉の焼き汁とフォン・ド・ブルーノ各少量を加えて煮つめる。

●仕上げ
1. アニョロッティ・デル・プリン（1人分16個）を3～4分間、塩湯でゆでる。
2. バター（1人分30g）、パスタのゆで汁少量、アニョロッティ・デル・プリンを火にかけて和え、グラーナ・パダーノをふって和える。
3. 器に盛り、赤ワインソースを少量垂らす。

◆Point
小さなパスタは形と大きさを均一に揃え、一皿の統一感を持たせる必要があるので、何十個を作る場合でも1人で作るのが原則。また、生地が厚いと食感がゴツゴツするので、厚さ0.5mmほどに薄くのばし、詰めものの色が透けて見えるようにする。時間をおいたり、冷凍したりすると生地が破れやすいので、成形したてをすぐにゆでて供する。

## ラヴィオローネ

●ラヴィオローネの生地の配合
【作りやすい分量】
00粉(マリーノ社) 800g
セモリナ粉(マリーノ社) 200g
卵黄 8個分
全卵 5個
ピュアオリーブ油 少量

●リコッタと花ズッキーニの詰めもの
リコッタ 40g、ナッツメッグ、塩、黒コショウ、グラーナ・パダーノ各適量
ズッキーニの花 2個 プロシュット・コット(P.246。薄切り) 2枚 卵黄 1個分 塩適量

## ＃081 リコッタと花ズッキーニと卵黄のラヴィオローネ　西口大輔

●ラヴィオローネ
▽リコッタと花ズッキーニの詰めもの
**1.** リコッタをザルにのせて2時間ほどおき、水分をきる。ナッツメッグ、塩、黒コショウ、グラーナ・パダーノで調味して混ぜる。
**2.** ズッキーニの花をさっと塩ゆでし、水気をふく。
▽成形
**1.** こねた生地をパスタマシンで厚さ1mm以下にごく薄くのばす。縦25cm、横は適宜の長さに切り、手前の端に水をぬる。
**2.** リコッタを絞り袋に詰め、生地の奥のほうに直径約6cmのドーナツ状に絞る。10cm間隔で横一列に絞る。
**3.** リコッタの中心の穴にズッキーニの花とプロシュット・コットを1個ずつ重ね、卵黄を落とす。上にもプロシュット・コットとズッキーニの花を重ねる。
**4.** 手前の生地を詰めものにかぶせ、周りを押さえて空気を抜く。直径10cmのセルクル型で抜き、生地の重なり部分を指で強く押さえて厚みを減らす。

●仕上げ
**1.** ラヴィオローネ(1人分1個)を5～6分間、塩湯でゆでる。
**2.** フライパンにバター(1人分30g)とパスタのゆで汁を入れて温める。ラヴィオローネを入れてからめ、グラーナ・パダーノをふって和える。
**3.** 器に盛り、グラーナ・パダーノをふる。

◆Point
大型で卵黄が柔らかいので成形がむずかしい。卵黄が脇に流れないよう中心にとどめるように注意する。見た目も美しいし、半熟にもしやすい。失敗を見込んで多めに準備しておいたほうがよいだろう。また、保存できないので直前に成形すること。

◆応用例
詰めものの野菜は、青菜を入れるのがポピュラー。

## メッツェルーネ

●メッツェエルーネの生地の配合
【作りやすい分量】
00粉(マリーノ社) 800g
セモリナ粉(マリーノ社) 200g
卵黄 8個分
全卵 5個
ピュアオリーブ油 少量

●ジャガイモとビーツの詰めもの
【作りやすい分量】
ジャガイモ 200g ビーツ 70g 鶏のブロード少量 塩、黒コショウ、ナッツメッグ、グラーナ・パダーノ各適量

## ＃082 ビーツとじゃがいものメッツェルーネ、セージ風味　西口大輔

●メッツェルーネ
▽ジャガイモとビーツの詰めもの
**1.** ジャガイモを皮付きで柔らかく塩ゆでする。皮をむいてポテトマッシャーでつぶす。
**2.** ビーツも皮付きで柔らかく塩ゆでする。皮をむいて適宜の大きさに切り、鶏のブロードとともにハンドミキサーでピュレにする。
**3.** ジャガイモとビーツを3:1の比率で合わせ、塩、黒コショウ、ナッツメッグ、グラーナ・パダーノで調味して混ぜる。
▽成形
**1.** こねた生地をパスタマシンで厚さ1mmほどにのばす。適宜の大きさに切り、手前の端に水をぬる。
**2.** 詰めものを絞り袋に入れ、生地の手前から6cmほどの位置に、約5cm間隔で横一列に絞る。
**3.** 手前の生地を折って詰めものにかぶせ、周りを押さえて空気を抜く。直径約5cmのセルクル型で、正確な半円よりもやや大きめに抜く(奥行きを3.5cmくらいに)。

●仕上げ
**1.** メッツェルーネ(1人分8個)を2～3分間、塩湯でゆでる。
**2.** フライパンにバター(1人分約30g)とセージを入れて溶かし、メッツェルーネを入れて和える。
**3.** 器に盛り、グラーナ・パダーノをふる。

◆Point
ビーツは水分が多いので加えすぎないことが肝要で、ジャガイモの1/3程度がバランスがよい。また、詰めものの水分が多いとパスタ生地が湿って破れやすいので、生地は通常の詰めものパスタ用よりも心持ち厚くする。

## パンソッティ

パンソッティ
三角形に作るラヴィオリで、リグーリア州の詰めものパスタの代表格。卵入りのパスタ生地に野草のミックスとリコッタを詰めるのが定番だが、ここではリグーリア州特産のシラス料理をアレンジして、日本でなじみの深いシラウオを煮くずすように炒めて詰めものとした。イタリアにシラウオは生息しないが、イタリアに豊富にあるシラス料理の代わりに用いるのもアイデアだと思う。

1辺6cm

### リグーリア州の三角形のラヴィオリ
野草とリコッタを詰める基本のパンソッティはクルミのソースを合わせるのが定番だが、ここではリグーリア州特産のバジリコで作るジェノヴァペースト（ペスト・ジェノヴェーゼ）を使って同州のカラーを出した。詰めものが魚介なので、ハーブ系のソースのほうがバランスがよいという理由もある。ただし、魚介にチーズは合わないので、チーズを入れずに爽やかな味のペーストに仕立てている。

♯083
パンソッティ　リピエーニ　ディ　ビヤンケッティ　アル　ペスト　ジェノヴェーゼ
Pansotti ripieni di bianchetti al pesto genovese

### 白魚を詰めたパンソッティ、ジェノヴァペースト和え

西口大輔

## チャルソンス

チャルソンス
シナモンなどスパイスのきいた甘じょっぱい味の詰めものパスタ。14世紀の文献に「復活祭で振る舞うチャルソンス」とあるほど歴史は古い。フリウリ＝ヴェネツィア・ジュリア州の料理で、代表的なレシピはオーストリア国境に接するカルニア地方のもの。スパイスとともにジャガイモやリコッタ、ドライフルーツなどを詰めたものが有名だが、肉料理を再利用したりサルシッチャを使ったりもする。由来はマジパンとフルーツで作る南仏の菓子「カリソン」の名前と甘い味を原形とする説が有力だ。

直径7cmの半円形

### スパイシーで甘じょっぱいラヴィオリ
形状は一般的なラヴィオリと変わらないが、味つけに個性のあるチャルソンス。紹介した詰めものはジャガイモ主体でドライフルーツ、ナッツ、レモンの皮などを混ぜ、香りと調味にシナモン、ココア、砂糖を使用。ソースもニンニク風味のバターをシナモンと砂糖、塩で味つけしたものだ。なお、パスタ生地は柔らかいほうが詰めものとの一体感が出るうえに、ゆでる時に火が通りやすく扱いやすい。

♯084
チャルソンス
Cjalzons

### チャルソンス

小池教之

## クリンジョーニス

長さ9cm

**クリンジョーニス**
サルデーニャ島東部オリアストラ地方発祥のラヴィオリで、「麦の穂」に似せた形が特徴。円形生地に詰めものをのせて、生地の左右を交互にかぶせながら指でつまんでとじ、編み込みのようにする。ジャガイモとミントを詰めるのが一般的だが、ほかに魚介、肉、ホウレン草など詰めもののバリエーションは多い。クリンジョーネス、クルルジョーニ(ネ)ス、アンジュロットゥスなど名称も多数。

♯ 085
Culingionis di aragosta
### 伊勢海老のクリンジョーニス

小池教之

### 麦の穂に似せたサルデーニャ州のラヴィオリ

サルデーニャ州は伊勢エビの一大産地。粗くつぶして食感を残した伊勢エビのピュレと、同州の代表的な羊乳製リコッタを組み合わせてクリンジョーニスの詰めものとした。ソースも伊勢エビの殻で作ったブロードがベースで、オレンジ果汁やトマトソースを加えたもの。盛りつけ時に同地特産のマグロのボッタルガも添えてサルデーニャ色の濃い料理に仕上げた。

## パンソッティ

●パンソッティの生地の配合
【作りやすい分量】
00粉(マリーノ社) 800g
セモリナ粉(マリーノ社) 200g
卵黄 8個分
全卵 5個
ピュアオリーブ油 少量

●シラウオの詰めもの
【作りやすい分量】
シラウオ200g ニンニク1片 赤唐辛子1本 ピュアオリーブ油、E.V.オリーブ油、塩各適量

### ＃083
### 白魚を詰めたパンソッティ、ジェノヴァペースト和え

西口大輔

●パンソッティ
▽シラウオの詰めもの
1. E.V.オリーブ油で、つぶした皮付きのニンニク、赤唐辛子をソテーし、香りが出てきたらシラウオを入れ、塩をふって炒める。シラウオから水分が出てくるので、その中で7～8分間炒め煮にする。一部が自然に煮くずれてくるが、それ以上つぶさないようにする。
2. バットに広げてE.V.オリーブ油をかける。
▽成形
1. こねた生地をごく薄くのばし、1辺6cm前後の正方形に切る(写真は波形だが、直線状に切ってもよい)。
2. 生地の縁に水をぬり、詰めものを置く。対角線で折って三角形にし、縁を押さえて貼り付ける。

●ジェノヴァペースト
1. 松の実(30g)、ニンニク(3g)、E.V.オリーブ油(100cc)をミキサーでペーストにする。バジリコの葉(60g)を加えてさらに撹拌し、なめらかに仕上げる。ボウルに入れて塩で調味する。
●仕上げ
1. パンソッティ(1人分10個)を1分半ほど塩湯でゆでる。
2. ジェノヴァペースト(＝ペスト・ジェノヴェーゼ。1人分約75cc)をパスタのゆで汁少量でのばして温め、パンソッティを和える。器に盛る。
◆応用例
詰めもののシラウオをジェノヴァペーストと混ぜ、リングイーネやトゥロフィエなどのリグーリア州のパスタと合わせるのもよい。

---

## チャルソンス

●チャルソンスの生地の配合
【作りやすい分量】
00粉(モリーニ社) 250g
強力粉(東京製粉〈スーパーマナスル〉) 150g
塩 3g
水 120～130g
精製ラード 25g

●ジャガイモの詰めもの
【作りやすい分量】
ジャガイモ250g タマネギ鱗片1/2枚 バター30g 干しイチジク(粗みじん切り)1個 レーズン(ぬるま湯でもどす)大さじ1 ヘーゼルナッツ(ローストして刻んだもの)10個 ミントの葉(大きいもの)5～6枚 グラナ・パダーノ(スプーン1) レモンの皮(すりおろしたもの)1/8個分 シナモンパウダー、ココアパウダー、グラニュー糖、塩各適量

※チャルソンス用のパスタ生地は、柔らかく仕上げるために、途中で折りたたまずに繰り返しマシンに通してのばす方法がよい。折りたたむとグルテンが生成されやすく、縮んで固めの生地になる。

### ＃084
### チャルソンス

小池教之

●チャルソンス
▽ジャガイモの詰めもの
1. ジャガイモを皮付きで柔らかく蒸してから、皮をむいて裏ごしする。
2. タマネギ風味の焦がしバターを作る。タマネギの薄皮のすぐ内側の鱗片を適宜の大きさに切り、バターで炒める。焦がしながらタマネギの香りをバターに移す。こしてバターのみを使う。
3. ジャガイモにバターを加え、詰めものの材料をすべて加えて、よく練り混ぜる。
▽成形
1. こねた生地を薄くのばし、直径7cmの円形に抜く。
2. 中心に詰めものを絞り出し、縁に水をぬって2ツ折にする。詰めものの周りの空気を抜きながら貼り付ける。縁は内側に折り返して模様をつけたりしてもよい。(成形→P.50参照)

●ソース
1. つぶしたニンニクをバターで炒め、香りが出たらパスタのゆで汁少量を入れて色づくのを止める。
2. 塩、グラニュー糖、シナモンパウダーを加えて調味する。
●仕上げ
1. チャルソンス(1人分5個)を5分間、塩湯でゆでる。
2. ソースに入れて和える。
3. ニンニクをはずして器に盛る。ミントを飾り、リコッタの燻製(自家製。P.248)を削ってかける。

# クリンジョーニス

●クリンジョーニスの生地の配合
【作りやすい分量】
強力粉（東京製粉〈スーパーマナスル〉）　250g
00粉（モリーニ社）　250g
ぬるま湯　220g
ラード　20g
塩　5g

●伊勢エビの詰めもの
【作りやすい分量】
伊勢エビ4尾　野菜のブロード、リコッタ（羊乳製）、コリアンダーの粉末、エストラゴン、セルフイユ、ディルの葉の各みじん切り、塩、コショウ各適量

※クリンジョーニスの生地はセモリナ粉、全卵、水で作るのが基本で、オリーブ油やラードを加えることもある。しかし、今回はセモリナ粉の代わりに2種類の軟質小麦を合わせ、卵を使わずにぬるま湯のみで溶いた。繊細な甘みのある伊勢エビの詰めものと、伊勢エビ風味の濃厚なソースをバランスよくつなぐために、パスタ生地にはのびのよさとプレーンな味わいが必要と考えたからである。

※とじ目にすき間ができたり、生地と詰めものの間に空気が入ったりしないよう密着させる。また、とじ目が厚いと、ゆでた時に火の通りにムラができて食感が悪くなる。

♯085
## 伊勢海老のクリンジョーニス

小池教之

●クリンジョーニス
▽伊勢エビの詰めもの
**1.** 伊勢エビを殻付きのまま野菜のブロードで半生にゆでる。殻をはずし、エビ肉をフードプロセッサーにかけて食感が残る粗めのピュレにする（包丁で粗く叩いてもよい）。殻とミソはソース用に取りおく。
**2.** リコッタをザルにのせ、冷蔵庫で一晩おいて水気をきり、裏ごしする。
**3.** 伊勢エビのピュレにリコッタとコリアンダーパウダー、エストラゴン、セルフイユ、ディルの葉の各みじん切り、塩、コショウを混ぜる。

▽成形
**1.** こねた生地をパスタマシンで薄くのばして直径9cm前後の円形に抜く。
**2.** 生地の中央に詰めもの約25gをのせ、生地の一端を少し折り曲げる。その位置から左右の生地を交互に少しずつかぶせ、そのつど生地同士をつまんでとじる。（成形→ P.50参照）

●伊勢エビのソース
**1.** 伊勢エビのブロードを作る。取りおいた伊勢エビの殻（4尾分）を叩き、ニンジン1/3本、セロリ1本、タマネギ1個の各角切りとともにピュアオリーブ油で炒める。香りが出てきたらマルサラ、白ワインを注いでアルコール分を飛ばす。ひたひたの水とトマトペースト（スプーン1）を加えて約2時間煮出し、シノワでこす。さらに煮つめて濃度を軽くつける。
**2.** つぶしたニンニクと赤唐辛子をピュアオリーブ油で炒め、香りが出てきたら取り出す。オレンジ果汁（1人分1/2個分）を入れて煮つめ、伊勢エビのブロードとトマトソース（各レードル1杯）を加えて煮つめる。味がなじみ、濃度がついたら伊勢エビのミソを入れて溶かす。

●仕上げ
**1.** クリンジョーニス（1人分3個）を約10分間、塩湯でゆでる。
**2.** 器に盛って伊勢エビのソースをかける。クロマグロのボッタルガの薄切り、オレンジの皮のせん切り、ミントの葉を飾り、E.V.オリーブ油を垂らす。

## トルテッリ

直径 3.5〜4cm

**トルテッリ**

トルテッリは一般にP.141のような平たい形状に作るが、このようにリング状に成形することもある。エミリア=ロマーニャ州の小型の詰めものパスタ「カッペッラッチ」（右ページ）などと同じ製法で、大型に作るものだ。元の生地が正方形か円形かででき上がりの形は若干変わってくる。詰めものは多様で、今回は中部イタリアでごく普通に作られているブロード煮の鶏モモ肉をベースにした。

♯ 086
トルテッリ ディ ガッロ ルスパンテ アル ブッロ エ マイス
Tortelli di gallo ruspante al burro e mais
### 鶏のトルテッリ、とうもろこし入りバターソース

小池教之

**大型のリング状のラヴィオリ**

詰めものの鶏モモ肉のブロード煮はシンプルなままでもよいが、ここではビエートラ（フダン草）と米を加え、卵黄、生クリーム、チーズでつないでコクのあるリッチな味わいを出した。シナモンやナッツメッグの香りもきかせている。米は詰めものの水分を吸収するのでまとまりやすくなり、食感のアクセントにもなって効果的である。からめたソースは香草風味のバターで炒めたフレッシュコーン。

## カッペッラッチ

長さ5cm

**カッペッラッチ**
2ツ折にした小型の詰めものパスタをリング状に巻いたもの。形や大きさに若干の違いはあるものの、エミリア＝ロマーニャ州からロンバルディア州にかけて、このタイプのパスタが各種作られており、土地ごとに独自の名前がある。カッペッラッチはフェッラーラ一帯のもので、ほかにボローニャのトルテッリーニ、レッジョ・エミリアやモデナのカッペッレッティ、マントヴァのアニョリ、アニョリーニなどがある。詰めものは肉が基本だが、リコッタや野菜を使うことも多い。

### 小さいリング形ラヴィオリ
小型のリング状ラヴィオリはスープ仕立てにすることが多いが、ここではソース和えの調理法を紹介した。カッペッラッチの中は乾燥ソラ豆のピュレが入っており、全体を春野菜のラグーで和えてある。グリーン系の野菜を小さく切り揃えてバターソテーし、グリーンピースのピュレでつないだ春の香り満載のラグーだ。スープ仕立てでは表現できない季節感を盛り込むとよい。

#087
Cappellacci di fave secche
con ragù di verdure primaverili
カッペッラッチ ディ ファーヴェ セッケ
コン ラグー ディ ヴェルドゥーレ プリマヴェリーリ

**乾燥空豆のカッペッラッチ、春野菜のラグー**

西口大輔

## カラメッレ

長さ6cm

**カラメッレ**
キャンディ、キャラメルの意味で、一粒ずつ紙で包んだ形に似ていることからの名。手打ちパスタの盛んなエミリア＝ロマーニャ州で生まれたもののようで、リコッタと青菜の詰めものを使うのがポピュラーだ。ねじった部分が厚くなり、火が通りにくくなるので、成形時にしっかりと押して薄くしておく。

### リコッタ入りのキャラメル形パスタ
リコッタとホウレン草を合わせた詰めものは、エミリア＝ロマーニャ州のラヴィオリ系パスタの定番中の定番で、いろいろなパスタに使われる。柔らかくふっくらとした食感は私自身も非常に気に入っている。今回、香りづけに添えたトリュフはリコッタとの相性がよく、店ではパスタ料理以外にもよく利用している。この料理では、詰めものにも白トリュフオイルで香りをつけた。

#088
Caramelle di ricotta e spinaci con tartufo nero
カラメッレ ディ リコッタ エ スピナーチ コン タルトゥーフォ ネーロ

**リコッタとほうれん草のカラメッレ、黒トリュフ添え**

西口大輔

## トルテッリ

●トルテッリの生地の配合
【作りやすい分量】
00粉（モリーニ社） 500g
卵黄 5個分
全卵 2.5個
塩 3g

●鶏肉の詰めもの
【作りやすい分量】
鶏モモ肉4枚　ニンニク1片　タマネギ2個　ニンジン1/3本　セロリ2本　白ワイン300cc　鶏のブロード500cc　ブーケ・ガルニ（タイム、ローズマリー、セージ、ローリエ）1束　卵黄2個分　牛乳、生クリーム、パン粉、グラーナ・パダーノ、レモンの皮、ナッツメッグ、シナモンパウダー各適量　米（カルナローリ種）30g　ビエートラ（フダン草）5本　E.V. オリーブ油、塩、コショウ各適量

#086
### 鶏のトルテッリ、とうもろこし入りバターソース　小池教之

●トルテッリ
▽鶏肉の詰めもの
**1.** 鶏モモ肉（大きい場合は2等分する）に塩とコショウをふって一晩おき、味をしみ込ませる。翌日、水気をふき取り、E.V. オリーブ油で両面をソテーする。
**2.** つぶしたニンニクをE.V. オリーブ油で炒め、香りが出てきたらタマネギ、ニンジン、セロリの1cm角の角切りを入れて炒める。香りが出てしんなりしてきたら鶏肉を入れ、白ワインと鶏のブロード、ブーケ・ガルニを加え、弱火で2時間煮つめる。
**3.** 鶏肉を取り出して、フードプロセッサーでペースト状にする。卵黄、牛乳、生クリーム、パン粉、グラーナ・パダーノ、レモンの皮、ナッツメッグとシナモンパウダー、塩を加え混ぜる。
**4.** 米はアルデンテより少し柔らかめに塩ゆでし、ビエートラも塩ゆでして細かく刻む。これらを3のペーストに加え、練り混ぜる。
▽成形
**1.** こねた生地をパスタマシンで厚さ1mm以下にごく薄くのばす。直径8cmのセルクル型で抜く。
**2.** 詰めものを絞り袋に入れて生地の中心に絞る。2ツ折にして空気を抜きながら詰めものの周りを貼り付ける。
**3.** ふくらみの手前に人差し指をあて、生地の両端を指に巻き付けるように交差させ、貼り付ける。（成形→ P.50参照）

●トウモロコシ入りバターソース
**1.** トウモロコシ（1人分1/4本）を塩ゆでし、粒にほぐす。
**2.** つぶしたニンニクをバターで炒め、焦がさないようにして香りを移す。刻んだタイム、ローズマリー、セージ、ローリエをひとつまみ入れ、トウモロコシを加えて炒める。

●仕上げ
**1.** トルテッリ（1人分7個）を約5分間、塩湯でゆでる。
**2.** ソースにパスタのゆで汁少量を加えて乳化させ、トルテッリを和える。グラーナ・パダーノとペコリーノ・ロマーノをふって和える。
**3.** 器に盛り、再び2種類のチーズをふる。

◆応用例
詰めものは、リコッタとホウレン草、カボチャ、仔牛肉などが定番。

## カッペッラッチ

●カッペッラッチの生地の配合
【作りやすい分量】
00粉（マリーノ社）　800g
セモリナ粉（マリーノ社）　200g
卵黄　8個分
全卵　5個
ピュアオリーブ油　少量

●ソラ豆の詰めもの
【作りやすい分量】
乾燥ソラ豆500g　水2ℓ　塩、黒コショウ、E.V. オリーブ油、グラーナ・パダーノ　各適量

### ＃087 乾燥空豆のカッペッラッチ、春野菜のラグー　西口大輔

●カッペッラッチ
▽ソラ豆の詰めもの
**1.** 乾燥ソラ豆を水に浸けて、一晩かけてもどしたのち、分量の水に取り替え、柔らかくなるまで約40分間、弱火で塩ゆでする。
**2.** 水気をきり、少量のゆで汁とともにミキサーで攪拌してピュレにする。軽く黒コショウをふり、E.V. オリーブ油、グラーナ・パダーノを加えて味をととのえる。
▽成形
**1.** こねた生地を、パスタマシンで厚さ1mm以下にごく薄くのばす。5cm四方に切り、4辺に沿って水をぬる。
**2.** 詰めものを絞り袋に入れて生地の中心に絞る。対角線で折って三角形にし、生地を貼り付ける。底辺の真ん中を押してくぼみを作り、両端を手前で重ねて貼り付ける。（成形→P.49参照）

●春野菜のラグーの準備
**1.** グリーンピースのピュレを作る。グリーンピース（4人分120g）を塩ゆでし、少量のゆで汁とE.V. オリーブ油とともにハンドミキサーで攪拌する。仕上げまで取りおく。
**2.** ズッキーニ（1人分1/4本）をグリーンピース大の角切りにし、グリーンピース（20g）とともに柔らかく塩ゆでする。
**3.** サヤインゲン（5本）、グリーンアスパラガス（1本）も柔らかく塩ゆでしたのち、グリーンピース大に切る。
**4.** ゆで野菜は全て水分をふき取り、一緒にバターで炒める。

●仕上げ
**1.** カッペッラッチ（1人分12個）を2〜3分間、塩湯でゆでる。
**2.** フライパンにバターとパスタのゆで汁少量を入れて温め、グリーンピースのピュレ（1人分約30cc）を加える。グリーン野菜（45g）を入れて和え、カッペッラッチも加えてよくからめる。
**3.** グラーナ・パダーノをふって和え、器に盛る。

## カラメッレ

●カラメッレの生地の配合
【作りやすい分量】
00粉（マリーノ社）　800g
セモリナ粉（マリーノ社）　200g
卵黄　8個分
全卵　5個
ピュアオリーブ油　少量

●リコッタとホウレン草の詰めもの
【作りやすい分量】
リコッタ100g　ホウレン草の葉100g　塩、ナッツメッグ、黒コショウ、白トリュフオイル各適量

### ＃088 リコッタとほうれん草のカラメッレ、黒トリュフ添え　西口大輔

●カラメッレ
▽リコッタとホウレン草の詰めもの
**1.** リコッタをザルにのせて2時間ほどおき、水分をきる。ホウレン草を塩ゆでし、水気をきってミキサーで攪拌し、裏ごしする。
**2.** リコッタとホウレン草を合わせ、ナッツメッグ、塩、黒コショウ、白トリュフオイルで調味して混ぜる。
▽成形
**1.** こねた生地を、パスタマシンで厚さ1mm以下にごく薄くのばす。波状のパイカッターで6cm四方に切る。
**2.** 詰めものを絞り袋に入れ、生地の1辺に沿って絞る。両端はねじることができるようにあけておく。
**3.** キャラメルのように包んで両端をねじる。ねじった部分はしっかり押さえて厚みを減らす。

●仕上げ
**1.** カラメッレ（1人分5個）を2〜3分間、塩湯でゆでる。
**2.** フライパンにバター（1人分30g）とパスタのゆで汁少量を入れて温め、カラメッレを入れて和える。
**3.** 器に盛り、黒トリュフの薄切りをのせる。

◆応用例
現地では、秋にポルチーニなどのキノコを詰めて季節感を出すことも多い。

## ファゴッティーニ

### ファゴッティーニ
「小さな包みもの」の意。パスタの場合は、生地を上面ですぼませて包みにする。写真は典型的な形で、四角の生地の4隅をつまんだもの。茶巾絞りのように絞ったものもある。また、クレープ生地で作ることも多い。

約3cm大

### ポレンタを詰めた小さな包み
ファゴッティーニに詰めるのはリコッタや野菜がポピュラーだが、紹介したのはポレンタとヒヨコ豆のピュレを合わせたもの。北イタリアではポレンタをパスタの詰めものにすることも珍しくない。なめらかなポレンタとのバランスから、パスタ生地にはツルンとした柔らかさがほしいので、薄くのばす。ソースはウナギの赤ワイン煮。ヴェネト州などの北部ではウナギを煮ることが多いので、ポレンタと合わせて北イタリア流にまとめてみた。

#089
Fagottini di polenta e ceci con ragù di anguilla
### 白ポレンタとひよこ豆を詰めたファゴッティーニ、鰻のラグー和え

西口大輔

## ラザーニェ

### ラザーニェ
シート状パスタの代表格で、一般には10〜20cm大のものをいう。粉はセモリナ粉、軟質小麦粉を問わない。また、この生地をソースや具材と層にしてオーブン焼きにした料理もラザーニェといい、祭りや祝い事、パーティなどのご馳走料理として供される。土地によって具材、ソース、チーズの使い方は多様で、肉だけでなく、魚介や野菜を中心にしたものもある。とくに有名なのはボローニャ風と、このナポリ風である。

約15×18cm

### ナポリ風ラグーとリコッタを挟む
ナポリ風ラザーニェは2月のカーニバルの料理。ソースにはナポリの伝統的パスタ料理でおなじみのナポリ風ラグー(P.235)を用い、リコッタ、ポルペッテ、ゆで卵を入れるのが特徴だ。日本でよく知られるボローニャ風はミートソース、ベシャメルソース、パルミジャーノが基本で味が重いが、ナポリ風は煮汁だけのラグーとリコッタがベースとなるため、軽くて一度にたくさん食べられる。私のレシピでは、ソースとのなじみをよくするためにゆで卵の代わりにとき卵を流し、サルシッチャやサラミも入れた豪華版である。

#090
Lasagne alla napoletana
### ナポリ風ラザーニェ

杉原一禎

♯091
ラザンニェ ディ パスタ フレスカ コン グランキョ エ バッカラ
Lasagne di pasta fresca con granchio e baccalà
## 毛蟹とバッカラのラザーニェ

1辺7cmの正方形で使用

**ラザーニェ**
店で仕込む基本の生地（00粉、セモリナ粉、卵、ピュアオリーブ油）で作ったラザーニェ生地。この料理では、カニやバッカラなどの魚介の詰めものと層にするので、肉系の場合よりも生地を薄くしたほうがバランスがよい。

西口大輔

### 魚介入りのグラタン仕立て

豊富な魚介を詰めものにして5層に重ね、グラタン仕立てにしたヴェネツィア風のラザーニェ。魚介の内訳は毛ガニの足肉、バッカラ・マンテカート入りのクリーム、ミンチ状の魚介(イカ、タコ、ホタテ)のラグーで、表面にカニミソ風味の煮汁をぬって蒸し焼きにしている。たっぷりのカニ肉に旨みの濃い複数の魚介ソースがしみて、甘く香ばしい濃厚なカニの風味が満喫できる。

## ファゴッティーニ

● ファゴッティーニの生地の配合
【作りやすい分量】
00 粉 ( マリーノ社 )　800g
セモリナ粉 ( マリーノ社 )　200g
卵黄　8 個分
全卵　5 個
ピュアオリーブ油　少量

● ポレンタとヒヨコ豆の詰めもの
【作りやすい分量】
ポレンタ ( P.245。冷やし固めたもの )200g
ヒヨコ豆のピュレ 70g　ニンニク 1 片
ローリエ 1 枚　粗塩、E.V. オリーブ油、
塩各適量

### #089 白ポレンタとひよこ豆を詰めたファゴッティーニ、鰻のラグー和え

西口大輔

● ファゴッティーニ
▽ポレンタとヒヨコ豆の詰めもの
1. ヒヨコ豆を水に浸けて一晩おく。
2. 水を取り替えてたっぷりの量に浸し、つぶした皮付きニンニク、ローリエ、粗塩を入れて沸かす。アクを取り、弱火で柔らかくなるまで 40 〜 50 分間ゆでる。
3. 水分をきり、少量のゆで汁とともにハンドミキサーでピュレにする。
4. ポレンタをフードプロセッサーで回して柔らかくし、ヒヨコ豆のピュレを加えて回す。E.V. オリーブ油と塩で味をととのえる。
▽成形
1. こねた生地をパスタマシンで厚さ 1mm 以下にごく薄くのばし、5 cm 四方に切り分ける。四隅に水をぬる。
2. 生地を手のひらにのせて中心に詰めものを適量のせ、向かい合う隅同士を中心で貼り合わせ、強く押さえて薄くする。( 成形→ P.51 参照 )

● ウナギのラグー
1. ウナギ ( 約 170g のもの 1 尾 ) を 1 枚に開き、皮を引いて 2 cm 角に切る。塩、中力粉をまぶしてピュアオリーブ油で表面をソテーする。
2. 別鍋にソッフリット ( P.245。10g ) とローリエを入れ、ウナギを加える。赤ワイン ( 100cc ) を注いで強火で 3 分間ほど煮つめる。アクを除き、中火にしてトマトペースト ( 10g )、もどした乾燥ポルチーニのみじん切り ( 15g ) ともどし汁 ( 30cc ) を加えて、さらに約 20 分間煮込む。
● 仕上げ
1. ファゴッティーニ ( 1 人分 10 個 ) を 2 〜 3 分間、塩湯でゆでる。
2. ウナギのラグー ( 1 人分約 100cc ) を温め、ファゴッティーニを和える。イタリアンパセリのみじん切りをふって和える。
3. 器に盛り、E.V. オリーブ油を回しかける。

## ラザーニェ

● ラザーニェの生地の配合
【作りやすい分量。1 台分 300g】
00 粉 ( カプート社 )　200g
強力粉 ( 日清製粉〈カメリア〉)　100g
全卵　3 個
塩　少量
E.V. オリーブ油　少量

● 詰めもの
▽ポルペッテ
【作りやすい分量。1 台分約 20 個】
牛挽き肉 200g　パルミジャーノ 20g　全卵 1 個　パンの白い身 2 枚分　牛乳、塩、黒コショウ、バジリコ ( 刻んだもの )、ヒマワリ油　各適量
▽その他の詰めもの
【1 台分】
リコッタ 250g　ナポリ風ラグー ( P.237 ) 適量　サルシッチャ ( P.249 ) 200g　サラミ ( 薄切り ) 適量　モッツァレッラ適量　とき卵 1.5 個分　バター適量

### #090 ナポリ風ラザーニェ

杉原一禎

● ラザーニェの生地
1. こねた生地をパスタマシンで厚さ 1mm に薄くのばし、型の大きさより小さめの長方形に切る ( 1 台に 4 枚 )。
2. 2 分間、塩湯でゆでて柔らかくし、水水に移して冷やす。布で水気をふく。
● ポルペッテ
1. パンの白い身を牛乳に浸す。
2. 牛挽き肉、パルミジャーノ、全卵、1 のパンの白い身の水気を絞ったもの、塩、黒コショウ、バジリコを合わせ、よくこねる。
3. 直径 1.5cm ほどの小さな球に丸め、ヒマワリ油で素揚げにする。
● 組み立て
1. ボウルにリコッタとナポリ風ラグーを入れて混ぜる ( 7:3 の比率 )。
2. 耐熱容器 ( 今回は 18cm × 29cm、深さ 4cm ) にバターをぬり、ナポリ風ラグーを少量敷く。
3. ラザーニェの生地を並べ、1 のリコッタとラグーの混ぜものの 1/4 量を盛る。ポルペッテ、サルシッチャ、サラミをそれぞれ 1/4 量ずつ重ね、モッツァレッラの 1/4 量をちぎって散らす。ナポリ風ラグー少量ととき卵 1/3 量を流す。
4. 3 の工程をあと 3 回繰り返して 4 段にする。ただし、最後の段はとき卵を入れず、ラグーで終える。
● 仕上げ
1. 表面に薄くパン粉をふり、ちぎったバターをのせて、180℃のオーブンで 40 〜 50 分間焼く。
2. 40℃くらいになるまで冷まし、切り分けて器に盛る。

◆ Point
ナポリ風ラグーは、煮汁のみを使うのが基本だが、肉を少量ほぐして混ぜてもよいと思う。ラザーニェができたら、よく冷ましたほうが生地が落ち着いて切りやすい。

## #091 毛蟹とバッカラのラザーニェ

西口大輔

●ラザーニェの生地の配合
【作りやすい分量】
00粉（マリーノ社）800g
セモリナ粉（マリーノ社）200g
卵黄 8個分
全卵 5個
ピュアオリーブ油 少量

●詰めもの
▽毛ガニ足肉 1個分1.5本
▽毛ガニのブロード
【作りやすい分量】
毛ガニの殻とミソ各2ハイ分　タマネギ（角切り）1個分　ニンジンとセロリ（各角切り）約100g（タマネギの1/2量）　ローリエ1枚　白ワイン少量　トマトペースト大さじ2　水、塩、ピュアオリーブ油各適量
▽クレーマ・ディ・バッカラ
【作りやすい分量】
バッカラ・マンテカート（P.245）200g
ベシャメルソース 70g　塩適量
▽魚介のラグー
【作りやすい分量】
シロイカのエンペラ、マダコの足、ホタテ貝柱各50g　ソッフリット（P.245）20g　白ワイン適量　トマトペースト20g　ローリエ1枚　塩、魚のブロード、ピュアオリーブ油各適量

●ラザーニェの生地
1. こねた生地を、パスタマシンで厚さ1mm以下にごく薄くのばし、適宜の大きさの長方形に切る。
2. 2～3分間、塩湯でゆでて柔らかくし、氷水に移して冷やす。布で水気をふき、1枚ずつラップ紙で挟み、保管する際は冷蔵庫へ入れる。
3. ココットの直径に合わせて正方形に切る（今回は1辺7cm、1個分に6枚）。

●毛ガニ
1. 殻付きの毛ガニを25分間ゆで、ミソ、胴部の肉、足肉を取り出す。足肉はラザーニェの具、殻とミソはブロードに使い、胴部の肉は別料理に利用する。

●毛ガニのブロード
1. 胴部の殻を粗く叩く。
2. タマネギ、ニンジン、セロリの角切りをピュアオリーブ油で炒め、焼き色がついてきたら殻とミソを入れる。塩をふってつぶしながらしっかり炒め、生臭さを飛ばす。
3. 鍋底が茶色に色づいてきたら白ワインをふってアルコール分を飛ばし、トマトペーストをからめる。水をひたひたに入れ、1時間半煮出してこす。

●クレーマ・ディ・バッカラ
1. バッカラ・マンテカートとベシャメルソースを合わせ、火にかけてクリーム状に練り、塩で味をととのえる。

●魚介のラグー
1. シロイカのエンペラ、マダコの足、ホタテ貝柱をミンチにし、泡立器でつぶしながらピュアオリーブ油で炒める。
2. 火がほぼ通ったら、ソッフリットを入れ、白ワインをふってアルコール分を飛ばす。トマトペーストをからめて、塩をふる。
3. 魚のブロードをひたひたに入れてローリエを加え、1時間半煮出す。

●組み立て
1. カニの足肉をほぐし、塩をふる。
2. ココットに生地1枚を敷き、クレーマ・ディ・バッカラ、魚介のラグー、カニの足肉の順に少量ずつ重ねる。同様にあと4回繰り返し、最後に生地1枚をのせる。
3. 毛ガニのブロード少量を煮つめたものと、クレーマ・ディ・バッカラを1:3の比率で混ぜ、最上段の生地にぬる。

●仕上げ
1. ココットを湯煎にして蒸し焼きにする（180℃のスチコンで10分間）。
2. ココットのまま、または皿に取り出し、上面に毛ガニのブロードを煮つめたものを少量垂らす。刻んだイタリアンパセリをふってE.V.オリーブ油をかける。

※ヴェネツィアでカニを使う時は、この料理のように足肉をパスタ料理、胴部の肉をアンティパストに使うのが一般的。また、写真では皿盛りにしたが、営業ではココットのまま供している。

## ラザニェッテ

### ラザニェッテ

ミニサイズのラザーニェ。サイズが小さくてもオーブン焼きにすることが多いが、ここではサラダ仕立ての冷製パスタ料理に利用した。冷製だと生地が締まり、固くなりがちなのでできるだけ薄くのばして使う。写真にある緑色の模様は、イタリアンパセリを生地の間に挟んでのばしたもの。香りの効果はなく、飾りが目的。

1辺3.5cmの正方形

### 冷製サラダ風のミニ・ラザーニェ

ソレント近郊の修業先で提供していたスタイルで、ラザニェッテを野菜とバッカラ・マンテカートと層にしてサラダ風に仕立てたもの。南イタリアでもバッカラはよく食すが、マンテカートにすることは珍しく、このレストランのオリジナルな料理だと思われる。ニュートラルな味のラザニェッテが緩衝材的な役割となり、濃厚なバッカラ・マンテカートをよりおいしく感じさせると思う。パスタ料理としてはもちろん、アンティパストにもなる。

#092
ラザニェッテ コン バッカラ マンテカート アル ポモドーロ
Lasagnette con baccalà mantecato al pomodoro

### バッカラ・マンテカート、トマト、さやいんげんのラザニェッテ

杉原一禎

## カネロニ

### カネロニ

「カンナ(管)」が語源で、カネロニは「大きな管」のこと。シート状のパスタ生地でさまざまな詰めものを巻き、細長いロールにして調理する。伝統的にはロールを並べ、ソースをかけてオーブン焼きにするが、紹介したのはスープ仕立て。カネロニの中には、ゆでて刻んだヒナ鶏の肉とブロッコリ・ディ・ナターレ(葉の多いタイプのブロッコリ)を詰めてある。

長さ7〜10cm

### カネロニで作るクリスマスのミネストゥラ

ナポリの伝統的なクリスマスのスープで、味の濃いブロードにブロッコリ・ディ・ナターレと肉を入れるのが決まり。パスタは、短く折ったスパゲッティやトルテッリーニなどもよく使う。今回の料理はブロッコリ、肉、ブロードの3つの味の一体化を狙ったもので、ブロッコリのゆで汁で丸ごとのヒナ鶏を煮出してブロードをとり、ブロッコリと肉は刻んでカネロニの詰めものとしてブロードに浮かべた。

#093
カンネッローニ ディ ポッロ エ ブロッコリ ディ ナターレ
Cannelloni di pollo e broccoli di natale
イン ブロード
in brodo

### 雛鶏とブロッコリ・ディ・ナターレのカネロニ入りミネストゥラ

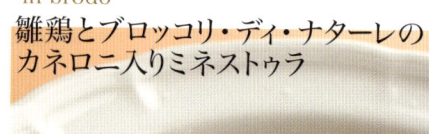

杉原一禎

♯ 094
Cannelloni di asparagi verdi con salsa peverada
## グリーンアスパラガスのカンネッローニ、サルサ・ペヴェラーダ添え

長さ10cm

**カネロニ**
カネロニの詰めものには、流れ出ない程度の濃度をもったラグー、素材を細かく刻んだもの、ピュレ状にしたものなどを詰めるのが基本だが、この料理ではアスパラガスをそのまま芯にして巻いた。

西口大輔

### アスパラガスを丸ごと包んだカネロニ
イタリアでは、春の旬の時季にグリーンアスパラガスを全品に使ったコースを組むことが多く、パスタ料理にアスパラガスを丸ごとの形で生かすことも珍しくない。店でも毎年催しているアスパラガスフェアで、このカネロニを供している。添えたソースはヴェネト州の郷土料理のサルサ・ペヴェラーダ。サラミや豚赤身肉、鶏レバーを材料に、コショウをきかせて煮るミートソース状のものである。

## ラザニェッテ

●ラザニェッテの生地の配合
【作りやすい分量】
00粉（カプート社）　1kg
卵黄　30〜36個分
イタリアンパセリ　適量

●詰めもの
▽バッカラ・マンテカート
【作りやすい分量。1人分スプーン3】
バッカラ1/2枚、ニンニク3片、E.V.オリーブ油、塩各適量
▽野菜
【1人分】
サヤインゲン3本、塩、黒コショウ、レモン汁、E.V.オリーブ油各適量／フルーツトマト1/2個、バジリコ、ニンニク、塩、黒コショウ、E.V.オリーブ油各適量

※ゆでたラザニェ生地は、一般に冷水で冷やすが、この料理は冷製で仕上げるので、締まりすぎて固くならないように、湯（50℃）に浸して生地の温度を下げる。この時に生地の塩分が洗い流されるので、湯にも塩味をつけておく。また、生地の水分を完全にふき取ると乾いて味気ないので、ふり落とすくらいがよい。

### #092
### バッカラ・マンテカート、トマト、さやいんげんのラザニェッテ
杉原一禎

●ラザニェッテの生地
1. 00粉、卵黄を合わせてよくこね、ビニール袋で包んで冷蔵庫で3〜4時間以上休ませる。水分が少ないので生地は固い。
2. パスタマシンで薄くのばす。パスタ2枚の間にイタリアンパセリを散らして挟み、マシンに数回通してごく薄くのばす。3.5cm四方の正方形に切り分ける。

●バッカラ・マンテカート
1. バッカラを4日間水にさらして塩抜きする。水は毎日取り替える。
2. バッカラを沸騰した湯に入れて4〜5分間ゆでる。水分をふき取って、皮と骨を除いて身をほぐし、フードプロセッサーにかける。
3. つぶしたニンニクをE.V.オリーブ油で炒め、香りを油に移す。
4. ミキサーでバッカラとニンニク風味の油を攪拌し、ペーストにする。塩で味をととのえる。

●野菜の下処理
1. サヤインゲンを塩ゆでし、冷水で冷やす。水気をふき、やや長い斜め切りにして塩、黒コショウ、レモン汁、E.V.オリーブ油で調味する。
2. トマトのマリネを作る。フルーツトマトをくし形切りにし、小口から切り分ける。ちぎったバジリコ、ニンニクの薄切り、塩、黒コショウ、E.V.オリーブ油で調味する。

●仕上げ
1. ラザニェッテ（1人分3枚）を1分間、塩湯でゆでる。塩を入れたぬるま湯に移して冷まし、取り出して水分をふり落とす。
2. 器にトマトのマリネを敷き、上にラザニェッテの生地、トマトのマリネ、バッカラ・マンテカート、サヤインゲンをのせる。これを2回繰り返して層にする。
3. ペスト・ジェノヴェーゼ（P.249）をE.V.オリーブ油少量でのばし、数カ所に垂らす。セルフイユを飾って黒コショウをふる。

◆応用例
春の時季は、サヤインゲンをグリーンピースやソラ豆に代えると季節感が出る。

---

## カネロニ

●カネロニの生地の配合
【作りやすい分量】
セモリナ粉（カプート社）　200g
水　100g

●鶏とブロッコリ・ディ・ナターレの詰めもの
【作りやすい分量。1本分スプーン3】
ヒナ鶏肉1羽分、ブロッコリ・ディ・ナターレ300g、塩、黒コショウ、パルミジャーノ、E.V.オリーブ油各適量

※ブロッコリ・ディ・ナターレは直訳すると「クリスマスのブロッコリ」。名前の通り、クリスマスの時期に出回る青菜で、たいてい今回のようなスープに使う。用途からブロッコリ・ディ・ミネストゥラとも呼ばれる。

※スープ仕立てでは、カネロニをそのままの大きさで盛ると食べにくい。盛りつけの際に2等分してスプーンにのる大きさにする。

### #093
### 雛鶏とブロッコリ・ディ・ナターレのカネロニ入りミネストゥラ
杉原一禎

●ブロード
1. ヒナ鶏1羽（300〜400g）を掃除し、丸ごとしっかりと塩をふって一晩ねかせる。
2. ブロッコリ・ディ・ナターレ（300g）を薄い塩加減でゆでる。ゆで汁はブロード用に、ブロッコリは詰めもの用に取りおく。
3. つぶしたニンニクをE.V.オリーブ油で炒め、香りが出たら刻んだラルド（20g）を加えて炒める。脂分が溶けてきたらブロッコリのゆで汁（1ℓ）、タマネギ（丸ごと1個）、ローリエを加えて沸かす。
4. しばらくゆでて、タマネギの生っぽい香りがなくなったらヒナ鶏を入れる。ごく弱火で約8分間ゆでて火を通す。
5. ヒナ鶏を取り出し、モモ肉と胸肉を切り出して休ませ、詰めもの用に取りおく。
6. ガラと手羽などをゆで汁に戻し、ヒナ鶏とブロッコリの香りが渾然一体となるまで20分間ほど煮る。こしてブロードとする。

●カネロニ
▽鶏とブロッコリ・ディ・ナターレの詰めもの
1. 5のヒナ鶏の肉と2のブロッコリを、細かく刻んで合わせる。塩、黒コショウ、パルミジャーノ、E.V.オリーブ油で和える。
▽成形
1. こねた生地を薄くのばして7〜10cm大の長方形に切り分ける。
2. 片面全体にとき卵を塗り、詰めものを一面に広げる。端からのり巻き状に巻いてロールにする。（成形→P.49参照）

●仕上げ
1. ブロードを沸かし、カネロニを入れて弱火で3分間ほど煮る。
2. カネロニを2等分して器に盛る。
3. ブロードを注ぎ、パルミジャーノをふる。

◆ Point
肉と青菜をカネロニに詰めてスープで煮ることで、肉はパサつきにくく、青菜もくたくたに煮くずれない。また、パスタ生地で完全に包み込んでいないのでスープとの一体感も増す。

#094
## グリーンアスパラガスのカンネッローニ、サルサ・ペヴェラーダ添え

西口大輔

●カネロニの生地の配合
【作りやすい分量】
00粉(マリーノ社) 800g
セモリナ粉(マリーノ社) 200g
卵黄 8個分
全卵 5個
ピュアオリーブ油 少量

●アスパラガスの詰めもの
【1人分】
グリーンアスパラガス1本、バター、塩、黒コショウ各適量

●カネロニ
▽アスパラガスの詰めもの
1. グリーンアスパラガスを掃除して塩ゆでする。冷水で冷やして水分をふき、3等分に切る。
2. バターでソテーし、塩、黒コショウをふって冷ましておく。
▽成形
1. こねた生地をパスタマシンで厚さ1mm以下にごく薄くのばす。横10cm×縦13cmに切り分け、アスパラガスを1個ずつ巻く。

●サルサ・ペヴェラーダ
1. タマネギの薄切り(1個分)をたっぷりのサラダ油でソテーし、しんなりしたら豚肩肉(赤身のみのさいの目切り。500g)、ソップレッサ(ヴェネト州特産のサラミ。300g)、鶏レバー(300g)の粗みじん切りを入れて炒める。
2. 鶏のブロードを少しずつ足しながら、常時ひたひたの状態で2時間煮る。
3. フードプロセッサーで回し、つぶした黒コショウとレモン汁を加えて混ぜ、容器に移して冷蔵庫で一晩ねかせる。
4. 使う時に浮いた脂を取り除き、人数分を鍋にとってサラダ油かブロード少量でのばして温める。レモン汁で味をととのえる。

●仕上げ
1. グラタン皿にバターをぬり、カネロニ3個を並べて、表面にバターをぬる。グラーナ・パダーノをふり、180℃のオーブンで7～8分間焼く。
2. 器に盛り、サルサ・ペヴェラーダ(1人分約60g)を盛って、レモン汁とグラーナ・パダーノ、黒コショウをふる。

◆応用例
カネロニの詰めものはロースト肉のピュレ、ホウレン草とリコッタ、キノコのホワイトソース和えなどがポピュラー。カルチョフィのペーストも個性が出てよいと思う。

# ロートロ

#095
Rotolo di pasta fresca
con radicchio trevisano e asiago
## ラディッキオとアズィアーゴのロートロ

直径5cm

**ロートロ**
筒状に巻いたもののことで、パスタ料理ではシート状の生地で詰めものを巻き、切り分けてオーブン焼きにしたものをいう。カネロニ（P.160〜161）も筒状に巻いたものだが、ロートロのほうが太くて長く、切り口を上にして焼くところに違いがある。サイズは直径5cm前後、長さ30〜40cmと太巻き寿司並み。エミリア＝ロマーニャ州を中心とする北部の料理で、詰めものにさまざまな旬の素材を使って季節の味を楽しむ。写真上は半分に切ったもの。

西口大輔

### オーブン焼きのロールパスタ

北部のパスタ料理ということから、私が好んで使う北イタリアの冬野菜とチーズ——ヴェネト州のラディッキオ・ロッソ、アズィアーゴチーズ、ロンバルディア州のチリメンキャベツ——を詰めものにした。野菜は小片にしてソテーし、薄切りのアズィアーゴとラグーなどとともに生地で2〜3重に巻いてある。舌の上でもたつかないように生地は極薄にすることが肝要で、さらに詰めものの中心に生地を挟んで巻くと、生地と詰めものが口の中でバランスよく混ざってよい。

## トゥロンケッティ

**トゥロンケッティ**
トゥロンケッティは「小さい切り株」を意味し、切り株形に作るのが特徴。おもにクリスマスケーキに使われる名前だが、料理の場合は薄い生地に詰めものをして細いロールにし、小さく切り分けたものを束にして切り株に見立てる。この料理を知ったのはイタリアの料理雑誌で、掲載されていたのはクレープ生地でチーズを巻いたもの。店では、パスタ生地に置き換えて作っている。

直径7cm、高さ3cm

### ホタテ立貝を詰めた切り株風パスタ

ホタテ貝のヒモと貝柱をピュレにして、極薄のパスタ生地に詰めたトゥロンケッティ。生地は最初にゆでて火を通してから成形し、オーブンで焼き上げる。ソースは詰めものとの相性から、ホタテ貝の卵巣をラディッキオ・ロッソとともにソテーしたもの。料理としてのトゥロンケッティの歴史は新しいが、カネロニのバリエーションの一つと考えれば詰めものやソースを自在に変えることができ、またオペレーション上も提供しやすい料理である。

#096
トゥロンケッティ　グラティナーティ　コン　カペサンテ
Tronchetti gratinati con capesante
### 帆立貝のトゥロンケッティ

西口大輔

## クレスペッレ

**クレスペッレ**
フランスのクレープが原形で、現在ではイタリアの北部を中心にパスタの一種として普及している。ここで紹介したのは小麦粉、卵、牛乳、バター、塩で作るベーシックな配合の生地。シート状のパスタと同様に、具材と層にしてミルフイユやラザーニェ風にしたり、芯に詰めものをしてカネロニ風にしたりといろいろな仕立て方ができる。

直径17cm

### 宴会調理向きのクレープのミルフイユ

自家製のハムと、ヴァッレ・ダオスタ州特産の山のチーズ、フォンティーナをクレスペッレと層にしたミルフイユ仕立て。重ねておくところまでを準備しておけば、提供直前にオーブン焼きするだけでよく、見た目の美しさもあって宴会料理に向いている。仕上げにオーブンで焼くことでクレスペッレの生地がふんわりと軽くなり、また香ばしさもついて独特のおいしさが生まれる。

#097
ミッレフォッリエ　ディ　クレスペッレ
Millefoglie di crespelle
コン　プロシュット　コット　エ　フォンティーナ
con prosciutto cotto e fontina
### プロシュット・コットとフォンティーナを詰めたクレープのミルフイユ仕立て

西口大輔

## ロートロ

●ロートロの生地の配合
【作りやすい分量】
00粉(マリーノ社) 800g
セモリナ粉(マリーノ社) 200g
卵黄 8個分
全卵 5個
ピュアオリーブ油 少量

●ラディッキオとアズィアーゴの詰めもの
【1本分】
ラディッキオ・ロッソ(タルディーヴォ)200g
チリメンキャベツ80g アズィアーゴ(牛乳製セミハードチーズ)120g ボローニャ風ラグー(ミートソース。P.244)、ベシャメルソース各160g ニンニク1片 ピュアオリーブ油、バター、グラーナ・パダーノ、塩、黒コショウ各適量

#095
### ラディッキオとアズィアーゴのロートロ

西口大輔

●ロートロ
▽生地の準備
1. こねた生地を厚さ1mm以下にごく薄くのばし、およそ22×45cmに切る。人数分を同様に切る。
2. 2〜3分間、塩湯でゆでて柔らかくし、氷水に移して冷やす。布で水気をふき、1枚ずつラップ紙で挟み、保管する際は冷蔵庫へ入れる。

▽ラディッキオとアズィアーゴの詰めもの
1. つぶしたニンニクをピュアオリーブ油で炒め、ニンニクの香りが出てきたら2〜3cm角に切ったラディッキオをソテーし、塩をふる。
2. チリメンキャベツも2〜3cm角に切ってさっと塩ゆでする。水気をふいてバターでソテーし、塩をふる。
3. アズィアーゴを3cm×5cm、厚さ5mmほどの短冊形に切る。
4. ボローニャ風ラグー(ミートソース)とベシャメルソースを混ぜる。

▽成形
1. ラップ紙数枚分をずらして広げ、約50cm四方にする。
2. 生地を保管用のラップ紙から取り出し、1のラップ紙の中央に縦長に置く。
3. 生地の奥側の端を幅5cm分、切り離して取りおく。
4. 生地の手前側に、混ぜたソースを4〜5cm幅にぬり、上にラディッキオとチリメンキャベツを散らしてアズィアーゴを並べ、グラーナ・パダーノと黒コショウをふる。
5. 取りおいた3の生地を、詰めものの中央から奥側に重ねる。
6. 手前側のラップ紙を持ち上げてのり巻きの要領で生地と詰めものを巻いてロールにする。外側をラップ紙で巻く。
7. 左右両端にはみ出ているラップ紙を手で押さえながらロール部分を前後に転がして巻きを固くする。
8. 金串でロールに3ヵ所ほど穴を開けて空気を抜き、全体をラップ紙で包んで、7と同様に転がして巻きを固くする。この工程をもう一度繰り返す。
9. ラップ紙の左右の両端を強くねじるか結ぶかして形を固定し、1時間ほど冷蔵庫で休ませる。(成形→P.51参照)

●仕上げ
1. ロートロからラップ紙をはがし、3〜4cm幅に切る。
2. パイ皿にバターをぬってロートロを並べ、グラーナ・パダーノをふってバター少量をのせる。
3. 180℃のオーブンで6分間焼いたのち、サラマンダーで表面をカリッと焼く。

◆Point
ラディッキオ・ロッソは肉厚で繊維質のある食感が特徴なので、形を残すように切ってシャキッとした歯ごたえを生かす。

◆応用例
もっともベーシックな詰めものは、ホウレン草とボローニャ風ラグー(ミートソース)。

## トゥロンケッティ

●トゥロンケッティの生地の配合
【作りやすい分量】
00粉(マリーノ社)　800g
セモリナ粉(マリーノ社)　200g
卵黄　8個分
全卵　5個
ピュアオリーブ油　少量

●ホタテ貝の詰めもの
【作りやすい分量。1本分40g×4で1台】
ホタテ貝 10個　ニンニク1片　ピュアオリーブ油適量　魚のブロード150cc　ベシャメルソース 30g　塩適量

# 096
### 帆立貝のトゥロンケッティ
西口大輔

●トゥロンケッティ
▽ホタテ貝の詰めもの
**1.** ホタテ貝のヒモをしっかり水洗いして水分をきり、貝柱とともに適宜の長さに切る。
**2.** つぶしたニンニクをピュアオリーブ油で炒め、香りが出てきたらヒモと貝柱を炒める。火が通ったら魚のブロードを加えて20分間ほど煮込む。
**3.** ヒモと貝柱を取り出してフードプロセッサーでピュレにする。ベシャメルソースで和え、塩で味をととのえる。煮汁はソース用に取りおく。
▽成形
**1.** こねた生地を、パスタマシンで厚さ1mm以下の極薄にのばす。12cm×11cmに切り分け、1台分に4枚用意する。
**2.** 生地を2分間、塩ゆでし、冷水で冷やして水分をふき取る。
**3.** 3枚を横長に置き、それぞれ手前の辺に沿って詰めものをのせる。手前から巻き込み、奥の辺に沿ってベシャメルソース少量をぬって止める。それぞれ4等分(幅3cm)に切り分ける(計12個ができる)。
**4.** 残った1枚の生地は4等分(幅3cm)に切っておく。
**5.** 3の切り口を上下にして12個分を1束にまとめ、周りを4の生地を適宜ぐるりと巻いてタコ糸で縛る。

●ホタテ貝とラディッキオのソース
**1.** ホタテ貝の卵巣(オレンジ色の部分。10個分)とラディッキオ・ロッソ・ディ・トレヴィーゾ〈タルディーヴォ〉(50g)を粗く刻む。
**2.** 卵巣をピュアオリーブ油で炒め、表面に火が入ったら、ラディッキオを加えて炒める。塩と、取りおいたホタテ貝の煮汁を適量加えて味をととのえる。

●仕上げ
**1.** パイ皿にピュアオリーブ油をぬり、トゥロンケッティを置いて180℃のオーブンで10分間弱焼く。
**2.** トゥロンケッティの周りの生地とタコ糸をはずして器に盛り、ホタテ貝とラディッキオのソース(1人分約80g)をかけてイタリアンパセリを飾る。周りにE.V.オリーブ油を垂らす。

※タルディーヴォは晩成種のこと。

## クレスペッレ

●クレスペッレの配合
【作りやすい分量。8〜10枚で1台】
準強力粉(日清製粉〈リストオル〉)　75g
全卵　3個
牛乳　200g
塩　ひとつまみ
溶かしバター　15g

●詰めもの
【1台分】
プロシュット・コット(P.246。薄切り)　200g
フォンティーナ(薄切り)　120g

# 097
### プロシュット・コットとフォンティーナを詰めたクレープのミルフイユ仕立て
西口大輔

●クレスペッレのミルフイユ
▽クレスペッレ
**1.** 全卵、牛乳、塩、溶かしバターをボウルに合わせてときほぐし、中力粉を加えてさっくりと混ぜる。冷蔵庫で1時間ほど休ませる。
**2.** 直径20cm(内径約17cm)のフライパンを火にかけてサラダ油をぬり、生地を薄く流して焼く。焼き色がついたら裏返しにして同様に焼く。網の上に取り出して冷まし、残りも同様に焼く。
▽成形
**1.** 器にクレスペッレ1枚を敷き、プロシュット・コットとフォンティーナを数枚ずつ重ねる。これらを繰り返し重ねて8〜10層にする。

●2種類のソース
**1.** 生クリーム(150cc)を沸かし、グラーナ・パダーノ(30g)を入れて溶かす。塩、黒コショウで味をととのえる。
**2.** 別鍋で赤ワイン(300cc)を濃度がつくまで煮つめ、スーゴ・ディ・カルネ(100cc)を加えてさらに煮つめ、濃度のあるソースにする。

●仕上げ
**1.** ミルフイユを放射状に1人分1/8にカットし、180℃のオーブンで7〜8分間温める。
**2.** 器に盛り、生クリームのソース(1人分20g)、赤ワインのソース少量を垂らし、セルフイユを飾る。

◆応用例
イタリアでの修業中には、ラディッキオのソテー、ホロホロ鳥のラグー、ベシャメルソースなどを使ってミルフイユ仕立てにしていた。また、ボリュームや形を変えればストゥッツィキーノ(つきだし)やアンティパストとしても提供できる。

## スクリペッレ

#098
スクリペッレ ンブッセ エ ウォーヴォ アル テガミーノ
Scripelle m'busse e uovo al tegamino
**全粒粉の田舎風スクリペッレのブロード仕立て、目玉焼き添え**

直径17cm

**スクリペッレ**

キタッラ(P.61)に次ぐ、アブルッツォ州を代表するパスタ。フランスのクレープがこの地に伝わったとされ、州北部のテーラモがイタリアでのルーツといわれる。今では隣接するモリーゼ州でも一般的だ。標準語ではクレスペッレ(P.165)だが、この土地では方言でスクリペッレと呼ぶ。小麦粉、水、全卵、塩が基本材料で、今回は00粉に全粒粉を混ぜ、牛乳とバターを加えてコクを出した。この土地では、フランスのクレープよりも厚めに焼く。

小池教之

### 基本はブロード仕立てのクレープ

スクリペッレの調理法の中で、もっとも素朴で基本のものが土地の方言でいう「ムブッセ」。スープに浮かべる「イン・ブロード」である。厚めに焼いた存在感のあるスクリペッレらしさが一番に表われる仕立て方だと思う。アブルッツォ州は豚肉料理の盛んな土地なので、ここではスクリペッレをラードで焼いて香りをつけた。加えて目玉焼きを添え、ペコリーノをふって、かの地の農家の素朴な食事風景を彷彿とさせるものにした。

## スクリペッレ

### ♯098 全粒粉の田舎風スクリペッレのブロード仕立て、目玉焼き添え

小池教之

### ●スクリペッレの配合
【10枚分】
全粒粉（マリーノ社） 45g
00粉（マリーノ社） 95g
全卵 2個
牛乳 250g
塩 5g
バター 15g

※粉の1/3量を全粒粉にして、素朴な田舎風の味わいを出しつつ小麦の香りを立たせるレシピにした。材料を合わせて一晩以上休ませれば香りが立ってくる。

### ●スクリペッレ

**1.** 全粒粉と00粉をボウルに合わせる。牛乳、塩、バターは鍋に合わせて湯煎にかけ、溶かす。粗熱を取る。

**2.** 粉に牛乳を少量ずつ加えながら、ダマができないように泡立て器で混ぜる。次にときほぐした全卵を加えて混ぜる。ラップ紙をかぶせて冷蔵庫で一晩休ませる。

**3.** 直径20cm（内径約17cm）の鉄製のフライパンにラード（背脂をミンサーで挽いたペースト）をごく薄くぬり、温める。生地を約50g入れて全体に広げ、キツネ色に焼き色がつくまで焼く。裏返して、さっと焼き固めて取り出す。残りも同様に焼く。

### ●スープ

**1.** コンソメをとる。鍋に、鶏挽き肉（1kg）と卵白（5〜6個分）、それぞれ刻んだ黒コショウ、ローリエ（ドライ）、コリアンダー各適量、白ワイン（200cc）を入れてよく混ぜる。

**2.** 1に鶏のブロード（4ℓ）を加えて火にかけ、弱火で3時間ほど煮出して澄ませる。こしてコンソメとする。

**3.** コンソメを人数分、鍋にとり、サフラン、アニス酒、塩各少量を入れて温める。

### ●仕上げ

**1.** フライパンにE.V.オリーブ油をひいて目玉焼きを作る。卵黄に火を入れすぎないよう、弱火で時間をかけて火を入れる。

**2.** スクリペッレを太めに巻いて器に盛り（1人分2本）、熱いスープ適量を注ぐ。目玉焼きをのせ、ペコリーノ・ロマーノと黒コショウをふる。

◆応用例

カネロニのように具を巻く、あるいはラザーニェのように重ねるなどしてオーブン焼きにもできる。また、タリアテッレのように細く切り、ソースで和える食べ方もある。

# GLI GNOCCHI E LE PASTINE

第6章

ニョッキ
＆
手打ちパスタ・粒

## ジャガイモのニョッキ

**ジャガイモのニョッキ**
ニョッキの名は、昔の言語で「指の節」を意味する「ノッカ」に由来する。小さな塊に作ることからの名前のようだ。古代は粉を水でこねて作ったが、新大陸からジャガイモが持ち込まれたことでジャガイモのニョッキが生まれ、主流となった。柔らかくゆでてつぶした熱々のジャガイモに、小麦粉、卵、おろしチーズなどを加えて練らずに合わせるのが基本の工程で、独特のふわりとした食感が最大の魅力である。

2cm四方

### チーズソースで和えるピエモンテ風

ジャガイモのニョッキは各地で作られ、土地ごとにいろいろなソースがあるが、これはピエモンテ州のチーズソース仕立て。同地の修業先では特産チーズのカステルマーニョのみでクリアな味にまとめていたが、ここではカステルマーニョの爽やかな酸味とバランスをとりながら、脂肪分の多い山のチーズ、フォンティーナを加えてチーズの強いコクと香りを補った。味に厚みを持たせたぶん、ニョッキは現地のものより大きめに作ってソースとの一体感を損ねないようにした。

♯099
ニョッキ ディ パターテ アル カステルマンニョ エ フォンティーナ
Gnocchi di patate al castelmagno e fontina

### じゃがいものニョッキ、カステルマーニョとフォンティーナのクレーマ

小池教之

**ジャガイモのニョッキ**
小さな塊に切った生地を、フォークで筋をつけながら丸めたニョッキ。写真は標準的なサイズだが、ソースの濃度によって若干、大きさや固さを変えている。料理になった時にジャガイモの風味がしっかりと立ち、モチッ、ニュル、ツルンといういろいろな食感が交じり合ったものを理想としている。

1.5cm大

### トマト、モッツァレッラ、バジリコのソース

ナポリっ子にとって、手打ちパスタに欠かせないのがニョッキとラザーニェ。意外にもニョッキは好んで食べられている。ソースはいろいろだが、私が最も好きなのがソレント風で、トマトソース、モッツァレッラ、バジリコが必須材料。土地の産物の組み合わせだが、トマトの酸味が重くなりがちなニョッキを食べやすいものにし、モッツァレッラのミルキーなコクがきいて実に味わい深い。ソースはニョッキにぴったりとまとわりつく濃度と量が必要である。

♯100
ニョッキ アッラ ソッレンティーナ
Gnocchi alla sorrentina

### ソレント風ニョッキ

杉原一禎

## ニョッキのラヴィオリ

ニョッキのラヴィオリ
ジャガイモのニョッキ生地にチーズの詰めものをしたラヴィオリで、ふわっとしたニョッキの食感が生きたやさしい味わい。ナポリの修業先で学んだ料理だが、近年に生まれたリストランテ料理と思われる。柔らかく、くずれやすい生地なので、周囲を全て型抜きせず、2ツ折にした生地の袋状の部分を円周の一部として生かすようにする。

直径約3cm

### フレッシュチーズを詰めたニョッキ

元は牛乳のリコッタを詰めるラヴィオリだが、写真は夏バージョンでヤギ乳のフレッシュチーズを詰めたもの。牛乳のリコッタでは夏場は重く感じられるので、酸味のあるヤギ乳チーズの、非熟成タイプを使うことで軽くさっぱりと仕上げた。ソレントからアマルフィの海岸沿いの地域では、特産の魚介を使ったソースで仕上げることが多く、この料理もムール貝をシンプルにオリーブ油で炒め、プティトマトの酸味を少量加えている。

## #101
### Ravioli di gnocchi con le cozze e pecorino fresco
ラヴィオーリ ディ ニョッキ コン レ コッツェ エ ペコリーノ フレスコ

### ニョッキ生地のラヴィオリ、ムール貝とペコリーノ・フレスコ風味

杉原一禎

## アンズを詰めたニョッキ

アンズを詰めたニョッキ
ジャガイモのニョッキの生地でアンズを包んだアルト・アディジェ地方の料理。隣のフリウリ＝ヴェネツィア・ジュリア州ではプラムを詰めたものが知られる。この地域は中央ヨーロッパ文化の影響を受けており、果実を詰めたニョッキはチェコやスロヴァキアなど、ボヘミア地方が起源といわれる。当地では甘い菓子として作られたが、イタリアでは独特の甘じょっぱい味つけの料理に変わった。写真は標準的なサイズで、通常のニョッキよりかなり大型。

直径4.5～5cm

### 甘じょっぱい仕立てのニョッキ

最もベーシックなソースは溶かしバターにグラニュー糖を混ぜたものだが、ここでは上質な発酵バターを、焦がしバターにしてケシの実も混ぜた。しっかり塩気も感じるソースを合わせることで次のセコンド・ピアットとのバランスをとりつつ、十分な存在感を出すことを狙っている。もちろんシナモンや砂糖もきかせており、この土地特有の甘い味わいは健在だ。

## #102
### Gnocchi di patate alle albicocche
ニョッキ ディ パターテ アッレ アルビコッケ

### あんずを詰めたニョッキ

小池教之

## ジャガイモのニョッキ

●ジャガイモのニョッキの配合
【作りやすい分量。1人分60g】
ジャガイモ（ゆでたもの）　500g
00粉（マリーノ社）　170g
卵黄　2個分
パルミジャーノ　30g
ナッツメッグ　少量
塩　適量

※大きさは1.5cm前後が標準。棒状にしたものを切り分けた筒形や、筋をつけながら丸めたものが一般的な形。

# 099
## じゃがいものニョッキ、カステルマーニョとフォンティーナのクレーマ

小池教之

●ジャガイモのニョッキ
1. ジャガイモを柔らかく塩ゆでする。皮をむいて、熱いうちに裏ごしする。
2. ジャガイモに他の材料を全て加え、カード2枚で切るように混ぜ合わせる。全体がまとまったら、台に取り出し、手のひらで台に押しつけては折りたたむ工程を数回繰り返してなめらかに仕上げる。こねて粘りを出さないようにする。
3. 直径約2cmの棒状に丸め、約2cm間隔で切り分ける。

●チーズソース
1. つぶしたニンニク（1片）、セージ（3枚）、バター（スプーン2）を合わせて火にかけ、色づけずにニンニクとセージの香りをバターに移すように温める。
2. 生クリーム（1人分レードル1/2杯）と仔牛のブロード（レードル1杯）を加え、弱火にしてゆっくりと煮つめる。細かく刻んだフォンティーナ（10g）とすりおろしたカステルマーニョ（20g）を入れて、ゴムべらでゆっくりと混ぜながら溶かす。

●仕上げ
1. ニョッキ（1人分20個）を塩湯でゆでる。
2. ニョッキが水面に浮いてきたら穴杓子ですくって湯をきる。チーズソースに入れ、和える。かき混ぜるのではなく、ゴムべらで鍋底のソースをこそげ取るような感覚でニョッキと混ぜる。
3. ニンニクとセージを除いて器に盛り、すりおろしたカステルマーニョをふる。

◆ Point
ソースは決して煮立たせず、ゆっくりチーズを溶かす。固まりやすいので、ブロードでつなぎながらなめらかにする。クルミを加えてもおいしい。

●ジャガイモのニョッキの配合
【作りやすい分量。1人分100g】
ジャガイモ（ゆでたもの）　500g
00粉（カプート社）　150g
卵黄　2個分
E.V. オリーブ油　少量
塩　適量

※ジャガイモは時季や個体差によって味や水分が異なるので、配合をそのつど微調整し、ニョッキの大きさも若干変えている。たとえばジャガイモの水分が多く、つなぎの小麦粉を多く必要とした時はニョッキを小さめに、逆に小麦粉が少なくすめば大きめに切るようにして、1個1個にジャガイモの味が明確に感じられるようにしている。特に8〜10月産のものが、ジャガイモでんぷんと小麦粉のグルテンとがバランスよくまとまって作りやすい。

# 100
## ソレント風ニョッキ

杉原一禎

●ジャガイモのニョッキ
1. ジャガイモを柔らかく塩ゆでする。皮をむいて、熱いうちにポテトマッシャーでつぶす。
2. ジャガイモに塩、E.V. オリーブ油、卵黄、00粉の順に加え、練りすぎないようにして生地をまとめる。
3. 生地を直径1cm強の棒状にのばし、1cm強の幅に切り分ける。切り口を上下にしてフォークの背にのせ、指で転がして筋をつける。（成形→P.52参照）

●トマトソース
1. つぶしたニンニク（1片）をE.V. オリーブ油（20cc）で炒める。
2. ニンニクの香りが出たらバジリコ（ナポリ種。1枝）、パッサータ・ディ・ポモドーロ（トマトの裏ごし。瓶詰品。180cc）を加え、粗塩で下味をつける。濃度と旨みが出るまで軽く煮込む。

●仕上げ
1. ニョッキを塩湯でゆでる。
2. ニョッキが水面に浮いてきたら穴杓子ですくって湯をきり、トマトソース（1人分レードル1杯）に入れる。パルミジャーノ、ペコリーノ・ロマーノ、ちぎったバジリコ（ナポリ種）、モッツァレッラ（水牛製）の角切りを加えて和える。
3. 皿に盛り、パルミジャーノをふる。

◆ Point
水牛製のモッツァレッラはジューシー感とミルキーな風味を失わないよう、火を入れすぎないこと。モッツァレッラを加えたら、そこに空気を入れ込むイメージでふわっと和える。

◆応用例
旨みがやや強いが、ナポリではナポリ風ラグー（P.235）を合わせることも多い。

## ニョッキのラヴィオリ

●ニョッキ生地の配合
【作りやすい分量】
ジャガイモ　350g(中3個)
薄力粉(日清製粉〈バイオレット〉)
　　　　　ジャガイモの重量の35%
卵黄　1個分
E.V. オリーブ油　少量
塩　適量

●チーズの詰めもの
【作りやすい分量。1個分 ティースプーン1/2】
ヤギ乳のフロマージュ・ブラン100g　ペスト・ジェノヴェーゼ(P.249。スプーン1)、塩　適量

※ニョッキ生地はくずれにくいよう、通常のニョッキより小麦粉を若干多めの比率にして、固めに作る。

※ヤギ乳のフロマージュ・ブランは、ヤギ乳を乳酸菌で発酵させた柔らかいフレッシュチーズ。

# #101
## ニョッキ生地のラヴィオリ、ムール貝とペコリーノ・フレスコ風味

杉原一禎

●ニョッキのラヴィオリ
▽ニョッキ生地
1. ジャガイモを柔らかく塩ゆでする。皮をむいて、熱いうちに裏ごしにする。
2. ジャガイモに塩、E.V. オリーブ油、卵黄、強力粉の順に加え、練りすぎないようにして生地をまとめる。
▽チーズの詰めもの
1. ヤギ乳のフロマージュ・ブランにペスト・ジェノヴェーゼを加え、塩で味をととのえる。
▽成形
1. ニョッキ生地に強力粉(分量外)で打ち粉をしながらパスタマシンで厚さ3〜4mmにのばし、台に取り出して幅13〜14cm(長さは適宜)の長方形に切り整える。
2. 詰めものをティースプーン1ずつ、ニョッキ生地の片側に5〜6cm間隔で並べる。生地を2ツ折にし、詰めものの周りを押さえる。
3. 直径3cmの円形の抜き型で抜く。この時、型の位置を少しずらし、袋状の端を生かして部分的に欠けた円形にする。

●ムール貝のソース
1. プティトマト(2個)を、つぶしたニンニクとバジリコとともに、E.V. オリーブ油でさっとソテーしておく。
2. つぶしたニンニクと赤唐辛子をE.V. オリーブ油で炒める。香りが出てきたら殻付きのムール貝(ここでは明石産。5〜7個)を入れ、水適量、タイム、イタリアンパセリのみじん切り、1のプティトマトを加える。
3. ムール貝の殻が開くまで煮る。

●仕上げ
1. ラヴィオリ(1人分8個)を1〜2分間、塩湯でゆでる。
2. ムール貝のソース(1人分レードル1杯)に入れてよく混ぜる。
3. ラヴィオリを皿に盛り、ムール貝は片側の殻をはずして周りに並べる。ペコリーノ・サラチーノ(サルデーニャ州産セミハードの羊乳チーズ)をふる。

◆応用例
アサリ、イカ、白身魚などを使った魚介ソースで作ることもある。

---

## アンズを詰めたニョッキ

●ニョッキ生地の配合
【作りやすい分量。1人分60g】
ジャガイモ(ゆでたもの)　250g
強力粉(東京製粉〈スーパーマナスル〉)　80g強
卵黄　1個分
グラーナ・パダーノ　30g
シナモンパウダー　少量
塩　3g

●アンズの詰めもの
【作りやすい分量。1個分2枚】
アプリコット(セミドライ)16枚　グラッパ1ふり　ホワイトラム2ふり

# #102
## あんずを詰めたニョッキ

小池教之

●アンズを詰めたニョッキ
▽ニョッキ生地
1. ジャガイモを柔らかく塩ゆでし、皮をむいて熱いうちに裏ごしする。
2. 他の材料を全て加え、しっかり練り混ぜる。
▽アンズの詰めもの
1. セミドライのアプリコットにグラッパとホワイトラムをふって一晩おく。
▽成形
1. アプリコットの水分をふき、2枚分を合わせてニョッキ生地の芯にし、直径5cm弱の球状に整える。
2. ライ麦粉(分量外)をまぶしておく。

●ケシの実のバターソース
1. バター(1人分スプーン1)を溶かし、ケシの実(ひとつまみ)を加えて火を入れ、焦がしバターにする。
2. パスタのゆで汁少量を入れて乳化させ、シナモンパウダー、塩、グラニュー糖で調味する。

●仕上げ
1. ニョッキ(1人分2個)を7分間、塩湯でゆでる。
2. 水面に浮き上がってきたら、ひと呼吸おいて取り出し、湯をきる。
3. 器に盛り、ケシの実のバターソースをかける。

## ラグーを詰めたニョッキ

**ラグーを詰めたニョッキ**
ラグーやソースを詰めてロール状に成形したニョッキ。大きなロールを輪切りにして盛りつける。ラグーやソースはいろいろなものが利用でき、調理プロセスも事前にゆでておけば、直前にオーブンで温めるだけでよく、大量調理の宴会料理向きである。詰めものの味もさることながら、ニョッキ生地のジャガイモの風味が料理のおいしさの決め手になる。

直径5cm

### ポルチーニの煮込みを詰めたニョッキ

このニョッキは、店で常備しているポルチーニのソテーを詰めものに利用したもの。フードプロセッサーでピュレにし、ボローニャ風ラグー(ミートソース)で和えてニョッキで包み、盛りつけ後にも少量を添えた。ポルチーニ以外にも赤チコリやカルチョフィなどで作ってもよく、アレンジはいかようにもできる。ニョッキの周りのソースはトリュフ入りのフォンド・ブルーノ。

#103
ニョッキ　リピェーニ　コン　フンギ
Gnocchi ripieni con funghi
詰めものをしたニョッキ、ポルチーニ添え

西口大輔

## セモリナ粉のニョッキ

**セモリナ粉のニョッキ**
セモリナ粉を牛乳などで溶いてポレンタのように炊き、円盤状に型抜きしたニョッキ。本来のニョッキの形ではなく、伝統的に円盤形にして溶かしバターとパルミジャーノをかけてオーブン焼きにする。ローマ料理の一つで、「ローマ風ニョッキGnocchi alla romana」ともいう。

直径8cm

### ローマ風ニョッキをソフトにアレンジ

伝統的なセモリナ粉のニョッキは、牛乳、卵、パルミジャーノを加えて生地を作り、オーブン焼きにする際にたっぷりのバターとパルミジャーノをかけるので、現代人にはオイリーで重い。そこで、店では配合を変えて味を軽くし、食感もふわりとした柔らかさを出すようにアレンジしている。生地の材料は牛乳と少量のバター、塩のみで、柔らかめに炊き、シンプルに焼いたものにソースを添える。肉のラグーとの相性がよく、ここでは牛尾の煮込みを添えた。

#104
ニョッキ　ディ　セーモラ　コン　ラグー　ディ　コーダ　ディ　ブーエ
Gnocchi di semola con ragù di coda di bue
セモリナ粉のニョッキ、オックステールのラグー添え

西口大輔

## ポレンタのニョッキ

**ポレンタのニョッキ**

ポレンタを常食するヴェネト、ロンバルディア両州のニョッキ。ポレンタは通常、煮上げてすぐの柔らかいものを食べる料理で、残ったぶんは固めて保存し、焼きポレンタ、揚げポレンタ、さらにラヴィオリの詰めものやニョッキに利用されてきた。私の店では、ポレンタとポレンタのニョッキを別々に仕込んでおり、ここではニョッキ専用の配合と作り方を紹介。ポレンタのように炊いて、材料を混ぜて成形したものをゆでる。

直径1.3cm、長さ1.5cm

#105
Gnocchi di polenta al tartufo nero
ポレンタのニョッキ、黒トリュフ風味

### ポレンタ風ニョッキをコーンのソースで

ポレンタ粉のニョッキは、ヴェネト、ロンバルディア両州の伝統料理であるホロホロ鳥やウサギ肉のラグー、またバッカラの各種料理を合わせることが多いが、ここでは現代風のシンプルな仕立てにした。ポレンタの原材料でもあるトウモロコシを粒にばらしてバターで炒め、グラーナ・パダーノで調味したソースで、トウモロコシの風味の相乗効果を狙っている。

西口大輔

## ナスのニョッキ

**ナスのニョッキ**

揚げナスのペーストに小麦粉を混ぜた独特のニョッキ。南イタリア出身の料理人から教わり、イタリアでシェフを務めていた時代からよく提供していた。現在はナスの比率を高めて、風味をより生かす配合にしている。P.180の「赤インゲン豆のニョッキ」も含め、最近のイタリアではいろいろな素材をペーストにして、小麦粉でつなぐニョッキが増えている。

直径1.5cm、長さ2.5cm

#106
Gnocchi di melanzane
con mozzarella di bufala
茄子のニョッキ、
水牛のモッツァレッラ添え

### グラタン仕立てのナスのニョッキ

ナスと相性のよいミートソースでニョッキを和え、モッツァレッラを散らしてオーブン焼きにしたグラタン仕立て。温めながら、トマトの角切りとモッツァレッラで和えるだけでもおいしいものである。ナスをペーストにするには、素揚げにするかグリルにするのがベスト。塩をふってナスの水気をしっかり抜いてから、香ばしく火を入れて香りをつけながら味を凝縮させるのがポイントだ。

西口大輔

## ラグーを詰めたニョッキ

●ニョッキ生地の配合
【作りやすい分量。2本分】
ジャガイモ　100g
00粉(マリーノ社)　40〜50g
卵黄　1個分
ナッツメッグ　少量
塩、黒コショウ　各少量

●ポルチーニの煮込みの詰めもの
【作りやすい分量。2本分強】
ポルチーニ 200g　ニンニク(つぶしたもの)1片　ピュアオリーブ油、塩、黒コショウ各適量　ボローニャ風ラグー(ミートソース。P.244) 100g　パン粉適量　グラーナ・パダーノ 30g　塩、黒コショウ各適量

♯ 103
### 詰めものをしたニョッキ、ポルチーニ添え
西口大輔

●ラグーを詰めたニョッキ
▽ニョッキ生地
**1.** ジャガイモを柔らかく塩ゆでする。皮をむいて、熱いうちにポテトマッシャーでつぶす。
**2.** ジャガイモに塩、黒コショウ、ナッツメッグ、卵黄、00粉を順に加え、練りすぎないようにして生地をまとめる。粗熱を取る。
**3.** 00粉(分量外)で打ち粉をして、厚さ1cm、長さ25×幅15cmの長方形にのばす。
▽ポルチーニの煮込みの詰めもの
**1.** つぶしたニンニクとポルチーニの薄切りをピュアオリーブ油で炒め、塩、黒コショウを加える。ポルチーニをフードプロセッサーでピュレにする。
**2.** 鍋に移し、ボローニャ風ラグーを加えて温め、パン粉、塩、黒コショウ、グラーナ・パダーノ少量を混ぜ合わせてつなぐ。
▽成形
**1.** のばしたニョッキ生地の片側に詰めものをのせ、縦長に半折にして端を軽く押して閉じる。
**2.** ニョッキ(1本で2人分)を2〜3分間、塩湯でゆでる。水面に浮いてきたら穴杓子ですくって湯をきり、バットなどに取り出して冷ます。
●ソース
**1.** フォン・ブルーノを煮つめ、黒トリュフのみじん切りを加える。
●仕上げ
**1.** ニョッキを幅3〜4cmに切り分ける。
**2.** 切り口を上下にして調理皿に並べ、グラーナ・パダーノをふってE.V.オリーブ油をかける。高温のオーブンで焼き色がつく直前まで温める。
**3.** 器に盛り合わせ、ポルチーニの煮込みを少量添え、周りにソースを垂らす。イタリアンパセリを飾り、グラーナ・パダーノをふる。

## セモリナ粉のニョッキ

●セモリナ粉のニョッキの配合
【作りやすい分量】
セモリナ粉(マリーノ社)　100g
牛乳　500g
バター　20g
塩　3g

※伝統的な調理法では、卵やチーズを入れたやや固めの生地に作るが、ここではそれらを使わず、バターを入れて柔らかで軽やかな味にした。

♯ 104
### セモリナ粉のニョッキ、オックステールのラグー添え
西口大輔

●セモリナ粉のニョッキ
**1.** 鍋に牛乳、バター、塩を入れて火にかけ、沸いてきたらセモリナ粉をふり入れる。ダマができないように泡立て器でよく混ぜ、木べらに換えて弱火で約20分間、ポレンタのように練りながら火を入れる。
**2.** 直径8cmのココット型に、厚さ4cmほど流し入れる。粗熱を取って、冷蔵庫で冷やし固める。
●オックステールのラグー
**1.** 関節ごとに輪切りにした牛尾(10個)に塩、黒コショウ、中力粉をまぶし、サラダ油でソテーする。
**2.** 鍋に移して火にかけ、ソッフリット(P.245。120g)、白ワイン(100cc)、レーズン、松の実、ココアパウダー、トマトペースト各適量を加え、煮つめる。鶏のブロード(1〜1.5ℓ)を入れて沸かし、アクを除いて弱火で3.5〜4時間煮込む。
**3.** 粗熱を取ってから、牛尾を取り出して煮汁を常温におく。煮汁の表面に脂分が浮いて固まったら取り除く。
**4.** 牛尾は骨をはずして肉をほぐす。**3**の煮汁と合わせて火にかけ、温める。
●仕上げ
**1.** フッ素樹脂加工のフライパンにサラダ油をひき、ココット型からニョッキを出して横半分に切ったものを並べる。180℃のオーブンの下段に3分間ほど入れ、底面に香ばしい焼き色をつける。裏返して、同様に香ばしく焼く。
**2.** 器に盛り(1人分3枚)、オックステールのラグー(1人分約100g)を添えてイタリアンパセリを飾る。

## ポレンタのニョッキ

●ポレンタのニョッキの配合
【作りやすい分量。1人分80g】
ポレンタ粉 (白。マリーノ社) 500g
水 1.5ℓ
牛乳 500g
塩 18g
 (上記を合わせたもの500gに対し)
全卵 1個
卵黄 1個分
00粉 (マリーノ社) 110g
塩、黒コショウ 各適量

※白いポレンタ粉はヴェネト州で使われているもの。ロンバルディア州産の黄色でもよい。このレシピはポレンタ粉の比率を通常のポレンタの1.5倍と多くして固めの生地にしている。また、トウモロコシの風味がしっかり感じられるよう、小麦粉との比率なども工夫した。

### ♯105 ポレンタのニョッキ、黒トリュフ風味
西口大輔

●ポレンタのニョッキ
1. 鍋に水、牛乳、塩を入れて沸騰させ、ポレンタ粉を入れて約40分間練って固めのポレンタを作る。粗熱を取って500g分を使う (残りはラップ紙で包んで冷蔵保存し、次回用にまわす)。
2. 1の生地に全卵、卵黄を加えて混ぜる。00粉を加えて、粉気がなくなるまで混ぜる。塩、黒コショウで調味する。
3. 生地を絞り袋 (直径約1.5cmの丸口金) に入れる。塩湯を沸かした鍋の上で、生地を絞りながら包丁で長さ1.5cmに切って落とし、ゆでる。
4. 水面に浮いてきたら穴杓子ですくって氷水に移して冷やし、引き締める。水分をきってバットに広げ、E.V.オリーブ油をからめて冷蔵庫で保管する。

●トウモロコシのソース
1. 生トウモロコシ (1人分1/4本) の実を包丁ではずし、粒にする。さっと塩ゆでして水分をきる。
2. トウモロコシとバターを火にかけて温める。

●仕上げ
1. ニョッキ (1人分30個) を塩湯で温める。
2. 水分をきってトウモロコシのソースに入れ、グラーナ・パダーノをふって和える。
3. 器に盛り、黒トリュフの薄切りを添える。

## ナスのニョッキ

●ナスのニョッキの配合
【作りやすい分量。1人分100g】
米ナス 500g
 塩、中力粉、揚げ油 各適量
卵黄 2個分
準強力粉 (日清製粉〈リスドオル〉) 適量
塩、黒コショウ 各適量

### ♯106 茄子のニョッキ、水牛のモッツァレッラ添え
西口大輔

●ナスのニョッキ
1. ナスを揚げる。米ナスの皮をむき、4cm大に切り分けて塩をふる。ザルに入れて重しをのせ、一晩おいて水分を抜く。手で絞ってしっかりと水分を抜く。中力粉をまぶしてサラダ油で素揚げにする。
2. ナスの油をペーパーでよくきり、フードプロセッサーでペーストにする。塩、黒コショウ、卵黄、中力粉を加え混ぜてなめらかな生地にする。
3. 直径1.5cmの丸口金を着けた絞り袋に生地を詰める。塩湯を沸かした鍋の上で、生地を絞りながら包丁で長さ2.5cmに切って落とし、ゆでる。
4. 水面に浮いてきたら、穴杓子ですくって氷水に移して冷やし、引き締める。水分をきってバットに広げ、ラップ紙で覆って冷蔵庫で保管する。

●仕上げ
1. ナスのニョッキ (1人分30個) を塩湯で温める。
2. ボローニャ風ラグー (ミートソース。P.244。1人分約80cc) にバターと鶏のブロード各少量を加えて温め、ニョッキを入れて和える。グラーナ・パダーノをふって和える。
3. グラタン皿に盛り、水牛製のモッツァレッラを小片にちぎって散らし、サラマンダーか、高温のオーブンで焼き色がつくまで焼く。

## 赤インゲン豆のニョッキ

#107
Gnocchi di fagioli borlotti con ragù di cotechino
ニョッキ ディ ファジョーリ ボルロッティ コン ラグー ディ コテキーノ

赤いんげん豆のニョッキ、
コテキーノのラグー和え

### 赤・インゲン豆のニョッキ

日本のウズラ豆に似た赤インゲン豆「ボルロッティ」で作ったニョッキ。乾燥豆をもどし、柔らかくゆでてペーストにしたものを卵と小麦粉でつなぐ。豆はホクホクした身質でニョッキにすると固く締まり、つながりやすいので、成形も手軽である。ジャガイモとはまた違った食感で、豆の風味もしっかり生きている。

1.2〜2cm大

### 豆のペーストを粉でつないだニョッキ

豆のニョッキには肉系のラグーを合わせることが多く、この料理でもコテキーノ(大型のサラミ)を細かくほぐし、フォン・ブルーノで煮込んだラグーを使った。インゲン豆を加えて煮込んでもよく、ニョッキとの風味の一体感が強くなるだろう。また、ニョッキに使った豆の産地とラグーの地方性は合わせたほうがなじみがよい。今回使ったボルロッティはヴェネト州など北イタリア特産の豆なので、料理も北部のものを合わせている。

西口大輔

## パンのニョッキ

#108
Gnocchi di pane con prosciutto cotto
al burro e salvia
ニョッキ ディ パーネ コン プロシュット コット アル ブッロ エ サルヴィヤ

パンとプロシュット・コットのニョッキ、
バターとセージのソース

### パンのニョッキ

パンベースの生地にプロシュット・コット(ゆでたハム)を混ぜた旨みの濃いニョッキ。プロシュット・コットはパンやグリッシーニと一緒に食べることが多いことからの発想である。パンはバゲットを用い、少量の牛乳に浸して柔らかくしてから、プロシュット・コット、炒めたタマネギ、卵黄、グラーナ・パダーノなどを混ぜて成形する。トレンティーノ＝アルト・アディジェ州のカネーデルリのイメージに近い。

直径1cm強

### バゲットと小麦粉をこねたニョッキ

ベースの材料はバゲットの白い部分と小麦粉だが、副材料にプロシュット・コット、タマネギ、卵黄、チーズなどを加えているので歯ごたえのあるリッチな風味が味わえる。この味を引き立てるために、ソースはごくシンプルにセージ風味のバターソースとした。ニョッキの定番ソースの一つで、各種ニョッキにも利用できる。

西口大輔

# ピサレイ

♯109
ピサレイ アル ラグー ディ カヴァッロ コン ペペローニ
Pisarei al ragù di cavallo con peperoni

## ピサレイ、馬肉とペペローニのピアチェンツァ風

長さ1.5〜2cm

### ピサレイ
エミリア＝ロマーニャ州ピアチェンツァの名物で、小麦粉にパン粉を混ぜてこね、小さい塊に作ったニョッキ。その昔、高価な小麦粉の節約のために残ったパンを利用するという生活の知恵から生まれた素朴な農民料理だ。名前の由来は古い方言で「蛇」を表わすそうで、成形途上の形によるのだろう。ここではパン粉の香ばしさを生かすために炒って香りを引き出し、牛乳、チーズ、ラードも混ぜてリッチな味に仕立てた。

小池教之

### ピアチェンツァ名物のパン粉入りニョッキ
ピサレイの最も代表的な料理がウズラ豆のトマト煮で和えた「ピサレイ・エ・ファゾ Pisarei e faso」。ピアチェンツァのシンボル的な郷土料理である。ここではもう一つの伝統料理、馬肉のラグーをピサレイに合わせてみた。馬肉を小さく切って赤ワインやトマトで煮込んだもので、赤や黄のピーマンが入るのも特徴。ピサレイとの相性もウズラ豆のトマト煮に劣らない。

## 赤インゲン豆のニョッキ

●赤インゲン豆のニョッキの配合
【作りやすい分量。1人分80g】
赤インゲン豆（ボルロッティ）のピュレ　120g
00粉（マリーノ社）　適量
卵黄　1個分
ナッツメッグ　少量
グラーナ・パダーノ　少量
塩、黒コショウ　各適量

## ♯107 赤いんげん豆のニョッキ、コテキーノのラグー和え

西口大輔

●赤インゲン豆のニョッキ
1. 赤インゲン豆を水に一晩浸してもどす。水を取り替えて火にかけ、沸騰したら弱火にして、柔らかくなるまで約1時間ゆでる。
2. 豆をザルにあけて水分をきり、ボウルに入れて卵黄とごく少量のゆで汁を加えてハンドミキサーで攪拌する。台にとり、ナッツメッグ、グラーナ・パダーノ、塩、黒コショウを加え、固さを見ながら00粉を入れて混ぜる。
3. 直径1.2cmの棒状にのばし、幅2cmに切る。フォークの背で転がして筋をつける。
4. 塩湯でゆで、水面に浮いてきたら穴杓子ですくって氷水に移して冷やし、引き締める。水分をきってバットに広げ、E.V.オリーブ油をからめて冷蔵庫で保管する。

●コテキーノのラグー
1. 自家製コテキーノ（P.246。300g）をフードプロセッサーで攪拌し、鍋に移して表面を焼く。ソッフリット（P.245。30g）、フォンド・ブルーノ（100g）、もどした乾燥ポルチーニ（15gのみじん切り）ともどし汁（30cc）、ローリエを入れて、30～40分間煮る。
2. 鍋に移して軽く煮る。

●仕上げ
1. ニョッキ（1人分12個）を塩湯で温める。
2. コテキーノのラグー（1人分約100g）を温め、ローズマリーのみじん切りとバター、グラーナ・パダーノを加えて混ぜる。
3. ニョッキを入れて和え、器に盛る。

※コテキーノはエミリア＝ロマーニャ州の特産物だが、ヴェネト州でも「ムゼ」と呼ばれるコテキーノの一種が作られており、どちらを使ってもよい。

◆応用例
乾燥品のソラ豆、レンズ豆、白インゲン豆（カンネッリーニ）、フレッシュのグリーンピースなどの豆でも作ることができる。

## パンのニョッキ

●パンのニョッキの配合
【作りやすい分量。1人分80g】
バゲットのクラム（白い部分）　125g
牛乳　40g
プロシュット・コット（P.246）　60g
タマネギのソッフリット（P.245）　大さじ1
卵黄　1個分
グラーナ・パダーノ　大さじ1
準強力粉（日清製粉〈リスドオル〉）　50g
塩、黒コショウ　各適量

## ♯108 パンとプロシュット・コットのニョッキ、バターとセージのソース

西口大輔

●パンのニョッキ
1. バゲットのクラムを牛乳に浸して一晩おき、フードプロセッサーでペーストにする。
2. プロシュット・コットの端肉（脂身も含む）をフードプロセッサーでミンチにする。
3. プロシュット・コットとタマネギのソッフリットをバターで炒め、粗熱を取ってからバゲットのペーストを合わせ、卵黄、塩、黒コショウ、グラーナ・パダーノを混ぜる。中力粉を加えてさっと混ぜる。
4. 少量ずつ手のひらで丸め、直径1cm強の球形にする。他のパスタと同様に、ニョッキ同士がつかないようセモリナ粉（分量外）をまぶしておく。

●セージバターソース
1. バター（1人分30g）とセージの葉（1～2枚）を火にかけ、溶かしながら香りを出す。パスタのゆで汁少量を加えてのばす。

●仕上げ
1. ニョッキを約7分間、塩湯でゆでる。
2. セージバターソースで和え、グラーナ・パダーノを加えて和える。
3. 皿に盛り、セージの葉を飾る。

◆応用例
トマトソースなどシンプルなソースで。

# ピサレイ

●ピサレイの配合
【作りやすい分量。1人分50g】
00粉(モリーニ社)　240g
パン粉　40g
牛乳　100g
パルミジャーノ　20g
精製ラード　5g
塩　3g
水(固さ調整用)　少量

※かつては再利用のために使われたパン粉だが、現代ではパンの香ばしさと独特の食感を加える要素ととらえて作っている。ただ、パン粉の比率を高くしすぎると生地がまとまりにくくなり、その対策でつなぎ材料を増やすとせっかくのパン粉の香りがマスキングされてしまう。バランスを考慮しながら、好みの香りと食感を探ることが必要である。

#109
## ピサレイ、馬肉とペペローニのピアチェンツァ風

小池教之

●ピサレイ
1. パン粉は乾煎りし、香ばしい香りが出たら火からはずす。
2. パン粉の香りが消えないうちに材料をすべて合わせてこねる。ビニール袋で包んで1時間以上休ませ、再びこねる作業を計2〜3回繰り返し、冷蔵庫で一晩休ませる。
3. こねた生地を適量とって直径1cmの棒状に丸め、幅1.5cmに切り分ける。
4. 切り口を左右にしたまま、親指で押しつけながら転がして丸める。くぼみのある小さな塊ができる。(成形→P.53参照)

●馬肉の煮込み
1. 馬の肩肉(2kg)を3〜4cm角に切る。赤ワイン(1本分)と香草(ローズマリー、セージ、ローリエ)、ホール状のスパイス(黒粒コショウ、ネズの実、クローヴ、スターアニス、シナモン)に浸けて冷蔵庫で一晩おく。
2. 馬肉の水分をふき、ミンサーで挽き肉にする。塩、コショウ、シナモンパウダーをふる。マリネ液はこして取りおく。
3. 馬肉をE.V.オリーブ油で炒め、火が通ったらソッフリット(500g)を入れた鍋に加え、取りおいたマリネ液、トマトペースト(スプーン2)を加え、蓋をして肉が柔らかくなるまで約2時間煮込む。途中で水分が足りなくなれば水を適宜加える。
4. 縦長に切り分けた赤と黄のピーマン(各1/8個分)をE.V.オリーブ油で蒸し焼きにし、火が通ったら3の馬肉の煮込みを入れて少量の水でのばす。トマトソース(スプーン1)とフレッシュのローリエを加えて軽く煮込み、味をなじませる。

●仕上げ
1. ピサレイを5分間、塩湯でゆでる。
2. 馬肉の煮込み(1人分小レードル1杯)に加えて和える。
3. 器に盛り、パルミジャーノをふる。

## カネーデルリ

直径 3.5cm

**カネーデルリ**
固くなったパンを水分でもどして団子状にしたニョッキ。ドイツ、オーストリア文化圏の南チロル地方の郷土料理で、パンの再利用として生まれた。標高が高く寒さが厳しいことから小麦が希少で、かつてはソバやライ麦の粉でパンを作り、カネーデルリもそうしたパンを利用した。現代では、ここで紹介したように小麦粉のパンをベースに、ソバ粉を混ぜて風味をつけることも多い。生地には特産のスペック（豚のスモークハム）も混ぜており、カネーデルリの味を特徴づけている。

### スープ仕立てのパンのニョッキ
カネーデルリのレシピは数えきれないほどあるが、紹介したのは基本のうちの一つで、パンを牛乳で柔らかくもどし、ソバ粉やスペックとともに、グラウケーゼという土地のチーズを加えて練ったもの。ソバ粉が入るとムッチリとした食感になるが、スープ仕立てにしてたっぷり水分を含ませることでカネーデルリらしい柔らかさが出る。一般にスープ料理が多いが、ソースで和える調理法もある。

♯110 
カネーデルリ ディ グラーノ サラチェーノ エ フォルマッジョ グリージョ
Canederli di grano saraceno e formaggio grigio
### そば粉とグラウケーゼのカネーデルリ

小池教之

## パスタ・グラッタータ

幅8mm、長さ3cm 前後

**パスタ・グラッタータ**
グラッタータは「すりおろした」の意味で、こねた生地をチーズ用おろし器などで小片にすりおろしたもの。手打ちパスタで名高いエミリア＝ロマーニャ州のパスタだが、同州には形や配合の似た「パッサテッリ」というパスタもある。パッサテッリはパン粉主体の柔らかい生地を専用器具やポテトマッシャーで押し出して作るのに対し、パスタ・グラッタータは小麦粉主体で、通常のパスタ生地に近い食感だ。

### 粒パスタのスープ仕立て
粒パスタをスープとして食べる定番の「イン・ブロード」のスタイル。ブロードは鶏や仔牛などのスタンダードな肉系を使うが、私は味に深みを持たせるためにブロードよりも旨みの濃いコンソメを用いている。イタリアではクリスマスの時期に旨みのよく出るカッポーネ(去勢鶏)でブロードをとり、イン・ブロードに利用する。上質なブロードを作り、浮き身にも工夫を凝らすなどすれば、本来質素で素朴な農民料理が立派なリストランテの一皿になる。

♯111 
パスタ グラッタータ イン ブロード
Pasta grattata in brodo
### すりおろしパスタのイン・ブロード

小池教之

## スペッツリ

ビーツ入りのスペッツリ

幅5mm、長さ1〜2cm

ドイツ、オーストリア圏が起源で、同地と国境を接するトレンティーノ＝アルト・アディジェ州に伝わり、この土地を代表するパスタとなった。小麦粉を水や牛乳、卵などでといたゆるい生地を、スライサー式の器具を通して湯に落とし、ゆでるもので、食感はモチッとして柔らかい。イタリア語では「Gnocchetti tirolesi チロル風ニョッケッティ」。スペッツリはドイツ語「シュペッツレ」からの転用で「小さなかけら」の意味。今回はアレンジ版でビーツのピュレを混ぜた。

### ドイツ・オーストリア由来の粒パスタ

スペッツリと同じく、トレンティーノ＝アルト・アディジェ州特産の豚モモ肉の生ハム「スペック」を、北イタリアの野菜、ラディッキオとともにバターソテーしたものがソース。スペッツリの定番の組み合わせの一つである。スモークされたスペックの燻香にネズの実やシナモンの香りが加わり、この土地独特の風味を醸し出している。

#112
スペッツリ ディ バルバビエートゥラ アッロ スペック エ ラディッキョ
Spätzli di barbabietra allo speck e radicchio
### ビーツを練り込んだスペッツリ、スペックとラディッキオのバター仕立て

小池教之

## ピッツォッケリ

ピッツォッケリ（キャヴェンナ風）

5mm〜2cm大

上記スペッツリに似たいびつな小粒のパスタだが、こちらはロンバルディア州北部ヴァルテッリーナ地方キャヴェンナのもの。小麦粉、水、塩の基本材料のみで作る。写真はスペッツリ用のスライサー式器具を使ったものだが、指、スプーン、ゴムべら等で少量ずつ湯に落として作ることもできる。垂れて長くなったものはゆでてから包丁で切るとよい。同地方にはシート状のピッツォッケリ（P.117）もあり、そちらのほうが知名度は高い。

### 山岳地の粒パスタを春野菜と和える

キャヴェンナのピッツォッケリの典型的な料理は、ジャガイモと地元のチーズで和えるもので、チリメンキャベツを加えることも多い。山の冬場の料理で、こってりとした濃厚な味わいだ。ここではアレンジの一つとして、春の緑野菜を豊富に取り合わせて軽やかなソースとした。野菜はピッツォッケリの大きさに合わせて小さく切り、一方のピッツォッケリは野菜の食感に合わせて、やや歯ごたえのある固さにするとよい。

#113
ピッツォッケリ ディ キャヴェンナ
Pizzoccheri di Chiavenna
コン ヴェルドゥーレ フレスケ
con verdure fresche
### キャヴェンナのピッツォッケリ

西口大輔

## カネーデルリ

●カネーデルリの配合
【作りやすい分量。1人分80g】
パン（固くなった白い身） 200g
パンの皮（削りおろしたもの） 15g
ソバ粉（マリーノ社） 40g
00粉（モリーニ社） 40g
牛乳 100g
全卵 1個
スペック（みじん切り） 20g
エストラゴン（みじん切り） 1g
シブレット（小口切り） 2g
グラウケーゼ（酸凝固の牛乳製チーズ。
　　　　　　細かくほぐしたもの） 5g
グラーナ・パダーノ 2g

※仕上がりの固さは好みでよく、パンの乾燥度によって牛乳の量を調整するとよい。ゆでてもくずれない固さ、また固くなりすぎないようにもする。パンだけでは生地がベタつく感じになるが、ソバ粉が入るとまとまる。

※保管する場合は、丸めたものを1～2分間湯通しして表面を固める。水分をふき取って容器に入れ、冷蔵庫へ。

### ♯110 そば粉とグラウケーゼのカネーデルリ
小池教之

●カネーデルリ
1. パンの白い身を小さく切り、牛乳を注いでもみ込む。
2. 柔らかくなったら、00粉とソバ粉以外の材料を加え、よくもみ込む。00粉とソバ粉を順に入れてそのつどよく混ぜる。白玉団子よりやや柔らかい触感に仕上げる。
3. 直径3.5cmのボール状に丸める。

●コンソメ
1. コンソメをとる。鍋に、牛挽き肉（1kg）と卵白（5～6個分）、タマネギ（1/2本）とニンジン（1/4本）とセロリ（1本）の各粗みじん切り、それぞれ刻んだ黒コショウ、ローリエ、コリアンダー各適量と白ワイン（300cc）を入れてよく混ぜる。
2. 1に仔牛のブロード（3ℓ）を加え、弱火で3時間ほど煮出して澄ませ、こす。

●仕上げ
1. コンソメを温め、クミンパウダーと塩で味をととのえる。
2. カネーデルリ（1人分7個）を入れて12～13分間ゆで、中心まで火を入れる。
3. 器に盛り、シブレットの小口切りとグラーナ・パダーノ（トレンティーノ産があればよりよい）をふる。

## パスタ・グラッタータ

●パスタ・グラッタータの配合
【作りやすい分量。1人分40g】
00粉（マリーノ社） 200g
セモリナ粉（ディ・チェコ社） 100g
パン粉 45g
パルミジャーノ 35g
ナッツメッグ ひとつまみ
シナモンパウダー ひとつまみ
レモンの皮（すりおろしたもの） 1/4個分
卵黄 100g
塩 5g
水 50g

※材料や配合は地域や作る人により少しずつ違うが、上記はレモンやナッツメッグ、シナモンなどをしっかりきかせて、現地で出合ったものより香りのインパクトを高めたもの。また、おろし器の穴の大きさによってパスタの大きさも変わるので、好みで選ぶとよい。今回は直径8mmの穴を利用。生地はやや固めに仕上げたほうがおろしやすい。

### ♯111 すりおろしパスタのイン・ブロード
小池教之

●パスタ・グラッタータ
1. 材料表の00粉～レモンの皮をボウルに合わせる。別の容器に卵黄、塩、水を入れてとき、粉類に加えて混ぜ、塊にまとめる。
2. こね台に取り出してこね、ビニール袋で包んで30分間休ませてから再びこねる。この工程を計2～3回繰り返す。

●コンソメ
1. 鍋に鶏挽き肉（1kg）と卵白（5～6個分）、タマネギ（1/2本）とニンジン（1/4本）とセロリ（1本）の各粗みじん切り、それぞれ刻んだ黒コショウ、ローリエ（ドライ）、コリアンダー各適量、白ワイン（300cc）を入れてよく混ぜる。
2. 1に鶏のブロード（3ℓ）を加えて火にかけ、弱火で3時間ほど煮出して澄ませる。こしてコンソメとする。

●仕上げ
1. コンソメを鍋にとり、温めて少量のランブルスコ（エミリア＝ロマーニャ州産の微発泡性赤ワイン）と塩で味をととのえる。
2. パスタ・グラッタータの生地をチーズおろし器ですりおろしながらブロードに入れ、ゆでる。表面に浮いてきたら、ひと呼吸をおいて火を止める。（成形→P.52参照）
3. 器に盛り、パルミジャーノとE.V.オリーブ油を回しかける。

◆応用例
パスタ・グラッタータは、セージバターやボローニャ風ラグー（ミートソース）、魚介のソースとも相性がよい。

## スペッツリ

●ビーツ入りスペッツリの配合
【作りやすい分量。1人分 50g】
00粉（マリーノ社）　300g
ビーツのピュレ　280g
水　80g
卵黄　3個分
塩　5g
ナッツメッグ　少量

※ゆるめの生地は落ちるスピードが速く、長く垂れた形になるので、器具を素早く動かす。逆に、固めの生地は落ちるまでに時間がかかるので、器具をゆっくり動かす。また、極端に生地がゆるい場合は湯に溶けるので注意。ピュレを混ぜる時は、ピュレの素材によって水分が異なるので、適度な濃度になるよう水や卵黄の量で調整する。

### #112
### ビーツを練り込んだスペッツリ、スペックとラディッキオのバター仕立て
小池教之

●スペッツリ
**1.** ビーツのピュレを作る。鍋にビーツが浸る量の湯を沸かし、塩、シナモンスティック、ホールのクローヴ、アニス、ネズの実、ローリエを入れる。ビーツを丸ごと皮付きで入れ、柔らかくなるまでゆでる。
**2.** ビーツを取り出して皮をむき、ゆで汁に戻して1日おいて味を含ませる。
**3.** ビーツの水分をきり、適宜切ってミキサーでピュレにする。
**4.** ボウルにスペッツリの材料を全て合わせ、泡立て器で強力粉をくずしながらダマができないようによく混ぜる。

●スペックとラディッキオのソース
**1.** つぶしたニンニク、スペックの拍子木切り（20g）、ネズの実数粒をバターで炒め、香りを出しつつスペックの脂分も溶かす。
**2.** 大きくちぎったラディッキオ・ロッソ・ディ・トレヴィーゾを加え、ラディッキオに甘みが出てくるまで炒める。
**3.** ニンニクとネズの実を取り除き、仔牛のブロード（レードル1杯）と生クリーム少量を入れてシナモンパウダーをふり、濃度が出るまで煮る。

●仕上げ
**1.** 鍋に湯を沸かす。スペッツリの生地をスライサー式の専用の器具に入れ、器具を繰り返しスライドさせて湯に落とす。（成形→P.53 ピッツォッケリ〈キャヴェンナ風〉参照）
**2.** 生地が浮き上がってきたら穴あきのレードルなどですくい取り、バットに広げてE.V.オリーブ油少量で和える。
**3.** スペックとラディッキオのソースを器に流し、スペッツリをのせる。燻製リコッタをすりおろしながら盛る。

◆応用例
スペッツリは、プレーンの白色のほか、ビーツ、ホウレン草、各種野菜や香草など、いろいろな材料を練り込んで作ることができる。ソースは肉の各種ラグーでもよい。

---

## ピッツォッケリ

●ピッツォッケリの配合
【作りやすい分量。1人分 80g】
00粉（マリーノ社）　200g
水　100〜150g
塩　ひとつまみ

※ゆでたものは冷蔵保存できるが、翌日には使いきる。

### #113
### キャヴェンナのピッツォッケリ
西口大輔

●ピッツォッケリ
**1.** 00粉に水と塩を加えて混ぜる。器具を通した時にポトンポトンとゆっくり落ちる固さがよい。冷蔵庫で1時間休ませる。
**2.** 鍋に塩湯を沸かし、上にスライサー式器具を置いて**1**の生地を入れ、器具を左右にスライドしながら生地を穴から落としてゆでる。浮き上がってきたらひと呼吸おいて穴杓子などですくい、氷水に入れて急冷する。（成形→P.53参照）
**3.** ザルにあけて水分をきり、容器に入れてE.V.オリーブ油をまぶす。

●ソースの下ごしらえ
**1.** グリーンピース、ソラ豆、サヤインゲン、グリーンアスパラガス、ズッキーニ（適宜の大きさに切る）、菜の花、芽キャベツ、アミガサタケをそれぞれ掃除して塩湯でゆでる。冷水にとったのち、水気をきってグリーンピースの大きさに合わせて切る。
**2.** グリーンピースとソラ豆の一部（各40gくらい）を、タマネギのソッフリット（P.245。20g）とともに鶏のブロード（150〜200cc）で5〜6分間煮る。ハンドミキサーでピュレにする。
**3.** 残りの野菜類はピュアオリーブ油でさっとソテーする。

●仕上げ
**1.** 下ごしらえした野菜類（1人分70g）と豆のピュレ（大さじ1）を合わせて火にかけ、乾燥ポルチーニのもどし汁少量、パスタのゆで汁、バターを加えて温める。
**2.** ゆでておいたピッツォッケリを加えて温めながら和え、グラナ・パダーノをふって和える。器に盛る。

◆応用例
ジビエのラグーもポピュラーな組み合わせ。また、和えたものをオーブン焼きにしてもよい。
ヴェネト州では卵黄入りの生地にして「黄金のしずく」と呼び、サーモンのクリームソースや各種ラグーを合わせたり、カーニバルの時期はホウレン草やトマトペーストを生地に混ぜてカラフルに仕立てたりする。なお、紹介した春野菜のソースはシート状のピッツォッケリにも合う。

## フラスカレッリ

直径 1mm～1cm

**フラスカレッリ**
小麦粉に水滴をふりかけて作る粒パスタ。クスクス（下記）やサルデーニャ州のフレーゴラとほぼ同じ製法だが、フラスカレッリは大粒で不揃い。「葉の付いた木の枝」が語源で、葉先につけた水を粉にまいて作ったことからの名。こねるのではなく、水滴と粉が自然に混ざった粒なので柔らかくネチッとした食感である。また、形や大きさを揃えないのも特徴で、ゴマ粒から大豆くらいまで大小入り混じったものにする。

### 不揃いの粒パスタをスープ風に

マルケ州の2つの郷土料理、ツブ貝の煮込みとフラスカレッリを一皿に仕立てたもの。ツブ貝をトマトソースと水で煮込んでスープ風にし、フラスカレッリを直接入れて煮上げており、弾力のあるツブ貝とフラスカレッリの粒をともに噛み締めると、旨みがじわじわと広がる。料理名にある「ポルケッタ」はイタリア中部に多い「豚の丸焼き」だが、そこで使われるフィノッキオの葉などを豚の丸焼き以外の料理に流用して「ポルケッタ風」と名づけることが多く、ツブ貝の煮込みも一例。

#114
Frascarelli con lumache di mare in porchetta
### フラスカレッリとつぶ貝のポルケッタのミネストゥラ仕立て

小池教之

## クスクス

直径 2～3mm

**クスクス**
粗挽きのセモリナ粉に水を含ませて粒にし、蒸して火を入れるパスタ。クスクスは、パスタ名と同時に料理名でもある。モロッコなどの北アフリカから伝わり、イタリアではシチリア州北西部の港町トゥラーパニという限られた地域の伝統料理として根づいている。食べ方は発祥の地や別ルートで伝わったフランスとは異なり、魚介のスープをかけて食べるのが一般的。クスクスは市販品が普及しているが、ここでは手作りの製法を紹介。

### 魚介スープをかけるのがトゥラーパニ風

最近は煮込んだ魚介の身も盛りつけるクスクスが増えているが、本来は魚介のエキスが濃縮したスープだけをかけるのがトゥラーパニ風。実際、具材がないほうが、クスクスの粒の食感がしっかりと楽しめる。スープ作りに必須なのはカサゴで、これのみでもよいし、他の魚介を混ぜてもよい。紹介した方法はカサゴを煮出してこした後、そのスープの一部で再度カサゴを煮込み、完全に煮くずしてから粗めにして、元のスープと合わせたもの。濃厚かつクリアな風味になる。

#115
Couscous alla trapanese
### トゥラーパニ風魚介のクスクス、クラッシックな仕立てで

杉原一禎

## フラスカレッリ

### ●フラスカレッリの配合
【作りやすい分量、1人分50g】
0粉（マリーノ社）　200g
ぬるま湯　適量

### ●フラスカレッリ
1. 0粉を大きなバットに入れる。ブラシなどの先端をぬるま湯でぬらし、粉の上からふりかける（霧吹きで吹きかけてもよい）。
2. すぐにバットを前後に揺らして粒状の粉の塊を作る。この工程を繰り返して粒をたくさん作る。最初にできる粉の塊は、繰り返すうちに徐々に大きくなる。
3. ザルでこして余分な粉を落とし、バットなどに広げる。常温にしばらくおいて、表面を乾かす。（成形→P.53参照）

## #114 フラスカレッリとつぶ貝のポルケッタのミネストゥラ仕立て

小池教之

### ●ツブ貝のポルケッタ仕立て
1. ツブ貝の下処理をする。殻から身を取り出し、唾液腺などの内臓類を除く。
2. ニンニクのみじん切りと赤唐辛子、ホールのスパイス（シナモン、クローヴ、アニス）をE.V.オリーブ油で炒め、香りが出てきたらスパイス類を取り出す。
3. ツブ貝の身（12人分500g）を入れて炒める。タイム、セージ、ローズマリー、ローリエの各みじん切り、枝付きのマジョラムとフィノッキオの葉を加えて軽く炒める。
4. 白ワイン（200cc）を入れて鍋底の旨みを溶かし、トマトソース（レードル1杯）、水をひたひたに注ぎ、砕いたフェンネルシードを入れる。
5. 蓋をして約30分間、ツブ貝が柔らかくなるまで煮込む。

### ●仕上げ
1. 人数分のツブ貝のポルケッタ仕立て（1人分レードル1杯）を鍋にとり、水でのばして濃度と水分量を調整しながら温める。フラスカレッリを加えて煮汁を吸わせながら約5分間煮る。
2. 塩ゆでしたグリーンピースを加えて和える。
3. 皿に盛り、フィノッキオの葉を添える。

◆応用例
セモリナ粉やポレンタ粉で作るフラスカレッリもある。

## クスクス

### ●クスクスの配合
【作りやすい分量】
セモリナ粉（ギャバン）　150g
塩　ひとつまみ
水　適量

※上記の分量は、プリーモ・ピアットなら2人分、アンティパスト用なら6人分が目安。

※セモリナ粉は、手打ちパスタに使う挽きの細かいものではなく、粗いものを使う。

※大量に仕込む場合、塩は均等に混ざるように水に溶かし、塩水にして吹きかける。

※クスクスを作る際、手やスプーンなどで水をふりかけると均一に水が行きわたらず、粒に大小ができる。昔はそれをふるいで分け、調理法を使い分けていたようだ（小粒のほうが高級）。私は霧吹きを使うが、均等に吹きかけられるので粒が揃い、作りやすい。

※1回にたくさん水を吹きかけると大きなダマができやすいので、少量ずつかける。1回の水の量は、今回の配合の場合、最初は霧吹きで5押し分、少しずつ増やして最後は10押し分が適量。

※でき上がったクスクスを蒸す前に少し乾かし、オリーブ油を含ませておくが、これは粒の表面に油の膜を作るため。この工程を入れると、粒がスープを吸いすぎてべチャッとすることがない。また、混ぜてすぐに蒸すと油が落ちやすいので、油をなじませるために30分間ほど休ませてから蒸す。

## #115 トゥラーパニ風魚介のクスクス、クラシックな仕立てで

杉原一禎

### ●クスクス
1. 大きめのボウルにセモリナ粉を入れ、塩をふって混ぜる。
2. 霧吹きで粉全体に5回ほど水を吹きかけ、5本の指先を広げて全体に水分を行きわたらせるように大きくゆっくりと混ぜる。
3. 粉が水分を吸って湿り気がなくなったら、再び水をかけて混ぜる。この工程を10回くらい繰り返す。後半、粒が大きくなってきたら、指を揃えて指の外側や手の甲を粒にあて、粒同士をすり合わせると均等な粒ができる。
4. 仕上がりは、湿気た粉チーズを触った時のような、油っぽい触感を指先に感じるようになればよい。布の上に広げて、30分間ほど乾かす。（成形→P.52参照）

### ●クスクスの調理
1. クスクスをボウルに入れ、タマネギ（1/4個分）、イタリアンパセリ（少量）、ニンニク（1/2片分）の各みじん切り、塩、E.V.オリーブ油（60cc）を加え、手ですり合わせてよく混ぜる。水分を吸って粒がひと回り大きくなる。布巾をかけて、30分間ほど常温で休ませる。
2. 蒸し器の下の容器に水を入れ、E.V.オリーブ油とタマネギなどのくず野菜適量を加えて沸かす。上の容器にローリエ（ドライ）を散らし、クスクスを広げ、蓋をして45分間〜1時間蒸す。
3. ボウル等に移し、布をかけて温かいところで保管する。

### ●魚介のスープ
1. タマネギの薄切り（1個分）をE.V.オリーブ油でよく炒める。フレッシュトマトのざく切り（2個分）を加えて煮る。
2. 掃除したカサゴ（15尾）を丸ごと加え、蓋をして蒸し焼きにし、火を通す。
3. 熱湯をひたひたに入れ、サフラン少量を加える。約20分間、煮くずさないように混ぜずに煮込む。
4. 全量をザルでこす。こしたスープの7割を取りおき、3割をカサゴとともに再び20分間ほど煮込む。今度は混ぜ返して煮くずし、だしを十分に引き出す。
5. 野菜こし器でこし、取りおいたスープと混ぜる。塩とちぎった赤唐辛子で味をととのえる。

### ●仕上げ
1. 常温のクスクス（1人分約レードル1杯）に熱い魚介のスープ少量（クスクスがちょうど吸収する量）をかけ、20分間ほど休ませて味を含ませる。
2. 器に小高く盛り、熱々のスープをたっぷりかける。

※スープに魚介を混ぜる場合でも、半分以上をカサゴにする。他の魚介は下処理で残る魚、エビ、イカなどのアラを利用するとよい。

# パスタ名 小辞典　（アイウエオ順）

## 【ア】

**アニョロッティ agnolotti**
ラヴィオリのピエモンテ州での呼び名。アニェッロッティともいう。

**アニョロッティ・デル・プリン agnolotti del plin**
ピエモンテ州の小さな詰めものパスタ。プリンはピエモンテ方言で「つまむ」意で、生地を指でつまむ成形法に由来する。アニョロッティ・ダル・プリンともいう。

**アネッリーニ anellini**
リング状の小さな乾燥パスタ。

**ヴェスヴィオ vesuvio**
ナポリの有名な火山、ヴェスヴィオ山をイメージして作られた乾燥ショートパスタ。

**ヴェルミチェッリ vermicelli**
スパゲッティの名前が登場するはるか昔から使われていた名称で、ロングパスタの総称。太めのもの、細めのものといろいろあるが、英語圏（英語名はヴァミセリ）や日本ではとくに細いタイプを指す。ただ、イタリアでも最近はこの名称をあまり使わなくなっており、細いものはカペッリーニ、カペッリ・ダンジェロ、太いものはスパゲッティ、スパゲットーニなどが一般的になっている。

**ウンブリチェッリ umbricelli**
うどん状の手延べロングパスタ。軟質小麦粉と水で作る。ウンブリチェッリはウンブリア州での呼び名で、ウンブリケッリ、ウンブリチともいう。同じウンブリア州のストゥランゴッツィ、チリオーレも同類のパスタ。ほかにトスカーナ州のピーチ、バジリカータ州のマナーテ、南部一帯のスパゲットーニなど、イタリア各地に同様のパスタがある。

**エーリケ eliche**
フジッリの仲間で、らせんの形がプロペラやスクリュー状のもの。ただ、この形状をフジッリと呼ぶこともある。

**オッキ・ディ・ルーポ occhi di lupo**
リガトーニを短く切ったような、大きな穴の空いたショートパスタ。表面に筋模様がなく、まっすぐに切ったものが標準的だが、製品によっては筋があり、斜めに切ったものもある。「オオカミの目」の意味。

**オレッキエッテ orecchiette**
小さな生地の塊にくぼみをつけるタイプのショートパスタ。同グループの中では小型〜中型。くぼみは1つで、カヴァテッリのような細長い溝ではなく、少し押し広げるようにして円形のくぼみを作る。「小さい耳」の意で、その名の通り耳たぶ形である。発祥はプーリア州で、乾麺も流通している。

## 【カ】

**カヴァタッピ cavatappi**
管状の細いパスタをらせんに巻いたショートパスタ。「コルク栓抜き」のことで、形状を似せていることからの名。

**カヴァティエッディ cavatieddi**
カヴァテッリに同じ。カヴァティエッディは主にシチリア州と南部3州（プーリア、バジリカータ、カラブリア）での呼び名。

**カヴァテッリ cavatelli**
小さな生地の塊にくぼみをつけるタイプのショートパスタで、同グループの中では小型〜中型。語源はカヴァーレ（「穴などを掘る」意）。コイン形あるいは短い棒状の生地に指をあててくるっと巻き込み、細長い溝を作る。あてる指の本数でくぼみの数が変わる。プーリア州が発祥とされるが、南部一帯に広く浸透しており、土地によって、カヴァティエッリ、カヴァティエッディ、カヴァテッディ、カヴァティッディ、チェカルッコリ、コルテッチェなど名称は多数。

**カサレッチェ casarecce**
「手作りの」の意で、断面がS字状になるように生地にカーブをつけた細身のショートパスタ。カセレッチェともいう。

**カサレッチェ・ルンゲ casarecce lunghe**
カサレッチェのロングタイプ。

**カゾンセイ casonsei**
ロンバルディア州の詰めものパスタ。2ツ折にしたあと、U字形にカーブをつける。カゾンチェッリともいう。

**ガッセ gasse**
ファルファッレ、ストゥリケッティと同じ、蝶形のショートパスタ。リグーリア州ジェノヴァの伝統的パスタの一つ。

**カッペッラッチ cappellacci**
エミリア＝ロマーニャ州の、小さな指輪型の詰めものパスタ。トルテッリーニも同じ。

**カッペッレッティ cappelletti**
「小さな帽子」の意。エミリア＝ロマーニャ州の詰めものパスタで、2ツ折にした生地をリング状に巻いて、両端をくっつけて

作る。トリテッリーニよりもやや大きめ。

**カネーデルリ canederli**
パンのニョッキ。ドイツ、オーストリア文化圏、トレンティーノ＝アルト・アディジェ州の代表的な郷土料理である。固くなったパンを水分でもどし、小麦粉や卵、チーズなどを加えて生地を作り、団子状に成形してゆでる。

**カネロニ cannelloni**
シート状のパスタで詰めものを巻き、ロール状にしたもの。語源は「カンナ（管）」で、カネロニは「大きな管」の意。イタリア語の発音はカンネッローニ。

**カペッリ・ダンジェロ capelli d'angelo**
ロングパスタの中で最も細いもの。「天使の髪」の意。

**カペッリーニ capellini**
「細い髪」の意味で、直径0.9mm前後のロングパスタ。

**カラマーリ calamari**
「ヤリイカ」の意。筒状のショートパスタで、直径はパッケリと同じくらいだが、長さが短いのが特徴。ヤリイカを輪切りにした形に似ていることからの名。

**カラメッレ caramelle**
「キャンディ」「キャラメル」の意で、紙で包んだ形に似せて作る詰めものパスタ。

**ガルガネッリ garganelli**
エミリア＝ロマーニャ州の筒形のショートパスタ。小さな正方形の生地を、ペッティネという木製の溝つき板の上で、木の棒に巻き付けて転がし、筋模様をつけながら筒状に成形する。マッケローニ・アル・ペッティネともいう。

**カンデーレ candele**
「ロウソク」の意で、ナポリ特産の太い管状パスタ。ツィーテよりひと回り太く、50cmくらいの長さがある。手で短く折って使う。

**カンノリッキ cannolicchi**
管状のショートパスタ。マカロニ。

**キタッラ chitarra**
四角い箱に弦を張ったキタッラ（「ギター」の意）で切り分けることから、道具名がパスタ名になったもの。アブルッツォ州の伝統的なロングパスタで、切り口は正方形に近い。マッケローニ・アッラ・キタッラが正式な名称。トンナレッリ（ローマ）、ストゥリンゴッツィ（ウンブリア州）と同形。

**キッフェリ chifferi**
マカロニにカーブがついた、C字形のショートパスタ。

**クアドゥルッチ quadrucci**
1cm四方の平たい浮き実用パスタ。クアードゥロ（「四角い、正方形の」の意）が語源。

**クアドゥレッティ quadretti**
クアドゥルッチに同じ。ともに詰めもの入りの四角い小さなパスタを指す場合もある。

**クスクス couscous**
シチリア州北西部の港町、トゥラーパニに伝わる粒パスタ。セモリナ粉に水を含ませて混ぜる工程を繰り返し、粒を大きくしていく。乾燥させたのち、蒸して火を入れる。乾燥品も流通している。

**グラミーニャ gramigna**
マカロニにカーブがついたC字形のショートパスタで、先端の巻きが強いもの、弱いものなどさまざま。イネ科の植物の名前でもあり、その種子に似ていることからついた名称といわれる。

**グランディーネ grandine**
「雹（ひょう）」の意で、雹のような大きさと形の浮き実用粒状パスタ。

**クリンジョーニス culingionis**
サルデーニャ州のラヴィオリ。円形生地に詰めものをのせ、左右から交互に生地をかぶせて作る。「麦の穂」に似た形が特徴。クリンジョーネス、クルルジョーニ（ネ）ス、アンジュロットゥスなど別名も多数。

**クレスペッレ crespelle**
粉、卵、牛乳、バターなどで作った生地を薄く焼いたクレープ。

**ゴッベッティ gobbetti**
マカロニを半円状にしたようなカーブのついた管状パスタ。「コブのある」を意味する「ゴッビ」が語源。

**コルツェッティ corzetti**
①木製のスタンプで両面に模様をつけた円形のショートパスタ。リグーリア州の中でも、ジェノヴァ以東のレヴァンテ（東リヴィエラ）と呼ばれる地域のもの。
②平たい8の字形のショートパスタ。小さな生地の塊を引っ張ったり、ひねったり、押しつぶしたりと成形法はさまざま。リグーリア州ジェノヴァ周辺のポルチェーヴェラ渓谷独自のパスタ。

**コルテッチェ cortecce**
カヴァテッリに同じ。コルテッチェは主にカンパーニア州での呼び名で、複数のくぼみをつける。

**コンキリエ conchiglie**
貝の形をした乾燥パスタ。大型のものはコンキリオーニ、浮き実用の小型のものはコンキリエッテ。

トゥロンケッティ tronchetti
: 薄いシート状の生地で詰めものを巻いて細いロールにし、小さく切り分けたものを束にして、切り株に見立てたもの。トゥロンケッティは「小さい切り株」の意で、一般にはクリスマスケーキに用いられる名称。

トルテッリ tortelli
: ①ラヴィオリのことで、イタリア中部から北部にかけての呼び名。大きいものはトルテッローニ。
②リング状にした詰めものパスタ。トルテッリーニをやや大型に作ったもの。

トルテッリーニ tortellini
: エミリア=ロマーニャ州の、小さな指輪型の詰めものパスタ。2ツ折にした詰めものパスタをリング状に巻き、両端をくっつける。カッペッラッチも同じ。アニョリ、アニョリーニ（ロンバルディア州）なども同類。

トンナレッリ tonnarelli
: ローマ生まれのロングパスタ。断面は正方形で、キタッラ（アブルッツォ州）やストゥリンゴッツィ（ウンブリア州）と同じ形状。トンナレッリはもともとローマ方言だが、今では他の地域にも広がっている呼称。

## 【ナ】

ニョッキ gnocchi
: 原形は小麦粉を水で練った生地を小さな塊に成形したもので、広い意味でのマカロニであったが、現代では単にニョッキといえばジャガイモのニョッキを指す。ゆでてつぶしたジャガイモに、小麦粉、卵、チーズなどを合わせて生地を作り、成形してゆで、各種のソースで和える。同様の方法で、カボチャなどの野菜や豆、チーズ、パンなど、さまざまな素材でニョッキが作られている。

ニョッケッティ・サルディ gnocchetti sardi
: 「サルデーニャの小さなニョッキ」の意で、サルデーニャ州の伝統的なパスタ、マッロレッドゥスの標準語。粉と水で作る原形のニョッキの一つ。

ニョッケッティ・ティロレーズィ gnocchetti tirolesi
: 「チロル風の小さなニョッキ」の意。トレンティーノ=アルト・アディジェ州の粒状パスタ、スペッツリの標準語。

ノッケッテ nocchette
: 「小さな蝶ネクタイ」「小さなリボン」の意で、カンパーニア州の蝶形パスタ。円形の生地の向かい合う端同士をつまんでくっつけ、筒状にして、蝶ネクタイ風に成形する。

## 【ハ】

バヴェッテ bavette
: ジェノヴァ生まれの、断面が楕円形のロングパスタ。リングイーネよりやや幅広のもの。

パスタ・グラッタータ pasta grattata
: こねた生地をチーズ用おろし器などですりおろした小片状のパスタ。

パスティーナ pastina
: 「小さなパスタ」の意で、主にスープの浮き実に使うミニパスタの総称。さまざまな形のものがあり、個々に名称がついているものも多い。

パッケリ paccheri
: カンパーニア州の、穴あきの太い筒形パスタ。乾麺のほうが普及しているが、手打ちもある。標準語ではスキアッフォーニ。

パッサテッリ passatelli
: エミリア=ロマーニャ州のパン粉主体のショートパスタ。「パッサータ（漉した）」が語源。パン粉に卵やチーズを加えた生地に、穴のあいた専用の道具を押し付けて、短いひも状のパスタを漉し出す。ポテトマッシャーで代用することも多い。

パッパルデッレ pappardelle
: 最も幅広（3cm前後）のロングパスタで、トスカーナ州が発祥。卵と軟質小麦粉の生地で作る。

パンソッティ pansotti
: リグーリア州の三角形のラヴィオリ。野草のミックスとリコッタを詰めるのが定番。

ピーチ pici
: うどん状の手延べロングパスタ。ピーチはトスカーナ州での呼び名で、シエナ一帯が発祥とされる。土地により、ピッチ、ピンチ、ピチなどともいう。軟質小麦粉と水で作るのが基本。ストゥランゴッツィ（ウンブリア州）、ウンブリチェッリ（ウンブリア州）、マナーテ（バジリカータ州）、スパゲットーニ（南部）などが同類。

ピカッジェ picagge
: リボン状のロングパスタで、リグーリア州での呼び名。形状はタリアテッレ、あるいはパッパルデッレとほぼ同じ。

ビゴリ bigoli
専用のハンドル式圧搾機「ビゴラーロ（トルキオともいう）」でスパゲッティ状に絞り出したヴェネト州独特のロングパスタ。固めに練った生地を、強い力をかけて絞り出すもので、非常にコシが強いのが特徴。

ピサレイ pisarei
小麦粉にパン粉を混ぜてこねた生地を、小さな塊に成形したニョッキ。エミリア＝ロマーニャ州ピアチェンツァの名物。

ピッツォッケリ pizzoccheri
①〈ヴァルテッリーナ風〉ソバ粉を使ったシート状のパスタ。ロンバルディア州北部の山岳地、ヴァルテッリーナ地方のもので、短冊状に切ったものが定番。
②〈キャヴェンナ風〉小麦粉と水で作ったゆるめの生地を、スライサー式の器具などを通しながら湯に落としてゆでる粒状のパスタ。ロンバルディア州北部のヴァルテッリーナ地方に位置する、キャヴェンナ独特のもの。

ファゴッティーニ fagottini
「小さな包みもの」の意の詰めものパスタ。詰めものをのせた四角い生地の4隅を上部で合わせてくっつけた形や、茶巾絞りのような形にしたものが一般的。

ファルファッレ farfalle
「蝶」の意で、名前の通り蝶の形をしたエミリア＝ロマーニャ州のショートパスタ。同州のモデナ一帯では古くからこの蝶形パスタをストゥリケッティと呼ぶ。四角い生地の真ん中をつまむ、あるいはひねって、蝶の形に成形する。小さなものはファルファレッテ。乾麺も多く流通する。

フィオッケッティ fiocchetti
蝶形のパスタ。ファルファッレに同じ。

フィレイヤ fileja
カラブリア州のマッケローニ（マカロニ）。棒状の生地に木の棒などを重ね、棒を斜め手前に引きながら生地をよって筒状に成形する。

フェトゥッチーネ fettuccine
リボン状のロングパスタ。タリアテッレとほぼ同じ形状だが、一般にフェトゥッチーネのほうがやや幅広（8〜10mm）。タリアテッレはエミリア＝ロマーニャ州が発祥で全土に広まったが、フェトゥッチーネはローマ一帯での呼び名。フェトゥッチェ（「リボン」の意）の縮小形。

フェトゥッチェ fettucce
幅広のロングパスタ。形状はトスカーナ州発祥のパッパルデッレとほぼ同じで、フェトゥッチェはナポリなど南部一帯での呼び名。セモリナ粉と水で作るのが基本。

フェトゥッチェッレ fettuccelle
リボン状のロングパスタ。ローマのフェトゥッチーネとほぼ同じ形状で、フェトゥッチェッレはナポリなど南部一帯での呼び名。セモリナ粉と水で作るのが基本。フェトゥッチェ（「リボン」の意）の縮小形。

フェデリーニ fedelini
直径1.4mm前後の細いロングパスタ。フィデリーニともいう。

ブカティーニ bucatini
「穴のあいた」の意で、名前の通り、中心に穴のあいたロングパスタ。

フジッリ fusilli
バネやネジ、プロペラのようならせん形の溝のあるショートパスタ。

フジッリ・チレンターニ fusilli cilentani
穴あきの手打ちロングパスタ。棒状の生地に細い編み棒や金串を埋め込み、これを芯にして筒状に成形する。チレンターニは「チレント風」の意で、ナポリ南東の地域に由来する名称。

フジッリ・ルンギ fusilli lunghi
「長いフジッリ」の意で、らせん形の手打ちロングパスタ。細長くのばした生地を串や棒に巻き付けてらせんにする。乾燥パスタとしても流通している。日本ではショートパスタのフジッリがよく知られているが、フジッリ・ルンギがもともとの形。

フラスカレッリ frascarelli
マルケ州などで作られている粒パスタ。小麦粉に水をふりかけて揺する工程を繰り返し、塊を作っていく。大小、不揃いなところが特徴。

ブレーキ bleki
フリウリ地方の方言で、「ぼろ切れ」「つぎはぎ」の意。標準語のストゥラッチにあたるパスタ。ソバ粉を用いるのがこの地方の伝統で、シート状の生地を、適宜の四角形や三角形に切る。

フレーゴラ fregola
サルデーニャ州の粒パスタ。セモリナ粉に水を含ませて混ぜる工程を繰り返し、粒を大きくしていく。サルデーニャ方言ではフレーグラ。乾燥品も多く流通している。

ペルチャテッリ perciatelli
中心に穴のあいたロングパスタ。ブカティーニと同じもので、ナポリ一帯での呼び名。

ペンネ penne
斜めにカットされた管状のショートパスタ。ペン先の形に似ていることからの名。筋の入ったペンネ・リガーテと、筋のないペンネ・リッシェ（ペンネ・ツィーテともいう）がある。

ペンネッテ pennette
「小型のペンネ」の意で、ペンネをひと回り細く作ったもの。

## 【マ】

マッカルーネ maccarrune
カラブリア州やシチリア州の原初的なマッケローニ（マカロニ）。リボン状の生地を金属の棒などに巻き付けて作る穴あきパスタ。マッカルーニともいう。

マッカローネス maccarrones
サルデーニャ州のマッケローニ（マカロニ）。棒状の生地の上に編み棒を軽く埋め込むようにして置き、巻き付けるように転がして管状に成形する。乾麺も多く流通している。

マッケローニ maccheroni
①日本でいうマカロニ（中心に穴のあいたショートパスタ）。もともとはシート状の生地を編み棒などに巻き付けて作る手打ちパスタであったが、現在はダイスで絞り出す方法も普及し、手打ち、乾麺の両方がある。マッケローニより短いものはマッケロンチーニ。
②パスタの総称。中世の頃までは、中心の穴の有無や長短にかかわらず、パスタのことをマッケローニと呼んでいた。マッケローニ・アッラ・キタッラなどがその名残り。

マッケロンチーニ maccheroncini
①中心に穴のあいたショートパスタで、マッケローニより短いもの。
②極細のロングパスタ。パスタ創成期には中心の穴の有無や長短にかかわらず、マッケローニがパスタの総称だった。その流れをくんだ名称で、素麺状の細さから、「カペッリ・ダンジェロ（天使の髪）」の別名もある。

マッロレッドゥス malloreddus
小さな生地の塊にくぼみをつけるタイプのショートパスタ。同グループの中では最も小型。くぼみは1つで、帘模様をつけるのが基本である。マッロレッドゥスはサルデーニャ州の方言で、チチョネスともいう。標準語ではニョッケッティ・サルディ。乾麺も多く流通している。

マナーテ manate
うどん状の手延べロングパスタ。マナーテはバジリカータ州での呼び名で、同類のパスタにストゥランゴッツィ（ウンブリア州）、ウンブリチェッリ（ウンブリア州）、ピーチ（トスカーナ州）、スパゲットーニ（南部）などがある。

マファルデ mafalde
両端が波打った形の、リボン状のロングパスタ。細身のものはマファルディーネ。

マルタリアーティ maltagliati
ひし形や不揃いの四角形に切った手打ちのシート状パスタで、エミリア＝ロマーニャ州での呼び名。同類のものにストラッチがある。

マルビーニ marubini
ロンバルディア州のラヴィオリ。

ミッレリーゲ millerighe
リガトーニとほぼ同じ形と大きさの管状ショートパスタ。「千の筋」の意味で、表面に入った筋からの名称。

メッツェルーネ mezzelune
半月形のラヴィオリ。メッツェルーネは「半月」の意。

## 【ラ】

ラーガネ lagane
南部発祥のシート状パスタ。イタリア最古のパスタの一つで、ラザーニェと同義語。細く切り分けたものがラガネッレ。

ラヴィオリ ravioli
①詰めものパスタの総称。
②2枚の生地の間に肉、魚介、野菜、豆、チーズなどさまざまな詰めものをしたパスタ。形は正方形、三角形、円形、半円形などさまざま。土地により、アニョロッティ（ピエモンテ州）、トルテッリ（中部から北部）などの名前でも呼ばれる。大きなものはラヴィオローネ、小さなものはラヴィオリーニ。

ラガネッレ laganelle
シート状のパスタ、ラーガネを、細長いロングパスタに切り分けたもので、「小さなラーガネ」の意。歴史は古く、タリアテッレなどの平打ちロングパスタのルーツにあたる。短いサイズに作ることもある。

ラザーニェ lasagne
シート状のパスタ。この生地をソースや具材を層にしてオーブン

焼きにした料理が最も有名。

**ラザニェッテ** lasagnette
小さなサイズのラザーニェ。

**リガトーニ** rigatoni
「筋の入った」の意。名前の通り、筋入りの管状パスタ。穴の直径は1cmほどあり、太くて肉厚なのが特徴。

**リングイーネ** linguine
断面が楕円形のロングパスタ。

**ルオーテ** ruote
車輪形の乾燥ショートパスタ。

**ルマコーニ** lumaconi
「大きなカタツムリ」の意。殻を2等分した形のショートパスタで、大きな空洞があるのが特徴。

**レジネッテ** reginette
マファルディーネに同じ。マファルダ王女に由来することから、「レジーナ（女王）」の縮小形を用いた呼称。レジネッレともいう。

**ロートロ** rotolo
シート状のパスタで詰めものを巻き、ロール状にしたもの。カネロニよりも太く、長く作って輪切りにし、切り口を見せて調理するのが特徴。

**ロリギッタス** lorighittas
細いひも状の生地を二重の輪にしてねじったショートパスタ。サルデーニャ州西部のオリターノ周辺が発祥で、現地の言葉で「指輪」の意。

LE PASTE SECCHE LUNGHE

## 第7章

## 乾燥パスタ
## ロング

## スパゲッティ

直径 1.8mm（アフェルトラ社）

**スパゲッティ**
ナポリ・グラニャーノのメーカー品。ブロンズのダイスで絞り出した、表面にウロコ状のざらつきのあるタイプ。ソースがよくからむので水分の多いソースにはとくに向いている。

#116
Spaghetti al pomodoro
トマトのスパゲッティ

杉原一禎

### ナポリの日常的なプティトマトのソース

トマト、ニンニク、バジリコで作る南イタリアのベーシックなトマトソース。日本ではサン・マルツァーノ種に代表される長形大型トマトで作ることが多いが、紹介するのは加工用プティトマトを利用したもの。ナポリでは、プティトマトのソースも家庭で日常的に作られている。大型トマトで作るソースはたっぷりと量のある果肉が煮つまって甘く濃い味わいになるが、プティトマトはすがすがしい香りと酸味のきいたあっさりした旨みで、これに慣れると離れがたい味である。店では夏に瓶詰を仕込み、年間を通して使っている。

スパゲッティ
左ページのスパゲッティに同じ。この製品は太いが、慣れてくるとこの太さが魅力で、離れがたい味になる。

直径1.8mm（アフェルトラ社）

♯117
スパゲッティ　アッレ　ヴォンゴレ
Spaghetti alle vongole
### あさりのスパゲッティ

#### アサリのエキスで食べるスパゲッティ
ナポリの味を再現したアサリのスパゲッティ。白ワインなどの旨みは加えず、塩味も汁の塩分だけを利用したもので、アサリのエキスの旨みが鮮烈に伝わってくるおいしさである。アサリは殻が開いたらすぐに取り出し、身をふっくらとしたジューシーな味わいに保ち、一方のアサリから出た汁を煮つめてスパゲッティに単純にからめる感覚で和える。汁と油を乳化させると、アサリの汁のシャープな味わいが失われる。

杉原一禎

スパゲッティ
左ページのスパゲッティに同じ。伝統的な製法のパスタは、このようなシンプルなソースでさらに力を発揮する。

直径1.8mm（アフェルトラ社）

♯118
スパゲッティ　コン　イ　カルチョフィ
Spaghetti con i carciofi
### カルチョフィのスパゲッティ

#### カルチョフィの産地のスパゲッティ料理
カルチョフィはイタリア各地に産地があるが、カンパーニア州サレルノも有名で、煮込んでパスタソースとするこの料理が同地の伝統になっている。アーリオ・オーリオが味のベースで、カルチョフィ以外のものをほとんど入れず、少量のケイパーで旨みを補っている程度。カルチョフィは品種にこだわらず、シーズン真っ盛りのものを使うことが大事で、口に含んだ時にカルチョフィの風味があふれるところにこのソースのおいしさがある。

杉原一禎

## スパゲッティ

### ♯116
### トマトのスパゲッティ

杉原一禎

●プティトマトの瓶詰
**1.** プティトマトのヘタを除き、皮付きで縦に2等分する。煮沸消毒した瓶に縁まで詰め、枝付きのバジリコ(ナポリ種。以下同)も適量入れて蓋を閉める。
**2.** 大きな鍋に入れて瓶が完全に浸かる量の水を入れ、沸騰状態で1時間前後火を入れる。
**3.** 湯に浸けたまま自然に冷ましたのち、常温で保管する(1年間は保存可能)。

●スーゴ・ディ・ポモドーロ
**1.** つぶしたニンニクをE.V.オリーブ油で炒め、香りが出たら色づく前に枝付きのバジリコ(1枝。2〜3枚の葉を仕上げ用に取りおく)を加えて油となじませる。
**2.** プティトマトの瓶詰(1人分8〜10個)を入れ、高温の油にさらさないようにパスタのゆで汁少量も同時に加えて、フォークでつぶしながら炒める。
**3.** 粗塩をひとつまみ加えて5分間ほど煮て、枝付きのバジリコを除く。

●仕上げ
**1.** スパゲッティ(1人分90g)を12分間、塩湯でゆでる。
**2.** スーゴ・ディ・ポモドーロでさっと和え、取りおいたバジリコの葉をちぎるか細切りにして加え混ぜる。
**3.** 器に盛り、フレッシュのバジリコの葉を飾る。

※プティトマトはナポリで栽培されている品種のうち、カンネッリーノ種、ピエンノロ種など、日本で生産されているものを使用。これらのプティトマトは皮が厚く、果肉も固く締まって果汁が少ないので、皮付きで使うと果皮の比率が高くなる。皮には生のトマトを思わせる青い香りが豊富にあり、ソースに爽やかな香りが生まれる。

※日本で一般的なバジリコはジェノヴァ種と呼ばれるものだが、ここではナポリ種を使用。葉が大型で縮れているのが特徴で、香りも強い。

◆Point
瓶詰にしたプティトマトを、オーダーごとにニンニク風味のオリーブ油で高温にさらさないよう手早く煮て、旬のトマトの生き生きとした風味を再現する。

♯117
## あさりのスパゲッティ

杉原一禎

●ヴォンゴレソース

**1.** 殻付きのアサリ (1人分12〜15個) を塩分濃度2%の食塩水に浸けて砂抜きする。

**2.** つぶしたニンニクを E.V. オリーブ油で炒め、香りが出たらアサリ、イタリアンパセリのみじん切り、プティトマト (缶詰。1人分1〜2個) を加え、呼び水程度のごく少量の水を加える。

**3.** 蓋をして鍋を少しゆすりながら強火で一気に火を入れ、殻が完全に開いたものから、順次ボウルに取り出す。最後にニンニクも除き、たまった汁の1〜2割をアサリのボウルに入れて温かいところに置く。

●仕上げ

**1.** スパゲッティ (1人分90g) を12分間、塩湯でゆでる。

**2.** 鍋に残ったアサリの汁を少し煮つめる。スパゲッティを和えて黒コショウをふる。

**3.** 味をみて、塩味が足りなければ取りおいたアサリの汁を適宜加える。2〜3回鍋をあおって混ぜる。

**4.** 器に盛り、取りおいたアサリをのせて、イタリアンパセリのみじん切りをふる。

※ソースはスパゲッティがゆで上がる3〜4分間前に作り始めると、できたての風味のよさが出る。

◆ Point
アサリは産地によってかなり味が異なり、河川が流れ込んでいる汽水域でとれるものがとくに質がよい。この場合は海水よりも塩分濃度が低いので、砂抜き用の食塩水を濃度2%以下に抑えて塩辛くしないようにする。経験的には、大粒と小粒のアサリを同じ重量で比較すると、小粒を使ったほうが味の濃いものができる。なお、プティトマトを少量入れているのは、塩分がマイルドに感じられるため。

♯118
## カルチョフィのスパゲッティ

杉原一禎

●カルチョフィの下処理

**1.** カルチョフィは上部1/3〜1/2を切り落とし、周囲の固いガク片と軸の皮をむく。縦半分に切って繊毛があれば取り除く。

**2.** レモン入りの水にしばらく浸けてアク止めする。厚さ2〜3mmの縦切りにし、再びレモン水に浸ける。

●カルチョフィの煮込み

**1.** つぶしたニンニクを E.V. オリーブ油で炒め、香りが出たらタマネギのみじん切り (1人分大さじ1) を加えて軽く炒める。

**2.** 水気をふき取ったカルチョフィ (1個半)、ケイパー (塩漬けをさっと水洗いして水気をきったもの。8粒)、イタリアンパセリのみじん切りを加え、軽く塩をして蒸し焼きにするように炒め合わせる。

**3.** パスタのゆで汁少量を加え、カルチョフィが柔らかくなるまで蒸し煮にする。

●仕上げ

**1.** スパゲッティ (1人分90g) を約12分間、塩湯でゆでる。

**2** カルチョフィの煮込みと和え、黒コショウ、イタリアンパセリのみじん切り、パルミジャーノを入れて和える。

**3.** 皿に盛り、パルミジャーノをふる。

※スピノーゾ種のカルチョフィはアクが少なく、サラダなどの生食に使ってこそ意味があるので、それ以外の加熱向きの品種を使うとよい。イタリア産が入る3月から国産が出回る5月が旬。

◆応用例
カルチョフィの煮込みは、コシの強すぎないしなやかなタイプのブカティーニや、セモリナ粉と水で作る食感の締まった手打ちスパゲットーニにも合う。

## スパゲッティ

スパゲッティ
P.200のスパゲッティに同じ。

直径1.8mm(アフェルトラ社)

### 黒オリーブ、ケイパー、アンチョビ風味のソース

プッタネスカは「娼婦風」の意味だが、黒オリーブとケイパー入りのソース和えである。由来は諸説あるが、もともと南部一帯で作られていた「オリーブとケイパーのフェットゥッチェ」がベースになっており、ナポリ沖のイスキア島でスパゲッティを使ったものがプッタネスカと命名されて全国へ広まった。最初に黒オリーブとケイパーをよく炒めて油にオリーブの味と香りを移し、オリーブの印象を強めることが味の決め手。一体感が生まれ、格段においしさが増す。

♯119
スパゲッティ アッラ プッタネスカ
Spaghetti alla puttanesca
### スパゲッティ・プッタネスカ

杉原一禎

スパゲッティ
P.200のスパゲッティに同じ。

直径1.8mm(アフェルトラ社)

### 19世紀の料理の流れをくむウナギの煮込み

ウナギをトマトで煮込み、粗めにこしてソースとしたスパゲッティ料理。本来はメルルッツォ(大西洋ダラ)で作るもので、ナポリの修業先の店で供していた料理の中で一番に気に入っていた。ただ日本のタラでは同じ味が再現できず、ウナギでアレンジすることで現地の味に近づけた。料理名のカヴァルカンティは、19世紀初頭に活躍したナポリ生まれの貴族にして料理研究家。メルルッツォの料理は彼の著書に掲載されているものである。

♯120
スパゲッティ アル スーゴ ディ アングウィッラ アッラ カヴァルカンティ
Spaghetti al sugo di anguilla alla Cavalcanti
### カヴァルカンティ風、鰻の煮込みソースのスパゲッティ

杉原一禎

スパゲッティ
ナポリ・グラニャーノのメーカー品。ブロンズダイスで絞った製品で、ソースのからみがよい。魚介中心のソースには、ナポリ産のパスタが合うと思う。

直径1.9mm（リグオーリ社）

♯121
スパゲッティ　アル　ラグー　ディ　ペッシェ
Spaghetti al ragù di pesce
## スパゲッティ、魚介のラグー

### エビやイカのすり身で作るラグー
魚介版ミートソース・スパゲッティ。エビ、イカ、帆立貝をすり身にしてそぼろ状に炒め、トマトペーストと水などで煮込んでソースとする。もともとは切れ端を利用して作ったソースで、魚以外の甲殻類、イカ、タコ、貝など旨みがあって煮込んでもパサつかない素材を用いる。最初に、すり身を乾いた感じになるまでよく炒めることがポイントで、これにより香ばしく、甘く濃厚なソースになる。

西口大輔

スパゲッティ
上記スパゲッティに同じ。

直径1.9mm（リグオーリ社）

♯122
スパゲッティ　アッラ　ペスカトーラ
Spaghetti alla pescatora
## スパゲッティ・ペスカトーラ

### 貝の旨みを味のベースにする
「ペスカトーラ＝漁師風」の名前のごとく、魚介を豊富に使って潮の香りと旨みを引き出したトマトソース和え。甲殻類、イカ・タコ、貝類を適宜組み合わせて使う。貝は殻付きのアサリとムール貝が必須で、殻の中にある旨みの強い汁を生かしてこそ、おいしさが生まれる。貝の汁には塩分も含まれているので、この自然の塩味だけで十分。元はナポリ料理だが、今は全国に広まっている。

西口大輔

## スパゲッティ

### ♯119
### スパゲッティ・プッタネスカ

杉原一禎

●プッタネスカのソース

**1.** つぶしたニンニクをE.V. オリーブ油で炒め、香りが出たら、種子を取り除いた黒オリーブ（1人分7〜8個）と、ケイパー（塩漬けをさっと水洗いして水気をきったもの。7〜8粒）、アンチョビのフィレ（1枚弱）を加えて弱火で炒め始める。水分が少ないので、ごく少量のパスタのゆで汁を加え、プチプチと水分がはぜる水分量と火加減で炒める。

**2.** オリーブの水分がしみ出して油が赤黒くなり、香りが一体化してきたら、プティトマト（缶詰。7〜9個分）を加え、フォークなどでつぶして混ぜる。ニンニクを取り出し、香りが再び一体化して、油がやや分離してくるまで煮る。

●仕上げ

**1.** スパゲッティ（1人分90g）を12分間、塩湯でゆでる。

**2.** ボウルに入れ、ごく少量のパルミジャーノ、ペコリーノ、イタリアンパセリのみじん切りを入れて手早く和える。次にソースの8割を加え、混ぜる。

**3.** 器に盛り、残りのソースをかけてパルミジャーノを少量ふる。

◆Point
黒オリーブとケイパーの炒め方が足りないと、単に具材が混ざっているだけの、味がバラバラの料理になる。最初にオリーブ、ケイパー、アンチョビを一体化させ、次にトマトを加えて一体化させてと、段階的になじませていく。また、単調な味にならないよう、ゆでたスパゲッティにまずチーズを混ぜてコクと甘みをからめてから、プッタネスカソースを混ぜると効果的。

### ♯120
### カヴァルカンティ風、鰻の煮込みソースのスパゲッティ

杉原一禎

●ウナギの煮込みソース

**1.** ウナギ（300gのもの1尾で8人分）のぬめりを包丁でこそぎ取って水洗いし、骨付きのままぶつ切りにする。

**2.** タマネギの薄切り（1/2個分）をE.V. オリーブ油で炒める。火が通ったらウナギとつぶしたプティトマト（缶詰。200g）を入れ、蓋をして約40分間、蒸し煮にする。

**3.** ウナギの骨をはずし、身と煮汁を野菜こし器でこす。

**4.** 鍋に戻して火にかけ、塩、黒コショウ、マルサーラを加えて味をととのえる。最後にバター少量を加える。

●仕上げ

**1.** スパゲッティ（1人分90g）を11分間、塩湯でゆでる。

**2.** ウナギの煮込みソースに入れ、イタリアンパセリのみじん切り、パルミジャーノ少量を加えて和える。

**3.** 皿に盛り、鍋に残ったソースをかけてパルミジャーノとイタリアンパセリをふる。

◆Point
ウナギを十分に煮込むことがおいしさの秘訣。蓋を開けた時に、インパクトのある香りが一気に立ち上るくらいまで煮る。

◆応用例
アナゴでソースを作ってもおいしくできる。

## ♯ 121
# スパゲッティ、魚介のラグー

西口大輔

### ●魚介のラグー
**1.** 魚介のすり身を作る（約2人分）。クルマエビの身（3尾分）、皮をむいたヤリイカの身（1パイ分）、ホタテ貝の貝柱（3個）をフードプロセッサーで細かくすりつぶす。
**2.** ピュアオリーブ油とともにフライパンに入れ、泡立器でトントンとつぶすようにほぐして炒める。すり身の水分が飛び、若干カリッとしてきたら火を止める。
**3.** ピュアオリーブ油をひいた鍋に移して火にかけ、ソッフリット（P.245。大さじ1）、ローリエ、トマトペースト（15g）と白ワイン（大さじ2）を入れて混ぜる。魚介のブロード（300cc）を加える。
**4.** 2のフライパンに白ワイン（大さじ1）を入れて強火にかけ、焼き汁を溶かして3の鍋に加える。
**5.** 沸騰したら弱火にして煮込み、20分間ごとに魚介のブロード（300cc）を2回加えて、さらに20分間煮込む。

### ●仕上げ
**1.** スパゲッティ（1人分80g）を10分間、塩湯でゆでる。
**2.** フライパンに魚介のラグー（1人分大さじ5）とE.V.オリーブ油、サルサ・マリナーラ（P.244。大さじ3）、ゆで汁少量を加えて温める。
**3.** スパゲッティを入れて和え、イタリアンパセリのみじん切りをふって和える。器に盛る。

◆ Point
このレシピでは仕上げにサルサ・マリナーラを加えてトマト風味を強めたが、加えずにあっさりとしたラグーにするのもよい。

## ♯ 122
# スパゲッティ・ペスカトーラ

西口大輔

### ●クルマエビの下処理
**1.** クルマエビはヒゲと頭胸部の足を調理バサミで切り落とし、頭を残して殻をむく。竹串などで背ワタを抜く。

### ●ペスカトーラソース
**1.** フライパンにピュアオリーブ油を入れて温め、アサリ（2人分で14個）とムール貝（4個）を入れて白ワイン（40cc）を加える。蓋をして殻が開くまで火を入れる。火を止めて貝をボウルに取り出し、温かいところに置く。
**2.** 1のフライパンにクルマエビ（4尾）とヤリイカの輪切り（4個）を入れて、余熱で火を通す。貝と同じボウルに取り出しておく。
**3.** 2のフライパンにサルサ・マリナーラ（P.244。180cc）を入れ、火にかけて貝の汁とよく混ぜる。沸いてきたらイタリアンパセリのみじん切りを加え、E.V.オリーブ油で香りづけする。

### ●仕上げ
**1.** スパゲッティ（1人分80g）を10分間、塩湯でゆでる。
**2.** ペスカトーラソースで和える。
**3.** スパゲッティを先に皿に盛り、残ったソースの中に取りおいたアサリ、ムール貝、クルマエビ、ヤリイカを入れて、余熱で和える。
**4.** スパゲッティの上に魚介とソースを盛る。

◆ Point
エビとイカは身が固くなりやすいので、余熱で炒めてぎりぎりに火を入れる。また、スパゲッティを和える時は魚介をソースから取り出しておき、スパゲッティを盛りつけた後のソースに魚介を戻し、温めると火が入りすぎることがない。

## スパゲッティ

**スパゲッティ**
モリーゼ州カンポバッソのメーカー品。テフロン加工のダイスで絞った製品で、ツルツルとした食感がある。アーリオ・オーリオなどオイル系に向いている。

直径 1.7mm （モリサーナ社）

### ニンニクの「よい香り」が決め手

オリーブ油、ニンニク、赤唐辛子で作る、オイル系の最もベーシックなスパゲッティ料理。発祥はローマともナポリともいわれるが、材料がすべて南イタリアの特産であることから南部の料理であることは確か。また、イタリアではレストラン料理ではなく、家庭で主に夜食として食べられてきた。材料はきわめてシンプルだが、香り、辛み、旨みのバランスが絶妙で、食べ飽きず、食べるたびにおいしさが実感できるパスタ料理である。

#123
Spaghetti aglio, olio e peperoncino
**アーリオ・オーリオ・ペペロンチーノ**

西口大輔

**スパゲッティ**
上記スパゲッティに同じ。

直径 1.7mm （モリサーナ社）

### ツナの旨みを加えたキノコのソース

ボスカイオーラは「きこり風」の意味で、山の幸のキノコを使った料理を指す。この時、たいてい一緒に入れるのがツナで、この料理に限らず、イタリアでは定番の組み合わせである。油漬けのツナは山の中でも気軽に使える海の幸で、旨みと栄養分に富み、キノコとの味の相性もよいところからこのパスタ料理が誕生したのだろう。トマトを使わないレシピもあるが、一般的にはトマトソースをベースにする。また、キノコの種類はいかようにもアレンジできる。

#124
Spaghetti alla boscaiola
**スパゲッティ・ボスカイオーラ**

西口大輔

## スパゲットーニ

♯125
Spaghetti alla norcina
スパゲッティ・アッラ・ノルチーナ

## スパゲッティ、黒トリュフとサルシッチャのノルチャ風

直径2.2mm
(ルスティケッラ・ダブルッツォ社)

**スパゲットーニ**
この料理に使ったのは、スパゲッティよりもひと回り太い「スパゲットーニ」。メーカーによって製品の太さの違いもあり、細身のスパゲッティーニや太いスパゲットーニを使っても、料理名を「スパゲッティ」とすることも多い。

小池教之

### ノルチャの2大産物で作る冬のスパゲッティ

料理名にあるノルチャはウンブリア州の町で、古代ローマ時代から続くサルーミ(豚肉加工品)の聖地であり、周辺の深い森では黒トリュフが豊富にとれる。紹介したのは、ノルチャが誇るこの2大産物を組み合わせた当地ならではの伝統的なパスタ料理。シンプルだが力強い味わいで、冬のご馳走である。スパゲッティで作るのが定番だが、生クリームも少量加わったコクのある味なので、太めのスパゲットーニを合わせた。

## スパゲッティ

### ＃123
## アーリオ・オーリオ・ペペロンチーノ

西口大輔

●アーリオ・オーリオのソース

**1.** フライパンにピュアオリーブ油（2人分30cc）、ニンニクのみじん切り（5g）、赤唐辛子の小口切り（1本分）を入れて中火にかけ、フライパンをゆすってニンニクを広げる。

**2.** ニンニクがほんのりと色づき始めたら、すぐにイタリアンパセリのみじん切り（3g）を加える。火を止めて油にニンニクとパセリの香りを移す。

**3.** パセリにも火が入ったらパスタのゆで汁（大さじ3）を入れて温度を少し下げ、ニンニクが焦げるのを防ぐ。

●仕上げ

**1.** スパゲッティ（1人分80g）を9分間、塩湯でゆでる。

**2.** スパゲッティがゆで上がる直前にソースを温め、スパゲッティを入れてフライパンをあおりながら和える。塩もふる。

**3.** 底にたまっている水分がなくなり、ソースがパスタにしっかりからまったら器に盛る。

◆ Point
ニンニクはつぶしたり、薄く切ったりする方法もあり、香りの出方が違うので好みで使い分けるとよい。みじん切りは一番強く出る。炒めムラが出ないように均一の大きさと形に切り、炒める時はわずかに色づく程度にとどめるとニンニクの不快なにおいが出ず、「よい香り」が生かされる。

### ＃124
## スパゲッティ・ボスカイオーラ

西口大輔

●ツナとキノコの下準備

**1.** ボウルにザルを重ねてツナ缶（2人分で小1缶分、80g）の中身をあけ、フォークで強く押しつぶしながら油分をよくきる。

**2.** ポルチーニ（80g）は、ぬらしたペーパータオルで傘の外側をふき、軸はピーラーで薄く皮をむく。ともに小角切りにする。

●ツナとキノコのソース

**1.** ポルチーニをピュアオリーブ油で炒め、途中で塩をふる。火が通ったら、火を止めてサルサ・マリナーラ（P.244。2人分200g）を加え混ぜる。

**2.** 再び火にかけ、ツナを加えてさっと混ぜる。パスタのゆで汁少量を入れ、イタリアンパセリのみじん切り、E.V.オリーブ油をふり入れて混ぜる。

●仕上げ

**1.** スパゲッティ（1人分80g）を9分間、塩湯でゆでる。

**2.** ツナとキノコのソースで和え、器に盛る。

◆ Point
ツナの油をきらないで使うと、パスタがベタつき、味わい的にもオイリー感が強すぎる。フォークでツナを押しつぶし、目いっぱい油を絞り出してから使う。また、ツナはすでに火が入っているので、ソースに入れたら軽く温めるだけでよい。

## スパゲットーニ

♯125
### スパゲッティ、黒トリュフとサルシッチャのノルチャ風

小池教之

●**ノルチャ風ソース**

**1.** つぶしたにんにくをE.V.オリーブ油で炒め、香りが出てきたら取り出す。サルシッチャのタネ（P.248。1人分約50g）をほぐしながら入れて炒め、さらに細かくほぐす。
**2.** 焼き色がついてきたら、刻んだ黒トリュフ（2g）を入れて軽く炒めて香りを出す。
**3.** 生クリーム（30cc）と仔牛のブロード（レードル1杯）を加えて、やや濃度が出るまで煮つめる。

●**仕上げ**

**1.** スパゲッティ（1人分60g）を15分間、塩湯でゆでる。
**2.** ノルチャ風ソースで和え、ペコリーノ・デイ・モンティ・シビッリーニを入れて和える。
**3.** 皿に盛り、再度ペコリーノ・デイ・モンティ・シビッリーニをふって、黒トリュフの薄切りを盛る。

◆応用例
　現地では、ショートパスタではペンネ、手打ちではタリアテッレ、またウンブリア州らしいストランゴッツィの組み合わせも見られる。

※ペコリーノ・デイ・モンティ・シビッリーニはマルケ州の山間地のチーズ。

# リングイーネ

**リングイーネ**
断面が楕円形のロングパスタ。写真は幅4mmのやや太めの製品で、メーカーによりサイズが微妙に違う。断面が円形のスパゲッティと比べると、リングイーネは厚みと幅の比率が異なるため、変化のある食感が生まれ、ソースもからみやすい。

幅4mm（アフェルトラ社）

## 飽きのこない生クリームベースのソースで

大きな具材はなく、生クリーム主体のソースをリングイーネに合わせたオリジナルの料理。コクがあって腹持ちがよいソースだが、乳糖の甘みがくどくなりかねないので、赤唐辛子の辛みと香ばしく炒めたニンニクの刺激をきかせることでキレのよさを出した。この技法は伝統的な「ソレント風くるみのソース」(P.216)からの応用である。カラスミを組み合わせたのは乳製品との味の相性のよさから。店では夏の食欲の落ちた時に好評の一品だ。

♯126
リングウィーネ　コン　ボッタルガ　エ　パンナ　アル　ペペロンチーノ
Linguine con bottarga e panna al peperoncino
**生クリーム入りからすみのリングイーネ、ペペロンチーノ風味**

杉原一禎

**リングイーネ**
上記リングイーネに同じ。メーカーによって表面の触感が異なるので、ソースに合わせて選ぶとよい。この料理ではシイタケに合わせてなめらかなタイプを使った。

幅4mm（アフェルトラ社）

## 具もパスタもツルンとした食感が共通項

シイタケと蒸しアワビを炒め合わせたリングイーネ。シイタケは鳥取県産の原木栽培品の生で、傘が開ききっていない肉厚の「どんこ」。火を入れた時のエレガントな香りと、ツルン、プリッとした食感が気に入っており、歯ごたえの似たアワビを組み合わせておいしさを高めた。シイタケは乱切りと薄切りの2種類の切り方で食感の変化を出し、アワビは柔らかく蒸して薄切りに。またアワビの肝もソースに利用するなど、素材使いも味の仕上げも日本ならではのものにしている。

♯127
リングウィーネ　コン　アバローネ　エ　フンギ
Linguine con abalone e funghi
**鮑とどんこ椎茸のリングイーネ**

杉原一禎

♯ 128
Linguine con polipi alla luciana
リングウィーネ　コン　ポリピ　アッラ　ルチアーナ
## 蛸のトマト煮のリングイーネ、サンタルチア風

幅4mm（アフェルトラ社）

**リングイーネ**
左ページのリングイーネに同じ。ナポリでは魚介のソース、とくにタコや貝を使ったソースを合わせることが多い。

杉原一禎

### タコのトマト煮で和えたリングイーネ
マダコを丸ごとトマト煮にしてから切り分け、リングイーネと合わせたナポリ料理。イタリアでタコの漁獲が多いのはナポリで、料理名にあるサンタルチア地区は昔からタコ漁が盛んだった土地である。タコのパスタソースはトマト煮が一般的だが、タコから出る水分は旨みが濃いので、トマトは少量にしてタコ自体の水分を主体に蒸し煮にする。ナポリでは「タコはタコの水でゆでろ」が常套句になっているほどだ。

## リングイーネ

### ♯126 生クリーム入りからすみのリングイーネ、ペペロンチーノ風味

杉原一禎

●生クリームのソース

1. 3mm弱の角切りにしたニンニクと赤唐辛子をE.V. オリーブ油で炒め、じっくり香りを引き出す。
2. ザルにあけてニンニクを取りおき、油をフライパンに戻す。再び火にかけ、イタリアンパセリのみじん切り、パスタのゆで汁(50cc)、生クリーム(80cc)を加えて少し煮つめる。

●仕上げ

1. リングイーネ(1人分90g)を11分間、塩湯でゆでる。
2. 生クリームのソースに加え、カラスミ(自家製。P.249)を細長く削り入れて和える。
3. 皿に盛り、再度カラスミを削りながらかけ、取りおいたニンニクをふる。

◆ Point
このソースにはブロード類を入れない。だしの旨みが入っていないほうが、口にした瞬間に生クリームの濃い旨みを感じ、余韻がなくすぐに味が抜けるので、すっきりした後味になる。

◆応用例
カラスミ入りの生クリームソースは手打ちのスパゲットーニでも。

### ♯127 鮑とどんこ椎茸のリングイーネ

杉原一禎

●アワビとシイタケの下処理

1. 殻付きのアワビ(1個約100gのもの)をダッチオーブンで約30分間、蒸し焼きにする。粗熱を取って殻をはずし、身とヒモと肝に分ける。身は幅5mmの薄切りに、肝は裏ごしして後述の肝のソースに使う(ヒモは使わない)。
2. 生シイタケ(1人分大1.5枚分)の半量を乱切りに、残りをごく薄いスライスにする。

●アワビとシイタケのソース

1. ニンニクの薄切りをE.V. オリーブ油で炒め、軽く色づいたらシイタケを全て入れて軽く炒め合わせる。パスタのゆで汁少量とタイムを加え、蓋をしながら蒸し焼きにする。
2. シイタケに火が入ったら塩、黒コショウで味をととのえ、薄切りのアワビ(100g)を加えて炒め合わせる。

●アワビの肝のソース

1. 小鍋にアワビの肝(1個分)をとり、パスタのゆで汁、E.V. オリーブ油、バター各少量でピュレにでのばしながら温める。

●仕上げ

1. リングイーネ(1人分90g)を11分間、塩湯でゆでる。
2. アワビとシイタケのソースにリングイーネを入れ、パルミジャーノ、黒コショウ、レモン汁、イリアンパセリのみじん切り各少量を加え、火にかけてさっと混ぜ合わせる。
3. 皿に盛り、肝のソース(1人分スプーン2)を周りに流す。

◆ Point
アワビの肝のソースはメインのソースに混ぜずに、パスタを盛りつけた後に単独でかける。お客にも混ぜずに食べてもらうと、味の濃淡の変化が生まれ、よりおいしく味わえる。

◆応用例
アワビとシイタケのソースは乾麺のロングパスタがよく、フジッリ・ルンギやスパゲッティにも合う。手打ちパスタだと食べ飽きる。

## ♯128 蛸のトマト煮のリングイーネ、サンタルチア風

杉原一禎

●タコのトマト煮

1. マダコ1パイ(500〜600g)に流水をかけながらしっかりもみ洗いし、目、口、内臓を取り除く。
2. 鍋にE.V.オリーブ油、つぶしたニンニク、丸ごとのマダコ、松ノ実とレーズン各ひとつかみ、ケイパー(塩漬け。少量)、イタリアンパセリ、軽くつぶしたプティトマト(缶詰。1缶分)、粗塩少量を入れ、蓋をしてタコが柔らかくなるまで煮込む。タコから出てくる水分が煮つまってほぼなくなるまでを目安にする(今回の大きさで約30分間)。
3. 調理バサミでマダコをひと口大に切り、鍋に戻す(まな板にのせて切るとタコの赤い色がついて取れなくなる)。

●仕上げ

1. リングイーネ(1人分90g)を約11分間、塩湯でゆでる。
2. タコのトマト煮(1人分レードル1杯)と和える。
3. 器に盛り、イタリアンパセリのみじん切りを散らす。

◆Point
日本料理では1kgくらいの大型のタコが好まれるが、イタリアでは500〜600gの小型を使う。煮込み料理では、このサイズのタコを複数使って丸ごとで調理したほうが、香りや旨みがくっきりと立ち、味の凝縮感も出る。

◆応用例
タコのトマト煮はそのまま前菜にも使える。

※タコのイタリア語はpolpoだが、カンパーニア州など一部の地域ではpolipoが使われることもある。この料理はナポリ料理ということからpolipoの複数形polipiを使った。

## ペルチャテッリ

**ペルチャテッリ**
中心に穴のあいたロングパスタ。右ページのブカティーニと同じもので、ナポリ一帯での呼び名。「ヴェルミチェッリ・ブカーティ」の商品名でも売られている。製品によって太さはいろいろで、写真は直径2mmの細麺タイプ。ゆで上がりもしなやかである。長さ50cmの麺が半折になっているので、曲がったところで折って使う。

直径2mm、長さ50cm(全長)
(パスタイ・グラニャネージ社)

### 伝統的なクルミ入りクリームソース

ソレントはレモンやシトロンが有名だが、クルミの産地でもあり、このパスタソースも特産物を生かした伝統的なもの。粗くすりつぶしたクルミを炒め、生クリームを加えて煮つめるシンプルなレシピで、クルミの香りが食欲をそそる。カンパーニア州では珍しい生クリームを使ったパスタ料理だが、赤唐辛子の辛みをきかせて生クリームの甘みを抑える技法は着眼がおもしろく、実際効果的である。

#129
*Perciatelli alle noci* 
### ソレント風くるみのソースのペルチャテッリ

杉原一禎

**ペルチャテッリ**
上記ペルチャテッリに同じ。ズッキーニのソースにも、細身のしなやかなタイプが合う。

直径2mm、長さ50cm(全長)
(パスタイ・グラニャネージ社)

### ナポリ独特のズッキーニのソースで

ズッキーニの輪切りの素揚げをソースにした、ナポリ独特のパスタ料理。発祥はソレント近郊の港町ネラーノといわれ、料理名にネラーノ風を謳うこともある。ズッキーニの外側をカリッと、内側はトロッとなるように揚げることがポイントで、そのためにはズッキーニを1cm前後と厚めに切り(若干バラつきをもたせるとよりよい)、160〜170℃の低めの温度で揚げるのがコツである。ズッキーニの最もおいしい食べ方といってもいい。

#130
*Perciatelli con gli zucchini* 
### ナポリ風ズッキーニのペルチャテッリ

杉原一禎

## ブカティーニ

**ブカティーニ**
中心に細い穴のあいたロングパスタで、名称はまさに「穴のあいた」の意。太めのスパゲッティとほぼ同じ太さだが、強い弾力があるので、強い味わいのソースとのバランスがよい。日本ではアマトゥリチャーナ用のパスタとして知られるが、シチリアのイワシのパスタも定番。

直径2mm強 (マシャレッリ社)

### ブカティーニで作るのがローマ風
アマトゥリチャーナは永遠のスタンダードといってもよい代表的パスタ料理の一つ。名前の由来となった「アマトゥリーチェ」は、ラツィオ州の山あいの町の名。この土地で昔から食べられていたパスタ料理 (グワンチャーレと地元産のペコリーノで作るスパゲッティ料理「白いアマトゥリチャーナ」P.61) にトマトを加えたもので、同地出身の料理人がローマに働きに出た折に作ったものが広まった。時代は20世紀初頭と新しい。ローマではスパゲッティではなく、ブカティーニとペコリーノ・ロマーノで作るのが正統とされる。

♯131
Bucatini all' amatriciana
**ブカティーニ、ローマ式アマトゥリチャーナ**

小池教之

## カサレッチェ・ルンゲ

**カサレッチェ・ルンゲ**
カサレッチェは「手作りの」という意味で、断面がS字状になるように生地にカーブをつけたパスタ。手作り風の形からの命名である。1文字違いで「カセレッチェ caserecce」ともいう。5cm前後のショートがポピュラーだが、写真はロング版。そのまま使うのでは長すぎるので、2〜3等分に折ると食べやすい。両面に2本の溝があるのでソースがよくからむ。

長さ25cm前後
(ラ・ファップリカ・デッラ・パスタ社)

### S字状のねじりパスタ
ナポリ料理の一つに「ラグー・ジェノヴェーゼ」(P.235) という豚肉の煮込みがあり、豚肉をタコにアレンジしたのがこのパスタソース。生まれて20年ほどの新しいナポリ料理である。たっぷりのタマネギと丸ごとのタコを素材の水分で蒸し煮にする調理法で、タマネギはトロトロになり、タコは持ち味の生きた柔らかな煮上がりになる。カサレッチェは生地が薄くねじりがある分、料理全体が軽くシャープな味わいになる。

♯132
Casarecce lunghe al ragù genovese di polipi
**蛸のラグー・ジェノヴェーゼのカサレッチェ**

杉原一禎

## ペルチャテッリ

#129
### ソレント風くるみのソースのペルチャテッリ
杉原一禎

●クルミのソース
1. クルミを160℃のオーブンで15分間ローストし、すり鉢で粗くすりつぶす。
2. ニンニクの薄切りと赤唐辛子をE.V.オリーブ油で炒め、ニンニクの香りが出たらイタリアンパセリのみじん切り、すりつぶしたクルミ（1人分大さじ1）、パスタのゆで汁ごく少量を加え、クルミの香りが出るように弱火で炒める。
3. 生クリーム（80cc）を加えて煮つめる。

●仕上げ
1. ペルチャテッリ（1人分90g）を10分間、塩湯でゆでる。
2. クルミのソースで和え、パルミジャーノとペコリーノを加えて和える。
3. 皿に盛り、パルミジャーノをふる。

◆応用例
　クルミのソースはコルテッチェでも。

#130
### ナポリ風ズッキーニのペルチャテッリ
杉原一禎

●ズッキーニのソース
1. ズッキーニ（1人分1/2本）を厚さ7～8mm前後の輪切りにし、160～170℃のヒマワリ油で素揚げにする。
2. 揚がったものからボウルに入れ、塩、ちぎったバジリコ（ナポリ種）、ケイパー（塩漬けを水洗いして水気を絞ったもの）、ラード、パルミジャーノ、ニンニクのみじん切りを各少量加える。揚げ油もごく少量入れて混ぜ合わせ、温かいところに置く。

●仕上げ
1. ペルチャテッリ（1人分90g）を約10分間、塩湯でゆでる。
2. ズッキーニのソースの入ったボウルにペルチャテッリを入れ、パルミジャーノとちぎったバジリコ（ナポリ種）を再度加えて和える。
3. 皿に盛り、パルミジャーノをふる。

◆Point
　ズッキーニの質がソースの味を大きく左右する料理。店で使っているのはナポリで栽培されるサン・パスクワーレ種を国内で育てたもの。皮の筋模様が浮き上がっているのが特徴で、柔らかくかすかな苦みがあって美味。

◆応用例
　乾麺のロングパスタと合わせるのが定番で、現地ではスパゲッティでもよく作る。ブカティーニでももちろんよい。

## ブカティーニ

#131
### ブカティーニ、ローマ式アマトゥリチャーナ

小池教之

●グワンチャーレのソース
1. つぶしたニンニクと赤唐辛子をE.V. オリーブ油で炒め、香りが出てきたらグワンチャーレ(豚ホホ肉の塩漬け)の拍子木切り(1人分50g)を炒める。脂分をよく引き出し、たまりすぎたら適量を除く。
2. タマネギの薄切り(繊維と垂直に厚さ2～3mmに切ったもの。1/6個分)を加えて、さっと炒める。蓋をして、しんなりするまで蒸し焼きにし、甘みを引き出す。トマトソース(90g)を加えてなじむまで煮込む。

●仕上げ
1. ブカティーニ(1人分60g)を10分間、塩湯でゆでる。
2. グワンチャーレのソースで和え、ペコリーノ・ロマーノをふって和える。
3. 皿に盛り、再度ペコリーノ・ロマーノをふる。

◆Point
ニンニクとタマネギを使うかどうかは、人によってさまざまだが、私はともに使い、とくにタマネギの甘みを生かした作りにしている。タマネギは繊維と垂直に切って、甘みと旨みをしっかり引き出すことが大切。

◆応用例
アマトゥリーチェのスタイルであるスパゲッティで作ってもよい。ペンネ、リガトーニも合う。


## カサレッチェ・ルンゲ

#132
### 蛸のラグー・ジェノヴェーゼのカサレッチェ

杉原一禎

●タコのラグー
1. マダコ1パイ(500～600g)に流水をかけながらしっかりもみ洗いし、目、口、内臓を取り除く。
2. タマネギの薄切り(1個分)をE.V. オリーブ油で炒め、タマネギがしんなりしたらタコを丸のまま加える。蓋をして弱火で30～40分間、蒸し煮にする。タコが柔らかくなったら火を止め、塩で味をととのえる。

●仕上げ
1. カサレッチェ・ルンゲ(1人分90g)を3等分の長さに折り、7分間、塩湯でゆでる。
2. タコをラグーから取り出し、足を大きめのぶつ切り、胴部は小角切りくらいにしてラグーに戻す。
3. 小鍋にタコのラグー(1人分レードル1杯)を入れて温め、カサレッチェを和える。
4. 皿に盛り、黒コショウとイタリアンパセリのみじん切りをふる。

◆Point
タコは丸ごと調理することでふっくらと柔らかく煮上がる。タコのおいしさを味わうためにも大ぶりに切って和える。

◆応用例
カサレッチェは溝にソースがたまるので、濃度のある濃い味のソースはくどくなりがち。素材の旨みがよく出たオイル系が合う。

## マファルデ

**マファルデ**
両端が波打った独特の形のマファルデは、サヴォイア王家のヴィットーリオ・エマヌエーレ3世(イタリア王国第3代国王)の王女マファルダに由来するといわれるもの。身に着けていたドレスのフリル、あるいは髪型を模したものという。端と平らな中心部ではゆで上がりの固さに差が出るので、食感のコントラストが生まれ、またソースのからみ加減も異なるので口の中での変化が楽しい。ゆで時間は20分間以上。

幅1.7cm、
長さ(U字状の半周分)25cm
(ヴィチドーミニ社)

#133
マファルデ アル ペスト トゥラパネーセ
Mafalde al pesto trapanese
### マファルデのトゥラーパニ風ペースト

### 王女の名に由来するフリル状パスタ
塩田で有名なシチリア州西部のトゥラーパニ風ペーストをからめたマファルデ。このペーストはバジリコで作る「ジェノヴァ風ペースト」がもとになっている。その昔、交易船が行き来していた頃にジェノヴァからトゥラーパニに伝わり、時代を経て特産のアーモンドやトマトが使われるようになったもの。バジリコとナッツが主体のコクのあるソースで、存在感の強いマファルデに負けない味だ。

小池教之

## トゥリポリーニ

**トゥリポリーニ**
上記マファルデを縦に2等分した、片側だけにフリルのあるパスタで、マファルダ王女に由来する話も共通している。マファルデほどではないがボリューム感があり、フリル部分にソースがよくからむ。

幅9mm、長さ(U字状の半周分)24cm
(パスタイ・グラニャネージ社)

#134
トゥリポリーニ アッラ ペスカトーラ
Tripolini alla pescatora
コン マッキヤ ディ ネーロ ディ セッピヤ
con macchia di nero di seppia
### いか墨入り魚介のラグーのトゥリポリーニ

### イカ墨入りペスカトーラで和えたフリルパスタ
エビ、イカ、タコ、白身魚、貝と、豊富な魚介のラグーで和えたトゥリポリーニ。「ペスカトーラ」(P.205)といってもよい料理で、今回はイカから取り出したイカ墨を加えることで、フレッシュな印象と風味のインパクトを強めた。トゥリポリーニはソースがからみやすいのでラグーの味が濃すぎると途中で食べ飽きてくる。塩はごく少量に抑えて良質な魚介から引き出されるだしの旨みだけでまとめると、飽きることなくたっぷりの量が食べられる。

杉原一禎

## ミスタ・ルンガ

♯135
Mista lunga con soffritto di maiale
ミスタ　ルンガ　コン　ソッフリット　ディ　マイヤーレ

### ナポリ風ミックスホルモンの煮込みで和えたミスタ・ルンガ

長さ20〜22cm
(パスタイ・グラニャネージ社)

**ミスタ・ルンガ**
「ロングのミックス」という意味で、7種類の乾燥ロングパスタが1パックになった製品。下から、トゥリポリーニ、マファルディーネ、タリアテッレ、リングイーネ、スパゲッティーニ、ブカティーニ、ペルチャテッリ。フリル状、穴あき、平打ち麺などさまざまな形状のパスタが混じっているので、変化に富んだ味わいが出る。小さく折ってズッパやミネストローネにも利用できる。

杉原一禎

### パスタも内臓ソースも数種類のミックスで

ソースに使った「豚の内臓の煮込み」はナポリの冬の定番料理。ひと口大に切ったいろいろな種類の内臓をしっかり炒めて臭みを飛ばし、トマトソースで煮込んだもの。味と食感がさまざまな内臓に合わせて、パスタも7種類がミックスされた製品を使い、変化の楽しい一皿に仕上げた。この煮込みはトーストしたパンにつけながら食べることも多く、その場合は「ズッパ・フォルテ(辛いスープ)」の名称になる。

## マファルデ

\# 133
### マファルデのトゥラーパニ風ペースト
小池教之

●トゥラーパニ風ペースト
1. ミキサーに、皮をむいた生アーモンド (10g) とニンニク少量を入れ、E.V. オリーブ油適量を垂らしながら攪拌してペーストにする。
2. バジリコの葉 ( 2 パック分 ) と、皮と種子を付けたままのプティトマト (10 個 ) を順に加えてそのつど攪拌する。
3. E.V. オリーブ油適量で濃度を調整する。

●仕上げ
1. マファルデ (1 人分 40g) を約 20 分間、塩湯でゆでる。
2. 半割にしたプティトマト (1 人分 3 個 ) を E.V. オリーブ油で温める。火が入ったら取り出し、温かいところに置いておく。ここにトゥラーパニ風ペースト ( 1 人分スプーン 1) を入れて沸かし、塩味をつける。
3. マファルデを加えて和え、取りおいたプティトマトを戻して軽く混ぜる。ペコリーノ・シチリアーノをふって和える。
4. 皿に盛り、ローストしたアーモンドスライスとバジリコを添える。

◆ Point
マファルデはゆで上がるとボリュームが出るうえに、ナッツの入ったソースはコクが強いので重く感じやすい。パスタはあまり固めにせず、ソースも濃くしすぎないようにする。また、ペーストに入れるペコリーノはマファルデと和える時にそのつど加えると、味の軽さが出てペースト自体の日持ちもよい。

◆応用例
現地のトゥラーパニでは、このペーストをスパゲッティ、リングイーネ、ペンネなどで食べることが多い。

## トゥリポリーニ

\# 134
### いか墨入り魚介のラグーのトゥリポリーニ
杉原一禎

●魚介の下処理
1. 殻付き有頭エビ ( シラサエビ、クルマエビ、アシアカエビ、スカンピなど ) の背ワタを抜く。
2. コウイカを掃除し、墨袋を取りおく。胴部は細切り、足は 1 本ずつに切り分ける。
3. マダコ 1 パイを流水でもみ洗いしてぬめりを取り、15 ～ 40 分間 ( タコの質による ) 塩ゆでして柔らかくする。足をひと口大に切り、ゆで汁も取りおく。

●魚介のラグーのベース
1. つぶしたニンニクと赤唐辛子を E.V. オリーブ油で炒め、ニンニクに軽く色がついたらエビ ( 4 人分で 8 尾 ) とコウイカの足 (1/2 パイ分 ) を加えて、弱火で炒めて香りを出す。軽く塩をふる。エビの香りが十分に出たら取り出し、イカの足はさらに弱火で炒める。
2. プティトマト ( 7 ～ 8 個 )、イタリアンパセリのみじん切りを加え、ごく少量のブランデーをふる。
3. マダコの足 ( 2 本分 ) とタコのゆで汁少量を加え、少し煮つめる。少量の魚のブロードとイカ墨を加え、さらに 2 ～ 3 分間煮る。
4. 取りおいたエビは殻をむいてひと口大に切り、ラグーに戻す。

●仕上げ
1. トゥリポリーニ ( 1 人分 70g) を 9 分間、塩湯でゆでる。
2. 魚介のラグーのベース ( 1 人分レードル 1 杯 ) を鍋にとり、ひと口大に切った白身魚 (20g )、アサリ (3 個 ) を入れて、殻が開くまで火を通す。
3. ラグーを火からはずし、トゥリポリーニを入れ、イカの細切りを加えて和えながら余熱で火を入れる。皿に盛る。

◆ Point
最後にイカの身を入れて火を通すと、煮汁が急に乳化してくる。以前はここにオリーブ油を入れて乳化させたが、入れないほうが味は軽く、キレも出るし、時間をかけて引き出した魚介の複雑な香りが生き生きと感じられる。

◆応用例
この魚介のラグーはリングイーネが定番。

## ミスタ・ルンガ

♯ 135
### ナポリ風ミックスホルモンの煮込みで和えたミスタ・ルンガ

杉原一禎

●豚のソッフリット

**1.** トマトソースを作る。タマネギの薄切り（1.5個分）を E.V. オリーブ油で炒める。色づいたら赤唐辛子とローズマリー、パッサータ・ディ・ポモドーロ（700cc）を入れ、塩をふって 30〜40 分間煮込む。

**2.** 豚の肺、脾臓、ノドの軟骨、レバー（各500g）を2cm角に切る。フライパンにラードを熱し、中火で内臓をソテーする。

**3.** 内臓から水分が出なくなったら塩をふり、赤ワイン（200cc）を入れてアルコール分を飛ばす。

**4.** 内臓を1のトマトソースに加え、30〜40 分間煮込む。ソースが少し赤黒くなったらでき上がり。

●仕上げ

**1.** ミスタ・ルンガ（1人分90g）を8〜9分間、塩湯でゆでる。

**2.** 豚のソッフリット（1人分レードル1杯）に入れ、ペコリーノ・ロマーノをふって和える。

**3.** 皿に盛り、ペコリーノ・ロマーノをふる。

◆ Point
内臓をソテーする際、焼き色がつくようでは火が強すぎ、逆に水分がたまるようでは弱すぎる。内臓から出る水分が、常に一定のスピードで蒸発する火加減が大事。これが仕上がりの風味を左右する。

◆ 応用例
豚のソッフリットはブカティーニを合わせるのが王道。

LE PASTE SECCHE CORTE

# 第8章

## 乾燥パスタ ショート

## ペンネ

**ペンネ**

いわゆるマカロニタイプの管状パスタだが、斜めにカットされた形がペン先に似ていることからペンネ（ペン。元の意味は羽根）と名づけられた。日本ではペンネ・リガーテ（筋の入ったペンネ）が一般的だが、ここでは筋のないペンネ・ツィーテ、ペンネ・リッシェ（すべすべしたペンネ）と呼ばれるものを使用。リガーテより細身でやや短く、ゆでるとつややかで、柔らかくなめらかな食感が魅力だ。

長径8mm、長さ5cm
（パスタイ・グラニャネージ社）

#136
Penne all' arrabbiata
ペンネ　アッラッラッビアータ
**怒りん坊風ペンネ**

### アラビアータはペンネの料理

「アラビアータ」の名前でおなじみの、赤唐辛子の辛みを強くきかせたトマトソース和えのペンネ料理。ローマ生まれの伝統的な一皿で、パスタは必ずペンネと決まっている。「怒りん坊風」と名づけたようにアラビアータは「怒った」の意味で、怒るほどに辛いことからの名。初めにつぶしたニンニクとやや多めの唐辛子をじっくり炒めて辛みと香りを存分に引き出すことが大事で、仕上げはローマのチーズ、ペコリーノ・ロマーノをふるのが王道だ。今や基本中の基本だが、20世紀初頭に生まれた比較的新しい料理のようである。

小池教之

## ペンネッテ

**ペンネッテ**

「小型のペンネ」の意で、ペンネをひと回り小さく作ったもの。写真はブロンズダイスで絞った製品で表面にウロコ状のざらつきがある。でんぷん質が溶けてソースにとろみがつきやすいので、今回組み合わせたラルディアータソースのような油脂分の多いソースでも、ベタつき感が少なく食べやすい。

長径7mm、長さ5cm
（パスタイ・グラニャネージ社）

#137
Pennette allardiate
ペンネッテ　アッラルディヤーテ
**ペンネッテのラルディアータソース**

### オイリーなソースにも合う細身のペンネ

ラルド主体のソースでペンネッテを和えたナポリの農家の伝統料理。熟成したラルドの脂分の旨みと甘い香りをよく出すために叩いてペーストにし、タマネギとプティトマトを少量加えて炒め合わせ、なじませる。南イタリアの農家ならたいてい常備している材料でいつでも簡単にできることから生まれた料理であり、貧しい時代の冬の料理の代表だった。ナポリっ子には昔懐かしい郷愁を感じる味のようである。

杉原一禎

♯ 138
Pennette alla carbonara
ペンネッテ・カルボナーラ

長径7mm、長さ5cm
(パスタイ・グラニャネージ社)

**ペンネッテ**
左ページのペンネッテに同じ。通常の太さのペンネでもよいが、今回のカルボナーラには細身のペンネッテのほうが一体感が増す。

杉原一禎

**ペンネッテを使うナポリ式カルボナーラ**

カルボナーラの発祥はローマ近郊だが、今や全国に普及して地域の個性も出ている。紹介したのはナポリでスタンダードなスタイルで、ペンネッテ(またはペンネ)を使い、卵をスクランブル状にしてからめているところが特徴だ。卵はボソボソに炒り固めたものではなく、生でもなく、半熟状のふわりとした柔らかさ。生クリームを使わず、生卵的なとろみも残さないので、くどさがなく食べ飽きないところも魅力だ。タマネギを少量入れているが、特有の香りをほんのりきかせることで、旨みの濃い卵のソースに爽やかな切れ味を出すのが目的。なお、カルボナーラは「炭焼き人」の意で、ベーシックなレシピはスパゲッティを使う。

## ペンネ

※ペンネ・ツィーテは、ペンネとツィーテ（P.234）という2種類のパスタ名を結合した名称。ツィーテは表面が平らで薄手の管状ロングパスタで、これを斜めに切ったものがペンネ・ツィーテ。市販品の中には「ペンネ・ツィーテ・リガーテ」という商品もあるが、本来はペンネ・ツィーテ（またはペンネ・リッシェ）とペンネ・リガーテが対になる名称である。

### ♯136 怒りん坊風ペンネ

小池教之

●アラビアータソース

**1.** つぶしたニンニク1人分1片）、赤唐辛子（2本）をE.V.オリーブ油でじっくりと炒め、香りと辛みを出す。

**2.** トマトソース（レードル2杯）を加え、パスタのゆで汁を少量加えてのばし、ほどよい濃度に煮つめる。

●仕上げ

**1.** ペンネ（1人分50g）を約10分間、塩湯でゆでる。

**2.** アラビアータソースに入れ、和える。ペコリーノ・ロマーノをふり入れて和え、器に盛る。

## ペンネッテ

### ♯137 ペンネッテのラルディアータソース

杉原一禎

●ラルディアータソース

**1.** ラルド（1人分25g）を出刃包丁の背で叩いてペースト状にする（香辛料は適量を付けたまま使う）。

**2.** タマネギの厚めのスライス（1/2個分）をE.V.オリーブ油で炒め、甘みが出すぎないよう、軽く色づくくらいにとどめる。ラルドのペーストを加えて、香りが調和してくるまで炒める。この時、強火ではラルドの甘い香りが抜けるので中火を維持する。

**3.** プティトマト（缶詰。12個）をつぶしながら入れ、必要があれば粗塩を加えて、水分がほぼ蒸発するまで煮る。

●仕上げ

**1.** ペンネッテ（1人分70g）を9〜10分間、塩湯でゆでる。

**2.** 湯をきったペンネッテに温めたラルディアータソースを入れて和える。

**3.** 皿に盛り、ペコリーノ・ロマーノをふる。

◆Point
この料理はラルドの質が最も味を左右するので、よく熟成されたおいしいラルドが必須。トスカーナ州コロンナータ産のような最高級品を使えば貧しい料理のイメージが薄れ、高級感さえ漂うソースになる。

トマトは生を使うと酸味が目立ち、ラルドの風味を消してしまうので、酸味の少ない缶詰品か瓶詰品がよい。

油っぽさを感じさせないようにするにはペンネッテとソースの量のバランスも大事。混ぜ合わせる際、ソースの量を加減しながらペンネッテの鍋に加えることで最適の量を判断し、ピンポイントの味に仕上げる。

◆応用例
ラルディアータソースには、パスタはロングよりもショート、中でも穴のあいた油切れのよいものを使うとくどさを感じさせない。ツィーテやペンネ・ツィーテも合う。

## ♯138
# ペンネッテ・カルボナーラ

杉原一禎

●ペンネッテ

**1.** ペンネッテ（1人分70g）を約10分間、塩湯でゆでる。ジャストのアルデンテより、気持ち柔らかめに仕上げる。

●カルボナーラソースのベース
（ペンネッテがゆで上がる3分前に始める）

**1.** パンチェッタの短冊切り（1人分30g）をE.V.オリーブ油（20cc）で炒める。赤身が白くなり、脂が溶けて、火の入った香りに変わるまで炒める。

**2.** タマネギのみじん切り（小さじ1）を加えてさっと混ぜる。そのまま炒め続けず、パスタのゆで汁をごく少量加えて火を止める。タマネギの火入れを止めて香りを残すのが目的なので、ゆで汁はすぐに蒸発してなくなる量に抑える。

●仕上げ

**1.** ペンネッテをカルボナーラソースのベースに入れ、パルミジャーノとペコリーノ・ロマーノを加えてさっと和える。

**2.** 中火にかけ、ペンネッテと油が反応してブチッという音が出始めたら、とき卵（1人1個分）を回しかける。卵の固まっていく速さと混ぜる手の速さを合わせて、レードルで大きく混ぜる。卵を入れてから10秒間弱で仕上げる。

**3.** 皿に盛り、粗挽きの黒コショウをかける。

◆Point
とき卵を入れて混ぜる際、混ぜる手のスピードが速すぎると卵の塊が細かくなり、遅ければ大きな塊に固まって、いずれも卵とペンネッテがバラバラになる。卵の固まるスピードに合わせて混ぜるのが最大のポイント。

◆応用例
スパゲッティで今回のカルボナーラを作ることもできるが、卵がポソポソになりやすいので、ゆで汁を少量入れてなめらかにするとよい。

## リガトーニ

**リガトーニ**
「筋の入った」という意味通り、縦に筋の入った管状のショートパスタ。今では筋入りパスタが各種あるが、最初に作られたのがこのリガトーニである。管の穴の直径は1cmと太く肉厚で、長いパスタを垂直に切って作る。ソースののりがよく、濃厚な味のソースを組み合わせたり、オーブン焼きなどに用いたりすることが多い。イタリアではペンネ、フジッリと並ぶ代表的なショートパスタである。

直径12mm、長さ4cm
（ディ・チェコ社）

♯139
リガトーニ　コン　パイヤータ
Rigatoni con pajata
### リガトーニのパイヤータ

**リガトーニの典型的ローマ料理**
リガトーニの料理として最もよく知られる、牛の小腸（パイヤータ）のトマト煮を組み合わせたもの。ローマ料理のシンボルの一つといってもいい。逸話では、屠畜場を兼ねていたローマ郊外のテスタッチョ市場で生まれたという。屠畜場で働く貧しい労働者が、毎日、肉を処理したあとに残る内臓をわずかな賃金とともに支給され、近くのトラットリーアなどに持ち込んで調理を頼んでいたというものだ。貧しくも力強く生きていた労働者の姿に感銘さえ覚える料理。そこに敬意を表し、現地の調理法そのままに紹介した。

小池教之

## パッケリ

**パッケリ**
太い穴のあいた筒形パスタ。標準語は「スキアッフォーニ」で、パッケリはカンパーニア州の方言だが、今やパッケリのほうが一般的だ。イタリアでは乾麺しか使わないが、私は手打ちのパッケリ（P.100）も作り、大きさや厚みの異なる乾麺2種とともにソースによって使い分けている。今回の料理ではワタリガニの濃厚なソースに合わせ、24分間のゆで時間を要する厚手の乾麺を使った。

直径2～2.5cm、長さ4～5cm
（アフェルトラ社）

♯140
パッケリ　アル　グランキョ
Paccheri al granchio
### 瀬戸内の特大渡り蟹のパッケリ

**厚手のパッケリを濃厚なカニのソースで**
1パイ700gの大型で質のよいワタリガニの肉、ミソ、殻などほぼすべての部位を使った風味の豊かなカニのソースとパッケリの組み合わせ。パッケリはとくに噛みごたえのある厚手の製品を使ってバランスをとった。甲殻類のパスタは単に身が入っているだけでは魅力に乏しく、殻から引き出される独特の甘く香ばしい香りとコクがあることが重要。最初に油をひいた鍋に殻ごと入れてカニ自体の水分で蒸し焼きにすることが大事で、これにより油に殻の香ばしい風味がつき、カニ肉も痩せることなくふっくらと火が入る。

杉原一禎

### パッケリ
大型タイプのパッケリ。現在は長さが半分の小サイズのパッケリも売られている。標準語のスキアッフォーニも、パッケリも、元の意味は「平手打ち」。

直径2.5〜3cm、長さ5cm
(アントニオ・アマート社)

# 141
パッケリ コン ラーナ ペスカトゥリーチェ
Paccheri con rana pescatrice
エ ポモドーロ フレスコ
e pomodoro fresco

## パッケリ、あんこうと生トマトのソース

### アーリオ・オーリオ風味の魚介ソースで
パッケリは南部カンパーニア州のパスタだが、現在は北イタリアでもよく使われており、魚介や野菜と合わせることが多い。紹介した料理もアンコウを黒オリーブやケイパー、生トマトとともに炒め煮にしたソース。見た目はあっさりしたイメージだが、アーリオ・オーリオ風味にオリーブやケイパーの旨みが引き出されているので味わいは力強く、存在感のあるパッケリと調和がとれている。

西口大輔

## カラマーリ

### カラマーリ
ヤリイカの輪切りに形が似ていることから、ヤリイカ＝カラマーリと命名されたナポリのパスタ。厚みは1mmほどもあり、同じナポリのパスタ「パッケリ」(左ページ)と同じような肉厚感があるが、長さが短い分、ひと口で食べやすい。表面はなめらかだが、ソースののりがよい。

直径2〜2.5cm、長さ2cm弱
(パスタイ・グラニャネージ社)

# 142
カラマーリ アッロ スカルパリエッロ
Calamari allo scarpariello

## カラマーリ、靴職人風

### 常備品のチーズとトマトで和える簡単パスタ
スカルパリエッロは靴職人の意。料理名の由来は諸説あるが、信憑性が高いのはナポリのスペイン地区に多く存在した靴工房で生まれたという説。家族総出で働く小さな工房では常備品で簡単に作れる料理が必要とされ、チーズとトマトソースで作るパスタが日常だったというものだ。時代とともに生ハムや高級パスタを使うなど洗練度が高まり、紹介した料理もその流れに沿ってプチトマトでフレッシュ感を出し、パンチェッタの旨みと香りを加えたソースにした。これに地元独自のパスタを合わせてナポリ色を強めている。

小池教之

## リガトーニ

#139
### リガトーニのパイヤータ

小池教之

●パイヤータソース

**1.** 牛（または仔牛）の小腸の下処理をする。小腸（1kg）を約2時間、時間をかけてゆで、ぬめりと脂分を落とす。冷水に移して引き締め、余分な脂肪を取り除く。小さめのぶつ切りにする。

**2.** つぶしたニンニクと赤唐辛子を E.V. オリーブ油で炒め、香りが出たら精製ラードと小腸を入れてよく炒める。

**3.** 白ワインをふってアルコール分を飛ばしてから、トマトソース（500cc）を入れ、弱火で2時間ほど煮込む。

●仕上げ

**1.** リガトーニ（1人分50g）を13分間、塩湯でゆでる。

**2.** パイヤータソース（1人分小レードル2）を鍋にとり、仔牛のブロードまたはトマトソース少量でのばして温め、濃度をととのえる。

**3.** リガトーニを入れて軽く煮含ませながら和える。ペコリーノ・ロマーノをふって和える。

**4.** 器に盛り、再度ペコリーノ・ロマーノをふる。

◆ Point
小腸の下処理はきちんと行う必要があるが、ゆですぎは食感も香りも損なうので加減に注意する。また、逸話に即して「男っぽく」仕上げることを意識し、リガトーニを心持ち固めに、たっぷりのペコリーノ・ロマーノで塩気をしっかりと加えるとよいと思う。

## パッケリ

#140
### 瀬戸内の特大渡り蟹のパッケリ

杉原一禎

●ワタリガニのソース

**1.** ワタリガニ1パイ（700gで約3人分）の甲羅をはずし、砂袋と肺（ガニ）を除き、ミソを取りおく。胴部から足と爪をはずす。

**2.** ニンニクの厚めのスライス、小さくちぎった赤唐辛子を、E.V. オリーブ油（150～160cc）で香りが出るまで炒める。ワタリガニの足、爪、胴部を入れ、塩と黒コショウをふりながら炒める。弱火でカニの水分を出しつつ蒸し焼きにする要領でじっくり火を入れ、油にカニの風味を移す。

**3.** 爪と胴部の身に火が入ったら取り出し、鍋の中の油も容器に取り出して「カニ風味の油」とする。ニンニクと赤唐辛子も除く。

**4.** 鍋に残った足に、**1**ではずした甲羅とひたひたの量の水を加えて煮出す。煮つまったら水を足す工程を数回繰り返し、計40分間煮て濃厚なだしをとる。シノワに入れてめん棒で殻をつぶしながらこす。

**5.** このだしの半量を「カニのブロード」とする。残り半量を鍋で沸かしてミソを加え、沸騰直前で火からおろす。ミキサーにかけて「カニミソ入りのブロード」とする。

**6. 3**で取り出した爪と胴部は殻をはずして、肉を仕上げ用に取りおく。殻は水で20分間ほど煮出してこし、「カニの軽いブロード」とする。

**7.** ソースを仕上げる（1人分）。**3**のカニ風味の油（スプーン2）、**5**のカニのブロード（スプーン3）、カニミソ入りのブロード（スプーン3）を合わせて沸かし、**6**のカニの軽いブロードで濃度を調整する。プティトマトの瓶詰（P.249。半割3個）、ホールトマト（種子を抜いて手でつぶしたもの。大さじ1弱）、フレッシュトマトの小角切り（大さじ1）を加え、10分間ほど煮つめて味と濃度をととのえる。

●仕上げ

**1.** パッケリ（1人分8個）を24分間、塩湯でゆでる。

**2.** 温めたワタリガニのソースで和える。取りおいたカニ肉を入れて、細かくほぐれないように温める程度に和える。

**3.** 皿に盛り、イタリアンパセリのみじん切りをふる。

◆ Point
カニはサイズの大きなものを使えば肉自体も大きな塊でとれるので、ソースと合わせた時に味のしみ込みにくい部分ができ、カニ肉の自然の風味も生かせる。最初にパッケリをソースの液体分で和え、そのあとでカニ肉の塊を入れてほぐさずにざっくりと和えるとよい。

◆応用例
ワタリガニのソースは、ストゥラッシナーティなども合う。

## ♯141
### パッケリ、あんこうと生トマトのソース
西口大輔

●アンコウと生トマトのソース
**1.** つぶしたニンニクと赤唐辛子をピュアオリーブ油で炒め、色づいて香りが出てきたらニンニクと赤唐辛子を取り出す。
**2.** 1.5cm角に切ったアンコウの身（1人分40g）を軽く炒め、トマトの角切り（35g）、粗みじん切りにした黒オリーブ（3個）、ケイパー（2g）、イタリアンパセリを入れる。パスタのゆで汁少量を加えて、アンコウの身に火が入るまで軽く煮る。

●仕上げ
**1.** パッケリ（1人分70g）を14分間、塩湯でゆでる。
**2.** アンコウと生トマトのソース（1人分約90g）で和える。
**3.** 皿に盛り、イタリアンパセリのみじん切りをふる。

◆応用例
店では、ゆでたパッケリにカポナータ、あるいはモッツァッレッラとトマトを詰め、切り分けてストゥッツィキーノ（つきだし）としても提供。またカネロニのように使ったり、オーブン焼きにすることもある。

## カラマーリ

## ♯142
### カラマーリ、靴職人風
小池教之

●プティトマトのソース
**1.** つぶしたニンニクと赤唐辛子をE.V.オリーブ油で炒め、香りが出てきたらパンチェッタの拍子木切り（1人分30g）を加えて炒める。
**2.** 余分な脂をきり、プティトマト（5個分）の半割を、切り口を下にして並べる。弱火でじんわりと火を入れながら水分をしみ出させる。次にバジリコ（2～3枚）を入れ、時々小刻みに鍋をゆすって、トマトの形をくずさないように炒める。
**3.** 粗挽きの黒コショウをふり、野菜のブロード（またはパスタのゆで汁）をトマトが少しだけ浸る程度に入れて軽く煮る。最後にバジリコを取り出す。

●仕上げ
**1.** カラマーリ（1人分50g）を17～18分間、塩湯でゆでる。
**2.** プティトマトのソースに入れて和え、ペコリーノ・カラブレーゼとE.V.オリーブ油をふって和える。
**3.** 器に盛り、ちぎったバジリコと粗挽きの黒コショウをかけ、ペコリーノ・カネストラートをふる。

◆応用例
地元ではスパゲッティやパッケリなどで作られることが多い。

# ツィーテ

**ツィーテ**
ナポリが発祥の、大きな穴のあいた管状パスタ。通常は30cm近い長さに作られており、そのつど手で短く折って使うが、最近では短くカットした製品も売られている。名前の由来は方言の「ツィートゥzit（新郎新婦の意）」で、伝統的に結婚披露宴で供されるパスタだった。スパゲッティと同じ材料（上質のセモリナ粉）と製法で作られており、生地は薄手だが、弾力が強い。「ツィーティ」ともいう。

直径1cm、長さ27cm前後
（ラ・ファップリカ・デッラ・パスタ社）

## ツィーテの定番ソースは肉系の煮込み

ツィーテの定番の組み合わせは「ナポリ風ラグー」と「ジェノヴァ風ラグー」（各右ページ）だが、ここでは現代的な仕立てでサルシッチャの白ワイン煮をソースとした。とはいえ、味つけはナポリの古典料理の基本──ラード、バジリコ、ペコリーノをベースにしたもので、ラードの代わりにサルシッチャを使って香りと旨みを油に溶かし出し、深みのある味に仕立てている。

## ♯143
ツィーティ コン サルスィッチャ エ リコッタ
**Ziti con salsiccia e ricotta**
### ツィーティのサルシッチャとリコッタ和え

杉原一禎

**ツィーテ**
上記ツィーテに同じ。紹介した料理は料理名に「マッケローニ」の名を使うことが多く、ここでもそれに準じた。ナポリではマッケローニといえば、たいていツィーテを使う。

直径1cm、長さ27cm前後
（ラ・ファップリカ・デッラ・パスタ社）

## ツィーテで作る祝宴用パイ包み焼き

ティンバッロは楽器のティンパニのことで、料理ではパスタとソースを大きなパイ包みにし、オーブン焼きにしたものを指す。ナポリの伝統料理だが日常的なものではなく、結婚式、誕生日、洗礼式など祝いの席で供するハレの料理である。パスタは穴のあいたマカロニタイプであればよいが、ナポリではほとんどツィーテを使う。ソースはベシャメル、挽き肉の詰めもの、柔らかく蒸し煮にした牛肉など多彩で、リッチなご馳走パスタだ。焼きたての熱々ではなく、少し冷まして落ち着かせたほうがおいしい。

## ♯144
ティンバッロ ディ マッケローニ
**Timballo di maccheroni**
### ナポリ風ティンバッロ

杉原一禎

## カンデーレ

**カンデーレ**
ナポリ特産の太い管状パスタで、意味は「ロウソク」。ツィーテ（左ページ）をひと回り太くアレンジしたもので、近年、製品化された。50cm前後と長いパスタで、ツィーテと同じように10cm前後に不揃いに折って使う。太く穴の大きい形状から、ツルンとしたなめらかな食感とコシの強さが同時に楽しめ、少量でも満腹感が得られる。また、ツィーテと比べると、大型になったぶん、ソースのからみ具合に濃淡が出るので、一皿の中で味の変化が生まれやすい。

直径1cm、長さ50cm
（パスタイ・グラニャネージ社）

### ナポリ伝統のラグーと穴あきパスタ

豚肉の塊肉をトマトで煮込んだ「ナポリ風ラグー」をソースとしたナポリ伝統の料理。このラグーはボローニャ風ラグーとともにイタリアの2大ラグーと呼ばれる。挽き肉を赤ワイン主体で煮込むボローニャ風に対し、ナポリ風は肉を豚皮や骨とともに裏ごしトマトで煮込み、煮汁だけをパスタにからめるのが特徴で、肉自体よりも肉の風味を移したトマトソースに重きがある。肉はほぐして煮汁に混ぜてもよいが、味のバランスが悪く煮汁のみのほうが断然おいしい。今回はリコッタとスカモルツァも混ぜてコクを強めた。

♯145
カンデーレ　アル　ラグー　ナポレターノ　コン　ラ　リコッタ
Candele al ragù napoletano con la ricotta 
### ナポリ風ラグーと
### リコッタで和えたカンデーレ

杉原一禎

**カンデーレ**
上記カンデーレに同じ。この料理でも10cm前後に折り、破片も一緒に使う。

直径1cm、長さ50cm
（パスタイ・グラニャネージ社）

### ナポリのもう一つの伝統ラグーで

ナポリで「ナポリ風ラグー」とともによく作られるのが「ジェノヴァ風ラグー」。その昔、ジェノヴァ出身の料理人がナポリに移り住み、トラットリーアを開いてこのラグーを作っていたことに由来する。塊肉を煮込むところはナポリ風と同じだが、トマトは使わず、大量のタマネギを使って、その水分で煮込む感覚である。現地では牛肉で作る人が多いが、タマネギやパンチェッタとの相性から、豚肉で作ることをすすめたい。ナポリ風と同様に、煮汁だけをパスタに和える提供法もあるが、ジェノヴァ風は肉を混ぜたほうがおいしい。

♯146
カンデーレ　アル　ラグー　ジェノヴェーセ
Candele al ragù genovese 
### ラグー・ジェノヴェーゼのカンデーレ

杉原一禎

## ツィーテ

### ♯ 143
### ツィーティのサルシッチャとリコッタ和え

杉原一禎

●サルシッチャのスーゴ

1. タマネギの薄切り (1 個分) を E.V. オリーブ油 (100cc) で炒める。タマネギがしんなりしてきたら、長さ 12cm くらいに切ったサルシッチャ (自家製。P.249) を入れてさらに炒める。
2. タマネギが色づいてきたら白ワイン (50cc) を加え、粗塩で下味をつけて炒め煮にする。
3. サルシッチャに火が通ったら取り出し、ひと口大に切って鍋に戻す。バジリコ (ナポリ種) のざく切りをたっぷり加えて混ぜ、火を止める。

●仕上げ

1. ツィーテ (1 人分 70g) を 3 等分に折り、14 分間、塩湯でゆでる。
2. サルシッチャのスーゴ (1 人分約 50cc)、少量のリコッタ、パルミジャーノ、ペコリーノ・ロマーノで和える。
3. 皿に盛り、パルミジャーノをかける。

◆応用例
ペンネを利用してもよい。

### ♯ 144
### ナポリ風ティンバッロ

杉原一禎

●マルサラ風味のパイ生地

1. ボウルに 00 粉 (500g)、バター (100g)、マルサラ酒 (大さじ 5)、卵黄 (5 個分)、塩と水各適量を合わせ、よくこねる。
2. 四角に成形してビニール袋で包み、冷蔵庫で 2〜3 時間休ませる。

●牛肉のグラッサ

1. 牛肉 (リブロースのかぶりを掃除し、赤身だけにしたもの) の塊肉 (400g) に、ローズマリー (1 枝)、セロリ (1 本)、ローリエを貼り付け、タコ糸で縛る。
2. タマネギの薄切り (2 個分) をバターで炒め、しんなりしてきたら牛肉を入れて弱火で表面を焼く。
3. 牛肉に軽く色がついてきたら、湯をひたひたに入れ、蓋をして柔らかくなるまで約 2 時間、蒸し煮にする。
4. 蓋をはずして水分をかなり煮つめ (ほとんどなくなるまで)、水分と油脂分が反応する音が出始めたら白ワイン少量を加え、煮つめる。最終的に、タマネギがすっかり溶けて、きれいな茶色の焼き汁ができるようにする。
5. 牛肉はタコ糸をはずして粗く刻む。

●挽き肉の詰めもの

1. タマネギのみじん切り (1/2 個分) をバターと E.V. オリーブ油を同割にしたもので炒め、透き通ってきたらもどした乾燥ポルチーニのみじん切り (20g) を炒め合わせる。
2. 牛の挽き肉 (300g) と鶏レバーのみじん切り (80g) を加えて炒め、火を入れる。
3. 最後に塩ゆでしたグリーンピース (300g) を加えて炒め合わせ、塩と黒コショウで調味する。

●ツィーテ

1. ツィーテ (350g) を、長さ 8cm 前後に手で折る。約 7 分間、塩湯でゆで、アルデンテよりやや固めにあげる。
2. たっぷりのパルミジャーノ、牛肉のグラッサの焼き汁適量、ベシャメルソース (約 500cc) で和える。

●組み立て

(25cm × 10cm、深さ 8cm の型 1 台分)
1. ティンバッロ用の型の内側にバターをぬる。マルサラ風味のパイ生地をめん棒で厚さ 6mm に薄くのばし、型の底面と側面 4 面分の大きさに切って貼り付ける。パイ生地の残りは、蓋用に切り取ったのち、あまった部分は蓋の上にのせる飾り用に取りおく。
2. 型にツィーテの 1/3 量を敷き、牛肉のグラッサの半量、挽き肉の詰めものの半量、刻んだモッツァレッラ適量をのせる。以上をもう一回繰り返して詰め、最後に残ったツィーテをのせる。
3. 蓋用のパイ生地をのせ、その上に残ったパイ生地で適宜飾り模様をつける。上面の端に 1 カ所、水蒸気の抜ける小さな穴をあける。
4. 180℃のオーブンに 40〜60 分間入れて蒸し焼きにする。パイ生地にきれいな色がつき、しっかり焼き固まったら取り出して粗熱を取る。
5. ほんのり温かい温度まで冷ましたら、切り分けて供する。

◆ Point
本来はティンパニの意味の通り、丸い型で焼く料理だが、取り分けるのがむずかしくツィーテもボロボロとくずれやすいので、角型で作るのがおすすめ。どのパーツもしっかりと味をつけておかないとインパクトが弱くなる。

## カンデーレ

### ♯145
### ナポリ風ラグーとリコッタで和えたカンデーレ
杉原一禎

●材料の下準備
1. 豚肩ロース肉の塊（2kgで約20人分）をタコ糸で縛る。
2. 豚皮（300g）を10〜15cm角に切り、松ノ実、レーズン、イタリアンパセリのみじん切り、ニンニクの棒切り、すりおろしたペコリーノ・ロマーノをのせてロール状に巻き、タコ糸で縛る。

●ナポリ風ラグー
1. つぶしたニンニクをE.V.オリーブ油で色づくまで炒め、準備した豚肉と豚皮、さらに豚骨（肩や膝）、塩を加えて熱する。ローストのように表面を焼き固めるのではなく、肉を転がしながら、豚肉から甘い香りが立ち始めるまで弱火で20〜30分間かけて、ゆっくりと焼く。
2. タマネギのみじん切り（1.5個分）を加え、生っぽさが消えるまで炒める。
3. 赤ワイン（200cc）、トマトペースト（30g）を加えて軽く炒め、トマトペーストの香りが出てきたら、パッサータ・ディ・ポモドーロ（トマトの裏ごし。市販の瓶詰）を肉が隠れるまで注ぎ（3ℓ）、ローリエを入れる。
4. 弱火で8時間煮込む。煮つまりすぎないように適宜水を加え、ソースが暗褐色になり、木べらが垂直に立つ濃度まで煮る。濃度が濃くなってくるとソースが沸くたびに鍋の外に吹き出すので、蓋を少しずらしてのせるとよい。
5. 仕上げに塩で味をととのえる。豚肉と豚皮、骨を取り出して煮汁と分ける。

●仕上げ
1. カンデーレ（1人分60g）を長さ10cm前後の不揃いな長さに折る。小さな破片も食感の違いを出すために一緒に使う。約14分間、塩湯でゆでる。
2. 鍋にリコッタ（スプーン1）とパスタのゆで汁少量を入れて混ぜ、温めたラグーの煮汁（スプーン2）とカンデーレ、バジリコ（ナポリ種）、小さく切ったスカモルツァ・アッフミカータ（南イタリア特産の牛乳製チーズの燻製）少量を加えて和える。
3. 皿に盛り、パルミジャーノをふってバジリコを添える。

※煮込んだあとの豚肉と豚皮は通常セコンド・ピアットや他の料理の材料に使うが、私は適量を切って別皿に盛り、この料理に添えている。

◆Point
ラグーの肉は牛でもよいし、豚と牛を混ぜてもよい。いずれも赤身、脂身、コラーゲンの豊富な皮や骨を組み合わせ、複雑で濃厚な旨みを引き出すことがポイント。10人分以上の量で作ってこそおいしい。
肉を弱火でゆっくりと焼くのは、肉汁を外に出し、同時に油の熱で水分を蒸発させてエキス分を油に移すのが目的。ただ、火が弱すぎると肉の臭みがこもるので注意する。

◆応用例
ナポリ風ラグーはツィーテと合わせるのがもっともポピュラー。

### ♯146
### ラグー・ジェノヴェーゼのカンデーレ
杉原一禎

●ラグー・ジェノヴェーゼ
1. タマネギの薄切り（8個分）をE.V.オリーブ油で炒め、少し火が通ってきたらパンチェッタの角切り（60g）を入れ、さらに炒める。タマネギの生っぽい香りが飛び、パンチェッタとタマネギの混じり合ったよい香りが出てくるのを目安にする。
2. タコ糸で縛った豚肩ロースの塊肉（1kgで約12人分）を入れ、粗塩を加える。蓋をして、タマネギの水分で約2時間煮込む。タマネギがアメ色になるのを目安にする。
3. トマトペースト（20g）と白ワイン（80cc）を加え、さらに煮込んで、豚肉に串がスッと入る柔らかさにする。

●仕上げ
1. カンデーレ（1人分60g）を長さ10cm前後の不揃いな長さに折る。小さな破片も食感の違いを出すために一緒に使う。約14分間、塩湯でゆでる。
2. 人数分のラグーの肉を小さく切り分け、煮汁とともに温める。
3. ゆで上がったカンデーレを別鍋に入れ、パルミジャーノ、黒コショウ、ちぎったバジリコ、ラグーの肉と煮汁を加え、温めながら和える。
4. 皿に盛り、パルミジャーノをふる。

◆応用例
同じタイプの大きな穴のあいたパスタ——ツィーテ、リガトーニ、パッケリが合う。また肉を入れず、煮汁だけを和える場合はタリアテッレなどのロングパスタでもおいしい。

## スパゲッティ・スペッツァーティ

**スパゲッティ・スペッツァーティ**
スペッツァーティは「折った」の意。ロングの乾麺は折ってスープの具にすることも多い。食べやすいようにスープスプーンにのる長さに折ることが大事。また、表面がざらついたタイプのパスタは表面のでんぷんが溶けてスープに濃度が出るので、具がからみやすく一体感が出てよい。

直径1.9mm、長さ4cm前後
（アフェルトラ社）

### スパゲッティを折ってスープの具に

短く折ったスパゲッティとナポリの青菜「ブロッコリ・ネーリ（黒いブロッコリ）」で作るスープ。ナポリは「菜っ葉食いの街」と言われるほど青菜をよく食べる土地で、とくに冬は青菜料理が豊富。パスタ料理ではスープにすることが多く、紹介した料理もその一つ。下ゆでしてからラルドとともに炒め、ブロッコリ・ネーリのゆで汁を水分として煮込むので、ことのほか青菜の風味が豊かである。

♯147
ミネストゥラ ディ パスタ エ ブロッコリ ネーリ
Minestra di pasta e broccoli neri
### ブロッコリ・ネーリとスパゲッティ・スペッツァーティのミネストゥラ

杉原一禎

## フジッリ

**フジッリ**
バネやネジ、プロペラのようならせん形の溝があるショートパスタ。溝が多いのでソースのしみ込みがよく、口の中で跳ねる感覚がある。製品により溝の間隔が異なり、突き出ている部分が丸みを帯びたもの、薄く平らなものなど、形状の違いもある。間隔が狭く丸みを帯びているほうがソースがたくさんしみ込み、食感もやさしい。

長さ4cm（モリサーナ社）

### 溝の多いフジッリにはクリーミーなソース

ウニはシチリアや南イタリアで好んで使われる食材で、炒めてパスタソースにすることも多い。ここではウニの生のおいしさとクリーミーな食感を生かすべく、極力火入れを抑えて洗練した味に仕上げた。ウニを熱い油に入れると一気に火が入るので、火を止めた鍋に広げずにおいて、サルサ・マリナーラなどを加えて初めて混ぜる。これによって究極のトロトロ感が生まれる。一般にはロングパスタを使うが、ソースのしみ込みのよいフジッリも合う。

♯148
フズィッリ コン リッチ ディ マーレ
Fusilli con ricci di mare
### フジッリの生うにソース

西口大輔

## パスタ・ミスタ

**パスタ・ミスタ**
数種類の乾燥ショートパスタを詰め合わせた製品で、ナポリではおなじみのもの。写真は8種類のミックスで、ロングのものは長さ4〜5cmに折ったものが入っている。内訳はスパゲッティ、ブカティーニ、リングイーネ、フェットゥッチェッレ、マファルディーネ、フジッリ、マッケロンチーニ、カサレッチェ。濃度のあるスープに直接入れて煮るのが一般的な使い方。

長さ4〜5cm（アフェルトラ社）

### 多種多様な魚介とミックスパスタで作るスープ

魚介をごった煮にした「ズッパ・ディ・ペッシェ」はパンを浸しながら食べる水気の少ない料理だが、紹介したのは変化形で、水分の多いスープ仕立てにしてパスタをともに煮込んだ点に新味がある。ナポリの修業先のシェフが考案した調理法で、私が瀬戸内の豊かな魚介でアレンジした。さまざまな形のミックス・ショートパスタを一緒にゆでてでんぷん質を溶かし、自然に煮くずれる魚介とともに自然のとろみを出すのがポイント。また、食感の変化を出すために、手打ちのショートパスタ「ラガネッレ（P.117）」も加えた。

♯149 
ミネストゥラ　ディ　パスタ　ミスタ
Minestra di pasta mista
コン　ピッコリ　ペッシ　ディ　スコッリョ　エ　クロスターチェイ
con piccoli pesci di scoglio e crostacei
**根魚と甲殻類とミックスパスタの煮込み**

杉原一禎

## タッコッツェッテ

**タッコッツェッテ**
小さなひし形の形状が特徴で、写真のように縁が波打っているものと、平らなタイプがある。発祥はアブルッツォ州で、服の「継ぎあて布」を意味する「タッコーニ tacconi」に形が似ていることから名づけられた。豆をベースにした料理との相性がよいとされ、ナポリでは、もっぱらここで紹介している「ファヴァータ」の料理に使われていた。

3〜4cm四方
（パスタイ・グラニャネージ社）

### 豆との相性がよい菱形パスタ

ファヴァータは「ファーヴェ（ソラ豆）のズッパ」のこと。各地にさまざまな組み合わせのあるパスタと豆のスープ「パスタ・エ・ファジョーリ」のソラ豆版で、サルデーニャ州がとくに有名。南イタリアはソラ豆の生産・消費が盛んで、フレッシュはもちろん、干しソラ豆にして調理することも多く、今回のズッパもその一例だ。ズッパだけで味は完成しているが、店ではメニューの注目度を高めるために、自家製のタコのサルシッチャを組み合わせている。

♯150 
ファヴァータ　コン　サルスィッチャ　ディ　ポリピ
Favata con salsiccia di polipi
**ファヴァータ、蛸のサルシッチャ添え**

杉原一禎

**スパゲッティ・スペッツァーティ**

♯ 147
## ブロッコリ・ネーリとスパゲッティ・スペッツァーティのミネストゥラ

杉原一禎

●材料の下準備

**1.** スパゲッティ(1人分60g)を、4cm前後の長さに折る。

**2.** ブロッコリ・ネーリ(500g)を、塩を控えめにして塩ゆでし、指でつぶれる柔らかさにする。水気を絞り、7割はざく切りに、残り3割は細かく刻んで合わせる。ゆで汁も取りおく。

**3.** ラルド(60g)のうち、皮は小角切りにし、脂を包丁で叩いてペーストにする。

**4.** ニンニクのみじん切りと赤唐辛子をE.V.オリーブ油で炒め、香りが出たらラルドの皮と脂をともに入れて炒める。

**5.** ラルドの皮に火が通ったらブロッコリ・ネーリを加え、香りが立ってくるまで炒める。

●ミネストゥラ

**1.** 炒めたブロッコリ・ネーリ(1人分スプーン3)を鍋に入れる。ブロッコリ・ネーリのゆで汁(スパゲッティ100gに対し350cc)を加え、再びブロッコリ・ネーリの香りが立つまで煮る。

**2.** スパゲッティを加え、柔らかくなるまで約11分間煮て、具と煮汁のバランスのよい「雑炊」的な濃度に仕上げる。

●仕上げ

**1.** ニンニクのみじん切りをE.V.オリーブ油でカリカリに炒める。

**2.** ミネストゥラにパルミジャーノとペコリーノ・ロマーノを入れて大きくかき回し、とろみを出しながらやや温度を下げる。

**3.** 器に盛り、炒めたニンニクとパルミジャーノ、ペコリーノ・ロマーノをふる。

※ブロッコリ・ネーリは花蕾が小さく、大きく育った葉を食べる品種。苦みはあるが、加熱すると甘い風味が増す。

◆ Point
おいしく作る秘訣はブロッコリ・ネーリを指でつぶれるまでとことん柔らかくゆで、その後しっかりと炒めること。また、大小2通りの切り方にするとスープの味に深みが出る。

◆応用例
パスタ・ミスタやトゥベッティを利用するのもよい。

---

**フジッリ**

♯ 148
## フジッリの生うにソース

西口大輔

●生ウニソース

**1.** 生ウニを箱から裏返しに器に取り出し、殻の破片が入っていないかを確かめ、あれば小スプーンなどで取り除く。

**2.** つぶした皮付きのニンニクをピュアオリーブ油で炒め、皮がほんのり色づいたら火を止めて、ウニ(2人分100g)を1カ所にまとめておく。

**3.** 火を止めたまま、ウニの上にサルサ・マリナーラ(P.244。35cc)を入れ、パスタのゆで汁ごく少量をかける。スプーンで混ぜ合わせてとろりとしたソースにする。

**4.** イタリアンパセリのみじん切りをふり、E.V.オリーブ油で香りづけする。

●仕上げ

**1.** フジッリ(1人分70g)を12分間、塩湯でゆでる。

**2.** 生ウニソースを温めてフジッリを和える。

**3.** 器に盛り、イタリアンパセリのみじん切りをふる。

◆応用例
ウニのソースは細身のスパゲッティが合う。

## パスタ・ミスタ

### ＃149 根魚と甲殻類とミックスパスタの煮込み　杉原一禎

● ラガネッレの配合
【作りやすい分量】
セモリナ粉（カプート社）　100g
水　50g

● 使用する魚種と分量の目安
クロメバル　3尾分
マダコ　500～600gのもの1パイ
　　（1人分足1/2本を使用）
（以下は1人分）
アナゴ　15g
伊勢エビ　1/2尾
メイタガレイ（小型）　1/3尾
カキ（むき身）　1個
クマエビ（アシアカエビ）　1尾
サルエビ（河津エビ）　4尾
オニアサリ　4個

● ラガネッレ
1. こねた生地をめん棒で厚さ1mmにのばし、幅1cm、長さ3cmの帯状に切る。

● クロメバルのエッセンス
1. クロメバルを3枚におろし、アラをエッセンス用に、フィレは煮込み用に取りおく。
2. 厚手の鍋につぶしたニンニクと赤唐辛子を入れ、E.V. オリーブ油（クロメバルのアラと同じ重量）を入れて炒める。香りが出てきたら、クロメバルのアラ、バジリコ、黒粒コショウ、塩を入れ、すぐに蓋をして、クロメバルのよい香りが出てくるまでじっくりと蒸し焼きにする。
3. 蓋を開け、蓋の内側の水滴を鍋に戻す。使用したE.V. オリーブ油の1/3量の水を加え、蓋を取ったまま約15分間煮て、さらに香りを引き出す。
4. めん棒でつぶしながらシノワでこしてエッセンスを取り出す。

● 魚介の下処理
1. アナゴをおろし、1.5cm角に切る。
2. マダコを丸ごと流水でもみ洗いしてぬめりを取り、沸騰した塩湯に入れて15～40分間（タコの質による）ゆでて柔らかくする。身を1.5cm角に切る。ゆで汁は取りおく。
3. 伊勢エビを縦に2ツ割にし、身とミソを取り出して身は小さくちぎる。殻も取りおく。
4. メイタガレイを5枚におろしてフィレにする。
5. カキのむき身の貝柱を除く。

● 根魚と甲殻類とパスタの煮込み
1. つぶしたニンニクと赤唐辛子をE.V. オリーブ油で炒める。香りが出てきたら、クマエビ、サルエビを頭と殻付きのまま入れ、油に香りがつくまでよく炒める。
2. プティトマトの瓶詰（P.249。1人分で半割2～3個）を加えてさっと炒め、アナゴとマダコを加えて炒め合わせる。
3. マダコのゆで汁（1人分50cc）、魚のブロード（150cc）、クロメバルのエッセンス（50cc）を加えて沸かし、アクを除く。
4. クマエビとサルエビを取り出し、頭をはずして頭のみ鍋に戻す。身は殻をむき、小さくちぎって取りおく。
5. 次に伊勢エビの殻を加え、再沸騰したらオニアサリとパスタ・ミスタ（1人分60g）を入れて約3分間煮込む。
6. メイタガレイとクロメバルのフィレ、ラガネッレを加え、6分間弱煮込む。
7. クマエビとサルエビの頭を取り除く。
8. 伊勢エビの身とミソ、取りおいたクマエビとサルエビの身、カキのむき身を入れ、全体をかき回しながら1分間ほど煮込む。魚が自然に煮くずれてパスタのでんぷん質のとろみが出てきたら火からはずす。
9. オニアサリの殻をはずし、身を鍋に戻して混ぜる。
10. 皿に盛り合わせる。

◆ Point
煮込んだ時に旨みのよく出る小型の根魚を中心に使って、味に深みを出す。店で必ず使うのはクロメバルとアナゴ。また、カレイ類は皮のぬめりがとろみになるので濃度をつける仕立てに向く。あとは甲殻類、貝類、タコを各種加えているが、入れすぎると味がくどくなるので加減が大切だ。また、単にごった煮にするとパサつく魚種もあるので、それぞれの魚介がちょうどよい火入れになるよう、鍋に入れるタイミングは分単位で計算する。

## タッコッツェッテ

### ＃150 ファヴァータ、蛸のサルシッチャ添え　杉原一禎

● ソラ豆のズッパ
1. 干しソラ豆（250g）をたっぷりの水に一晩浸けてもどす。
2. ソラ豆の体積の約1.5倍の塩湯で、柔らかくなるまで下ゆでする。半分に割れている場合は20～30分間、割れていない丸のものは1時間30分～2時間ほどかかる。
3. タマネギのみじん切り（1/2個分）、パンチェッタの角切り（80g）をE.V. オリーブ油80ccで炒め、パンチェッタの脂が溶けてきたらソラ豆をゆで汁ごと入れ、ローリエを加える。
4. 弱火で40分間ほど煮込む。あとでタッコッツェッテを入れてゆでた時にちょうどよい濃度に仕上がるように煮つめ具合を加減する。

● タコのサルシッチャ
1. マダコ（100g）をミンサーで挽き、自家製サルシッチャ（P.249。40g）と合わせる。イタリアンパセリのみじん切りと塩を加えてよく練り合わせる。
2. 掃除した羊腸に詰め（1本30g）、サルシッチャに形作る。冷蔵庫で1日休ませる。
3. 提供直前にフライパンで香ばしく焼く。

● 仕上げ
1. ソラ豆のズッパ（1人分約180cc）にタッコッツェッテ（50g）を加え、アルデンテにゆで上がるまで弱火で10分間ほど煮込む。
2. E.V. オリーブ油と粗挽きの黒コショウを加えて味をととのえる。
3. 器に盛り、タコのサルシッチャをのせる。

◆ Point
干しソラ豆は、形状（丸か半割か）や乾燥度によって下ゆで時間が異なる。また、下ゆで後、煮込んでいる間に自然に溶けてくるので、それを利用してこさずにそのままズッパに仕立てる。干しソラ豆はイタリア産と国産があるが、国産はジャガイモのようなホクホク感があっておいしいものの、ズッパにするとくどくなりがちなのでイタリア産が向いている。

## ルマコーニ

**ルマコーニ**
見た目のイメージそのままの「大きなカタツムリ」を意味するパスタ。殻を2等分した形で大きな空洞があり、ソースや具がからみやすい構造である。生地を絞り出すダイスの形の多様化や乾燥技術の向上により、近年に誕生したものだ。肉厚でソースののりがよく、可能性や汎用性の高さを感じさせる秀逸なパスタだと思う。

長径4cm、高さ2cm（ダッラ・コスタ社）

### カタツムリ形パスタとカタツムリ料理

カタツムリ形のパスタに合わせてソースにもカタツムリ（ルマーケ）を使い、遊び心を盛り込んだ。和えるとパスタの穴にカタツムリが入り、殻を背負ったカタツムリを思わせる。見た目だけでなく、味や食感の一体感もある。ソースのベースは ローマを代表する伝統料理「聖ジョヴァンニのカタツムリ」。6月24日の聖ジョヴァンニの日の前夜、ローマの聖ジョヴァンニ大聖堂の広場で繰り広げられた魔女の宴で振る舞われたという言い伝えがある。不浄の象徴の「ツノ」を持つカタツムリを食べて清めるという考え方のようだ。

♯ 151
ルマコーニ　アッレ　ルマーケ
Lumaconi alle lumache
## ルマコーニとルマーケ

小池教之

## ヴェスヴィオ

**ヴェスヴィオ**
ナポリの有名な火山、ヴェスヴィオ山をイメージして形作ったもの。らせん形のすべり台にも似た、深い溝のある複雑な形である。2000年前後に誕生したニューフェースで、同じ頃にヴェスヴィオというドルチェも登場したことから、当時の流行の名称だった可能性がある。

底面の直径2.2cm、高さ2.8cm
（アフェルトラ社）

### ヴェスヴィオと具材のごった煮風

イカ、ジャガイモ、アーティチョークの3種の具材を煮込み、ヴェスヴィオを和えたもの。イカとジャガイモの蒸し煮はカンパーニア州アマルフィの伝統料理で、アレンジとしてイカと相性のよいカルチョフィを加えてリッチな味の煮込みとした。従来、パスタソースに塊の具材がごろごろと入ったものはなかったが、ヴェスヴィオのような小さな塊のパスタとは一体感が生まれ、うまくなじむ。現代の新しいパスタの仕立て方といえる。

♯ 152
ヴェズーヴィヨ　コン　トータニ　パターテ　エ　カルチョフィ
Vesuvio con totani, patate e carciofi
## するめいかとじゃがいも、カルチョフィの煮込み和えヴェスヴィオ

杉原一禎

## ルマコーニ

♯ 151
### ルマコーニとルマーケ

小池教之

●ルマーケのソース

**1.** カタツムリ（下ゆでして真空パックされた市販品）を下調理する。カタツムリ（1kg）を水洗いしたのち、水から2〜3回ゆでこぼしをして臭みとアクを抜く。

**2.** ニンニクのみじん切り（3片）と赤唐辛子をE.V.オリーブ油で炒め、香りが出たらアンチョビのフィレ（4枚）を入れてさっと炒める。

**3.** カタツムリを加えて炒め、温まったら白ワインをふってアルコール分を飛ばす。トマトソースをひたひたに入れて刻んだハーブ（ローズマリー、タイム、セージ、マジョラム、ミント）を加え、カタツムリの旨みが出るまで煮込む。途中で塩をやや多めに入れる。

**4.** 冷蔵庫で2〜3日休ませる。

●仕上げ

**1.** ルマコーニ（1人分50g）を12〜14分間、塩湯でゆでる。

**2.** 鍋にルマーケのソース（1人分レードル1杯）を入れて温める。鶏のブロードまたはトマトソース少量でのばして濃度を整える。

**3.** ルマコーニを入れて和え、ペコリーノ・ロマーノをふってさらに和える。

**4.** 器に盛り、ちぎったミントを散らしてペコリーノ・ロマーノをふる。

◆ Point
　イタリアではニンニクに悪魔払いや浄化の意味合いがあり、この料理でもたっぷりと使う。

◆応用例
　ルマコーニは、大きさを生かして中にリコッタなどを詰めることも多い。

## ヴェスヴィオ

♯ 152
### するめいかとじゃがいも、カルチョフィの煮込み和えヴェスヴィオ

杉原一禎

●材料の下処理
（3種類の材料を各1kgで仕込む）

**1.** スルメイカを掃除し、皮付のまま胴部を幅1cmの輪切り、足を2本単位で切る。

**2.** 新ジャガイモの皮をむき、幅4mmの薄切りにする。

**3.** カルチョフィの上部1/3〜1/2を切り落とし、外側の固いガク片と軸の皮をむき取り、縦半分に切って繊毛があれば取り除く。レモン入りの水に浸けてアク止めする。水気をふき、6〜8等分のくし形に切って、再びレモン水に浸ける。

●スルメイカとジャガイモ、カルチョフィの煮込み

**1.** つぶしたニンニクをE.V.オリーブ油で炒め、しっかり香りを出す。新ジャガイモを入れて油を吸わせるように炒める。

**2.** 新ジャガイモに6割方、火が入ったらカルチョフィを加えて炒める。

**3.** カルチョフィに半分ほど火が入ったらスルメイカを加える。新ジャガイモとカルチョフィに完全に火が入るまで炒め、塩、黒コショウで味をととのえる。

●仕上げ

**1.** ヴェスヴィオ（1人分60g）を約14分間、塩湯でゆでる。

**2.** 煮込み（レードル1杯）と混ぜ、ペコリーノ・ロマーノ、黒コショウ、イタリアンパセリのみじん切りを加えて和える。器に盛る。

※この煮込みは、店ではアンティパストとしても供しているが、ほかにリゾットやセコンド・ピアットなど幅広く利用できる。

◆応用例
　具材の塊がごろごろと入っているソースにはイカリング状のカラマーリも合う。

# 補足のレシピ

本書で登場したブロードやスーゴ、基本ソース、自家製品などの作り方を著者別に解説する。
分量は特筆のない場合、各店舗での作りやすい分量。

## 西口大輔
### ヴォーロ・コズィ

### ●鶏のブロード

材料
鶏ガラ　1kg
タマネギ　100g
ニンジン　30g
セロリ　30g
ローリエ　1枚
水　3.5ℓ

※野菜はブロックのまま使う。

①鶏ガラを流水にさらして汚れを取り除く。
②材料を全て鍋に入れて沸騰させる。アクと脂を取りながら弱火にかけて微沸騰させながら2～3時間煮出す。
③こして粗熱を取り、冷蔵庫で1日おく。表面に固まった脂を取り除いて使用する。

### ●ホロホロ鳥のブロード

※ホロホロ鳥のガラを使い、鶏のブロードと同じ材料で同様に作る。

### ●魚のブロード

材料
白身魚のアラ　1～2尾分
タマネギ（3cm角の乱切り）　170g
ニンジン（3cm角の乱切り）　30g
セロリ（3cm角の乱切り）　30g
ローリエ　1枚
水　適量

①アラをきれいに水洗いし、タマネギ、ニンジン、セロリ、ローリエとともに鍋に入れる。
②ひたひたよりやや多めに水を注ぎ、沸騰させる。弱火にして、アクを取りながら約2時間煮出す。
③こして粗熱を取り、冷蔵庫で1日おいてから使用する。

### ●フォンド・ブルーノ

材料
仔牛の骨　3kg
タマネギ（3cm角の乱切り）　1個分
ニンジン（3cm角の乱切り）　タマネギの半量
セロリ（3cm角の乱切り）　タマネギの半量
ローリエ　1枚
赤ワイン　400cc
トマトペースト　大さじ3
水　適量

①仔牛の骨を180℃のオーブンで1時間以上かけて焼く。水分が飛んで軽くなるのを目安にする。
②鍋に仔牛の骨、タマネギ、ニンジン、セロリ、ローリエを入れて火にかけ、赤ワインを注いでアルコール分を飛ばす。トマトペーストを加えて炒め合わせ、水をたっぷり注ぐ。
③沸騰させてアクを除き、弱火にして11時間煮出す。途中で水分が煮つまったら、そのつど水を補う。
④こして粗熱を取り、冷蔵庫で1日おく。表面に固まった脂を取り除いて使用する。

### ●トマトソース

材料
ホールトマト　800g
タマネギのソッフリット（P.245）　30g
ローリエ　1枚
塩　3g
サラダ油　大さじ1

①ボウルにザルを重ね、その上でホールトマトを指で裂いて芯とタネをザルに落とし、果肉を別のボウルに入れる。芯とタネを泡立て器でザルにこすりつけ、果汁をボウルに落とす。
②サラダ油とタマネギのソッフリットを中火にかけて温め、①の果肉と果汁を入れ、泡立て器で軽くつぶす。ローリエと塩を加える。
③トマトが温まり、柔らかくなってきたら火を弱め、トマトの塊があれば泡立て器でつぶしてなめらかにする。10分間ほど煮込む。

### ●サルサ・マリナーラ

材料
ホールトマト　800g
ニンニク（みじん切り）　15g
ピュアオリーブ油　大さじ3
塩　3g

①ボウルにザルを重ね、その上でホールトマトを指で裂いて芯とタネをザルに落とし、果肉を別のボウルに入れる。芯とタネを泡立て器でザルにこすりつけ、果汁をボウルに落とす。
②フライパンにピュアオリーブ油とニンニクを入れ、全体に広げる。中火にかけて炒め、ニンニクの縁がきつね色になったら火を止める。
③①で取りおいた果肉と果汁を加え、中火にかけてトマトの塊を泡立て器でつぶしながら温める。塩を加え、弱火にし、スプーンで混ぜながらトマトの小さな塊をつぶしてなめらかにする。5～6分間煮る。

※ニンニクの風味をつけたトマトソース。冷凍すれば2週間ほどストックできる。ニンニクはみじん切りなのであっという間に火が入る。冷たい油からじわじわ火を入れて、縁が少し色づいた瞬間に火を止める。ニンニクはほんのり香ってこそおいしいもので、きつね色になるまで炒めると「ニンニク臭い」ソースになってよくない。

### ●ボローニャ風ラグー（ミートソース）

材料
合い挽き肉　500g
サラダ油　40cc
ソッフリット（P.245）　150g
ローリエ　1枚
赤ワイン　200cc
トマトペースト　40g
鶏のブロード　1.6ℓ
塩　小さじ1
黒コショウ　適量

①フライパンにサラダ油と合い挽き肉を入れて強火にかけ、泡立て器でつぶすようにしてほぐしながら炒める。肉から水分が出てきたら弱火にし、30～40分間かけてそぼろ状にする。炒め終わりは水分が飛んだポロポロの状態にする。
②煮込み鍋にソッフリット、ローリエ、①の肉を入れる。肉を炒めたフライパンに赤ワイン100ccを注いで強火にかけ、鍋底についた肉汁を木べらでこそげ落として溶かす。これを肉の鍋に入れて混ぜる。
③残りの赤ワインと塩を鍋に加え、強火にかけて、水分がわずかに残る程度に煮つめる。
④トマトペーストと鶏のブロード450ccを

入れて温め、アクが浮いてきたら弱火にしてアクを除く。
⑤軽く沸騰する状態にして蓋をして煮込む。途中で水分が煮つまり、肉が見えてきたら残りのブロードを足しながら煮る。2時間ほど煮たら、塩、黒コショウで味をととのえる。

●ベシャメルソース

材料
中力粉　100g
バター　100g
牛乳　1ℓ
ナッツメッグ、塩、黒コショウ　適量

①バターを溶かし、中力粉を加えて焦げつかないように炒める。
②牛乳を加えてのばし、とろみが出るまでよく混ぜながら煮る。
③ナッツメッグ、塩、黒コショウで味をととのえ、こす。

●ポレンタ

材料
ポレンタ粉（白）　180g
牛乳　500cc
水　500cc
塩　7g

①鍋に牛乳と水を合わせて沸かし、塩を入れて溶かす。
②中火にし、ポレンタ粉を入れながら泡立て器でダマがなくなるまでかき混ぜる。鍋の縁から濃度がつき始めるので、焦げないように鍋肌をかくように混ぜる。
③泡立て器にポレンタがついてくるようになったら火を弱める。木べらに換えて、底が焦げつかないように練るように混ぜながら40分間煮る。
④器に広げて冷まし、固める。

●ドライトマト

材料
フレッシュトマト（Lサイズ）　2個
塩、グラニュー糖　各適量
タイム（枝を短く折ったもの）　8本
ニンニク（薄切り）　8枚
ピュアオリーブ油　適量

①フレッシュトマトの皮を湯むきにし、芯を四角に残すようにして果肉を4面分切り取る。
②天板にオーブンシートを敷き、トマトを並べる（皮側を下にする）。塩とグラニュー糖をふり、果肉1枚ごとにタイム1本とニンニク1枚をのせ、ピュアオリーブ油をかける。
③営業後の火を切ったオーブンに入れ、一晩おく。翌日、水分の蒸発が足りなければ、ランチの営業後の温かいオーブンに入れて再度乾かす。
④ピュアオリーブ油に漬けて保管し、干しアンズ状の柔らかさにする。

●ソッフリット

材料
タマネギ　200g
ニンジン　50g
セロリ　50g
サラダ油　大さじ3

①タマネギ、ニンジン、セロリをみじん切りにする（ミキサーにかけてもよい）。
②サラダ油で①の野菜を弱火でじっくり炒める。木べらで混ぜながら焦がさないようにする。40分間程度炒め、水分がなくなってきたらでき上がり。

●タマネギのソッフリット

材料
タマネギ　500g
サラダ油　大さじ3

①タマネギをみじん切りにする（ミキサーにかけてもよい）。
②サラダ油でタマネギを弱火で炒める。木べらで混ぜながら焦がさないようにする。40分間程度炒め、水分がなくなってきたらでき上がり。

●バッカラ・マンテカート

材料
バッカラ（塩漬けの干ダラ1kgを水でもどして皮と骨を除いたもの）　700g
牛乳　約1ℓ
ローリエ　2枚
黒粒コショウ　適量
レモンの皮（小片）　2枚
ピュアオリーブ油　約500cc
ニンニク（みじん切り）　小さじ1
イタリアンパセリ（みじん切り）　大さじ1
黒コショウ　少量

※ヴェネツィアの「バッカラ・マンテカート」は、現地ではストッカフィッソ（塩漬けをしないでカラカラに乾燥させた干ダラ）を使うが、店では塩漬けしたバッカラで作っている。

①バッカラを数日間、冷水にさらしながら塩抜きをする（何度も水を取り替え、また仕上げに塩を使わないですむ塩分の抜き方にする）。ゆでる前に骨と皮をはずす。
②鍋にバッカラの身を入れて牛乳をひたひたに注ぐ。ローリエと黒粒コショウ、レモンの皮を入れて火にかけ、沸騰したら弱火で約30分間ゆでる。
③身がほぐれ始めたら、バッカラをザルにあげ、牛乳のゆで汁も少量残す。
④バッカラをボウルに移し、ピュアオリーブ油を少量ずつ加えながら木べらで空気を含ませるように混ぜ合わせていく。適宜、牛乳のゆで汁も使って濃度を整える。
⑤仕上げにニンニク、イタリアンパセリ、黒コショウを混ぜ合わせる。1日冷蔵庫でねかせる。

●サルシッチャ

材料
豚肉（肩肉）　1250g
塩　13.5g
黒コショウ　適量
卵白　60g
生クリーム　200cc
豚腸　適量

①豚肩肉をひと口大に切り、フードプロセッサーに入れる。塩、黒コショウ、卵白、生クリームを入れ、攪拌してペースト状にする。
②ボウルに移して練り合わせ、粘りを出す。一晩冷蔵庫でねかせる。
③水でもどして掃除した豚腸に詰め、適宜の間隔でねじる。

●プロシュット・コット

材料
豚肉（ロース肉）　1kg
粗塩a　200g
ソミュール液
　│水　2ℓ
　│タマネギ　100g
　│ニンジン　50g
　│セロリ　50g
　│黒粒コショウ　7粒
　│粗塩b　80g
　│ローリエ　1枚

※野菜はブロックのまま使う。

①豚肉の塊に粗塩aをたっぷりとまぶし、バットに金網を重ねた上にのせる。冷蔵庫で3日間ねかせる。
②鍋にソミュール液の材料を全て入れ、一度沸騰させて冷ます。
③豚肉を水洗いして塩を流し、ソミュール液に入れる。完全に液体に浸かった状態で冷蔵庫に入れ、4日間漬ける。
④豚肉を深さのある器に移し、ごく細く垂らした流水に8時間さらして塩抜きする。
⑤大鍋にたっぷりの湯を沸かして豚肉を入れ、80℃を保ちながら1時間ゆでる。
⑥肉を取り出して粗熱を取り、冷蔵保存する。

●コテキーノ

材料
（直径5～6cm、長さ20cmを2本分）
豚ホホ肉　500g
豚舌　300g
豚背脂　100g
豚耳　200g
生クリーム　大さじ3
香味野菜（タマネギ、ニンジン、セロリを2:1:1）
　　適量
塩　8.5g
黒粒コショウ（つぶしたもの）　少量

①豚ホホ肉、舌、背脂を適宜の大きさに切り、フードプロセッサーで撹拌する。途中で生クリームを加え、練りすぎずに粘りが出てまとまる程度で止める。
②豚耳は香味野菜と一緒に下ゆでし、小さめに切る。耳を①に入れ、塩、黒粒コショウを加えて軽く撹拌する。

③ボウルに取り出して手で軽く練り合わせてから、1日、冷蔵庫でねかせる。
④ラップ紙で包み、直径5～6cm、長さ20cmの筒形に整える。ビニール袋に入れて真空にし、弱火で約4時間ゆでる。すぐに氷水にとって急冷し、再び冷蔵庫で一晩休ませる。

※袋の中にたまった脂は除いて使う。

---

小池教之
インカント

●鶏のブロード

材料
鶏ガラ　6羽分
タマネギ（8等分のくし形切り）　2個分
ニンジン（厚さ7～8mmの輪切り）　1/2本分
セロリ（厚さ2cmの輪切り）　2本分
香草（タイム、ローズマリー、セージ、ローリエ）
　各適量
水　5ℓ

①鶏ガラを水洗いする。タマネギ、ニンジン、セロリ、香草とともに鍋に入れ、水を注ぐ。
②強火にかけ、沸騰したら軽く沸くくらいの火加減にして、アクを取りながら5～6時間煮出す。
③こして冷まし、冷蔵庫で1日おく。表面に固まった脂を除いて使う。

●鴨のブロード

※鴨のガラを使い、鶏のブロードと同じ材料で同様に作る。

●キジのブロード

※キジのガラを使い、鶏のブロードと同じ材料で同様に作る。

●ウサギのブロード

※ウサギのガラを使い、鶏のブロードと同じ材料で同様に作る。

●仔牛のブロード

材料
仔牛の骨　2kg
仔牛のスジや端肉（あれば）適量
タマネギ（8等分のくし形切り）　2個分
ニンジン（厚さ7～8mmの輪切り）　1/2本分
セロリ（厚さ2cmの輪切り）　2本分
香草（タイム、ローズマリー、セージ、フレッシュのローリエ）　各適量

水　5ℓ

※上記の材料で、鶏のブロードと同様に作る。

### ●ヤギのブロード

**材料**
仔ヤギの骨　半頭分
仔ヤギのスジ肉や端肉　半頭分
タマネギ（8等分のくし形切り）　2個分
ニンジン（厚さ7～8mmの輪切り）　1/2本分
セロリ（厚さ2cmの輪切り）　2本分
香草（タイム、フレッシュのローリエ）　各適量
水　5ℓ

※上記の材料で、鶏のブロードと同様に作る。

### ●魚のブロード

**材料**
白身魚（タイなど）のアラ　1kg
タマネギ（厚さ5mmの薄切り）1個分
ニンジン（厚さ3mmの薄切り）　1/3本分
セロリ（厚さ5mmの薄切り）　1本分
香草（タイム、ローズマリー、セージ、フレッシュのローリエ）　各少量
水　3ℓ
E.V. オリーブ油　適量

① 白身魚のアラを沸騰した湯に通してぬめりや臭みを取る。あるいはバーナーやガスコンロの上で軽くあぶる。
② タマネギ、ニンジン、セロリをE.V. オリーブ油でゆっくり炒めて甘みを出す。
③ ②にアラと香草を加え、水を注いで沸騰させる。軽く沸くくらいの火加減にしてアクを取りながら2時間煮出す。
④ こして、当日から使う。

### ●アナゴのブロード

**材料**
アナゴのアラ（1尾300g強のもの）6尾分
タマネギ（厚さ5mmの薄切り）1個分
ニンジン（厚さ3mmの薄切り）　1/4本分
セロリ（厚さ5mmの薄切り）　1/2本分
香草（タイム、セージ、フレッシュのローリエ）
　各少量
スパイス（黒粒コショウ、コリアンダーの粒）
　各ひとつまみ
水　3ℓ
E.V. オリーブ油　適量

※上記の材料で、魚のブロードと同様に作る。

### ●野菜のブロード

**材料**
タマネギ（薄切り）1個分
ニンジン（薄切り）　1/4本分
セロリ（薄切り）　1/2本分
水　2ℓ

※掃除した野菜の皮があれば適宜使う。

① タマネギ、ニンジン、セロリを鍋に入れて水を注ぎ、沸騰させる。アクを除き、軽く沸くくらいの火加減にして30分間煮出す。
② こして、当日から使う。

### ●スーゴ・ディ・カルネ

**材料**
仔牛の骨　5kg
タマネギ（乱切り）3個分
ニンジン（乱切り）1本分
セロリ（乱切り）3本分
ニンニク（皮付き）1株
赤ワイン 750cc
トマトペースト 70cc
黒粒コショウ　5g
香草（タイム、セージ、ローズマリー、フレッシュのローリエ）各少量
水　10ℓ
サラダ油　適量

① 仔牛の骨にサラダ油を軽くふり、230℃のオーブンで30分間くらい焼いて、しっかり焼き色をつける。
② タマネギ、ニンジン、セロリもサラダ油で焼き色がつくまで炒める。
③ 鍋に①と②、他の材料も全て入れ、沸騰させる。弱火にしてアクを取りながら8時間煮出す。
④ こして、液体分を取りおく。骨と野菜は鍋に残し、新たに水をひたひたに注いで再び軽く煮出す。こして、取りおいた最初のだしに加え、十分な濃度が出るまで煮つめる。

### ●トマトソース

**材料**
ホールトマト　1缶（1号缶＝2.55kg）
ニンニク（つぶしたもの）　1片
タマネギ（みじん切り）　1/2個分
ニンジン　1/12本分
セロリ　1/4本
ローリエ（フレッシュ）　3枚
バジリコの軸　1本
E.V. オリーブ油　適量
塩　適量

① ニンニクをE.V. オリーブ油でじっくり火を通し、香りが出たら取り出す。タマネギと、タコ糸で縛ったニンジン、セロリ、ローリエを入れ、タマネギがうっすらあめ色になるまでゆっくり炒める。
② ホールトマトを加え、沸騰させる。ごく弱火にして、アクを取りながら2時間弱煮る。
③ タコ糸で縛った野菜を取り出す。泡立器でトマトの果肉をつぶし、バジリコの軸を入れてひと煮立ちさせ、香りを移す。
④ 最後に塩で味をととのえる。

### ●ペスト・ジェノヴェーゼ

**材料**
バジリコの葉　2パック分
松の実　スプーン1
ニンニク　ごく少量（約1/8片）
E.V. オリーブ油（タジャスカ種）　適量

※本来ペスト・ジェノヴェーゼにはチーズを入れるが、パスタ料理の仕上がりにチーズを使うので、このペストにチーズは入れていない。

① ミキサーに松の実とニンニクを入れ、少量のE.V. オリーブ油を加えて攪拌する。
② バジリコの葉を入れ、E.V. オリーブ油を少量ずつ加えながら攪拌する。モルタイオ（乳鉢）ですりつぶしたような粗い仕上がりにする。

● 赤ピーマンのピュレ

材料
赤ピーマン　5個
E.V. オリーブ油　適量

① 赤ピーマンのヘタと種子を除き、ざく切りにして鍋に入れる。E.V. オリーブ油をふり、蓋をして柔らかくなるまで蒸し焼きにする。
② ミキサーにかけてピュレにする。

● ソッフリット

材料
ニンニク（つぶしたもの）　3片
タマネギ（1cmの角切り）　4個分
ニンジン（1cmの角切り）　1本分
セロリ（1cmの角切り）　4本分
E.V. オリーブ油　適量

① ニンニクを E.V. オリーブ油でじっくり炒め、香りが出たらタマネギ、ニンジン、セロリを加える。
② 蓋をして重しをのせ、密閉状態にする。薄いあめ色になるまで、時々かき混ぜながら弱火で2時間蒸し焼きにする。

● 香りパン粉

材料
パン粉（乾燥した粗めのもの）　50g
ニンニク（みじん切り）　1/4片分
E.V. オリーブ油　適量
アーモンドパウダー　10g
ペコリーノ・ロマーノ　10g
塩　適量
香草（ローズマリー、タイム、フレッシュのローリエ。各みじん切り）　ごく少量

① ニンニクを E.V. オリーブ油で炒め、香りが出てきたらパン粉を入れる。香ばしく色づいてくるまで炒める。次にアーモンドパウダーを入れて軽く炒め、火を入れる。
② 火からはずしてフライパンをあおりながら温度を下げ、ペコリーノ・ロマーノと塩を加えて混ぜる。香草も入れて混ぜ、香りをつける。粗熱を取って保管する。

● リコッタの燻製

材料
リコッタ（羊乳製）　1個（200～250g）
塩　リコッタの重量の1％
桜のスモークウッド（燻製用）　10g

① リコッタを布巾などで包んでザルにのせ、倍量の重しをのせて冷蔵庫で1日おいてしっかり水分をきる。
② 布巾をはずして塩をふり、むき出しのままザルなどにのせて冷蔵庫で1日おき、軽く乾燥させる。
③ バットの中で桜のスモークウッドを燃やし、金網を渡してリコッタを置く。蓋をして、上に氷を入れた容器をのせて30分間燻す。
④ 粗熱を取って冷蔵庫に入れ、色と香りを落ち着かせながら、固くなるまで4～5日間乾燥させる。

● バッカラ

材料
マダラ　1尾
粗塩（シチリア産のサーレ・グロッソ）　計1kg強

① マダラは皮を付けたままフィレにおろす。身の両面が隠れるまで粗塩をたっぷりとまぶし、冷蔵庫で一晩漬ける。
② 出てきた水分をきり、再び適量の粗塩をまぶす。冷蔵庫で1日漬ける。この工程をあと3回ほど繰り返して芯まで塩分を浸透させる。マダラから水分が出てこなくなればよい。
③ 水で塩分を洗い流し、水分をふき取る。冷蔵庫にむき出しの状態で約1カ月間入れて乾燥させる。適宜、裏に返して均等に乾かす。冬の寒い時季は戸外で干してもよい。

※ でき上がったバッカラは水に浸し、毎日水を取り替えながら4～5日間かけて塩抜きする。水気をふき取ってラップ紙で包み、冷蔵庫で保管しながら使う。

● サルシッチャ

材料
豚肉（粗挽き）　1kg
塩　15g
砂糖　5g
黒粒コショウ（つぶしたもの）　5g
フェンネルシード　3g
赤ワイン　50cc
ニンニク（パウダー）　1g
豚腸　適量

① 豚腸以外の材料をボウルに全て入れ、周りに氷をあてながらよく練る。
② ラップ紙をかぶせ、冷蔵庫で一晩ねかせる。
③ 水でもどして掃除した豚腸にタネを詰め、10cm 間隔でねじる。

● ラルド

材料
豚の背脂　1kg
粗塩（シチリア産のサーレ・グロッソ）　30g
黒粒コショウ（つぶしたもの）　20g
ネズの実（つぶしたもの）　10g
フレッシュのローリエ（細かくちぎったもの）　5枚分
ニンニク（厚めのスライス）　1片分
ローズマリー（葉をほぐしたもの）　1本分
フェンネルシード　10g

① 粗塩、スパイス類、香草類を全て合わせ、背脂にしっかりまぶす。
② ビニール袋に入れて真空にし、1～2カ月間、冷蔵庫で熟成させる。

※ 表面に付いたスパイスや香草をこすり取って使う。

> 杉原一禎
> オステリア オ ジラソーレ

## ●魚のブロード

**材料**
白身魚のアラ　600g
タマネギ　1.5個
セロリ（葉付き）　1本
黒粒コショウ　10粒
ローリエ　2枚
タイム　2枝
水　3.5ℓ

① アラをきれいに水洗いする。
② タマネギとセロリは適宜の大きさに切る。
③ 材料を全て鍋に入れて火にかけ、沸騰させる。弱火にしてアクを取りながら煮出す。
④ こす。

※野菜の切り方は、煮込む時間により、短い場合で厚めのスライス、長い場合で1/4カットまで幅がある。
※煮出す時間は、アラの魚種と季節で変える。たとえばマダイは約20分間。キンメダイやカサゴのように長めに煮込むとよい味の出るものは約40分間。実際には数種類の魚種のアラを一緒に使うことが多いので、鍋の中の香りや色などを見て煮出し時間を決める。野菜と魚介のそれぞれの香りのボリュームが揃うあたりが火を止めるポイント。
※魚と野菜の香りと旨みを水に引き出すのが目的で、甘みが出ないように注意する。

## ●ベシャメルソース

**材料**
00粉　80g
バター　80g
牛乳　1ℓ
ナッツメッグ、塩　各少量

① 00粉とバターを鍋に入れ、弱火にかけて焦がさないように炒める。ダマができないよう注意し、なめらかなペースト状のルウに仕上げる。
② 牛乳を少量ずつ加えながらルウをのばし、よく混ぜ合わせて火を入れていく。ダマができないように注意し、なめらかなソースに仕上げる。
③ 仕上げにナッツメッグと塩をふって混ぜ、こす。

## ●ペスト・ジェノヴェーゼ

**材料**
バジリコの葉　50g
松の実　20g
粗塩　3g
E.V. オリーブ油　100cc
ニンニク（縦切りにして新芽を除いたもの）1/2片

※本来ペスト・ジェノヴェーゼにはチーズを入れるが、パスタ料理の仕上がりにチーズを使うので、このペストにチーズは入れていない。

① ミキサーをあらかじめ冷やしておく。
② ミキサーにバジリコ、松の実、粗塩、E.V. オリーブ油を入れて攪拌する。
③ 保存容器に移し、ニンニクを加える。

## ●プティトマトの瓶詰

**材料**
プティトマト　適量
枝付きのバジリコ（ナポリ種）　適量

※プティトマトはナポリで栽培されている品種のうち、カンネッリーノ種、ピエンノロ種など、日本で生産されているものを使用。これらのプティトマトは皮が厚く、果肉も固く締まって果汁が少ないので、皮付きで使うと果皮の比率が高くなる。皮には生のトマトを思わせる青い香りが豊富にあり、ソースに爽やかな香りが生まれる。
※ナポリ種のバジリコは、葉が大型で縮れており、香りが強い品種。

① プティトマトのヘタを除き、皮付きで縦に2等分する。煮沸消毒した瓶に縁まで詰め、バジリコも入れて蓋を閉める。
② 大きな鍋に入れて瓶が完全に浸かる量の水を入れ、沸騰状態で1時間前後火を入れる。
③ 湯に浸けたまま自然に冷ましたのち、常温で保管する（1年間は保存可能）。

## ●カラスミ

**材料**
ボラの卵巣　3kg
塩水（食塩濃度8％）　適量
E.V. オリーブ油　適量

① ボラの卵巣を水に浸けて針で血管を刺しながら血抜きをする。
② 塩水を煮沸して冷ましておく。ここに卵巣を浸け、冷蔵庫で24時間おく。
③ 卵巣を、網を置いたバットにのせ、2～3時間かけて水切りする（卵巣に網の模様がつきにくいものを使う）。
④ アルコール消毒したバットに卵巣を並べ、冷蔵庫内の送風があたる場所で20日前後おき、乾燥させる。数日間ごとに裏返しにする（個体差で、さらに1週間ほど時間がかかることもある）。
⑤ 表面にE.V. オリーブ油をぬり、1本単位（2腹分）で真空パックにして保管する。

※塩水は8～10％を基準にしている。10％で作ると水分がよく抜けて締まり、旨みが増すが、塩辛くなるので調理する際に一度にたくさんの量を使えない。8％のものは腐らない程度の塩分で、一皿にたくさん使えるのでカラスミの風味が強く打ち出せ、パスタ料理向き。

## ●サルシッチャ

**材料**
豚肉（肩ロース）　1kg
塩　16g
黒粒コショウ（挽いたもの）　適量
黒粒コショウ（つぶしたもの）　適量
フェンネルシード　適量
白ワイン　80cc
豚腸　適量

① 豚肉を挽き、塩、2種類の黒コショウ、フェンネルシード、白ワインを加えて粘りが出るまでこねる。
② 水でもどして掃除した豚腸に詰め、適宜の長さにねじる。
③ バットに入れて冷蔵庫内の風のあたる場所に36時間（1日半）おき、軽く乾かす。

※豚肉は首に近い肩ロースが適している。脂身と赤身がバランスよく交ざっているので、風味と食感の変化が出ておいしさが増す。
※サルシッチャは豚腸に詰めてこそ、肉ダネに香りが移ってサルシッチャらしさが出る。

## 主要素材別　料理索引
（アイウエオ順）

### 【ア】

**アーティチョーク → カルチョフィ**

**アーモンド**
パン粉焼きにしたバッカラとファッロ麦のストゥラッシナーティ
　…… 112・114
マファルデのトゥラーパニ風ペースト …… 220・222

**赤インゲン豆（乾燥）**
赤いんげん豆のニョッキ、コテキーノのラグー和え …… 180・182

**赤タマネギ**
フィレイヤ、トゥロペーア産赤玉ねぎとンドゥイヤの辛いトマトソース　…… 97・99

**赤チコリ**
赤チコリを練り込んだタリオリーニ、赤チコリのペースト和え
　…… 57・59
ラディッキオとアズィアーゴのロートロ …… 164・166
帆立貝のトゥロンケッティ …… 165・167
ビーツを練り込んだスペッツリ、
　スペックとラディッキオのバター仕立て …… 185・187

**赤ピーマン**
オレッキエッテ、豚モツの辛い煮込み …… 109・111
ガルガネッリ、野菜のラグー …… 116・118
卵白で練ったストゥリーゴリ、海の幸とペペローネ風味
　…… 132・133
ピサレイ、馬肉とペペローニのピアチェンツァ風 …… 181・183

**アサリ**
旬の貝類のシャラティエッリ …… 65・67
卵白で練ったストゥリーゴリ、海の幸とペペローネ風味
　…… 132・133
あさりのスパゲッティ …… 201・203
スパゲッティ・ペスカトーラ …… 205・207
いか墨入り魚介のラグーのトゥリポリーニ …… 220・222

**アサリ（オニアサリ）**
旬の貝類のシャラティエッリ …… 65・67
根魚と甲殻類とミックスパスタの煮込み …… 239・241

**アナゴ**
穴子ときのこのストゥリケッティ、オレンジとローリエの香り
　…… 128・130
根魚と甲殻類とミックスパスタの煮込み …… 239・241

**アプリコット（セミドライ）**
あんずを詰めたニョッキ …… 173・175

**アマレッティ**
かぼちゃのトルテッリ …… 141・143

**アミガサタケ**
キャヴェンナのピッツォッケリ …… 185・187

**アワビ**
サフランを練り込んだタリオリーニ、鮑のソース …… 56・58
鮑とどんこ椎茸のリングイーネ …… 212・214

**アンコウ**
パッケリ、あんこうと生トマトのソース …… 231・233

**アンズ → アプリコット**

**アンズタケ → カンタレッリ**

**アンチョビ**
カルチョフィとにんにくのピーチ …… 81・83
オレッキエッテ、チーメ・ディ・ラーパと卵和え …… 108・110
スパゲッティ・プッタネスカ …… 204・206
ルマコーニとルマーケ …… 242・243

**イカ**

・**シロイカ**
毛蟹とバッカラのラザーニェ …… 157・159

・**コウイカ（スミイカ）**
いか墨を練り込んだトンナレッリ、すみいかと生トマトソース
　…… 61・63
唐辛子を練り込んだ辛いシャラティエッリ、いか墨のソース
　…… 65・67
針いかとイタリア種のえんどう豆のフェットゥッチェ …… 69・71
甲いかとフリアリエッリの煮込みで和えたトゥロッコリ …… 76・78
甲いかとオリーブで和えた編み棒仕上げのマッカローネス …… 97・99

手打ちパッケリ、潮の香りのソース …… 101・103
いか墨入り魚介のラグーのトゥリポリーニ …… 220・222

**・スルメイカ**
するめいかとじゃがいも、カルチョフィの煮込み和えヴェスヴィオ
　…… 242・243

**・ヤリイカ**
スパゲッティ、魚介のラグー …… 205・207
スパゲッティ・ペスカトーラ …… 205・207

**イカ墨**
いか墨を練り込んだトンナレッリ、すみいかと生トマトソース
　…… 61・63
唐辛子を練り込んだ辛いシャラティエッリ、いか墨のソース
　…… 65・67
いか墨を練り込んだノッケッテ、海老のソース …… 129・131
いか墨入り魚介のラグーのトゥリポリーニ …… 220・222

**伊勢エビ**
伊勢海老のクリンジョーニス …… 149・151
根魚と甲殻類とミックスパスタの煮込み …… 239・241

**イチジク**（干しイチジク）
チャルソンス …… 148・150

**猪肉**
栗の粉のピカッジェ、猪と栗のラグー …… 72・74
パッパルデッレ、猪とポルチーニのスーゴ和え …… 73・75
猪の煮込みの手打ちパッケリ …… 100・102

**イワシ**（マイワシ）
鰯としし唐のフェトゥッチェッレ …… 68・70

**ウサギ**
イスキア風うさぎの煮込みで和えたフジッリ・ルンギ …… 88・89
スタンプ型コルツェッティ、うさぎとタジャスカオリーブ
　…… 124・126

**ウナギ**
白ポレンタとひよこ豆を詰めたファゴッティーニ、鰻のラグー和え
　…… 156・158
カヴァルカンティ風、鰻の煮込みソースのスパゲッティ
　…… 204・206

**ウニ**
赤うに、からすみ、地鶏の卵黄で和えた手打ちスパゲットーニ
　…… 80・82
手打ちパッケリ、潮の香りのソース …… 101・103
フジッリの生うにソース …… 238・240

**エスカルゴ → カタツムリ**

**エビ**（クルマエビ、天使のエビ、シラサエビ、アシアカエビなど）
海老とフンギ・セッキのストゥラッシナーティ …… 112・114
コルツェッティ、カルチョフィと海老のソース …… 124・126
いか墨を練り込んだノッケッテ、海老のソース …… 129・131
卵白で練ったストゥリーゴリ、海の幸とペペローネ風味
　…… 132・133
スパゲッティ、魚介のラグー …… 205・207
スパゲッティ・ペスカトーラ …… 205・207
いか墨入り魚介のラグーのトゥリポリーニ …… 220・222
根魚と甲殻類とミックスパスタの煮込み …… 239・241

**エリンギ**
スタンプ型コルツェッティ、うさぎとタジャスカオリーブ …… 124・126

**エンドウ豆 → グリーンピース**

**オックステール → 牛尾**

**オリーブ → 黒オリーブ、グリーンオリーブ**

# 【カ】

**カエル**
かえる腿肉と春キャベツのガルガネッリ …… 116・118

**カキ**
手打ちパッケリ、潮の香りのソース …… 101・103
根魚と甲殻類とミックスパスタの煮込み …… 239・241

**カサゴ**
トゥラーパニ風魚介のクスクス、クラッシックな仕立てで
　…… 188・189

**カタツムリ**
ルマコーニとルマーケ …… 242・243

**カボチャ**
かぼちゃのトルテッリ …… 141・143

**鴨**
トルキオで作ったマッケローニ、野鴨のスーゴ、黒トリュフ添え
　…… 92・94
全粒粉のストゥラッパータ、田舎風の鴨のラグー …… 121・123
ひよこ豆のラヴィオリ、真鴨のコンフィ和え …… 137・139

**カラスミ**
赤うに、からすみ、地鶏の卵黄で和えた手打ちスパゲットーニ
　…… 80・82
手打ちパッケリ、潮の香りのソース …… 101・103
生クリーム入りからすみのリングイーネ、ペペロンチーノ風味
　…… 212・214

**カルチョフィ**
タリオリーニ、仔牛腿肉とカルチョフィのラグー和え …… 56・58
カルチョフィとにんにくのピーチ …… 81・83
カルチョフィと黒オリーブとくるみのコルテッチェ …… 105・107
ガルガネッリ、野菜のラグー …… 116・118
コルツェッティ、カルチョフィと海老のソース …… 124・126
カルチョフィのスパゲッティ …… 201・203
するめいかとじゃがいも、カルチョフィの煮込み和えヴェスヴィオ
　…… 242・243

カルドンチェッリ
カヴァテッリのムール貝とカルドンチェッリのソース、マジョラム風味 …… 104・106

カンタレッリ
ストゥランゴッツィ、きのことフルーツトマト、マジョラム風味 …… 77・79

キジ
パッパルデッレ、きじ肉と黒キャベツのストゥファート …… 73・75
ロリギッタス、野鳥数種のサルシッチャのトマト煮込み …… 129・131

黄ピーマン
ピサレイ、馬肉とペペローニのピアチェンツァ風 …… 181・183

キャベツ
かえる腿肉と春キャベツのガルガネッリ …… 116・118

牛肉
セモリナ粉のタリアテッレ、牛肉のラグー …… 64・66
そば粉のブレーキとグーラシュ …… 120・122
ナポリ風ラザーニェ …… 156・158
ナポリ風ティンバッロ …… 234・236

牛尾
セモリナ粉のニョッキ、オックステールのラグー添え …… 176・178

キュウリ（ピクルス）
自家製マッケロンチーニとほろほろ鳥胸肉のサラダ仕立て …… 93・95

栗、栗粉
栗の粉のピカッジェ、猪と栗のラグー …… 72・74

グリーンアスパラガス
乾燥空豆のカッペッラッチ、春野菜のラグー …… 153・155
グリーンアスパラガスのカンネッローニ、サルサ・ペヴェラーダ添え …… 161・163
キャヴェンナのピッツォッケリ …… 185・187

グリーンオリーブ
ロリギッタス、野鳥数種のサルシッチャのトマト煮込み …… 129・131

グリーンピース
フェットゥッチーネ、生ハムときのこ、グリーンピース …… 68・70
針いかとイタリア種のえんどう豆のフェットゥッチェ …… 69・71
仔羊のカーチョ・エ・ウォーヴァ和え、フジッリ・チレンターニ …… 85・87
自家製マッケロンチーニとほろほろ鳥胸肉のサラダ仕立て …… 93・95
ガルガネッリ、野菜のラグー …… 116・118
ファルファッレ、生ハムとグリーンピースのクリームソース …… 128・130
バッカラとグリーンピースのラヴィオリ …… 140・142
乾燥空豆のカッペッラッチ、春野菜のラグー …… 153・155
キャヴェンナのピッツォッケリ …… 185・187
フラスカレッリとつぶ貝のポルペッタのミネストゥラ仕立て …… 188・189

ナポリ風ティンバッロ …… 234・236

クルミ
カルチョフィと黒オリーブとくるみのコルテッチェ …… 105・107
ソレント風くるみのソースのペルチャテッリ …… 216・218

黒オリーブ
カンポフィローネ風、極細の手切りマッケロンチーニ …… 57・59
甲いかとフリアリエッリの煮込みで和えたトゥロッコリ …… 76・78
甲いかとオリーブで和えた編み棒仕上げのマッカローネス …… 97・99
カルチョフィと黒オリーブとくるみのコルテッチェ …… 105・107
パン粉焼きにしたバッカラとファッロ麦のストゥラッシナーティ …… 112・114
スタンプ型コルツェッティ、うさぎとタジャスカオリーブ …… 124・126
らせん形のトゥロフィエ、ペスト・ジェノヴェーゼ …… 132・133
スパゲッティ・プッタネスカ …… 204・206
パッケリ、あんこうと生トマトのソース …… 231・233

黒キャベツ
パッパルデッレ、きじ肉と黒キャベツのストゥファート …… 73・75

黒トリュフ
カンポフィローネ風、極細の手切りマッケロンチーニ …… 57・59
トルキオで作ったマッケローニ、野鴨のスーゴ、黒トリュフ添え …… 92・94
手打ちのマッケローニ、鳩の赤ワイン煮込み和え、トリュフ添え …… 96・98
リコッタとほうれん草のカラメッレ、黒トリュフ添え …… 153・155
詰めものをしたニョッキ、ポルチーニ添え …… 176・178
ポレンタのニョッキ、黒トリュフ風味 …… 177・179
スパゲッティ、黒トリュフとサルシッチャのノルチャ風 …… 209・211

クロメバル
根魚と甲殻類とミックスパスタの煮込み …… 239・241

グワンチャーレ
キタッラ、原形の白いアマトゥリチャーナ …… 61・63
フィレイヤ、トゥロペーア産赤玉ねぎとンドゥイヤの辛いトマトソース …… 97・99
ブカティーニ、ローマ式アマトゥリチャーナ …… 217・219

ケイパー（塩漬け）
甲いかとフリアリエッリの煮込みで和えたトゥロッコリ …… 76・78
カルチョフィと黒オリーブとくるみのコルテッチェ …… 105・107
パン粉焼きにしたバッカラとファッロ麦のストゥラッシナーティ …… 112・114
カルチョフィのスパゲッティ …… 201・203
スパゲッティ・プッタネスカ …… 204・206
蛸のトマト煮のリングイーネ、サンタルチア風 …… 213・215
ナポリ風ズッキーニのペルチャテッリ …… 216・218

ケイパー（酢漬け）
スタンプ型コルツェッティ、うさぎとタジャスカオリーブ …… 124・126
パッケリ、あんこうと生トマトのソース …… 231・233

毛ガニ
全粒粉のピゴリ、毛蟹のスーゴ和え …… 77・79
毛蟹とバッカラのラザーニェ …… 157・159

仔牛肉
タリオリーニ、仔牛腿肉とカルチョフィのラグー和え …… 56・58
ポルチェーヴェラ風8の字形コルツェッティ、仔牛とひよこ豆のラグー
　…… 125・127
仔牛とビエートラを詰めたアニョロッティ・デル・プリン …… 144・146

仔牛（内臓）
ストゥロッツァプレーティ、仔牛のハツと腎臓のヴィンサント風味
　…… 84・86

コテキーノ
赤いんげん豆のニョッキ、コテキーノのラグー和え …… 180・182

仔鳩
手打ちのマッケローニ、鳩の赤ワイン煮込み和え、トリュフ添え
　…… 96・98

仔羊肉
仔羊のカーチョ・エ・ウォーヴァ和え、フジッリ・チレンターニ
　…… 85・87
ニョッケッティ・サルデイ、仔羊のラグー和え、ペコリーノ・サルド添え
　…… 113・115

米
鶏のトルテッリ、とうもろこし入りバターソース …… 152・154

コンソメ
全粒粉の田舎風スクリッペレのブロード仕立て、目玉焼き添え
　…… 168・169
そば粉とグラウケーゼのカネーデルリ …… 184・186
すりおろしパスタのイン・ブロード …… 184・186


## 【サ】

サザエ
手打ちパッケリ、潮の香りのソース …… 101・103

サバ
鰯を鯖に置き換えたカヴァティエッディのカターニア風 …… 105・107

サフラン、サフラン粉
サフランを練り込んだタリオリーニ、鮑のソース …… 56・58
マッロレッドゥスのカンピダーノ平野風 …… 113・115
ニョッケッティ・サルデイ、仔羊のラグー和え、ペコリーノ・サルド添え
　…… 113・115
卵白で練ったストゥリーゴリ、海の幸とペペローネ風味 …… 132・133
トゥラーパニ風魚介のクスクス、クラッシックな仕立てで
　…… 188・189

サヤインゲン
らせん形のトゥロフィエ、ペスト・ジェノヴェーゼ …… 132・133
乾燥空豆のカッペッラッチ、春野菜のラグー …… 153・155

バッカラ・マンテカート、トマト、さやいんげんのラザニェッテ
　…… 160・162
キャヴェンナのピッツォッケリ …… 185・187

サラミ
ラガネッレ、ゆで卵入りトマトソース …… 72・74
ナポリ風ラザーニェ …… 156・158
グリーンアスパラガスのカンネッローニ、サルサ・ペヴェラーダ添え
　…… 161・163

サルサ・マリナーラ
とうもろこし粉のストゥラッチ、帆立貝のラグー和え …… 121・123
スパゲッティ、魚介のラグー …… 205・207
スパゲッティ・ペスカトーラ …… 205・207
スパゲッティ・ボスカイオーラ …… 208・210
フジッリの生うにソース …… 238・240

サルシッチャ
赤チコリを練り込んだタリオリーニ、赤チコリのペースト和え
　…… 57・59
粗挽きサルシッチャとチーメ・ディ・ラーパのトゥロッコリ …… 76・78
フェンネル風味のサルシッチャのラグー、手打ちオレッキエッテ
　…… 108・110
マッロレッドゥスのカンピダーノ平野風 …… 113・115
仔牛とビエートラを詰めたアニョロッティ・デル・プリン …… 144・146
ナポリ風ラザーニェ …… 156・158
スパゲッティ、黒トリュフとサルシッチャのノルチャ風 …… 209・211
ツィーティのサルシッチャとリコッタ和え …… 234・236

シイタケ
鮑とどんこ椎茸のリングイーネ …… 212・214

ジェノヴァ・ペースト → ペスト・ジェノヴェーゼ

シシトウ
鰯としし唐のフェトゥッチェッレ …… 68・70

ジャガイモ
ヴァルテッリーナ風ピッツォッケリ …… 117・119
フォンドゥータとじゃがいもを詰めたアニョロッティ …… 141・143
ビーツとじゃがいものメッツェルーネ、セージ風味 …… 145・147
チャルソンス …… 148・150
じゃがいものニョッキ、カステルマーニョとフォンティーナのクレーマ
　…… 172・174
ソレント風ニョッキ …… 172・174
ニョッキ生地のラヴィオリ、ムール貝とペコリーノ・フレスコ風味
　…… 173・175
あんずを詰めたニョッキ …… 173・175
詰めものをしたニョッキ、ポルチーニ添え …… 176・178
するめいかとじゃがいも、カルチョフィの煮込み和えヴェスヴィオ
　…… 242・243

シャントレル → カルドンチェッリ

小腸（牛または仔牛）
リガトーニのパイヤータ …… 230・232

シラウオ
白魚を詰めたパンソッティ、ジェノヴァペースト和え …… 148・150

白トリュフ
タヤリンの白トリュフ添え …… 60・62

白ネギ
手打ちのマッケローニ、鳩の赤ワイン煮込み和え、トリュフ添え
　　　…… 96・98

ズッキーニ
ホワイトアスパラガスとズッキーニのタヤリン …… 60・62
自家製マッケロンチーニとほろほろ鳥胸肉のサラダ仕立て …… 93・95
乾燥空豆のカッペッラッチ、春野菜のラグー …… 153・155
キャヴェンナのピッツォッケリ …… 185・187
ナポリ風ズッキーニのペルチャテッリ …… 216・218

ズッキーニ（花付きズッキーニ）
ズッキーニとズッキーニの花で和えたラヴィオリ …… 136・138

ズッキーニ（花）
リコッタと花ズッキーニと卵黄のラヴィオローネ …… 145・147

スナップエンドウ
らせん形のトゥロフィエ、ペスト・ジェノヴェーゼ …… 132・133

スペック
そば粉とグラウケーゼのカネーデルリ …… 184・186
ビーツを練り込んだスペッツリ、スペックとラディッキオのバター仕立て
　　　…… 185・187

セロリ
自家製マッケロンチーニとほろほろ鳥胸肉のサラダ仕立て …… 93・95

ソバ粉
ヴァルテッリーナ風ピッツォッケリ …… 117・119
そば粉のブレーキとグーラシュ …… 120・122
そば粉とグラウケーゼのカネーデルリ …… 184・186

ソラ豆
ストゥロッツァプレーティ、空豆を加えたカーチョ・エ・ペーペ …… 84・86
キャヴェンナのピッツォッケリ …… 185・187

ソラ豆（乾燥）
乾燥空豆のカッペッラッチ、春野菜のラグー …… 153・155
ファヴァータ、蛸のサルシッチャ添え …… 239・241

【タ】

タコ（マダコ）
ひよこ豆と真蛸、パスティーナのスープ …… 96・98
毛蟹とバッカラのラザーニェ …… 157・159
蛸のトマト煮のリングイーネ、サンタルチア風 …… 213・215
ラグー・ジェノヴェーゼのカサレッチェ …… 217・219
根魚と甲殻類とミックスパスタの煮込み …… 239・241
ファヴァータ、蛸のサルシッチャ添え …… 239・241

タチウオ
太刀魚のラグーのフェットゥッチェ …… 69・71

卵
ラガネッレ、ゆで卵入りトマトソース …… 72・74
赤うに、からすみ、地鶏の卵黄で和えた手打ちスパゲットーニ
　　　…… 80・82
仔羊のカーチョ・エ・ウォーヴァ和え、フジッリ・チレンターニ
　　　…… 85・87
手打ちのトゥベッティ、卵とチーズ入りトリッパのミネストゥラ仕立て
　　　…… 100・102
オレッキエッテ、チーメ・ディ・ラーパと卵和え …… 108・110
リコッタと花ズッキーニと卵黄のラヴィオローネ …… 145・147
全粒粉の田舎風スクリッペレのブロード仕立て、目玉焼き添え
　　　…… 168・169
ペンネッテ・カルボナーラ …… 227・229

チーズ（パルミジャーノ、グラーナ・パダーノ、各種ペコリーノを除く）
・アズィアーゴ
ラディッキオとアズィアーゴのロートロ …… 164・166

・カステルマーニョ
じゃがいものニョッキ、カステルマーニョとフォンティーナのクレーマ
　　　…… 172・174

・カチョカヴァッロ
粗挽きサルシッチャとチーメ・ディ・ラーパのトゥロッコリ …… 76・78

・カチョリコッタ
サーニェ・ンカンヌラーテ、ポモドリーニとルーコラ、
　カチョリコッタのサレント風 …… 88・89

・グラウケーゼ
そば粉とグラウケーゼのカネーデルリ …… 184・186

・スカモルツァ
フェンネル風味のサルシッチャのラグー、手打ちオレッキエッテ
　　　…… 108・110

・スカモルツァ・アッフミカータ
茄子と燻製スカモルツァのラヴィオリ …… 136・138
ナポリ風ラグーとリコッタで和えたカンデーレ …… 235・237

・タレッジョ
ひよこ豆のラヴィオリ、真鴨のコンフィ和え …… 137・139

・フォンティーナ
ヴァルテッリーナ風ピッツォッケリ …… 117・119
プロシュット・コットとフォンティーナを詰めたクレープのミルフイユ仕立て
　　　…… 165・167
じゃがいものニョッキ、カステルマーニョとフォンティーナのクレーマ
　　　…… 172・174
フォンドゥータとじゃがいもを詰めたアニョロッティ …… 141・143

・モッツァレッラ
フィレイヤ、トゥロペーア産赤玉ねぎとンドゥイヤの辛いトマトソース
　　　…… 97・99
ナポリ風ラザーニェ …… 156・158
ソレント風ニョッキ …… 172・174

茄子のニョッキ、水牛のモッツァレッラ添え …… 177・179
ナポリ風ティンバッロ …… 234・236

・モンタズィオ
そば粉のブレーキとグーラシュ …… 120・122

・ヤギ乳のフロマージュ・ブラン
ストゥラッシナーティ、トマトとフレッシュな山羊のチーズ和え
　　…… 109・111
とうもろこし粉のタッコーニ、山羊のラグー …… 120・122
ニョッキ生地のラヴィオリ、ムール貝とペコリーノ・フレスコ風味
　　…… 173・175

・ラスケーラ
フォンドゥータとじゃがいもを詰めたアニョロッティ …… 141・143

・リコッタ
ズッキーニとズッキーニの花で和えたラヴィオリ …… 136・138
リコッタと花ズッキーニと卵黄のラヴィオローネ …… 145・147
伊勢海老のクリンジョーニス …… 149・151
リコッタとほうれん草のカラメッレ、黒トリュフ添え …… 153・155
ナポリ風ラザーニェ …… 156・158
ツィーティのサルシッチャとリコッタ和え …… 234・236
ナポリ風ラグーとリコッタで和えたカンデーレ …… 235・237

・リコッタの燻製
チャルソンス …… 148・150
ビーツを練り込んだスペッツリ、スペックとラディッキオのバター仕立て
　　…… 185・187

チーメ・ディ・ラーパ
粗挽きサルシッチャとチーメ・ディ・ラーパのトゥロッコリ …… 76・78
オレッキエッテ、チーメ・ディ・ラーパと卵和え …… 108・110

チリメンキャベツ
ヴァルテッリーナ風ピッツォッケリ …… 117・119
ラディッキオとアズィアーゴのロートロ …… 164・166

ツナ（缶詰）
スパゲッティ・ボスカイオーラ …… 208・210

ツブ貝
卵白で練ったストゥリーゴリ、海の幸とペペローネ風味 …… 132・133
フラスカレッリとつぶ貝のポルケッタのミネストゥラ仕立て
　　…… 188・189

トウモロコシ
鶏のトルテッリ、とうもろこし入りバターソース …… 152・154
ポレンタのニョッキ、黒トリュフ風味 …… 177・179

トウモロコシ粉（黄、白）
とうもろこし粉のタッコーニ、山羊のラグー …… 120・122
とうもろこし粉のストゥラッチ、帆立貝のラグー和え …… 121・123

トピナンブール
フォンドゥータとじゃがいもを詰めたアニョロッティ …… 141・143

トマト
いか墨を練り込んだトンナレッリ、すみいかと生トマトソース …… 61・63

ピーチのにんにく風味 …… 81・83
自家製マッケロンチーニとほろほろ鳥胸肉のサラダ仕立て …… 93・95
ガルガネッリ、野菜のラグー …… 116・118
茄子と燻製スカモルツァのラヴィオリ …… 136・138
トゥラーパニ風魚介のクスクス、クラッシックな仕立てで …… 188・189
瀬戸内の特大渡り蟹のパッケリ …… 230・232
パッケリ、あんこうと生トマトのソース …… 231・233

トマト（フルーツトマト）
ストゥランゴッツィ、きのことフルーツトマト、マジョラム風味
　　…… 77・79
バッカラ・マンテカート、トマト、さやいんげんのラザニェッテ
　　…… 160・162

トマト（プティトマト）
鰯としし唐のフェトゥッチェレ …… 68・70
太刀魚のラグーのフェトゥッチェ …… 69・71
サーニェ・ンカンヌラーテ、ポモドリーニとルーコラ、
　カチョリコッタのサレント風 …… 88・89
甲いかとオリーブで和えた編み棒仕上げのマッカローネス …… 97・99
ストゥラッシナーティ、トマトとフレッシュな山羊のチーズ和え
　　…… 109・111
海老とフンギ・セッキのストゥラッシナーティ …… 112・114
卵白で練ったストゥリーゴリ、海の幸とペペローネ風味 …… 132・133
ニョッキ生地のラヴィオリ、ムール貝とペコリーノ・フレスコ風味
　　…… 173・175
マファルデのトゥラーパニ風ペースト …… 220・222
いか墨入り魚介のラグーのトゥリポリーニ …… 220・222
カラマーリ、靴職人風 …… 231・233

トマト（プティトマト・缶詰）
イスキア風うさぎの煮込みで和えたフジッリ・ルンギ …… 88・89
フェンネル風味のサルシッチャのラグー、手打ちオレッキエッテ
　　…… 108・110
いか墨を練り込んだノッケッテ、海老のソース …… 129・131
あさりのスパゲッティ …… 201・203
スパゲッティ・プッタネスカ …… 204・206
カヴァルカンティ風、鰻の煮込みソースのスパゲッティ …… 204・206
蛸のトマト煮のリングイーネ、サンタルチア風 …… 213・215
ペンネッテのラルディアータソース …… 226・228

トマト（プティトマト・瓶詰）
旬の貝類のシャラティエッリ …… 65・67
トマトのスパゲッティ …… 200・202
瀬戸内の特大渡り蟹のパッケリ …… 230・232
根魚と甲殻類とミックスパスタの煮込み …… 239・241

トマト（ホールトマト）
猪の煮込みの手打ちパッケリ …… 100・102
とうもろこし粉のタッコーニ、山羊のラグー …… 120・122
瀬戸内の特大渡り蟹のパッケリ …… 230・232

トマト（パッサータ・ディ・ポモドーロ）
ナポリ風ラザーニェ …… 156・158
ソレント風ニョッキ …… 172・174

ナポリ風ミックスホルモンの煮込みで和えたミスタ・ルンガ
　　…… 221・223
ナポリ風ラグーとリコッタで和えたカンデーレ …… 235・237

### トマト（トマトソース）

セモリナ粉のタリアテッレ、牛肉のラグー …… 64・66
唐辛子を練り込んだ辛いシャラティエッリ、いか墨のソース
　　…… 65・67
ラガネッレ、ゆで卵入りトマトソース …… 72・74
パッパルデッレ、きじ肉と黒キャベツのストゥファート …… 73・75
全粒粉のビゴリ、毛蟹のスーゴ和え …… 77・79
ピーチのにんにく風味 …… 81・83
サーニェ・ンカンヌラーテ、ポモドリーニとルーコラ、
　　カチョリコッタのサレント風 …… 88・89
トルキオで作ったマッケローニ、野鴨のスーゴ、黒トリュフ添え
　　…… 92・94
フィレイヤ、トゥロペーア産赤玉ねぎとンドゥイヤの辛いトマトソース
　　…… 97・99
チェカルッコリ、バッカラとひよこ豆のトマトソース …… 104・106
カヴァテッリのムール貝とカルドンチェッリのソース、マジョラム風味
　　…… 104・106
鰯を鯖に置き換えたカヴァティエッディのカターニア風 …… 105・107
オレッキエッテ、豚モツの辛い煮込み …… 109・111
パン粉焼きにしたバッカラとファッロ麦のストゥラッシナーティ
　　…… 112・114
マッロレッドゥスのカンピダーノ平野風 …… 113・115
そば粉のブレーケとグーラシュ …… 120・122
全粒粉のストゥラッパータ、田舎風の鴨のラグー …… 121・123
穴子ときのこのストゥリケッティ、オレンジとローリエの香り
　　…… 128・130
ロリギッタス、野鳥数種のサルシッチャのトマト煮込み …… 129・131
ピサレイ、馬肉とペペローニのピアチェンツァ風 …… 181・183
フラスカレッリとつぶ貝のポルケッタのミネストゥラ仕立て
　　…… 188・189
ブカティーニ、ローマ式アマトゥリチャーナ …… 217・219
怒りん坊風ペンネ …… 226・228
リガトーニのパイヤータ …… 230・232
ルマーコニとルマーケ …… 242・243

### 鶏肉

鶏のトルテッリ、とうもろこし入りバターソース …… 152・154
雛鶏とブロッコリ・ディ・ナターレのカネロニ入りミネストゥラ
　　…… 160・162

### トリッパ

手打ちのトゥベッティ、卵とチーズ入りトリッパのミネストゥラ仕立て
　　…… 100・102

## 【ナ】

### ナス

ガルガネッリ、野菜のラグー …… 116・118

茄子と燻製スカモルツァのラヴィオリ …… 136・138
茄子のニョッキ、水牛のモッツァレッラ添え …… 177・179

### 菜の花

キャヴェンナのピッツォッケリ …… 185・187

### 生クリーム

フェトゥッチーネ、生ハムときのこ、グリーンピース …… 68・70
ファルファッレ、生ハムとグリーンピースのクリームソース
　　…… 128・130
プロシュット・コットとフォンティーナを詰めた
　　クレープのミルフイユ仕立て …… 165・167
じゃがいものニョッキ、カステルマーニョとフォンティーナのクレーマ
　　…… 172・174
スパゲッティ、黒トリュフとサルシッチャのノルチャ風 …… 209・211
生クリーム入りからすみのリングイーネ、ペペロンチーノ風味
　　…… 212・214
ソレント風くるみのソースのペルチャテッリ …… 216・218

### 生ハム

フェトゥッチーネ、生ハムときのこ、グリーンピース …… 68・70
ファルファッレ、生ハムとグリーンピースのクリームソース
　　…… 128・130

## 【ハ】

### バジリコ

旬の貝類のシャラティエッリ …… 65・67
スタンプ型コルツェッティ、うさぎとタジャスカオリーブ …… 124・126
ポルチェーヴェラ風8の字形コルツェッティ、仔牛とひよこ豆のラグー
　　…… 125・127
ソレント風ニョッキ …… 172・174
トマトのスパゲッティ …… 200・202
ナポリ風ズッキーニのペルチャテッリ …… 216・218
マファルデのトゥラーパニ風ペースト …… 220・222
カラマーリ、靴職人風 …… 231・233
ツィーティのサルシッチャとリコッタ和え …… 234・236
ナポリ風ラグーとリコッタで和えたカンデーレ …… 235・237
ラグー・ジェノヴェーゼのカンデーレ …… 235・237

### バジリコ（ペースト）→ ペスト・ジェノヴェーゼ

### バッカラ

チェカルッコリ、バッカラとひよこ豆のトマトソース …… 104・106
パン粉焼きにしたバッカラとファッロ麦のストゥラッシナーティ
　　…… 112・114
バッカラとグリーンピースのラヴィオリ …… 140・142
毛蟹とバッカラのラザーニェ …… 157・159
バッカラ・マンテカート、トマト、さやいんげんのラザニェッテ
　　…… 160・162

### 馬肉

ピサレイ、馬肉とペペローニのピアチェンツァ風 …… 181・183

### ハマグリ
卵白で練ったストゥリーゴリ、海の幸とペペローネ風味 ⋯⋯ 132・133

### ハム → プロシュット・コット

### パン、パン粉
パンとプロシュット・コットのニョッキ、バターとセージのソース
　　⋯⋯ 180・182
ピサレイ、馬肉とペペローニのピアチェンツァ風 ⋯⋯ 181・183
そば粉とグラウケーゼのカネーデルリ ⋯⋯ 184・186

### パンチェッタ
ストゥランゴッツィ、きのことフルーツトマト、マジョラム風味
　　⋯⋯ 77・79
ペンネッテ・カルボナーラ ⋯⋯ 227・229
カラマーリ、靴職人風 ⋯⋯ 231・233
ラグー・ジェノヴェーゼのカンデーレ ⋯⋯ 235・237
ファヴァータ、蛸のサルシッチャ添え ⋯⋯ 239・241

### ビーツ
ビーツとじゃがいものメッツェルーネ、セージ風味 ⋯⋯ 145・147
ビーツを練り込んだスペッツリ、スペックとラディッキオのバター仕立て
　　⋯⋯ 185・187

### ピーマン → 赤ピーマン、黄ピーマン

### ビエートラ
仔牛とビエートラを詰めたアニョロッティ・デル・プリン ⋯⋯ 144・146
鶏のトルテッリ、とうもろこし入りバターソース ⋯⋯ 152・154

### ヒヨコ豆（乾燥）
ひよこ豆と真蛸、パスティーナのスープ ⋯⋯ 96・98
チェカルッコリ、バッカラとひよこ豆のトマトソース ⋯⋯ 104・106
ひよこ豆とパスタの煮込み ⋯⋯ 117・119
ポルチェーヴェラ風8の字形コルツェッティ、仔牛とひよこ豆のラグー
　　⋯⋯ 125・127
白ポレンタとひよこ豆を詰めたファゴッティーニ、鰻のラグー和え
　　⋯⋯ 156・158

### ヒヨコ豆（粉）
ひよこ豆のラヴィオリ、真鴨のコンフィ和え ⋯⋯ 137・139

### ファッロ麦の全粒粉
パン粉焼きにしたバッカラとファッロ麦のストゥラッシナーティ
　　⋯⋯ 112・114

### フィノッキオ
鯛を鯖に置き換えたカヴァティエッディのカターニア風 ⋯⋯ 105・107
フラスカレッリとつぶ貝のポルケッタのミネストラ仕立て
　　⋯⋯ 188・189

### 豚肉
ナポリ風ラザーニェ ⋯⋯ 156・158
グリーンアスパラガスのカンネッローニ、サルサ・ペヴェラーダ添え
　　⋯⋯ 161・163
ナポリ風ラグーとリコッタで和えたカンデーレ ⋯⋯ 235・237
ラグー・ジェノヴェーゼのカンデーレ ⋯⋯ 235・237

### 豚（皮・内臓）
オレッキエッテ、豚モツの辛い煮込み ⋯⋯ 109・111
ナポリ風ミックスホルモンの煮込みで和えたミスタ・ルンガ
　　⋯⋯ 221・223
ナポリ風ラグーとリコッタで和えたカンデーレ ⋯⋯ 235・237

### フダン草 → ビエートラ

### フリアリエッリ
甲いかとフリアリエッリの煮込みで和えたトゥロッコリ ⋯⋯ 76・78

### プロシュット・クルード → 生ハム

### プロシュット・コット
リコッタと花ズッキーニと卵黄のラヴィオローネ ⋯⋯ 145・147
プロシュット・コットとフォンティーナを詰めた
　クレープのミルフイユ仕立て ⋯⋯ 165・167
パンとプロシュット・コットのニョッキ、バターとセージのソース
　　⋯⋯ 180・182

### ブロッコリ・ディ・ナターレ
雛鶏とブロッコリ・ディ・ナターレのカネロニ入りミネストゥラ
　　⋯⋯ 160・162

### ブロッコリ・ネーリ
ブロッコリ・ネーリとスパゲッティ・スペッツァーティのミネストゥラ
　　⋯⋯ 238・240

### ヘーゼルナッツ
チャルソンス ⋯⋯ 148・150

### ベシャメルソース
毛蟹とバッカラのラザーニェ ⋯⋯ 157・159
ラディッキオとアズィアーゴのロートロ ⋯⋯ 164・166
帆立貝のトゥロンケッティ ⋯⋯ 165・167
ナポリ風ティンバッロ ⋯⋯ 234・236

### ペスト・ジェノヴェーゼ
サフランを練り込んだタリオリーニ、鮑のソース ⋯⋯ 56・58
らせん形のトゥロフィエ、ペスト・ジェノヴェーゼ ⋯⋯ 132・133
白魚を詰めたパンソッティ、ジェノヴァペースト和え ⋯⋯ 148・150
バッカラ・マンテカート、トマト、さやいんげんのラザニェッテ
　　⋯⋯ 160・162
ニョッキ生地のラヴィオリ、ムール貝とペコリーノ・フレスコ風味
　　⋯⋯ 173・175

### ホウボウ
らせん形のトゥロフィエ、ペスト・ジェノヴェーゼ ⋯⋯ 132・133

### ホウレン草
リコッタとほうれん草のカラメッレ、黒トリュフ添え ⋯⋯ 153・155

### ホタテ貝
毛蟹とバッカラのラザーニェ ⋯⋯ 157・159
帆立貝のトゥロンケッティ ⋯⋯ 165・167
スパゲッティ、魚介のラグー ⋯⋯ 205・207

### ホタテ貝（稚貝）
とうもろこし粉のストゥラッチ、帆立貝のラグー和え ⋯⋯ 121・123

**ボッタルガ**
伊勢海老のクリンジョーニス ⋯⋯ 149・151

**ポルチーニ**
パッパルデッレ、猪とポルチーニのスーゴ和え ⋯⋯ 73・75
フレッシュポルチーニのスパゲットーニ ⋯⋯ 80・82
詰めものをしたニョッキ、ポルチーニ添え ⋯⋯ 176・178
スパゲッティ・ボスカイオーラ ⋯⋯ 208・210

**ポルチーニ（乾燥）**
乾燥ポルチーニを練り込んだストゥリンゴッツィ ⋯⋯ 64・66
パッパルデッレ、猪とポルチーニのスーゴ和え ⋯⋯ 73・75
トルキオで作ったマッケローニ、野鴨のスーゴ、黒トリュフ添え
　⋯⋯ 92・94
海老とフンギ・セッキのストゥラッシナーティ ⋯⋯ 112・114
白ポレンタとひよこ豆を詰めたファゴッティーニ、鰻のラグー和え
　⋯⋯ 156・158
赤いんげん豆のニョッキ、コテキーノのラグー和え ⋯⋯ 180・182
キャヴェンナのピッツォッケリ ⋯⋯ 185・187
ナポリ風ティンバッロ ⋯⋯ 234・236

**ポレンタ粉（白）**
白ポレンタとひよこ豆を詰めたファゴッティーニ、鰻のラグー和え
　⋯⋯ 156・158
ポレンタのニョッキ、黒トリュフ風味 ⋯⋯ 177・179

**ボローニャ風ラグー**
セモリナ粉のタリアテッレ、牛肉のラグー ⋯⋯ 64・66
ラディッキオとアズィアーゴのロートロ ⋯⋯ 164・166
詰めものをしたニョッキ、ポルチーニ添え ⋯⋯ 176・178
茄子のニョッキ、水牛のモッツァレッラ添え ⋯⋯ 177・179

**ホロホロ鳥**
ティンバッロ、ほろほろ鳥腿肉のラグー添え ⋯⋯ 92・94
自家製マッケロンチーニとほろほろ鳥胸肉のサラダ仕立て ⋯⋯ 93・95

**ホワイトアスパラガス**
ホワイトアスパラガスとズッキーニのタヤリン ⋯⋯ 60・62
マッケロンチーニ、白アスパラガスとマテ貝のソース ⋯⋯ 93・95

## 【マ】

**マイタケ**
穴子ときのこのストゥリケッティ、オレンジとローリエの香り ⋯⋯ 128・130

**マッシュルーム**
フェットゥッチーネ、生ハムときのこ、グリーンピース ⋯⋯ 68・70
穴子ときのこのストゥリケッティ、オレンジとローリエの香り
　⋯⋯ 128・130

**松の実**
鰯を鯖に置き換えたカヴァティエッディのカターニア風 ⋯⋯ 105・107
スタンプ型コルツェッティ、うさぎとタジャスカオリーブ ⋯⋯ 124・126
ナポリ風ラザーニェ ⋯⋯ 156・158
セモリナ粉のニョッキ、オックステールのラグー添え ⋯⋯ 176・178

蛸のトマト煮のリングイーネ、サンタルチア風 ⋯⋯ 213・215
ナポリ風ラグーとリコッタで和えたカンデーレ ⋯⋯ 235・237

**マテ貝**
旬の貝類のシャラティエッリ ⋯⋯ 65・67
マッケロンチーニ、白アスパラガスとマテ貝のソース ⋯⋯ 93・95

**ミートソース → ボローニャ風ラグー**

**ムール貝**
旬の貝類のシャラティエッリ ⋯⋯ 65・67
カヴァテッリのムール貝とカルドンチェッリのソース、マジョラム風味
　⋯⋯ 104・106
ニョッキ生地のラヴィオリ、ムール貝とペコリーノ・フレスコ風味
　⋯⋯ 173・175
スパゲッティ・ペスカトーラ ⋯⋯ 205・207

**メイタガレイ**
根魚と甲殻類とミックスパスタの煮込み ⋯⋯ 239・241

**芽キャベツ**
キャヴェンナのピッツォッケリ ⋯⋯ 185・187

## 【ヤ】

**ヤギ肉**
とうもろこし粉のタッコーニ、山羊のラグー ⋯⋯ 120・122

**ヤマウズラ**
ロリギッタス、野鳥数種のサルシッチャのトマト煮込み ⋯⋯ 129・131

## 【ラ】

**ライチョウ**
ロリギッタス、野鳥数種のサルシッチャのトマト煮込み ⋯⋯ 129・131

**ラディッキオ・ロッソ → 赤チコリ**

**ラディッシュ**
自家製マッケロンチーニとほろほろ鳥胸肉のサラダ仕立て ⋯⋯ 93・95

**ラルド**
ストゥロッツァプレーティ、仔牛のハツと腎臓のヴィンサント風味
　⋯⋯ 84・86
ペンネッテのラルディアータソース ⋯⋯ 226・228
ブロッコリ・ネーリとスパゲッティ・スペッツァーティのミネストゥラ
　⋯⋯ 238・240

**ルーコラ**
サーニェ・ンカンヌラーテ、ポモドリーニとルーコラ、
　カチョリコッタのサレント風 ⋯⋯ 88・89

**レーズン**
鰯を鯖に置き換えたカヴァティエッディのカターニア風 ⋯⋯ 105・107
チャルソンス ⋯⋯ 148・150

ナポリ風ラザーニェ …… 156・158
セモリナ粉のニョッキ、オックステールのラグー添え …… 176・178
蛸のトマト煮のリングイーネ、サンタルチア風 …… 213・215
ナポリ風ラグーとリコッタで和えたカンデーレ …… 235・237

**レバー（鶏）**
グリーンアスパラガスのカンネッローニ、サルサ・ペヴェラーダ添え
　　…… 161・163
ナポリ風ティンバッロ …… 234・236

# 【ワ】

**ワタリガニ**
瀬戸内の特大渡り蟹のパッケリ …… 230・232
**ンドゥイヤ**
唐辛子を練り込んだ辛いシャラティエッリ、いか墨のソース
　　…… 65・67
フィレイヤ、トゥロペーア産赤玉ねぎとンドゥイヤの辛いトマトソース
　　…… 97・99

## パスタ別　料理索引
(アイウエオ順)

### 【ア】

**アニョロッティ**
フォンドゥータとじゃがいもを詰めたアニョロッティ …… 141・143

**アニョロッティ・デル・プリン**
仔牛とビエートラを詰めたアニョロッティ・デル・プリン …… 144・146

**ヴェスヴィオ**
するめいかとじゃがいも、カルチョフィの煮込み和えヴェスヴィオ
　　…… 242・243

**オレッキエッテ**
オレッキエッテ、チーメ・ディ・ラーパと卵和え …… 108・110
フェンネル風味のサルシッチャのラグー、手打ちオレッキエッテ
　　…… 108・110
オレッキエッテ、豚モツの辛い煮込み …… 109・111

### 【カ】

**カサレッチェ・ルンゲ**
蛸のラグー・ジェノヴェーゼのカサレッチェ …… 217・219

**カヴァティエッディ**
鯛を鯖に置き換えたカヴァティエッディのカターニア風 …… 105・107

**カヴァテッリ**
カヴァテッリのムール貝とカルドンチェッリのソース、マジョラム風味
　　…… 104・106

**カッペッラッチ**
乾燥空豆のカッペッラッチ、春野菜のラグー …… 153・155

**カネーデルリ**
そば粉とグラウケーゼのカネーデルリ …… 184・186

**カネロニ**
雛鶏とブロッコリ・ディ・ナターレのカネロニ入りミネストゥラ
　　…… 160・162
グリーンアスパラガスのカンネローニ、サルサ・ペヴェラーダ添え
　　…… 161・163

**カラマーリ**
カラマーリ、靴職人風 …… 231・233

**カラメッレ**
リコッタとほうれん草のカラメッレ、黒トリュフ添え …… 153・155

**ガルガネッリ**
かえる腿肉と春キャベツのガルガネッリ …… 116・118
ガルガネッリ、野菜のラグー …… 116・118

**カンデーレ**
ナポリ風ラグーとリコッタで和えたカンデーレ …… 235・237
ラグー・ジェノヴェーゼのカンデーレ …… 235・237

**キタッラ**
キタッラ、原形の白いアマトゥリチャーナ …… 61・63

**クスクス**
トゥラーパニ風魚介のクスクス、クラッシックな仕立てで
　　…… 188・189

**クリンジョーニス**
伊勢海老のクリンジョーニス …… 149・151

**クレスペッレ**
プロシュット・コットとフォンティーナを詰めた
　　クレープのミルフイユ仕立て …… 165・167

**コルツェッティ（スタンプ型）**
スタンプ型コルツェッティ、うさぎとタジャスカオリーブ …… 124・126
コルツェッティ、カルチョフィと海老のソース …… 124・126

**コルツェッティ（8の字形）**
ポルチェーヴェラ風8の字形コルツェッティ、仔牛とひよこ豆のラグー
　　…… 125・127

**コルテッチェ**
カルチョフィと黒オリーブとくるみのコルテッチェ …… 105・107

## 【サ】

**サーニェ・ンカンヌラーテ**
サーニェ・ンカンヌラーテ、ポモドリーニとルーコラ、
　カチョリコッタのサレント風 …… 88・89

**シャラティエッリ**
旬の貝類のシャラティエッリ …… 65・67
唐辛子を練り込んだ辛いシャラティエッリ、いか墨のソース
　…… 65・67

**スクリペッレ**
全粒粉の田舎風スクリペッレのブロード仕立て、目玉焼き添え
　…… 168・169

**ストゥラッシナーティ**
ストゥラッシナーティ、トマトとフレッシュな山羊のチーズ和え
　…… 109・111
海老とフンギ・セッキのストゥラッシナーティ …… 112・114
パン粉焼きにしたバッカラとファッロ麦のストゥラッシナーティ
　…… 112・114

**ストゥラッチ**
とうもろこし粉のストゥラッチ、帆立貝のラグー和え …… 121・123

**ストゥラッパータ**
全粒粉のストゥラッパータ、田舎風の鴨のラグー …… 121・123

**ストゥランゴッツィ**
ストゥランゴッツィ、きのことフルーツトマト、マジョラム風味
　…… 77・79

**ストゥリーゴリ**
卵白で練ったストゥリーゴリ、海の幸とペペローネ風味 …… 132・133

**ストゥリケッティ**
穴子ときのこのストゥリケッティ、オレンジとローリエの香り …… 128・130

**ストゥリンゴッツィ**
乾燥ポルチーニを練り込んだストゥリンゴッツィ …… 64・66

**ストゥロッツァプレーティ**
ストゥロッツァプレーティ、仔牛のハツと腎臓のヴィンサント風味
　…… 84・86
ストゥロッツァプレーティ、空豆を加えたカーチョ・エ・ペーペ …… 84・86

**スパゲッティ**
トマトのスパゲッティ …… 200・202
あさりのスパゲッティ …… 201・203
カルチョフィのスパゲッティ …… 201・203
スパゲッティ・プッタネスカ …… 204・206
カヴァルカンティ風、鰻の煮込みソースのスパゲッティ …… 204・206
スパゲッティ、魚介のラグー …… 205・207
スパゲッティ・ペスカトーラ …… 205・207
アーリオ・オーリオ・ペペロンチーノ …… 208・210
スパゲッティ・ボスカイオーラ …… 208・210

**スパゲッティ・スペッツァーティ**
ブロッコリ・ネーリとスパゲッティ・スペッツァーティのミネストゥラ
　…… 238・240

**スパゲットーニ**
赤うに、からすみ、地鶏の卵黄で和えた手打ちスパゲットーニ
　…… 80・82
フレッシュポルチーニのスパゲットーニ …… 80・82
スパゲッティ、黒トリュフとサルシッチャのノルチャ風 …… 209・211

**スペッツリ**
ビーツを練り込んだスペッツリ、スペックとラディッキオのバター仕立て
　…… 185・187

## 【タ】

**タッコーニ**
とうもろこし粉のタッコーニ、山羊のラグー …… 120・122

**タッコッツェッテ**
ファヴァータ、蛸のサルシッチャ添え …… 239・241

**タヤリン**
タヤリンの白トリュフ添え …… 60・62
ホワイトアスパラガスとズッキーニのタヤリン …… 60・62

**タリアテッレ**
セモリナ粉のタリアテッレ、牛肉のラグー …… 64・66

**タリオリーニ**
タリオリーニ、仔牛腿肉とカルチョフィのラグー和え …… 56・58
サフランを練り込んだタリオリーニ、鮑のソース …… 56・58
赤チコリを練り込んだタリオリーニ、赤チコリのペースト和え
　…… 57・59

**チェカルッコリ**
チェカルッコリ、バッカラとひよこ豆のトマトソース …… 104・106

**チャルソンス**
チャルソンス …… 148・150

**ツィーテ**
ツィーティのサルシッチャとリコッタ和え …… 234・236
ナポリ風ティンバッロ …… 234・236

**トゥベッティ**
手打ちのトゥベッティ、卵とチーズ入りトリッパのミネストゥラ仕立て
　…… 100・102

**トゥリポリーニ**
いか墨入り魚介のラグーのトゥリポリーニ …… 220・222

**トゥロッコリ**
粗挽きサルシッチャとチーメ・ディ・ラーパのトゥロッコリ …… 76・78
甲いかとフリアリエッリの煮込みで和えたトゥロッコリ …… 76・78

**トゥロフィエ**
らせん形のトゥロフィエ、ペスト・ジェノヴェーゼ …… 132・133

### トゥロンケッティ
帆立貝のトゥロンケッティ …… 165・167

### トルテッリ
かぼちゃのトルテッリ …… 141・143
鶏のトルテッリ、とうもろこし入りバターソース …… 152・154

### トンナレッリ
いか墨を練り込んだトンナレッリ、すみいかと生トマトソース
…… 61・63

## 【ナ】

### ニョッキ
・赤インゲン豆のニョッキ
赤いんげん豆のニョッキ、コテキーノのラグー和え …… 180・182

・アンズを詰めたニョッキ
あんずを詰めたニョッキ …… 173・175

・ジャガイモのニョッキ
じゃがいものニョッキ、カステルマーニョとフォンティーナのクレーマ
…… 172・174
ソレント風ニョッキ …… 172・174

・セモリナ粉のニョッキ
セモリナ粉のニョッキ、オックステールのラグー添え …… 176・178

・ナスのニョッキ
茄子のニョッキ、水牛のモッツァレッラ添え …… 177・179

・ニョッキのラヴィオリ
ニョッキ生地のラヴィオリ、ムール貝とペコリーノ・フレスコ風味
…… 173・175

・パンのニョッキ
パンとプロシュット・コットのニョッキ、バターとセージのソース
…… 180・182

・ポレンタのニョッキ
ポレンタのニョッキ、黒トリュフ風味 …… 177・179

・ラグーを詰めたニョッキ
詰めものをしたニョッキ、ポルチーニ添え …… 176・178

### ニョッケッティ・サルディ
ニョッケッティ・サルディ、仔羊のラグー和え、ペコリーノ・サルド添え
…… 113・115

### ノッケッテ
いか墨を練り込んだノッケッテ、海老のソース …… 129・131

## 【ハ】

### パスタ・グラッタータ
すりおろしパスタのイン・ブロード …… 184・186

### パスタ・ミスタ
根魚と甲殻類とミックスパスタの煮込み …… 239・241

### パスティーナ（マシン製）
ひよこ豆と真蛸、パスティーナのスープ …… 96・98

### パッケリ
猪の煮込みの手打ちパッケリ …… 100・102
手打ちパッケリ、潮の香りのソース …… 101・103
瀬戸内の特大渡り蟹のパッケリ …… 230・232
パッケリ、あんこうと生トマトのソース …… 231・233

### パッパルデッレ
パッパルデッレ、きじ肉と黒キャベツのストゥファート …… 73・75
パッパルデッレ、猪とポルチーニのスーゴ和え …… 73・75

### パンソッティ
白魚を詰めたパンソッティ、ジェノヴァペースト和え …… 148・150

### ピーチ
カルチョフィとにんにくのピーチ …… 81・83
ピーチのにんにく風味 …… 81・83

### ピカッジェ
栗の粉のピカッジェ、猪と栗のラグー …… 72・74

### ビゴリ
全粒粉のビゴリ、毛蟹のスーゴ和え …… 77・79

### ピサレイ
ピサレイ、馬肉とペペローニのピアチェンツァ風 …… 181・183

### ピッツオッケリ（ヴァルテッリーナ風）
ヴァルテッリーナ風ピッツオッケリ …… 117・119

### ピッツオッケリ（キャヴェンナ風）
キャヴェンナのピッツオッケリ …… 185・187

### ファゴッティーニ
白ポレンタとひよこ豆を詰めたファゴッティーニ、鰻のラグー和え
…… 156・158

### ファルファッレ
ファルファッレ、生ハムとグリーンピースのクリームソース …… 128・130

### フィレイヤ
フィレイヤ、トゥロペーア産赤玉ねぎとンドゥイヤの辛いトマトソース
…… 97・99

### フェトゥッチーネ
フェトゥッチーネ、生ハムときのこ、グリーンピース …… 68・70

### フェトゥッチェ
太刀魚のラグーのフェトゥッチェ …… 69・71
針いかとイタリア種のえんどう豆のフェトゥッチェ …… 69・71

### フェトゥッチェッレ
鰯としし唐のフェトゥッチェッレ …… 68・70

### ブカティーニ
ブカティーニ、ローマ式アマトゥリチャーナ …… 217・219

フジッリ
フジッリの生うにソース …… 238・240

フジッリ・チレンターニ
仔羊のカーチョ・エ・ウォーヴァ和え、フジッリ・チレンターニ
　　　…… 85・87

フジッリ・ルンギ
イスキア風うさぎの煮込みで和えたフジッリ・ルンギ …… 88・89

フラスカレッリ
フラスカレッリとつぶ貝のポルケッタのミネストゥラ仕立て
　　　…… 188・189

ブレーキ
そば粉のブレーキとグーラシュ …… 120・122

ペルチャテッリ
ソレント風くるみのソースのペルチャテッリ …… 216・218
ナポリ風ズッキーニのペルチャテッリ …… 216・218

ペンネ
怒りん坊風ペンネ …… 226・228

ペンネッテ
ペンネッテのラルディアータソース …… 226・228
ペンネッテ・カルボナーラ …… 227・229

【マ】

マッカローネス
甲いかとオリーブで和えた編み棒仕上げのマッカローネス …… 97・99

マッケローニ（手打ち）
手打ちのマッケローニ、鳩の赤ワイン煮込み和え、トリュフ添え
　　　…… 96・98

マッケローニ（トルキオ製）
トルキオで作ったマッケローニ、野鴨のスーゴ、黒トリュフ添え
　　　…… 92・94

マッケローニ（マシン製）
ティンパッロ、ほろほろ鳥腿肉のラグー添え …… 92・94

マッケロンチーニ（手切り）
カンポフィローネ風、極細の手切りマッケロンチーニ …… 57・59

マッケロンチーニ（トルキオ製）
マッケロンチーニ、白アスパラガスとマテ貝のソース …… 93・95

マッケロンチーニ（マシン製）
自家製マッケロンチーニとほろほろ鳥胸肉のサラダ仕立て …… 93・95

マッロレッドゥス
マッロレッドゥスのカンピダーノ平野風 …… 113・115

マファルデ
マファルデのトゥラーパニ風ペースト …… 220・222

ミスタ・ルンガ
ナポリ風ミックスホルモンの煮込みで和えたミスタ・ルンガ …… 221・223

メッツェルーネ
ビーツとじゃがいものメッツェルーネ、セージ風味 …… 145・147

【ラ】

ラヴィオリ
ズッキーニとズッキーニの花で和えたラヴィオリ …… 136・138
茄子と燻製スカモルツァのラヴィオリ …… 136・138
ひよこ豆のラヴィオリ、真鴨のコンフィ和え …… 137・139
バッカラとグリーンピースのラヴィオリ …… 140・142

ラヴィオローネ
リコッタと花ズッキーニと卵黄のラヴィオローネ …… 145・147

ラガネッレ
ラガネッレ、ゆで卵入りトマトソース …… 72・74
ひよこ豆とパスタの煮込み …… 117・119

ラザーニェ
ナポリ風ラザーニェ …… 156・158
毛蟹とバッカラのラザーニェ …… 157・159

ラザニェッテ
バッカラ・マンテカート、トマト、さやいんげんのラザニェッテ
　　　…… 160・162

リガトーニ
リガトーニのパイヤータ …… 230・232

リングイーネ
生クリーム入りからすみのリングイーネ、ペペロンチーノ風味
　　　…… 212・214
鮑とどんこ椎茸のリングイーネ …… 212・214
蛸のトマト煮のリングイーネ、サンタルチア風 …… 213・215

ルマコーニ
ルマコーニとルマーケ …… 242・243

ロートロ
ラディッキオとアズィアーゴのロートロ …… 164・166

ロリギッタス
ロリギッタス、野鳥数種のサルシッチャのトマト煮込み …… 129・131